LEON SCHULZ

Sabbatical auf See

EINE FAMILIE
SETZT DIE SEGEL

DELIUS KLASING VERLAG

Bibliografische Information der Deutschen Nationalbibliothek
Die Deutsche Nationalbibliothek verzeichnet diese Publikation
in der Deutschen Nationalbibliografie; detaillierte bibliografische
Daten sind im Internet über http://dnb.d-nb.de abrufbar.

2. Auflage
ISBN 978-3-7688-3398-1
© by Delius, Klasing & Co. KG, Bielefeld

Verlag und Autor machen darauf aufmerksam, dass das Werk bereits
in englischer Sprache unter dem Titel »The Missing Centimetre«
erschienen ist. Die deutsche Übersetzung wurde vom Autor mit
Unterstützung von Gaby Theile erstellt.

Lektorat: Birgit Radebold und Monika Hoheneck
Karolina Örn Schulz: Titelfoto, Foto 33
Jessica Schulz: Foto 18
Juliet Dearlove: Foto 29
Dan Gandy: Rückseite, Foto 25 und 35
Leon Schulz: Alle übrigen Fotos
Risse: © Hallberg-Rassy
Umschlaggestaltung: Buchholz.Graphiker, Hamburg
Satz: Fotosatz Habeck, Hiddenhausen
Druck: CPI – Clausen & Bosse, Leck
Printed in Germany 2012

Alle Rechte vorbehalten! Ohne ausdrückliche Erlaubnis
des Verlages darf das Werk weder komplett noch teilweise
reproduziert, übertragen oder kopiert werden, wie z. B.
manuell oder mithilfe elektronischer und mechanischer
Systeme inklusive Fotokopieren, Bandaufzeichnung und
Datenspeicherung.

Delius Klasing Verlag, Siekerwall 21, D-33602 Bielefeld
Tel.: 0521/559-0, Fax: 0521/559-115
E-Mail: info@delius-klasing.de
www.delius-klasing.de

Inhalt

1	In dem wir einen Zentimeter verlieren, aber einen Meilenstein gewinnen	7
	Mut zur Kommunikation	17
2	In dem wir unser altes Leben wegpacken	19
	Eine Fahrtenyacht wählen und ausrüsten	23
3	In dem wir endlich loslassen und viel gewinnen	25
	Segelkenntnisse	28
4	In dem wir den Spuren der Wikinger folgen	30
	Hafenmanöver	36
5	In dem wir Skandinavien hinter uns lassen	38
	Der Dreitagestörn	41
6	In dem wir Urlaub vom Meer machen	43
	Das Dingi	49
7	In dem wir in Einklang mit der Natur kommen	50
	Segeln im Nebel	57
8	In dem wir in die Wikingerzeit zurückversetzt werden	58
	Ankern	64
9	In dem wir die dunkle Kraft genießen lernen	66
	Ersatzteile und Werkzeuge	73
10	In dem wir zu echten Hochseeseglern werden	75
	Biskaya-Taktiken	81
11	In dem wir die ersten Fahrtensegler kennenlernen	83
	Gäste an Bord	90
12	In dem Bernardo uns die wichtigste Lektion erteilt	92
	Die Bordschule	101
13	In dem wir unser Bestes tun, um vor dem Segeln zu warnen	105
	Versicherungen	116
14	In dem wir den Kurs ändern	118
	Seekrankheit	125
15	In dem die Kinder uns zu den Wolkengipfeln führen	127
	Kommunikation	139

16	In dem wir eine Schlacht verlieren, aber die Liebe zum einfachen Leben gewinnen	141
	Atlantic Rally for Cruisers – ARC	150
17	In dem wir unsere letzten Vorbereitungen treffen	152
	Proviantieren für den Atlantik	163
18	In dem wir einen Ozean überqueren	165
	Fischen	193
19	In dem wir über Hochs und Tiefs reflektieren	195
	Passatwindsegeln	203
20	In dem wir dem Paradies sehr nahe kommen	207
	Diesel und Gas	214
21	In dem wir im Hier und Jetzt nicht an die Zukunft denken wollen	217
	Abfall	227
22	In dem wir ein kleines Stückchen Frankreich besuchen und ein Gefühl für das alte England bekommen	228
	Kochen	237
23	In dem wir von der gängigen Route in der Karibik abweichen	239
	Sicherheit	247
24	In dem wir Abschied nehmen	249
	Routen aus der Karibik	255
25	In dem wir wie durch das All gleitend eine merkwürdige Insel erreichen	257
	Strom an Bord	265
26	In dem Herb uns zu jeder Zeit sicher leitet	267
	Bürokratie und einklarieren	278
27	In dem wir die Azoren verlassen und ein Versprechen abgeben	280
	Wetter	284
28	In dem wir den harten Weg gehen	287
	Die Bordtoilette	296
29	In dem wir unsere Anfangserwartungen überprüfen	297
	Extra-Crew	303
30	In dem das frühere Leben wieder zum Vorschein kommt	305

| Technisches | 314 |
| Danksagung | 320 |

1

In dem wir einen Zentimeter verlieren,
aber einen Meilenstein gewinnen

Träumen

Stellen Sie sich Ihr Leben doch einmal auf einem Maßband vor. Jeder Zentimeter könnte ein Jahr Ihres Lebens bedeuten. Auf wie viele Zentimeter schätzen Sie Ihre Lebenserwartung? Schneiden Sie Ihr Band dort ab. Wie viele Zentimeter sind Sie schon auf Ihrem Lebensweg gewandert? Markieren Sie diesen Punkt. Wie viele Zentimeter liegen noch vor Ihnen? Womit möchten Sie diese Zukunft füllen?

Meine Frau Karolina und ich waren schon fast 40 Zentimeter weit auf unserem Daseinsband gekommen, als wir es an einem kalten Wintertag zur Hand nahmen. Wir spielten nämlich mit dem Gedanken, irgendwo aus der Mitte unseres Weges einen Zentimeter herauszuschneiden: gleichsam symbolisch aus unserem Alltagstrott auszubrechen. Um unsere Lebenssituation besser zu begreifen, griffen wir zur Schere, schnitten drauflos und klebten die beiden Stränge des Maßbandes wieder aneinander. Das Erstaunliche war: Wir konnten kaum einen Längenunterschied an der Gesamtstrecke feststellen! Das Band erschien uns immer noch recht lang – auf jeden Fall lang genug für ein normales Leben, so wie die meisten Menschen es führen.

Der ausgeschnittene Zentimeter lag auffordernd auf unserem Wohnzimmertisch. Er sah so winzig aus, und doch könnte er mit so vielen Erlebnissen gefüllt werden. Allerdings nur, falls wir es tatsächlich wagen würden, ein Sabbatical einzulegen.

Das Herumschnipseln gaben wir bald wieder auf, den Zentimeter warfen wir in meine Nachttischschublade und vergaßen ihn. Wir hatten ja so viele vermeintlich wichtigere Dinge zu tun, als über dessen Bedeutung zu philosophieren oder über die Länge, den Inhalt oder die Qualität unseres Lebens nachzugrübeln. Wir waren voll ausgelastet und für eine Abweichung, geschweige denn einen Ausstieg, viel zu beschäftigt. Also konzentrierten wir uns weiter auf unsere Berufstätigkeit, sorgten für unsere Kinder, chauffierten sie zu ihren unzähligen Aktivitäten und wieder nach Hause und versuchten, konstant unser Tempo zu halten, um die vielfältigen Anforderungen des Alltages bewältigen zu können. Dabei verloren wir immer öfter den Blick für das Wesentliche. Abend für Abend gingen wir mit einem erhöhten Pensum an unerledigten Aufgaben zu Bett, obwohl wir uns in der hohen Kunst des Multitaskings immer mehr perfektionierten.

Ohne Zweifel hatten wir damals ein gutes Leben! Vielleicht war es nicht gerade aufsehenerregend, aber komfortabel, erfolgreich und zufriedenstellend. Die täglichen Probleme, die zu jedem Leben gehören, hievten wir wie Steine zur Seite und hofften darauf, so unseren abgesteckten Weg zum Ziel freizuschaufeln. Einige größere Brocken wogen schwer wie kleine Berge, aber insgesamt wussten wir immer, wie wir im Leben weiterkommen wollten. Die großen Herausforderungen, die wir bereits in jungen Jahren erfolgreich bewältigt hatten, lagen schon einige Jahre hinter uns. Oftmals erschien uns alles so anstrengend. Doch wir erinnerten uns auch an die wunderbaren Stunden des Glücks und des Stolzes, wenn wir wieder eine Sprosse die Erfolgsleiter hinaufgeklettert waren. Im Vergleich zur früheren Befriedigung verursachte uns der ständige Alltagskampf nun jedoch zunehmend weniger Glücksgefühle. Zudem schienen auch unsere weiteren Aussichten wenig verlockend zu sein: Wir versuchten uns vorzustellen, welche Überraschungen unser Schicksal noch bereithalten könnte. Oder war das schon alles gewesen? Hatten wir auf halber Strecke schon alles kennengelernt, und würde es mit uns im besten Fall einfach immer so ähnlich weitergehen? Solche Fragen plagten uns, als wir zu träumen begannen und von einem Leben mit mehr Sinn, Tiefgang und Glück fantasierten.

Viele Menschen verwirklichen ihren Ausstieg auf Zeit in vier Phasen: träumen, planen, handeln und wiedereingliedern. Wir liebten die ersten beiden Schritte, wobei der Schritt vom Träumen zum Planen unseren ganzen Mut erforderte. Bei diesem Übergang fällt nämlich die wesentliche Entscheidung: Der Traum wird plötzlich sehr fassbar und konkret. Die letzte Phase, die auch für uns so verzwickte Wiedereingliederung, haben wir bis heute noch nicht ganz bewältigt, erwies sie sich doch für uns alle als viel schwieriger, als wir es uns vorgestellt hatten. Denn wir haben uns verändert! Ob wir je wieder so werden wie früher, ist nicht mehr sicher. Und noch entscheidender: Wollen wir das überhaupt?

Während der ersten Phase träumten wir davon, etwas Außerordentliches zu unternehmen: eine Zeit lang einen alternativen Lebensstil auszuprobieren und uns selbst zu verwirklichen. Vielleicht wollten wir auch einen Hauch von Abenteuer erleben, aber bitte ohne Angst! Und nicht für immer, nur für ein Jahr oder so. Eine einschneidende Veränderung ist natürlich mit neuen Erfahrungen und einem gewissen Risiko verbunden, und jeder muss für sich selbst die Entscheidung treffen, wie weit er den Wechsel treiben und welche Mittel er dabei einsetzen möchte. Auf jeden Fall füllt man eine Auszeit am besten mit einer Tätigkeit, für die eine gewisse Leidenschaft im Herzen schlummert. In unserer Familie ist es das Segeln. Und so entschieden wir uns für eine lange Reise auf dem Meer. Die zentrale Erfahrung unserer Auszeit wurde jedoch die innere Reise, ausgelöst durch die selbst gewählte Lebensveränderung, welche zu einem wunderbaren Wandel führte, der unser seelisches Wachstum förderte – unabhängig vom Boot und vom Meer. Diese Reise – und unser neues Leben – begann bereits an jenem Tag, als wir den Zentimeter aus dem Maßband herausgeschnitten hatten.

Dies ist deshalb die Geschichte einer ganz normalen Familie mit durchschnittlicher Segelerfahrung, einem stabilen Lebenslauf und einem nicht ungewöhnlichen Traum. Wir wollten gemeinsam etwas Neues machen, etwas Besonderes erreichen, etwas Mutiges, das wir noch Jahre später mit einem genussvollen und stolzen Schmunzeln aus der Erinnerung abrufen könnten. Ich glaube, wir strebten nach Selbsterkenntnis, doch das verstanden wir damals noch nicht. Unser Buch handelt von unserem inneren Wandel, den wir langsam vollzogen, ohne ihn bewusst angestrebt zu haben. Wir wurden davon überrascht und bekamen als Belohnung Gelassenheit geschenkt, sodass wir heute wichtigen Entscheidungen, größeren Gefahren und Herausforderungen und jeder neuen sozialen Umgebung besonnen entgegentreten können.

In welcher Lebensphase sehen Sie sich zurzeit? Möglicherweise befinden Sie sich ja schon in der Traumphase, oder hätten Sie sonst dieses Buch in die Hand genommen? Ich kann mich noch gut an die Jahre entsinnen, in denen ich an keinem Bootszubehörladen vorbeilaufen konnte, ohne in dessen Bücherregalen zu stöbern, und auf jeder Bootsmesse zogen mich die Buchstände magnetisch an, um nach den Neuerscheinungen von segelnden Familien Ausschau zu halten. Eigentlich wollte ich immer wieder dieselbe Frage beantwortet haben: Wie brachten diese Familien den Mut auf, alles Vertraute hinter sich zu lassen, um einem ungewissen Abenteuer entgegenzusegeln?

Vielleicht denken Sie ähnlich wie ich damals, dass man als Familie ganz speziell gestrickt sein muss, eine große Menge Mut braucht, ein wenig Waghalsigkeit, sogar einen Hauch Naivität und schließlich auch überdurchschnittliches Glück, damit alles gut gehen kann.

Wir nahmen unsere Kinder aus der Schule, verkauften unser Haus, gaben unsere Berufe auf, und dann, ganz einfach, ließen wir die Leinen los und segelten aus dem Hafen. Vielleicht sind wir tatsächlich etwas abenteuerlich veranlagt, und wir brauchten sicherlich auch eine Portion Mut, aber wir sind nicht mehr vom Glück gesegnet als andere Familien. Im Gespräch mit den vielen segelnden Eltern-und-Kinder-Crews, die wir unterwegs getroffen haben, wurde deutlich, dass wir alle eine sehr ähnliche Entwicklung durchlaufen haben: mit den gleichen Fragen, mit ähnlichen Ängsten und vergleichbaren Erlebnissen vor, während und nach der Durchführung unseres Segelabenteuers.

Ein Beispiel: Während unserer Traumphase konnten wir unzählige Gründe aufzählen, warum gerade wir ein solches Segelprojekt niemals in die Tat umsetzen würden. Ich pflegte mit Ehrfurcht Segelbücher zu verschlingen, die von all den anderen Glücklichen handelten, die es geschafft hatten, ihre Träume zu verwirklichen. Wir hatten keine Erfahrung im Blauwassersegeln und zudem einen attraktiven Arbeitsplatz als Ingenieure und Kinder, die zur Schule mussten! Wir zweifelten, ob wir es uns überhaupt leisten könnten, ein ganzes Jahr ohne finanzielle Einnahmen auszukommen. Viele gute Gründe, dort zu bleiben, wo man sitzt, oder? Aber nachdem wir wieder einmal einen Vortrag von einer echten Blauwasserseglerin gehört hatten, ging ich am Ende des Referates zu ihr und sagte, dass wir auch so gerne das machen würden, wovon sie gerade erzählt hatte.

»Na, dann tu's doch!«, antwortete sie forsch.

Ich dachte, sie hätte mich nicht verstanden. Damals war ich noch davon überzeugt, dass ich mein so sorgsam geregeltes Leben weder verändern dürfe noch könne. Wie engstirnig ich doch war! Heute weiß ich: Was man wirklich will, das kann man auch und sollte es tun! Das Leben ist so lang – was ist da schon ein Zentimeter Auszeit? Daher warne ich meine Leser: Sie lesen unser Buch auf eigene Verantwortung! Es könnte sein, dass auch Sie vom Fernweh angesteckt werden, Ihre Chancen sehen und plötzlich den Entschluss fassen, ebenfalls die Leinen loszulassen. Auf jeden Fall würden wir uns sehr freuen, Ihnen auf den Weltmeeren zu begegnen, denn Platz ist dort genug, und das Risiko, dass Sie Ihren Aufbruch bereuen, scheint mir eher gering. Tatsächlich bereuen die meisten Menschen auf dem Sterbebett eher das, was sie im Leben unterließen, als das, was sie gewagt haben. Und mir ist noch keiner begegnet, der am Ende bereute, nicht genug gearbeitet zu haben.

Aus der Rückschau war für uns der Übergang zwischen der Phase vom Träumen zum Planen am schwierigsten. Diesem Schritt ging ein langer innerer Kampf voraus, der sich in unzähligen Gedanken und Diskussionen im Kreis drehte. Immer wieder erwogen wir dieselben Vor- und Nachteile, Risiken und Chancen, ohne ein klares Bild zu bekommen. Die Herausforderung schien einfach zu vielschichtig, denn wir hatten Angst vor einer Veränderung! Dieser Prozess ist verständlich und sogar notwendig.

Sollten auch Sie diesen inneren Kampf schon in sich selbst gespürt haben: Keine Sorge, wir haben alle darunter gelitten – er gehört dazu! Angst ist der Schrecken jedes denkenden Menschen! Angst steht im Zusammenhang mit stammesgeschichtlich herausgebildeten Warn- und Schutzfunktionen und kann schon bei der Vorstellung einer potenziellen Bedrohung auftreten. Daher führt sie oftmals zu Vermeidung, unterdrückt möglicherweise die Freude am Erkunden von Neuem oder am Spiel und hemmt somit Initiative und Kreativität. Aber man kann sie überwinden und den bewussten, reflektierten und respektvollen Umgang mit Angst in einem weitgehend kontrollierten Rahmen auch als lustvoll, befreiend und zutiefst befriedigend erleben. So tobt ein lebenslanger Kampf in jedem Einzelnen von uns zwischen dem Suchen, Ausprobieren und Erkunden auf der einen und dem Vermeiden, Kontrollieren und Bewahrenwollen des Bekannten auf der anderen Seite. Beide Pole haben ihre Berechtigung, und jeder Mensch muss seine eigene Balance zwischen diesen beiden konkurrierenden Kräften in sich finden. Gewinnt die Vernunft diesen Kampf jedoch vielleicht zu oft in unserer von Rationalität geprägten Informationsgesellschaft? Werden unsere Gefühle unterdrückt, fehlt es an Fantasie, Neudenken sowie der Bereitschaft umzudenken? Sind wir deshalb für individuelle und daher unübliche Gedankengänge zu blockiert? Die Evolution hat uns den Verstand und die Fähigkeit zum Angsterleben gegeben, um Gefahren erkennen und ihnen ausweichen zu können, denn das Unbekannte könnte gefährlich sein! Aber ohne den Mut, manchmal auch das Risiko einzugehen, etwas zu unternehmen, das wir nicht ganz verstehen oder kennen, das heißt, dessen Konsequenzen nicht von Anfang bis Ende ersichtlich sind, gäbe es keine persönliche Weiterentwicklung und keinen Fortschritt.

Eines Abends lag ich lesend im Bett (dreimal dürfen Sie raten, worum es in dem Buch ging!), suchte dann nach einem Kugelschreiber und grub in meiner Nachttischschublade herum. Ich fand keinen Stift, wohl aber den mittlerweile vergessenen Zentimeter. Er hätte zu keinem besseren Zeitpunkt wieder auftauchen können. Den ganzen Tag hatte ich erfolglos versucht, den Eingangskorb meiner E-Mails, der überzulaufen drohte, in den Griff zu bekommen. Die Kontrolle über meinen Alltagsstress drohte mir aus der Hand zu gleiten. Ich fragte mich, wo das alles hinführen sollte. Die Menschen um mich herum und auch ich selbst arbeiteten alle sehr hart an dem, was man Karriere nennt. Für mich hatten diese operative Hektik und das unaufhörliche Streben nach

»mehr« zunehmend etwas mit dem pausenlosen Lauf in einem Hamsterrad gemein. Alle strebten wir nach Komfort und Reichtum. Dabei wurde die Zeit für uns selbst, für die Familie, für Freunde zu einem seltenen Luxusgut. Aber Genuss braucht Zeit, die wir kaum noch dafür zur Verfügung hatten. Wir schienen das Leben aus Gewohnheit zu leben. Effiziente Routine beherrschte unseren Alltag – Gelegenheit zum Müßiggang gab es kaum noch. Wollte ich wirklich so den Rest meiner Tage verbringen? Wo waren meine Glücksgefühle abgeblieben? Das Leben vergeht so schnell, sollte ich da nicht etwas langsamer gehen?

Ich drehte den winzigen Zentimeter zwischen Daumen und Zeigefinger vorsichtig hin und her, während ich ihn genau betrachtete. Meine Gedanken machten sich selbstständig und führten ein Selbstgespräch mit dem kleinen Schnipsel. Ein fehlender Zentimeter im Lebenslauf, wäre das ein verlorener Zentimeter? Oder könnte er zu etwas Besserem führen? Könnte so ein Ausstieg nicht auch ein Einstieg in ein Leben mit befreiend erweitertem Erfahrungshorizont werden? Anstatt auf das Glück zu warten, damit es uns durch Zufall findet, müssen wir es uns wohl eher durch harte Arbeit erkämpfen, indem wir Probleme und Veränderungen als Herausforderungen sehen und diese zu Erfolg verwandeln. Es gibt kein objektives Glück; wir müssen uns selbst glücklich machen. Der Schlüssel dazu liegt in uns selbst. Doch Glück hat leider keine Beständigkeit, sondern im Gegenteil eine extrem kurze Halbwertszeit; es muss immer wieder neu geschaffen werden. Es ist ein Abenteuer, Glück durch selbst gesetzte realistische Ziele immer wieder neu aus den unterschiedlichsten Perspektiven zu erleben. Ich glaube, man muss sich durch ein Projekt arbeiten, mit unvorhergesehenen Ereignissen rechnen, auf das Ziel fokussiert bleiben, um so schließlich eine Befriedigung erringen zu können. Insofern hat das Erleben von Glück auch mit Disziplin zu tun.

Ich starrte immer noch den Zentimeter an und sah vor meinem geistigen Auge das türkise Meer und eine paradiesische Palmeninsel und malte mir aus, was geschehen würde, falls mich das Blauwassersegeln wirklich so sehr faszinierte, dass ich gar nicht mehr an Land zurückkehren wollte. Wir haben einen Freund, der einmal gesagt hat, er wolle das Blauwassersegeln lieber gar nicht ausprobieren, denn er habe Angst, es so zu genießen, dass er nie mehr in einen normalen Alltag zurückkönne.

»Besser, es nicht zu wissen ...«, murmelte er, während er in seinem Büro mit dem Gestus großer Wichtigkeit bedeutungsvolle Papiere von einem Haufen zum anderen schob. Nachdem wir das Blauwassersegeln ja nun gewagt haben und seit einiger Zeit versuchen, uns wieder an unser altes Leben zu gewöhnen, muss ich zugeben, er hatte nicht unrecht.

Entschlossen schüttelte ich alle meine verrückten Träume ab, warf den kleinen Zentimeter in seine Schublade zurück und schloss sie mit einem lauten Ruck. Was für eine blöde Idee! Blauwassersegeln! Das Paradies ist sowieso kein geografischer Ort mit einer Position mit Breiten- und Längengrad. Und gäbe es ihn, er wäre überfüllt! Dann meldete sich der Ingenieur in mir zu Wort: Ist das Leben nicht wie elektrische Spannung? Es muss einen Minuspol geben, um einen Pluspol zu erzeugen. Dabei geht es um das Potenzial, denn eine absolute Spannung gibt es nicht. Ich begann das zu sehen, was die Chinesen Yin und Yang nennen. Nicht einmal Glück schien ohne Trauer, Angst, Herausforderungen und Schmerz zu existieren. Während der darauffolgenden Wochen sprachen Karolina und ich viel über unsere Lebenssituation und unsere zukünftigen Möglichkeiten. Es dauerte nicht lange, bis uns beiden klar war, dass wir unbedingt eine Veränderung wollten, selbst wenn uns damit schwierige Zeiten, harte Arbeit, wenig Geld und das Risiko des Unbekannten bevorstünden. Unsere Träume begannen sich zu formen und wurden immer konkreter. Wir sprachen plötzlich anders miteinander und fragten uns immer öfter: »Wie wäre es, wenn wir es so angehen würden ...«, statt uns in zermürbenden Diskussionen über mögliche Gründe, warum wir es nicht probieren sollten, im Kreis zu drehen. Gleichzeitig vermieden wir es, mit der Familie und Freunden über unsere immer konkreter werdenden Fantasien, Ziele und Wünsche zu sprechen. Sie würden uns sowieso nicht verstehen.

An einem kühlen Herbsttag erfanden wir ein neues Spiel: Wie würde es sich anfühlen, falls wir eine bestimmte Woche festlegten für den

Ausstieg? Noch war es nur ein Wunschtraum! Wann wäre der beste Zeitpunkt? Wir wollten sicher nicht mit Teenagern an Bord lossegeln. Ein Jugendlicher auf der Schwelle zum erwachsenen Leben ist lieber mit Freunden zusammen anstatt mit seinen Eltern auf einem langweiligen Boot, wo es absolut keine Abwechslung gibt. Also müssten wir vor dem dreizehnten Geburtstag unserer Tochter Jessica zurück sein. Auf der anderen Seite hatten wir noch viel vorzubereiten. So stellten wir uns vor – es war schließlich nur eine Gedankenübung –, wir könnten lossegeln, sobald Jessica elf Jahre alt wäre. Unser Sohn Jonathan wäre dann neun Jahre alt beim Ablegen. Wir nahmen ein neues Maßband, hängten es an die Wand und entschieden, dass jeder Zentimeter darauf eine Woche bis zum Beginn unseres Abenteuers festlegte. Die Schere ging hoch und runter, bis wir bei 87 Zentimetern stehen blieben und den Entschluss fassten, dort zu schneiden. Fertig? Achtung: eins ... zwei ... drei ... Schnitt! Am Ende jeder Woche versammelten wir vier uns vor dem aufgehängten Maßband und knipsten einen weiteren Zentimeter ab. Plötzlich wurde alles erschreckend real: Unser Leben bis zum Tag X verstrich alarmierend schnell, und Woche für Woche wurde es kürzer! Die Tage flogen dahin, und wir standen nur da und schauten zu.

Ich glaube, das war der Zeitpunkt, als wir mit dem Träumen aufhörten und mit dem Planen begannen. Unser Leben hatte ein neues Ziel mit einem festen Datum. Ab sofort lebten wir in zwei parallelen Welten: Wir erfüllten die Ansprüche unseres Alltags, während unser Projekt gleichzeitig immer größere Aufmerksamkeit verlangte. Das war nicht immer einfach, aber es machte Spaß. Wir fühlten uns plötzlich so lebensfroh wie nie zuvor, es ging vorwärts, und vor allem: Es war keine Flucht, wir liefen nicht vor etwas weg, um uns im Paradies auf einer karibischen Insel zu verstecken. Was wir suchten, war der Atem des Lebens: das Auf und Ab, Stürme und Flauten, Natur und Zivilisation, Land und Meer, Menschen und Einsamkeit. Zudem wünschten wir uns, bessere Segler zu werden und als Familie noch mehr zusammenzuwachsen.

Mehr und bewusst Zeit mit den Kindern zu verbringen war deshalb ein wichtiger Bestandteil unseres Projektes. Hatten wir nicht die Pflicht, ihnen so viel wie möglich von dieser Welt zu zeigen? Wir wollten Jessica und Jonathan die Erfahrung ermöglichen, dass man Aufgaben auf unterschiedliche Arten bewältigen kann, man es nicht überall auf der Welt gleich macht, und ihnen damit die Chance für flexibles, zukunftsorientiertes Denken geben sowie Toleranz für unbekannte Menschen und fremde Kulturen zeigen.

Während unserer ersten Phase, der des Träumens, hatten wir das Maßband genutzt, um den Status quo unseres Lebenswegs auszuleuchten. Der bewusste Zentimeter gab uns die Zuversicht und den Mut, aus unserer Tretmühle für eine gewisse Zeit auszusteigen. Während unserer zweiten Phase, der des Planens, verfestigten wir unsere Hoffnung, dass wir tatsächlich eines Tages unser bisher gewohntes und lieb gewonnenes Leben loslassen und neue Erfahrungen zulassen würden. Und wie benutzten wir das Maßband in unserer dritten Phase, der des Segelns? Ganz einfach: Wir warfen es weg. Zeit und Raum verschmolzen für uns, eine Messung wurde unwesentlich. Die kleinen Abschnitte verloren an Bedeutung, denn wir lebten mehr und mehr im Hier und Jetzt.

Im Laufe der ganzen Vorbereitung sprachen wir nur mit sehr wenigen Menschen über unser bevorstehendes Abenteuer. Nie legten wir eine zeitliche Grenze unseres Törns fest, und wir nannten auch kein bestimmtes Ziel. Viel zu leicht hätte jede Abweichung als Misserfolg verstanden werden können – falls wir zum Beispiel früher als geplant zurückkehrten oder eine kürzere Route wählten. Wir wollten uns alle Türe offen lassen. Falls uns das Leben auf dem Meer nicht mehr zusagen würde, wollten wir – zu welchem Zeitpunkt auch immer – mit einem guten Gefühl wieder nach Hause zurückkehren können. Mit gutem Gewissen würden wir dann all diese Träume aus unserem Leben streichen, schließlich hätten wir sie erprobt und eine Erkenntnis gewonnen. Das wäre immer noch besser, als ein Leben lang darüber zu grübeln, eventuell die wichtigste Chance im Leben verpasst zu haben. Wir entschieden, dass wir nur so lange unterwegs sein wollten, bis einer von uns vieren den Wunsch äußerte, das Abenteuer abzubrechen. Jeder hatte ein Vetorecht, von dem er jederzeit Gebrauch machen konnte und welches ohne weitere Diskussionen von allen akzeptiert werden müsste. Zu unserem Glück kam niemals ein Veto zum Einsatz.

Mut zur Kommunikation

Mit diesem Buch möchte ich Sie gerne zum Fahrtensegeln anregen. Gleichzeitig ist es mir ein Anliegen, Ihr Selbstvertrauen zu stärken. Sollten Sie so neugierig sein wie ich, werden Sie wahrscheinlich besonders am Anfang viele Fragen haben. Neben Learning by Doing kann man besonders viel von den Erfahrungen anderer Segler profitieren.

Sind Sie erst einmal gestartet, wird es wahrscheinlich nicht lange dauern, bis Sie Ihre eigenen Empfehlungen und Erfahrungen weitergeben können. Dann entwickelt sich alles fast von selbst: Selbstvertrauen und -bewusstsein, immer mehr Freude am Segeln sowie das wunderbare Gefühl, zur Gruppe der Segler zu gehören.

Sollten Sie Freude daran haben, in einem Hafen die Bootsstege entlangzuspazieren, dürfen Sie nicht davor zurückschrecken, Segler auf deren Booten anzusprechen und Fragen zu stellen. Fast alle und insbesondere solche, die auf einer Fahrtenyacht sitzen, lieben es, Menschen kennenzulernen, und sprechen gern über alles, was mit dem Segeln zu tun hat. Je mehr Personen Sie ansprechen, desto mehr Meinungen und höchst unterschiedliche Antworten auf dieselbe Fragestellung werden Sie erhalten: Es gibt viele Wege, die zum Ziel führen. Die spannendste Frage bleibt dann, für welchen Weg Sie sich selbst entscheiden, welcher Weg und welches Ziel Ihnen entsprechen. Kombiniert man diese Gespräche mit dem Lesen von Segelbüchern, der Teilnahme an Segelkursen und selbst gewonnenen Erfahrungen, gewinnt man eine sehr solide Basis für die Theorie und Praxis des Fahrtensegelns. Auch wir haben auf diese Weise viele Tipps und Tricks kennengelernt, die ich Ihnen am Steg liebend gerne weitergeben würde, sollten Sie uns ansprechen, während wir im Cockpit sitzen. Da wir uns aber vielleicht nie begegnen werden, fasse ich meine Erfahrungen ersatzweise gebündelt am Ende jedes Kapitels zusammen. Diese Denkanstöße und Anregungen erheben aber in keiner Weise Anspruch auf Vollständigkeit und sind ebenso wenig als Lernstoff gedacht. Vielleicht sind Sie Ihnen nicht einmal von Nutzen, da Sie andere Vorstellungen, Wünsche und Ziele haben, das heißt: anders segeln und leben möchten. Es gibt so viele Möglichkeiten, das Fahrtensegeln interessant, erlebnisreich und persönlich erfüllend zu gestalten. Gerade das ist das Besondere: Fahrtensegeln bietet die größtmögliche Freiheit, die eigene Individualität in Harmonie mit anderen Menschen, Natur und Umwelt auszuleben. Genau das ist es, was wir daran so sehr lieben.

Auch für das Segeln gilt das Zitat von Erich Kästner: »Es gibt nichts Gutes, außer man tut es!« Vielleicht werden ja auch Sie eines Tages Teil der wunderbaren Gemeinschaft der Blauwassersegler, die sich selbst Yachties nennen. Ich würde mich freuen.

2

In dem wir unser altes Leben wegpacken

Planen

Es war schon Mai, und die Umsetzung des zweiten Schrittes vom Planen zum tatsächlichen Segeln lag nur noch wenige Wochen entfernt. Unser damaliges Leben als chaotisch zu beschreiben, wäre eine glatte Untertreibung. Wie konnte es dazu kommen? Wir hatten uns bis dahin für gute Organisatoren gehalten und unser Leben im Griff gehabt. Überstieg das Segelprojekt unsere Fähigkeiten? Erwarteten wir zu viel vom Leben und von uns? Und wenn es schon in der Planungsphase so chaotisch zuging, wie sollte dann erst unser Segelabenteuer enden?

In nicht mehr als zwei Wochen sollte eine Umzugsfirma unser Heim leeren: jedes Möbelstück, jedes Betttuch, jede Winterjacke, alle unsere Bücher und Ordner, unsere Töpfe und Pfannen – alles, was wir an Bord nicht benötigten – sollten in irgendeinem Lager verschwinden. Was für ein Schritt: Nur sechs Wochen zuvor hatten wir noch nicht einmal den Entschluss gefasst gehabt, unser Haus zu verkaufen. Jetzt kämpften wir mit den Folgen des Hausverkaufs, und plötzlich wurde sehr deutlich, dass Planung nicht nur Organisationstalent, sondern auch Mut und Flexibilität erfordert. Erst kürzlich hatten wir mit einer Seglerfamilie gesprochen, die mit ihren zwei Töchtern drei Jahre lang um die Welt gesegelt war.

Sie hatten uns gefragt: »Warum wollt ihr euer Haus unbedingt behalten? Warum verkauft ihr es nicht?«

Wir konnten diese Frage nicht beantworten. Vielleicht gab uns das Haus ein Gefühl der Sicherheit, falls wir die Notbremse ziehen wollten? Doch in den folgenden Gesprächen erkannten wir, dass dies ein Trugschluss war. Wir waren nicht einmal mehr sicher, ob wir überhaupt in unser Haus zurückkehren wollten, denn es war für heranwachsende Kinder nicht gerade ideal. Warum also ein Haus behalten, das unseren Bedürfnissen zu einem späteren Zeitpunkt vielleicht gar nicht mehr entsprechen würde? Und schon entwickelte sich der nächste Gedanke: Die Welt ist so groß und schön, warum sollten wir überhaupt unbedingt in dieselbe Kleinstadt zurückkehren? Das Haus könnte sogar zu einer Last werden, Mieter könnten vielfältige und unangenehme Probleme verursachen und damit unsere Handlungsfreiheit bei der Rückkehr stark einschränken. Mit jedem Schritt und mit jeder Entscheidung, die wir trafen, wurde unsere innere Welt größer, unsere persönlichen Grenzen verschoben sich. Unsere privilegierte Lebenssituation, Entscheidungen nach persönlichen Vorstellungen frei treffen zu können und das Leben kreativ zu gestalten, anstatt fremdbestimmt in eng gesetzten Grenzen handeln zu müssen, erfüllte uns mit immer größerer Freude. Doch es schlich sich manchmal auch der Zweifel ein, ob wir nicht zu viel veränderten und uns damit überforderten. Es ist nicht einfach, mit Freiheit sinnvoll umzugehen.

Unser Einzug an Bord, der aus einem nie enden wollenden Packen und Verstauen bestand, zeigte uns auch die Kehrseite eines Aufbruchs und Abschieds vom geliebten Haus und unserer Heimat. In den wenigen ruhigen Minuten, die wir vor unserer Abreise noch zum Nachdenken fanden, fragte ich mich im Geheimen, warum wir kein größeres Boot gekauft hatten. Wo sollten wir alles verstauen? Kiste um Kiste verließ unser Haus und wurde an Deck unserer REGINA abgestellt, und irgendwie geschah das Wunder, dass leere Kartons wieder den Weg an Land fanden. Falls deren Inhalt sich nicht in der feuchten Hafenluft aufgelöst hatte, musste er sich doch irgendwo an Bord versteckt haben, oder? Wir erstellten endlose Listen, um den Verbleib unserer Habseligkeiten zu dokumentieren. Würden wir sie je wiederfinden?

Todmüde fielen Karolina und ich jeden Abend spät ins Bett und fragten uns immer wieder: Warum tun wir uns all dies an? Warum haben wir unser Haus verkauft? Warum haben wir unsere Firma aufgegeben? Warum gaben wir unser bequemes Leben auf, mit dem regelmäßigen Einkommen, guten Freunden, guten Weinen und mit einer Schule, die den Kindern doch so gefiel? Doch die am schwierigsten zu beantwortenden Fragen für uns waren: Warum freuten sich Jessica und Jonathan so sehr und konnten den Einzug an Bord und den Beginn unseres Segelabenteuers kaum erwarten? Waren wir alle verrückt geworden?

Es versteht sich von selbst, dass ich zu diesem Zeitpunkt von unserem Vorhaben nicht mehr ganz so überzeugt war. Das Selbstvertrauen, das ich mir während der vielen Jahre aufgebaut hatte, schien unter der schweren Bürde der Verantwortung für das zukünftige Wohlergehen meiner Familie sowie der zermürbenden Müdigkeit dahinzuschmelzen. Ich war erschöpft von der Arbeit im Büro, erschöpft von den Vorbereitungen des Umzuges und von dem endlosen Verstauen unserer Utensilien an Bord, erschöpft davon, Versicherungen abzuschließen, den Unterricht der Kinder für unterwegs vorzubereiten, Ersatzteile und Werkzeuge zu beschaffen; erschöpft vom Einscannen unendlich vieler Seiten aus Bedienungsanleitungen, von Kochrezepten, Fotos und wichtigen Dokumenten, damit sie alle auf der Festplatte unseres Computers mitreisten, und müde von der nie enden wollenden Auswahl von Kleidern, Büchern, CDs und Teddybären, mit denen wir den engen Platz an Bord teilen wollten.

Was wir an Land zurückließen, schien immer weniger Bedeutung für uns zu haben. Unzählige bisher für notwendig gehaltene Dinge, die wir weder verschenken, verkaufen noch wegwerfen wollten, verschwanden in besonders gekennzeichneten Kisten und wurden auf dem Dachboden von Karolinas Eltern in Sicherheit gebracht. Und gleichzeitig erhob sich die Frage: Warum behielten wir all dies? Für unsere Enkelkinder? Wir wussten es nicht. Viele Aspekte unseres alten Lebens verloren in dieser Anfangszeit der Reise immer mehr an Wert. Neue Steuergesetze, politische Querelen, Wirtschaftszahlen, Börsenkurse ..., die früher für uns so wichtigen TV-Sendungen, die wir mit Interesse verfolgt und die unser Leben beeinflusst hatten, erreichten uns kaum mehr, wir schenkten ihnen einfach immer weniger Beachtung. Vielleicht waren wir viel zu beschäftigt und zu sehr auf unseren Abreisetermin konzentriert, an dessen mögliche Einhaltung wir kaum mehr glaubten.

Je näher der Tag des Abschiedes heranrückte, desto größer wurden meine Zweifel. Was würden zum Beispiel unsere Freunde und Bekannten wirklich denken, wenn wir ihnen verkündeten, zukünftig nur noch über Satellitentelefon erreichbar zu sein, sodass sie nie wissen konnten, ob sie uns gerade im Kampf mit Sturmwinden auf dem Atlantik erwischten, oder ob wir in den Tropen beim Schnorcheln waren? Würden sie sich fragen: Warum machen die das? Würden sie uns für verantwortungslos und verrückt halten?

Unsere REGINA allerdings war uns noch nie so bezaubernd und attraktiv vorgekommen: nahezu startbereit für das große Abenteuer. Es fehlten nur noch die Lebensmittel, wobei Karolina das Proviantieren perfekt beherrschte. REGINA schien zu lächeln, ich konnte es genau fühlen. Es waren bald nicht mehr die Reisevorbereitungen, die uns noch festhielten, sondern es war nur unser altes Leben, das uns noch festhielt. Immer wieder verstrickten wir uns in als wichtig erscheinende, noch in letzter Minute zu bewältigende Aufgaben. Warum konnten wir nicht einfach loslassen und auslaufen? Mit ein bisschen Glück wollten wir in Kürze an Bord umziehen; es gab wirklich nur noch wenige abschließende Probleme an Land zu lösen, während wir auf den Ferienbeginn unserer Kinder warteten. Wenn die Schule im kommenden Herbst für ihre Klassenkameraden wieder losging, würde für Jessica und Jonathan alles anders sein. Erstens würden dann ihre eigenen Eltern zu ihren Lehrern. Aber auch ganz andere Lehrmeister sollten den Unterricht prägen: bisher unbekannte Orte, neue Kulturen, fremdartige Mentalitäten und aufregende Erlebnisse.

Wie werden unsere Kinder diese neue Erlebnispädagogik bewältigen? Werden sie davon profitieren? Inwiefern werden wir uns alle verändern? Was wird das Leben uns lehren, auf einem 40-Fuß-Boot lebend, so intensiv und eng beieinander, ohne Möglichkeit des Rückzugs und der Flucht, ständig untewegs? Warum wollten wir uns den Naturgewalten so unmittelbar aussetzen und vom gut situierten Bürger zum Vagabunden werden? Warum wollten wir nicht einfach wie unsere Freunde und Verwandten den bisher üblichen Lebensweg fortsetzen?

Die vielseitige und von Schönheit geprägte Mutter Natur wird nun unsere unmittelbare Nachbarin werden – eine große Chance für die Erweiterung sozialer Kompetenzen, besonders für die Eltern. Jedoch war unser bisheriger Alltag sicherlich mit viel weniger Problemen behaftet gewesen, als sich ständig deren Launen auszusetzen. Doch allen Bedenken und Zweifeln zum Trotz: Wir sehnten den Zeitpunkt immer ungeduldiger herbei, an dem wir unseren Heimathafen sachte im Kielwasser verschwinden sehen würden, und ich hoffte inständig, dass wir bis dahin noch deutlicher erkennen könnten, warum wir all dies auf uns nahmen.

Eine Fahrtenyacht wählen und ausrüsten

Die Wahl einer Fahrtenyacht sollte mindestens so sehr mit dem Herzen wie mit dem Verstand getroffen werden. Eigner und Schiff verbindet oftmals eine besondere Beziehung, eine hohe Affinität. In unserem Fall ist REGINA zum Synonym für unser Zuhause geworden. Alle in unserer Familie sprechen liebevoll von ihr, fast wie von einem Familienmitglied.

Ähnlich wie bei der Wahl eines Lebenspartners, so sollte auch ein Schiff nicht nur eine lange Liste an Besonderheiten erfüllen, und dabei ist äußere Attraktivität natürlich nicht von Nachteil. Denn es stimmt: Schiffe mit graziösen, ausgeglichenen Linien, die eine Freude für das Auge sind, segeln und bewegen sich wesentlich besser im Meer als plumpere Modelle.

Sie haben wahrscheinlich zumindest eine ungefähre Vorstellung, wie viel Geld Sie für Ihre Yacht ausgeben möchten. Schauen Sie sich vorzugsweise jene Schiffe an, die circa 20 Prozent unter Ihrem Budget liegen, und versuchen Sie, falls es sich um ein Gebrauchtboot handelt, weitere 15 Prozent herunterzuhandeln. Das auf diese Weise gesparte Geld wird nämlich schon sehr bald von beim Kauf nicht kalkulierten Ausgaben verschlungen werden.

Wenn Sie weder äußerst kühn noch erfahren sind, ist es ratsam, ein »Standardfahrtenschiff« einer Serienherstellung mit herkömmlichem Rigg und bewährtem Layout zu kaufen. Falls Sie sich das Schiff auf einer Messe oder im Hafen anschauen, stellen Sie es sich bei 30 Grad Schräglage und Wellengang vor. Können und wollen Sie dann noch unter Deck arbeiten? Eine wichtige Frage.

Ein tiefes v-förmiges Unterwasserschiff schneidet Wellen auf weichere Art und ist in rauer See bequemer als ein Boot mit plattem Unterwasserschiff, das leicht schlägt in den Wellen. Sollten Sie mit einem älteren Modell liebäugeln, sollten Sie vorzugsweise ein bewährtes Fahrtenschiff und einen Schiffstyp wählen, der noch hergestellt wird.

Was die Schiffsgröße betrifft, so bedenken Sie, dass Wasser, Diesel, Vorräte, Ersatzteile, Bücher und Habseligkeiten sehr viel wiegen, was für ein Schiff mit größerer Verdrängung spricht. Andererseits ist natürlich auch der Faktor Geschwindigkeit zu berücksichtigen.

Hat das ausgewählte Schiff noch keinen Ozean überquert, würde ich mir viel Zeit lassen (vielleicht sogar Jahre), um es genau kennenzulernen und auszurüsten. Sie können einen Gutachter fragen, welche Ausrüstung notwendig wird, falls das Boot als Offshore-Charterschiff Verwendung finden soll. Oder Sie orientieren sich an den Anforderungen der ARC (Atlantic Rally for Cruisers). Auch Yachtzeitschriften beschreiben die Ausrüstung, die sich auf Ozeanrallies (z. B. ARC) bewährt haben.

Am besten aber befragt man erfahrene Blauwassersegler, entweder persönlich oder man schlägt auf den vielen Webseiten im Internet nach, auf denen die Fahrtensegler ihre bewährten Ausrüstungslisten vorstellen. E-Mailen Sie, und stellen Sie Fragen!

Was erst kürzlich auf den Markt gekommen ist, ist eher mit Vorsicht zu betrachten. Lassen Sie im Zweifel die Finger davon und wählen Sie bewährte, simple, autonome und redundante Systeme. Bauen Sie nicht zu viel ein. Erstens kann, was nicht da ist, auch nicht kaputtgehen, und zweitens kann man vieles auch unterwegs nachrüsten.

Wollen Sie, dass Ihre Partnerin oder Ihr Partner mit Ihnen auf große Fahrt geht, vergessen Sie nicht, auch sie bzw. ihn mit einzubeziehen und ein aktives Mitbestimmungsrecht einzuräumen. Teamgeist zahlt sich an Land und zur See aus.

3

In dem wir endlich loslassen und viel gewinnen

Das Kielwasser

An einem regnerischen Junitag war es endlich so weit. Unzählige Male hatte ich mir genau den Moment vorgestellt: wie es sein würde, unsere Traumreise anzutreten. Alles hatte ich mir so einfach zurechtgeträumt: Wir würden unternehmungslustig aus unserem Heimathafen Ystad in Südschweden heraus in Richtung Horizont, Freiheit und Abenteuer segeln. Die Sonne sollte von einem klarblauen Himmel scheinen. Glückliche Gesichter voller Erwartung sollten mich umgeben. Natürlich war dann alles ganz anders! Schwere Regenwolken hingen tief über dem Wasser, und ein nasser Nieselregen fegte durch die Luft. Es war kalt. Kaum jemand war unterwegs, und so fühlten wir uns recht allein. Doch vom Wetter abgesehen, empfanden wir die Einsamkeit in diesem für uns so bedeutungsvollen und emotionalen Moment als durchaus passend. Eigentlich hatten wir es uns gar nicht anders gewünscht. Wir hatten bewusst niemandem den Tag unseres Auslaufens verraten, nicht einmal uns selbst. Der Grund dafür war simpel: Wir kannten den Abfahrtstermin nicht! Wir wollten ablegen, sobald wir dafür bereit waren, uns keinen Zwang antun oder irgendeinen Druck spüren nur wegen eines am grünen Tisch festgelegten Datums.

Obwohl wir manchmal den Eindruck gewonnen hatten, mit unseren Vorbereitungen nie fertig zu werden und immerfort gestresst waren, kam der Tag zum »Leinen los« eben doch. Zufälligerweise fiel er auf den nassen, kalten, grauen sowie verregneten 13. Juni – obwohl richtige Seeleute niemals an einem 13. eines Monats den Hafen verlassen. Wir waren so erschöpft, wir vergaßen sogar unseren Aberglauben. Keine große Abschiedsparty an Land, kein lokaler Zeitungsreporter, keine großartige Bekanntmachung über den Aufbruch der »heldenhaften Familie, die die Weltmeere bezwingt«, was sowieso in der Regel sofort als Weltumsegelung missverstanden wird. Abgesehen von der Entscheidung, überhaupt so ein Segeljahr durchzuführen, ist genau dieser Moment des Ablegens, wenn man Familie und Freunde zurücklassen muss, der absolut härteste Moment des ganzen Projektes.

Ich hatte vor unserer Abreise gegenüber allen Bekannten, Freunden und Verwandten inklusive meiner eigenen Familie behauptet, dass die heutige Welt um etliches kleiner geworden sei und dass gegenseitige Besuche kein Problem darstellen würden. Billige Flüge, Satellitentelefone, Skype und E-Mails könnten uns alle zusammenhalten. Verzweifelt hatte ich versucht, besonders den Verwandten einzureden, dass unser Törn im Grunde nichts anderes sei als ein gewöhnlicher, nur etwas verlängerter Segelurlaub. Offensichtlich klang ich dabei nur wenig überzeugend; sie glaubten genauso wenig dran wie ich selbst. Unsere Familie, alte Bekannte und neu gewonnene Freunde blieben nun alle an Land – fast kam es uns so vor, als ob wir sie ins Kielwasser geworfen hätten. Bald verblieben nur noch Wellen, die unsere Erinnerungen überspülten. Ich hielt meine Tränen zurück und starrte verbissen in den Wind, wobei die Vermutung nahelag, dass wir wohl noch öfter einen solchen Abschiedsschmerz spüren würden: Ich fürchtete schon jetzt all diese Abschiede von Segelfreunden, die wir unterwegs gewinnen würden, und die zum Seglerleben gehören wie das Meer, die Wellen und der Wind.

Zwölf Monate später hatte sich meine Vorahnung nicht nur als richtig erwiesen, sondern machte sich mit einem fast unausstehlichen Schmerz bemerkbar. Beim Ablegen im Heimathafen hatte ich mir nicht einmal ansatzweise vorstellen können, wie hart uns am Ende der Abschied von den Yachties treffen sollte. Die vielen Leute, die wir während unseres Segeljahres kennenlernten, die Freunde, die wir gewannen, die Tage, die wir teilen durften, die Abenteuer, die wir gemeinsam bestehen mussten: All dies wurde im Laufe der Zeit unverzichtbar. Begegnung und Abschied, Nähe und Distanz in menschlichen Beziehungen sind wie Wellenbewegungen. Der Abschiedsschmerz ist der Preis für gute

Freundschaft, die spätere Wiederbegegnung der Lohn. Erst wenn sich diese Interaktion harmonisch, fast wie ein Tanz vollzieht und Gleichklang daraus resultiert, verstehen wir die Basis wahrer Freundschaft und sind imstande, jeden Abschied als einen Neubeginn einer vielleicht lebenslangen Freundschaft zu sehen.

Zum Glück vernahm ich an jenem 13. Juni tief in meinem Herzen eine ganz leise Stimme, die mir die verheißungsvollen Lockungen für einen neugierigen Wanderer zuflüsterte und mich aufforderte, die Welt zu entdecken, neue Erfahrungen zu sammeln – und insbesondere neue Freunde zu gewinnen. Hätte ich diese zarten Einflüsterungen nicht vernommen, hätte ich vielleicht nicht die Kraft gehabt abzulegen. Um Mitternacht fiel die helle Sommernacht langsam übers Kattegat. Es war kühl, und ich fühlte mich ein wenig einsam bei meiner Nachtwache, während alle anderen an Bord fest schliefen.

»Der Sommer kommt doch etwas spät in diesen Breitengraden, falls er überhaupt kommt«, sinnierte ich laut.

War es verrückt, unsere Tour in Richtung Norden zu beginnen? Es schien schon etwas paradox, dass REGINA auf nördlichem Kurs längs der dänischen Küste war, obwohl wir ja eigentlich geplant hatten, in den warmen Süden zu segeln! Ich blickte in unser Kielwasser, das sich mit der ewigen Dünung des Meeres vermischte. Wie lange würden sich unsere Freunde und Kollegen noch an uns erinnern, und in welcher Form? Ich befürchtete, unsere Lebensspuren würden schon bald – wie die Spur hinter dem Heck von REGINA im Seegang – als unbedeutend untergehen. Also richtete ich meinen Blick nach vorn, kontrollierte unseren Kurs und nahm einige Korrekturen am Autopiloten vor. Unser nächster Hafen: Unbekannt!

»Ich muss diese Entscheidung erst noch mal überschlafen«, hatte Karolina gesagt, als sie sich nach ihrer Wache in die Koje zurückzog und mich mit dem Boot und meinen Fragen zum nächstmöglichen Anlaufhafen allein ließ. Vielleicht sollten wir nach Aalborg im Norden Dänemarks segeln und Karolinas Onkel besuchen, der dort lebt? Oder nach Skagen an der nördlichsten Spitze Dänemarks, denn dort lagen Freunde mit ihrem Boot, die, genau wie wir, gerade ihren Jahrestörn begonnen hatten? Oder warum nicht zu meiner Mutter abdrehen, die zurzeit in Lysekil an der Westküste Schwedens Urlaub machte? Vielleicht noch besser, den guten Wind ausnutzen und direkt von hier nach Norwegen durchsegeln? Mir wurde plötzlich bewusst, dass wir Familie und Freunde nicht nur zurückließen, sondern auch vor uns hatten. Es wurde Zeit, endlich konsequent nach vorne zu blicken.

Segelkenntnisse

Sollten Sie den Plan verfolgen, einen Ozean zu überqueren, obwohl Sie bisher noch nie gesegelt sind, haben Sie noch einiges vor sich. Dennoch gibt es eine durchaus stattliche Anzahl von Seglern, die dieses Ziel in relativ kurzer Zeit verwirklicht haben. Wir trafen viele Segler auf dem Weg in den Pazifik mit wenig Segelerfahrung.

Wenn Sie bald los wollen, wenden Sie sich am besten an eine der vielen Segelschulen im In- und Ausland, beispielsweise die Royal Yachting Association (RYA), die in vielen Ländern vertreten ist und international hohes Ansehen genießt. Verteilen Sie Ihre Teilnahme an den Kursen auf mehrere Wochen oder sogar Länder, so gewinnen Sie an zusätzlicher Lernerfahrung: übers Wetter und über die Segelreviere bis hin zu sehr unterschiedlichen Tipps durch Ihre Lehrer und Skipper.

Um an praktischer Erfahrung zu gewinnen – auch ohne eigenes Schiff –, können Sie sich auch als Crewmitglied in Ihrem lokalen Segelklub bewerben. Oft gibt es am Anfang und am Ende der Saison Gelegenheit, eine Yacht von einem Liegeplatz zum nächsten zu überführen. Interessierte bzw. kompetente Crewmitglieder sind da häufig sehr willkommen. Ebenso könnten Sie auch als Crew an Klub-Regatten teilnehmen. Auch Blauwasserseminare, oft im Kontext von Bootsmessen angeboten, sind immer interessant. Fortgeschrittene können von Offshore Sail Training Expeditions profitieren, die in sehr interessanten Revieren der Welt angeboten werden. Spätestens in dem Sommer, bevor Sie lossegeln wollen, ist es ratsam, einige längere Törns zu unternehmen (Nachtsegeln inbegriffen), um Schiff sowie Crew zu testen und vorzubereiten. Auch Manöver wie beispielsweise Sturmtaktik, beidrehen oder Mann-über-Bord-Simulation unter Segeln und bei etwas stärkerem Wind und Wellengang sind wertvolle Übungen.

Sollten Sie schon einige Jahre Erfahrung in ihrem Revier gesammelt haben, können Sie Ihre Kenntnisse und Fähigkeiten auch unterwegs weiter ausbauen. Man muss nicht perfekt sein, um auf große Fahrt zu gehen; vieles kommt automatisch durch die praktischen Anforderungen. Doch bleiben Sie ehrlich und konstruktiv-selbstkritisch, und nehmen Sie stets Rücksicht auf Ihre Crew. Ein Team ist immer nur so gut wie sein schwächstes Mitglied. Zudem unterliegen wir Segler Begrenzungen durch Naturgewalten und Material, denen geschickt Rechnung getragen werden muss, um keine ernsthaften Schwierigkeiten zu provozieren.

Ein weiteres wichtiges Wissensgebiet, das Sie nicht unterschätzen sollten, ist die Technik. Wie neu Ihre Ausrüstung auch sein mag, die meisten Teile werden irgendwann kaputtgehen, und sei es auch nur der Impeller. Auch werden Sie mit Sicherheit die grundlegenden Wartungsarbeiten selbst durchführen müssen. Vor dem Törn sollten Sie daher die wichtigsten Teile Ihres Motors kennenlernen und gut mit einem Multimeter umgehen können. Bücher und Kurse gibt es dazu in Hülle und Fülle. Zum Glück darf man mit Recht behaupten, dass Probleme während einer so großen Reise zwar auftreten werden, doch in der überwiegenden Anzahl der Fälle gut zu bewältigen sind. Zudem ist auch Fortuna den Seglern meist freundlich zugeneigt. Dennoch ist es kein Fehler, vor dem Ablegen einige Worst-case-Szenarien gedanklich durchzuspielen und eine Art Plan zurechtzuzimmern, wenn ein, zwei oder drei Systeme gleichzeitig ausfallen – obwohl das Eintreffen dieser Szenarien statistisch gesehen höchst unwahrscheinlich ist. Auch die Möglichkeit eines Stromausfalls sollten sie gedanklich durchspielen.

Darüber hinaus vermittelt ein Seenotrettungskurs ein solides Gefühl der Sicherheit, denn man lernt dort, mit Notsignalen, Rettungsinseln, Lecks oder Feuer an Bord umzugehen und hat im Notfall alles schon einmal bewältigt. Zusätzlich sollten auch die Crewmitglieder einen Erste-Hilfe-Kurs belegt haben. Unter der Vielzahl angebotener Kurse findet man spezielle Medizin-an-Bord-Kurse, und Ihr Hausarzt wird sicher ebenfalls gerne bereit sein, die wahrscheinlichsten Probleme durchzusprechen sowie eine gut sortierte Schiffsapotheke zusammenzustellen.

4

In dem wir den Spuren der Wikinger folgen

Auf eigenem Pfad

Plötzlich stand sie da, genau neben unserem Boot. Wir hatten gerade in Farsund, Norwegen, nach 29 Stunden und 177 Seemeilen von Nibe in Dänemark kommend, angelegt. Sie trug ein knallorangefarbiges T-Shirt, auf dem »Lista Guide« mit großen Buchstaben zu lesen war, lächelte uns freundlich zu, hieß uns in Farsund willkommen und sprach von der interessanten, von Schönheit geprägten Umgebung. Alles recht und gut, aber wir waren todmüde nach unserem langen Törn von Dänemark und kaum noch aufnahmefähig.

Am Tag zuvor waren wir vom Kattegat kommend in den dänischen Limfjord gesegelt, hatten Aalborg steuerbords liegen gelassen und waren durch den gewundenen natürlichen Kanal motort, der von Ost nach West ganz Jütland in Dänemark durchquert. Dieser Fjord ist nicht sonderlich tief, und ich gestehe: Nicht weniger als dreimal sind wir auf Grund gelaufen. Das erste Mal haben wir es nicht einmal bemerkt. Erst die Logge, unser Geschwindigkeitsmesser, hatte uns darauf aufmerksam gemacht, dass wir plötzlich nur noch einen einzigen Knoten Fahrt machten, obwohl die Maschine normal weiterlief. Anscheinend war es kein Kinderspiel, im Kanal auf direktem Weg von einer Boje zur nächsten zu steuern, und wir hatten die Kurve ein klein wenig zu eng gekratzt, als wir abseits der Fahrrinne eine eigene einsame Furche pflügten. Zum Glück war es nur notwendig, den Kurs etwas nach Backbord zu ändern, und schon waren wir wieder draußen im Tiefen: mit voller Fahrt voraus.

Während der zweiten Grundberührung lag ich in meiner Koje und merkte auch dieses Mal nichts, was damit zu tun hatte, dass ich tief entspannt schlief. Leider wurde ich abrupt gestört, als Jonathan nach unten stürzte und laut verkündete: »Papa, wir sitzen schon wieder fest!« Dieses Mal hatten wir uns tatsächlich in dem weichen Grund festgefahren und große Mühe, um rückwärts rausstoßen zu können. Der Bugstrahler kam zu einem unerwarteten Einsatz, offensichtlich konnte er uns nicht nur bei engen Hafenmanövern nützlich sein. Indem wir mit dem quer zur Fahrtrichtung stehenden Propeller den Bug abwechselnd nach Steuerbord und Backbord drückten, konnte wir den Kiel per Schaukelbewegung frei bekommen. Bald waren wir wieder flott und setzten unsere Inlandfahrt zum Nibe-Yachthafen fort, der ungefähr auf halber Strecke quer durch Jütland liegt.

Natürlich ist die Frage berechtigt, warum wir nichts aus unseren Fehlern lernten und sogar noch ein drittes Mal aufsetzten. Doch das war nicht wirklich unser Fehler, denn die Seekarte gab für die Marina stolze fünf Meter Tiefe an, was leider nicht mit der Wirklichkeit übereinstimmte. Der altbekannte Trick löste diesmal das Problem, einfach etwas mehr Gas geben. So konnten wir zwar in die Box einparken, es handelte sich aber eher um einen Parkplatz als eine Marina: Fest auf Grund stehend wurden wir dieser Nacht leider nicht sanft in den Schlaf geschaukelt.

Nahe unserem Nachthafen Nibe wohnten Karolinas Onkel Björn und seine dänische Frau Annette, und sie luden uns am nächsten Nachmittag in ihren malerischen Garten ein. Er sah wunderschön, unberührt, fast ursprünglich aus und verbreitete diese typisch dänische Atmosphäre des Laisser-faire. Also lobte ich den »verwilderten Garten« mit seiner »ungeformten Schönheit« und meinte damit, dass die Pflanzen ohne Zwang und ohne menschliches Arrangement ihre uneingeschränkte Freiheit bei Björn und Annette genießen dürfen. Björn erwiderte jedoch so höflich er gerade noch konnte, dass Gartenpflege und Gartengestaltung das sehr ernst zu nehmende Hobby von Annette seien, die wöchentlich viele Stunden investierte. Ich gab offen zu, dass ich nicht viel davon verstand, konnte aber – wie so oft – wieder einmal meinen Mund nicht halten. So zog ich auch noch die ganz und gar unpassende Parallele zwischen diesem Garten und der weiblichen Schönheit, indem ich mich zu dem Vergleich verstieg, dass Make-up sicher zu einem gewissen Grad seine Berechtigung habe, um naive Männer in den Glauben zu versetzen, alles sei natürlich. Dies löste sofort bohrende Fragen von Karolina aus, was ich denn bitte genau damit meinte. In höchster Not begriff ich gerade noch, dass mich nur ein Themenwechsel retten konnte, und zum Glück kam Björn mir umgehend zu Hilfe. Geschickt lenkte er die Aufmerksamkeit auf die geschichtliche Bedeutung dieser Gegend und fing an, aus der Wikingerzeit zu erzählen. Unweit sei eine alte Siedlung gefunden worden, die man erst kürzlich ausgegraben hätte, man könne dort sogar die Kopie eines Wikingerhauses besichtigen.

»Das ist ja spannend!«, rief Jessica, denn sie hatte gerade von den Wikingern in der Schule gehört. »Woher wusste man denn, wo man nach der Siedlung suchen musste?«

»Siehst du den Hügel?«, Björn zeigte auf eine Erhebung. »Von dort oben sahen die Archäologen, dass das Saatgut unterschiedliche Muster im Boden bildete. An einigen Stellen wuchs es besser, an anderen schlechter. Daraus schlossen sie, dass eine unter der Oberfläche liegende Bebauung verantwortlich sein könnte. Wollt ihr es besichtigen?«

Kurz darauf saßen wir alle in seinem Wagen und holperten über die schmale Straße zur Wikingersiedlung. Jessica und Jonathan waren ganz aufgeregt, denn plötzlich wurde Geschichte lebendig.

Björn, der vom Enthusiasmus unserer Kinder angesteckt wurde, fuhr fort: »Nicht weit von hier haben die Wikinger unter dem berühmten Harald Blauzahn auch eine riesige Festung gebaut. In Dänemark gibt es vier dieser Art; alle heißen Trelleborgs.«

»Trelleborg?«, rief Jessica, »Aber das ist doch der Name dieser Stadt in Südschweden! Ich war da schon oft, denn dort laufen die Nachtfähren nach Travemünde aus, nicht wahr? Stand denn dort auch so eine Wikingersiedlung?«

»Schon möglich. Der Trelleborg bei uns nennt sich Aggersborg. Mit Blick auf den Limfjord ist es der größte von allen mit einem Durchmesser von nicht weniger als 240 Metern. Wollt ihr den auch sehen?«

Na klar wollten wir das! Und so fuhr uns Björn Richtung Westen zum Aggersborg und erklärte, dass die Archäologen nicht ganz sicher seien, wozu diese Festung diente oder vor welchen Feinden sie schützen sollte. Möglicherweise musste die königliche Garde vor dem eigenen Volk geschützt werden? Die Wikinger waren dafür bekannt, dass sie ihre Steuern mit noch weniger Enthusiasmus bezahlten als wir heute. So war manch abgehackter Kopf die pragmatische Antwort, wenn Steuereintreiber wieder einmal von diesen freien, wehrhaften Männern des Nordens die fälligen Abgaben forderten. Eine militärisch ausgebildete Begleitmannschaft sorgte zwar für den notwendigen Respekt vor den Beamten des Königs: Hörten die mit einer Razzia befassten Staatsdiener ihre potenziellen Steuerzahler herankeuchen, flohen sie lieber in eine dieser Befestigungen. Wer das nicht schaffte, musste erleben, wie sich die freiheitsbewussten Männer, die sich gerade um ihr sauer Verdientes betrogen und bestohlen fühlten, ihr Geld mit Gewalt zurückholten. Die riesigen Trelleborgs als »Finanzämter der Wikingerzeit«: Der Vergleich gefiel mir. Hatten sie nicht durchaus Ähnlichkeit mit den Hochburgen der modernen Bürokratie, in denen heutzutage Beamte nicht müde werden, stetig neue Wege zu finden, der Bevölkerung zum Auffüllen des jeweils aktuellen Haushaltsdefizites das Geld aus der Tasche zu ziehen?

Am folgenden Morgen, nach erholsamem Schlaf an Bord, segelten wir weiter durch den Limfjord Richtung Westen. Nieselregen begleitete uns, als wir zum ersten Mal die bedrohliche Nordsee unter unserem Kiel spürten. Thyborøn hat nicht gerade den besten Ruf als Schwelle zwischen offenem Meer und einem sicheren Hafen, denn bei Starkwind aus West wird die Leeküste Dänemarks immer wieder einmal zum Grab von Seeleuten. Die untiefen Sandbänke formen eine steile und gefährliche See. Häfen, die als Schutz dienen könnten, gibt es kaum, und oft ist es unmöglich, sich ins tiefere Wasser freizukreuzen. Der einfachste Weg, Thyborøn von See aus anzulaufen, so hört man, sei, sich einfach zwischen den Wracks hindurchzuschlängeln.

Gegen 21.30 Uhr, während andere Segler es sich im Hafen bequem machten, setzten wir unsere Reise fort, ließen Dänemark achtern, wählten einen nordwestlichen Kurs und steuerten in die schwarze Nordseenacht hinaus. Dieses Seewetter-Vorhersagegebiet heißt »Fisher«

und ist nach den zähen Fischern benannt, die sich damit abgefunden haben, Stürme als einzige Nachbarn zu haben. Wir kannten dieses Revier bisher nur aus den Wettersendungen im Radio und hatten uns auch nie dafür interessiert, wo sich dieses windgepeitschte Gebiet jenseits unseres eigenen Horizontes genau befindet. Wer will schon freiwillig dorthin? Doch sich im Kopf Grenzen aufzubauen, schränkt die Vorstellungskraft ein, und neue Erfahrungen macht man am besten, indem man mithilfe kleiner Schritte seine Grenzen immer ein Stückchen weiter verrückt, geringfügig und kaum merkbar über die bisherige Leistungsgrenze hinaus. Nicht weit, nie in großen Schritten, und dennoch mussten wir manchmal allen Mut sammeln, um jenseits unserer selbst gesetzten Grenzen ins Unbekannte vorzudringen. Wie groß ist ein geeigneter Schritt ins Unbekannte? Unserer führte aus der geschützten Ostsee in das uns fremde Nordmeer. Wir hatten Bammel.

Es überraschte uns durchaus festzustellen, dass wir »Fisher« nicht wesentlich anders erlebten als jedes andere Seewetter-Vorhersagegebiet, welches wir in unserem Leben schon durchkreuzt hatten. Wir wählten unser Wetterfenster mit Sorgfalt, genau so, wie wir es noch viele Male machen würden: Ich bin immer mehr davon überzeugt, dass schlechtes Wetter sehr leicht Angstgefühle auslöst, gewaltigen Stress verursachen und bis zur berüchtigten Seekrankheit führen kann, unter der die meisten Segler, auch wir, leiden. Für die größtmögliche Harmonie und Sicherheit an Bord ist Geduld die wichtigste Grundlage. Man braucht Zeit, um geeignete Wetterverhältnisse abzuwarten. Dann aber sollte man umgehend den notwendigen Mut aufbringen und lossegeln, bevor die Wettergötter es sich anders überlegen.

Wir hatten Glück: Unser erster Nordseetörn verlief gar nicht so übel, und wir genossen sogar diese Passage Richtung Norden. Zu diesem Zeitpunkt war eine Atlantiküberquerung für uns noch kaum vorstellbar, und wir sprachen nur selten darüber. Uns auszumalen, wie wir zwei Erwachsene und zwei Kinder in einem kleinen Boot, von unendlichen Wassermengen umgeben, einen ganzen Ozean bezwingen sollten, war noch eine zu große Herausforderung. Können Sie sich vorstellen, auf einem Boot zu sitzen, während das nächste Land mehrere

Wochen entfernt ist und kein anderes Schiff im Verlauf von mehreren Tagen auftauchen wird? Für uns blieben vorerst »Fisher« und die West-küste Dänemarks auf dem Weg nach Farsund abenteuerlich genug. So konnten wir es kaum glauben, als Karolina am vierten Tag, also am 17. Juni, nach 29 Stunden zur See mit Stolz und der Festmachleine in der Hand auf das norwegische Land sprang. Müde lehnten wir anderen uns im Cockpit zurück, während wir uns umsahen.

Und plötzlich stand sie da, die nette Frau mit dem orangefarbigen T-Shirt, und hieß uns in Farsund willkommen und fragte uns, ob wir an einer Tour um Lista interessiert seien. Ihr Name war Marita, und sie führte diese kleine Firma namens Lista Guide. Service und Freundlich-keit sind ihre besonderen Stärken, sodass wir uns alle fünf am folgenden Morgen für eine private Tour in Maritas rotem Renault Mégane zusam-menquetschten. Ein persönlicher Reiseführer ist ein seltener Luxus, und dass Marita zuvor als Erzieherin gearbeitet hatte, zahlte sich sofort aus, denn es entstand ein herzlicher Kontakt zwischen ihr und unse-ren Kindern, die von Maritas Erläuterungen vom ersten Augenblick an begeistert waren. In bester Stimmung passierten wir sechs Wikinger-gräber, besuchten den berühmten Leuchtturm von Lista, besichtigten beeindruckende Felsenzeichnungen aus der Bronzezeit und wander-ten durch einen tiefen dunklen Wald in die Berge. Die Kinder erfuh-ren, wie man erfolgreich nach giftigen Schlangen Ausschau halten kann, und ich lernte, dass es im Alter über 40 zunehmend schwieri-ger wird, trockenen Fußes auf einem Baumstamm balancierend einen Sumpf zu überqueren. Auf dem Gipfel genossen wir die bezaubernde Aussicht über die Berge im Norden und die flache Landschaft um Lista im Süden. Hier wurde uns die historische Bedeutung von diesem Ort bewusst, denn seit der Wikingerzeit bis hin zu den Napoleonkriegen Anfang des 19. Jahrhunderts wurde dieser Platz zur Übermittlung von Botschaften genutzt: Längs der norwegischen Küste wurde bei Gefahr Feuer angezündet, um wichtige Nachrichten, beispielsweise das Annä-hern von Feinden, schnellstmöglich zu verkünden. Jessica fand das höchst interessant. Sie hatte ja schon im Wikingermuseum in Roskilde davon gehört.

Jonathan war ebenfalls fasziniert, um dann aber als typisches Kind seiner Zeit zu fragen: »Papa, warum haben die nicht einfach ihre Handys benutzt ...?«

Marita wurde für uns eine bedeutungsvolle Symbolfigur unserer Reise: Sie machte uns bewusst, dass wir nun tatsächlich auf unserem neuen Pfad unterwegs waren, der uns neue spannende Orte zeigte und zu wunderbaren Menschen führte. Und ist das nicht die Quintessenz des Fahrtensegelns überhaupt?

Hafenmanöver

Marinas sehen vielleicht so ähnlich aus wie Parkplätze, ein Schiff in eine Box einzuparken ist allerdings nicht so einfach, wie es vielleicht aussieht. Der Hauptgrund liegt darin, dass das Wasser häufig stark in Bewegung ist und das Schiff zudem vom Wind mitgelenkt wird. Bei wenig Fahrt hat der Schiffspropeller auch noch die Eigenschaft, das Schiff nicht nur in Fahrtrichtung zu bewegen, sondern es zu drehen. Das nennt man den Radeffekt, denn der Propeller wirkt wie das Rad eines Raddampfers, insbesondere im Rückwärtsgang.

Die Unterwasserform des Rumpfes bestimmt in erster Linie, wie das Schiff durch all diese Faktoren beeinflusst wird. Daher ist es wichtig, sein Schiff unter allen erdenklichen Bedingungen kennenzulernen. Denn beim Segeln ist der einzige Weg zum Erfolg, alles selbst auszuprobieren! Falls Sie Ihr Schiff noch nicht gut kennen, beginnen Sie mit Ihrem Training am besten da, wo Sie viel Platz haben und eine oder mehrere Bojen als gedachte Kaimauer positionieren können. Erarbeiten Sie sich auf diese Weise ein Gefühl dafür, wie Ihr Schiff auf Wind, Wellen, Strom, Ruder und Propeller reagiert. Wie eng zieht Ihr Schiff die Kurven nach Steuerbord beziehungsweise nach Backbord? Wie schnell kann Ihr Schiff mit voller Kraft gestoppt werden? Wie steht es um die Manövrierfähigkeit im Rückwärtsgang?

Sobald Sie herausgefunden haben, wie der Propeller das Heck im Rückwärtsgang beeinflusst, können Sie mithilfe des Radeffektes auf dem Teller, das heißt: im kleinsten Kreis, drehen: Geben Sie im Vorwärtsgang kurz Gas, während Sie das Ruder bis zum Anschlag in eine Richtung ausrichten. Der Druck auf dem Ruder bewirkt eine deutliche Drehung. Sobald das Schiff Fahrt nach vorn aufgenommen hat, legen Sie vorsichtig den Rückwärtsgang ein und geben wieder Gas, ohne dabei das Ruder zu verändern. Haben Sie die richtige Drehrichtung gewählt, unterstützt nun der Radeffekt die Wende im Rückwärtsgang. Ein paarmal vorwärts und rückwärts gefahren – ohne das Ruder zu bewegen –, und Ihr Schiff ist um 180 Grad gedreht, sogar mit minimaler Fahrt nach vorne beziehungsweise hinten.

Ein Bugstrahler, falls vorhanden, wird von richtigen Seeleuten, die ihr Schiff beherrschen, kaum vonnöten sein. Er kann allerdings bei engen Manövern und starkem Seitenwind sehr nützlich werden. Den guten Seemann erkennt man übrigens unter anderem daran, dass er sein Schiff in einem fremden Hafenbecken erst einmal stilllegt und beobachtet, wie Strom und Wind es beeinflussen, bevor er in die Box einfährt. Gleichzeitig kann er in aller Ruhe das Anlegemanöver mit der Crew durchsprechen. Und noch ein Tipp: Anlegen sollte nicht das Privileg des Skippers sein, sondern jedes Crewmitglied sollte es üben und beherrschen. Präzisionsmanövrieren kann viel Spaß machen!

5

In dem wir Skandinavien hinter uns lassen

Erste große Entscheidung

Unser neues, bescheidenes, naturnahes Leben stellte uns bald vor einen besonders bedeutungsvollen Entschluss. Nein, es ging nicht mehr um Beruf, Haus oder Heimat, solche Fragestellungen hatten wir längst hinter uns gelassen, und auf einem Boot zu leben erschien uns jetzt schon fast selbstverständlich. Bei unserer ersten großen Segelentscheidung ging es darum: Wie und wo sollten wir die berüchtigte Nordsee überqueren? Denn der Zeitpunkt war gekommen, die relativ geschützten Gewässer Norwegens mit dem dazugehörigen Wettervorhersagegebiet Utsira zu verlassen und weit draußen auf der Nordsee ein Seegebiet mit Namen Viking zu passieren, das sogar auf Skandinavier eine aufregende bis einschüchternde Wirkung hat. Es mag auf der Seekarte recht klein aussehen, die Durchquerung kann aber mehr als einen Tag in Anspruch nehmen. Und wir sollten nun gleich drei solcher Reviere bezwingen: Nach Viking erwartete uns nämlich noch das Gebiet Forties, und erst dann konnten wir einen der rettenden Häfen Schottlands erreichen.

Wie immer bei der Planung der Route stellten wir uns zunächst gemeinsam den wesentlichen Fragen: Welchen Weg sollten wir wählen, und welches Wetter sollten wir abwarten? Im Grunde verspürten wir kein Verlangen, die geschützten Schären schnell wieder zu Verlassen. Es ist ein nahezu unberührtes und ausgesprochen schönes Segelrevier mit sehr freundlichen Menschen, für die Seefahrt noch eine selbstverständliche Art des Reisens ist. Wegen der sich tief in das Landesinnere hineinziehenden, von hohen Gebirgen umgebenen Fjorde kommt man per Auto nur umständlich voran, daher sind Schiffe an der Westküste Norwegens ein beliebtes Fortbewegungsmittel. Als Segler wird man von den Einheimischen als einer der Ihren angesehen, und für Europäer besteht kein Grund, in Kanada, Alaska oder gar in der Antarktis nach unberührter Natur oder Abenteuern zu suchen, wenn Norwegen doch direkt vor der Haustür liegt und so viel Ursprüngliches zu bieten hat.

Karolina, die schon die gesamte norwegische Westküste während eines Fahrtensegelkurses erkundet hatte, konnte ihre Begeisterung kaum verbergen und schwärmte uns unaufhörlich vor, wie diese wilde Schönheit immer noch beeindruckender wird, je weiter man nach Norden vorstößt. Für dieses Mal war uns jedoch der Lysefjord in der Nähe von Stavanger nördlich genug.

Das Revier ist ergreifend. Die Wassertiefe in dem Fjord misst mehr als 300 Meter, und die beidseitigen steilen »Fjälls« erheben sich zum Teil mehr als 600 Meter, sodass wir zeitweise zwischen fast einen Kilometer hohen senkrechten Wänden segelten. Es war ein fast unwirklicher Moment, in den Fjord einzulaufen. Kurz bevor wir den atemberaubenden Preikestolen (auf Deutsch: Kanzel) erreichten, fanden wir unser perfektes Versteck, berühmt durch die Legende mit dem fliehenden Räuber. Diese winzige Bucht heißt nämlich Fantahålå, wobei Fanta »Dieb« und Hålå »Loch« bedeutet. Die Polizei, die hinter einem Räuber hersegelte, konnte dieses Versteck nicht entdecken und passierte sein Schlupfloch, um im Inneren des Lysefjordes weiterzusuchen, weshalb sowohl Boot als auch Räuber unentdeckt blieben und entkamen.

Die norwegischen Fjorde liegen so geschützt, dass wir fast das Meer im Westen vergaßen, welches bereits leise nach REGINA zu rufen schien. Sogar die tiefen norwegischen Temperaturen kamen uns fast angenehm vor. Lediglich wenn wir Freunde und Familie in unseren Gesprächen mit zu Hause über die unausstehlich heißen Sommertage klagen hörten, wurden wir ein wenig eifersüchtig. Denn wenn bei uns das Thermometer auf 18 °C stieg und die Sonne zumindest für ein paar Stunden am Tag schien, war dies schon ein großes Glück. Zum Ausgleich sind aber die Tage auf diesen Breitengraden sehr lang, das heißt, die Sonne zeigt sich bis spät in die Nacht.

Während wir uns in den Schären um Stavanger herumtrieben, begannen wir, die Wettervorhersagen aufmerksam zu verfolgen. Wir waren uns der Bedeutung unseres nächsten Schrittes sehr bewusst. Es würde unsere erste Segelstrecke sein, die sich über mehrere Tage und Nächte hinzog. Wählten wir einen ungünstigen Zeitpunkt für das Able- gen, war unser gesamtes Segeljahr gefährdet. Denn werteten nicht alle Familienmitglieder unsere Nordseepassage als Erfolg, könnte die Veto- karte die Reise in Schottland vorzeitig enden lassen. Also beschlossen wir, uns ständig bereitzuhalten, um kurzfristig die geschützten Fjorde Norwegens verlassen zu können, sobald sich ein geeignetes Wetter- fenster auftat. Wir rechneten mit zwei bis drei Tagen, um Schottland zu erreichen, planten, den Greenwich-Meridian zu überqueren, und ab dann galten für die Weiterfahrt westliche Längengrade statt der gewohnten östlichen. Wir fühlten uns, als ginge es um unsere Äqua- tortaufe, aber auch eine kleine Null-Meridian-Feier hat eben ihre Reize.

In unserer Crew traf in der Regel Karolina die Entscheidung für den Zeitpunkt des Ablegens. Souverän kombinierte sie Fakten, Beobach- tungen, Wettervorhersagen und navigatorische Erwägungen mit weib- licher Intuition und zog ihre Schlussfolgerungen. Während sie nun also unsere Pläne und die Gezeiten berücksichtigte, berechnete sie, wann wir am besten auslaufen sollten, welche Route infrage käme und wo ein geeigneter Zielhafen sein könnte. Dann besprachen wir das Ergebnis und bezogen selbstverständlich auch die Kinder ein, sodass sich jeder an Bord gleichberechtigt fühlte. Unsere Crew nahm Form an. Selbstver- ständlich kann es nur einen Skipper geben – besonders in Notfällen –, aber wir versuchten doch immer, unsere Pläne gemeinsam abzusegnen.

Schlussendlich brachen wir am 24. Juni auf, obwohl die Wettervor- hersage, wie so oft, nicht einladend war. Wir mussten die ersten 24 Stunden so rasch wie möglich hinter uns bringen, um nicht ausgerech- net in Viking von den Ausläufern der prognostizierten Starkwinde mit 30 Knoten und mehr erwischt zu werden, welche von Norden kommend die norwegische Westküste entlanggaloppieren und arktische Kälte mit sich führen sollten. Eine nicht ganz untypische Wettersituation für Westnorwegen. Konnten wir aber unsere hohe Geschwindigkeit halten, hofften wir während der gesamten Passage auf keine stärkeren Winde als angenehme 15 bis 20 Knoten aus nördlicher Richtung. Mit anderen Worten: Es wurde nicht nur unsere Fähigkeit zur Beurteilung der Wetterlage auf die Probe gestellt, sondern zusätzlich mussten wir auch noch schnell genug segeln, wobei REGINA nicht zum letzten Mal ein ganz besonderes Lob einheimste.

Mit einer kleinen Restangst im Bauch sahen wir das norwegische Gebirge hinter uns langsam immer kleiner werden, bis es schließlich mit dem Horizont verschmolz. Seemeile um Seemeile ließ das mulmige Gefühl allmählich nach, bis wir mitten in dieser kurzen Sommernacht die freudige Gewissheit verspürten, dass wir offensichtlich die richtige Entscheidung getroffen hatten: Um ein Uhr tauchte eine große Schar glückbringender Delfine auf! Es müssen mindestens ein Dutzend dieser faszinierenden Tiere gewesen sein, und der helle Sommer-himmel spendete genug Licht, um unsere neu gewonnenen Freunde ganz genau zu beobachten, wie sie sich amüsierten und um REGINA herum aus dem Wasser sprangen. Auch am folgenden Tag erschienen sie wieder und dann noch ein drittes Mal am Nachmittag. Jessica war besonders aufgeregt und glücklich. Sie hatte schon sehr lange davon geträumt, in Freiheit lebende Delfine spielen zu sehen. Und diese waren besonders vital, zeigten gewagte Kunststücke, sprangen hoch aus dem Wasser empor, drehten sich in der Luft, landeten auf dem Rücken und schwammen dann schnell zu REGINA zurück, legten ihren Kopf auf die Seite und schauten mit fragendem Blick zu uns hinauf, so als ob sie erfahren wollten, welche ihrer Tricks uns besonders gut gefielen. Wir hätten uns keinen besseren Start erhoffen können und fühlten uns durch diese intelligenten und fröhlichen Meeresbewohner freundlich begrüßt, auf ihrem Meer willkommen. Unser Selbstvertrauen wuchs jeden Tag.

Der Dreitagestörn

Die Planung von Segeltörns ist eine Kunst, die mittlerweile zum Thema vieler Bücher und Computerprogramme wurde. Daher will ich hier nur ein paar grund-legende Anhaltspunkte zusammenfassen, die man immer beachten sollte:

Der große Vorteil eines Törns, der nicht länger als drei Tage in Anspruch nimmt, besteht darin, dass die moderne Wettervorhersage eine annähernd präzise Prognose für diesen Zeitraum leisten kann. Doch selbst wenn dies heftigere meteorologische Überraschungen ausschließt, ist ein tägliches sorgfältiges Studium des Wetters weiterhin wichtig. Dabei ist immer mit einigen Ungenauigkeiten zu rechnen, dies betrifft besonders die Windrichtung. Eine 50-Grad-Winddrehung kann nämlich sehr viel unangenehmer sein als das Steigen oder Sinken der Windstärke um fünf Knoten: Wenn aus einem Halbwindkurs plötzlich ein Amwindkurs oder gar ein Kreuzen wird, kommt man nicht nur wesentlich langsamer voran, sondern leidet unter erheblicher Schräglage und unangenehmem Wellenritt.

Ein Törn von weniger als drei Tagen ist leider zu kurz, um die Besatzung völlig an den Rhythmus des Schiffes zu gewöhnen, trotzdem kann man das Risiko von Seekrankheit mindern, indem man nicht nur die Windvorhersage, sondern auch Höhe und Richtung der Dünung und Wellen in die Planung einbezieht. Beide hinken in ihrem zeitlichen Auftreten dem Wind hinterher und können eine weite Distanz zurücklegen, weswegen man nicht unmittelbar nach einem Starkwind oder Sturm lossegeln sollte. Wellen von der Seite und Wind von achtern ist übrigens die unangenehmste Kombination.

Verhindern Sie, dass die gesamte Besatzung nach einem langen Tag auf See gleichzeitig müde ist, und teilen Sie deshalb die Wachen so ein, dass eines der Crewmitglieder nach dem Ablegen sofort ruht, um dann später im Cockpit fit zu sein, wenn die anderen schon erschöpft sind. Achten Sie auf die Fahrwasser großer Schiffe, Verkehrstrennungsgebiete (auch TTS, Traffic Separation Scheme, genannt), Fangplätze von Fischerbooten, Windfarmen, Bohrplattformen und andere Gefahrengebiete. Versuchen Sie, sich diesen möglichst bei Tageslicht zu nähern. Gezeitenströme sind in Küstennähe ebenfalls zu beachten. Wählen Sie einen Zielhafen, der leicht anzusteuern ist, und versuchen Sie, unbekannte Häfen nicht erst in der Dunkelheit zu erreichen. Denken Sie bei der Planung daran, dass es einfacher ist, die Geschwindigkeit zu senken anstatt sie zu erhöhen, und halten Sie immer einen Plan B und die entsprechenden Seekarten parat. Verproviantieren Sie sich für die doppelte Segelzeit als geplant, und benachrichtigen Sie jemanden an Land, wenn Sie auslaufen und sobald Sie angekommen sind.

6

In dem wir Urlaub vom Meer machen

Der freundliche Kanal

Der ruhige und friedliche Caledonian Canal war genau das, was wir nach der erfolgreichen Überquerung der Nordsee brauchten. Die schottischen Gebirge standen vor uns, als ob sie uns – zurück am Festland – freundlich begrüßen wollten. Wir konnten befreit aufatmen; das gefürchtete Meer hatte sich nur halb so wild gebärdet wie befürchtet. Und wir waren wirklich schnell gewesen: Die 280 Seemeilen von Stavanger bis nach MacDuff kosteten uns nicht mehr als 43 Stunden! Und die Segeleigenschaften unseres schwimmenden Zuhauses erwiesen sich als perfekt. Hallberg-Rassy, ursprünglich für solide Fahrtenyachten bekannt, hat in die jüngsten Modelle eine neue Dimension eingebaut: Geschwindigkeit.

Wir konnten es nicht fassen. Wir waren über ein großes Wasser gesegelt, und dies hatte nicht mehr Unannehmlichkeiten verursacht als etwas Schlafmangel und ein wenig Seekrankheit. Kaum waren wir in den Kanal eingelaufen, war sogar der gesamte Stress wie weggeblasen: keine Sorgen über Wetterfenster, keine zu berechnenden Gezeiten, keine Ankerplätze, die zu beurteilen waren. Unsere Aufgabe war nicht schwieriger, als uns mehr oder weniger in der Mitte des Kanals zu halten und durch die Schleusen zu fahren, von denen wir insgesamt 29 Stück bewältigen mussten. Die spektakulärste Treppe, die berühmte Neptun's Staircase am westlichen Ende des Kanals in der Nähe von Corpach und Fort William, bestand allerdings aus nicht weniger als acht aneinandergereihten Kammern.

Natürlich nutzten wir jede Information, deren wir unterwegs habhaft werden konnten, für Jessicas und Jonathans Unterricht. Ich las aus einem Prospekt vor: Der Kanalbau dauerte 17 Jahre, und als die erste Schleuse endlich im Jahre 1822 ihre Tore öffnete, war das Bauwerk wegen Geldmangel nur 14 Fuß tief statt der geplanten 20 Fuß und deshalb nicht tief genug für die immer größer werdenden Schiffe dieser Zeit. Aus politischer Sicht war dieses gigantische Projekt jedoch ein großer Erfolg und milderte mithilfe der neu geschaffenen Arbeitsplätze die Emigrationswelle aus Schottland. In einer zweiten Bauphase zwischen 1844 und 1847 wurde der Kanal weiter ausgehoben, sodass auch Schiffe mit großem Tiefgang die ersehnte Abkürzung quer durch Schottland nutzen konnten. Die wichtigste Erkenntnis für unsere Kinder war jedoch nicht die Größe oder die Bauzeit, sondern dass so ein Kanal ständig der Entwicklung im Schiffsbau hinterherhinkt, denn als die Erweiterung des Kanals endlich abgeschlossen war, wurden die Segelschiffe bereits durch Dampfer ersetzt, die groß und stark genug waren, Schottland sicher zu runden. War der Bau also unnötig gewesen? Sicher nicht ganz, aber ich fragte mich doch, was wohl Ingenieur Thomas Telford sagen würde, sähe er die heutigen Schiffe durch seinen stolzen Kanal fahren. Jedenfalls ziehen nun Tausende Sportboote ihren Vorteil aus der malerischen Wasserstraße quer durchs Land.

Schottland ist zu Recht für seine zuvorkommende Bevölkerung berühmt, aber am Caledonian Canal überbot jeder, den wir trafen, die Hilfsbereitschaft des Vorgängers.

Als wir uns Inverness näherten – für uns der Eingang zum Kanal – wurden wir über UKW angerufen: »Swedish Yacht, this is WILD EVE. Over.«

Man wollte uns nur fragen, ob wir in den Caledonian Canal einzulaufen wünschten und ob sie den Schleusenwärter bitten sollten, die Tore für uns offen zu halten. Wie nett – genau wie wir später in Schottland auch einen Busfahrer trafen, der extra aus seinem Fahrzeug kletterte, um uns in die richtige Richtung zu weisen. Und auch die freundliche Frau in einer Post, die für uns mehrere Telefongespräche führte, da sie unsere Fragen nicht selbst beantworten konnte, werden wir nie vergessen. Niemand in der Warteschlange schien sich darüber aufzuregen. Einem armen, verlaufenen Touristen zu helfen, war eine Ehrensache für diese freundlichen und engagierten Menschen.

Bereits nach dem Passieren der ersten Schleusen war unser Selbstvertrauen, REGINA auch in engen Gewässern zu manövrieren, erheblich gewachsen. Wir wurden auch zunehmend geschickter darin, Propeller, Ruder, Bugstrahler und Radeffekt in Einklang zu bringen, um REGINA in alle erdenklichen Richtungen langsam und unter voller Kontrolle parallel zur Schleusenmauer zu bewegen. Es war ein gutes Gefühl, dass wir während unseres Segelabenteuers ständig dazulernten und immer bessere Seeleute wurden.

Die Schleusenwärter waren geduldig, freundlich und hilfsbereit und zudem einfach auszumachen, denn sie waren die Einzigen, die Schwimmwesten trugen. Dies war eine der vielen Vorschriften der erst kürzlich erlassenen »Health and Safety«-Verordnung. Eine Schleusenwärterin klagte, dass sie jetzt nicht einmal mehr eine Glühlampe auswechseln dürfe, sondern einen Elektriker rufen müsse, was wir kaum glauben konnten, bis wir es selbst erleben durften. In einer Marina, in der wir für die Nacht angelegt hatten, baten wir um einen Stromanschluss, um unsere Batterien zu laden. Normalerweise bezahlt man beim Hafenmeister eine kleine Gebühr, steckt dann sein Kabel in eine an Land dafür vorgesehene Steckdose, und das war's. Nicht so in Schottland, wo die landseitigen Steckdosen alle mit einem Hängeschloss ausgerüstet waren. Nein, nicht um Stromdiebe zu stoppen, sondern im Namen von »Health and Safety«.

Bevor wir hier irgendetwas einstöpseln durften, mussten wir ein dicht beschriebenes DIN-A4-Dokument lesen, das im Prinzip nichts anderes aussagte, als dass Strom unter gewissen Umständen gefährlich werden könnte. Erst nachdem ich in meiner Funktion als Skipper eine Versicherung unterschrieben hatte, dass ich den Text sowohl gelesen als auch voll verstanden hätte, ging der freundliche Hafenmeister mit uns zurück zum Boot, welches auf der gegenüberliegenden Seite der Marina vertäut war, und forderte mich auf, das eine Ende des Kabels in die dafür vorgesehene Steckdose an Bord zu stecken und ihm dann das andere Ende des Kabels zu übergeben. Er alleine war dazu berechtigt, das Kabel an Land in die Steckdose zu stecken, und natürlich hatte auch nur er den Schlüssel für das Hängeschloss.

»Damit wird sichergestellt, dass ausschließlich speziell dafür ausgebildete Personen den Stecker in die Steckdose stecken«, erklärte er ein wenig verlegen.

»Aber wie ist es denn mit dem Strom an Bord? Den Bordstecker habe ja ich selbst reinstecken dürfen!«, erwiderte ich.

»Oh, das ist kein Problem«, erklärte der Hafenmeister, »denn an Bord sind Sie ja in Ihrer Rolle als Skipper für die Sicherheit verantwortlich und können ›Health and Safety‹ dafür nicht haftbar machen! Das stand doch alles in dem Papier, das Sie gelesen und unterschrieben haben, wissen Sie noch? Sie koppeln an Bord und ich an Land. So sind die Vorschriften. Es tut mir leid, denn ich finde es ja selbst ...«

Die Tage verstrichen langsam, während wir gemütlich durch den Kanal motorten und selbst irgendwie langsamer zu atmen begannen. Unser Lebenstempo hatte sich nach den hektischen Wochen vor unserer Abfahrt endlich gesenkt. Wie in einem Ballon, dem die Luft ausgeht, saßen wir jetzt einfach im Cockpit, genossen die Natur Schottlands, die Bekanntschaften mit den Menschen und unser neues Leben. Es ist schon erstaunlich, wie lange wir tatsächlich gebraucht hatten, bevor wir richtig erkannten, dass dies kein in Kürze zu Ende gehender Urlaub war.

Der Caledonian Canal verbindet die Nordsee mit der Irischen See über eine Anzahl von sehr tiefen und beeindruckenden Seen, sogenannten Lochs. Loch Ness ist wohl der berühmteste und mit Sicherheit größte und tiefste. Natürlich hielt auch ich intensiv Ausschau nach Nessie, dem berühmten Ungeheuer, während ich an Deck stehend das Nordseesalz abspülte, und fühlte mich so clever, nutzte ich doch mithilfe unserer Deckspülpumpe, die normalerweise zum Abspülen des Ankers dient, das Süßwasser aus dem Loch Ness. Das erwies sich allerdings als völlig sinnlose Übung, denn kaum war ich fertig, begann es in Strömen zu regnen, was zu großem Gelächter an Bord führte. Die Kinder waren jedoch sehr zufrieden, dass REGINA nun mit echtem »Nessie-Wasser« imprägniert war.

Ungefähr auf halber Strecke durch Loch Ness befindet sich die imposante Ruine Urquhart Castle. Von drei Seiten mit Wasser umgeben, hat sie alle romantischen Eigenschaften, die man sich von einer mittelalterlichen Burg nur wünschen kann. Sie stammt aus dem Jahre 1230, mit einer nachgewiesenen Siedlung auf der Halbinsel ab 597, und die vielfältigen Belagerungen von Urquhart Castle sind kaum zu toppen. Erst kämpften die Schotten und die Engländer um die Burg, und sie wechselte ein paarmal den Besitzer. Dann, ab 1390, mussten sich die schottischen Könige im Laufe der nächsten 150 Jahre gegen den Clan der MacDonalds wehren (nein, nicht die mit den goldenen Bögen; die kamen später, schreiben sich ja auch anders und besetzen die Länder auf viel durchtriebenere Weise). Dieser Clan nannte sich selbst »Lord der Inseln«. Viele Mächte wechselten sich ab, jeweils Urquhart Castle zu belagern, zu besetzen oder zu verteidigen, und die Burg wechselte daher viele Male ihren Namen. Diese wechselvolle schottische Geschichte führte zu weiteren Konflikten im Jahre 1513, als die Burg wieder einmal belagert und dann 1545 endgültig geplündert wurde. Urquhart Castle wurde zwar noch einmal wieder aufgebaut, verfiel aber dann wieder, bis zu dem Tag, als eine kleine protestantische Garnison sich im Jahre 1689 in der Burg verschanzte und gegen die überlegene Armee der Jakobiten standhielt. Als die Soldaten schließlich abzogen, jagten sie die gesamte Festung in die Luft, und fortan wurde die Ruine als Steinlager benutzt, sodass große Teile des Baumaterials mittlerweile verschwunden sind und anzunehmen ist, dass viele Häuser der Gegend aus Steinen mit sehr bewegter Geschichte errichtet sind. Diese mystische Stätte wollten wir nun natürlich selbst inspizieren. Neben der Ruine entdeckten wir einen privaten Steg, an dem die Ausflugsdampfer anlegen, um Touristen abzusetzen. Dort war ein für mich nicht ganz verständliches Schild angebracht, welches die Zeiten nannte, zu denen alle anderen Schiffe festmachen durften oder auch nicht. Wenig beeindruckt von der nicht passenden Uhrzeit legten wir trotzdem an, und Jessica, Jonathan und Karolina gingen an Land. Ich selbst machte es mir im Cockpit mit einem guten Buch und der Ehrfurcht heischenden Aussicht auf Urquhart Castle gemütlich. Doch plötzlich tauchte er auf: der Ausflugsdampfer! Der Kapitän streckte seinen Kopf aus dem Fenster der kleinen Kommandobrücke. Ich grüßte ihn höflich und versuchte, mich wegen meines Unwissens über die schottische Anlegeetikette zu entschuldigen, indem ich verlegen auf unsere schwedische Nationalfahne am Heck zeigte. Der freundliche Kapitän antwortete, dass er kurzerhand die gegenüberliegende Seite des Steges benutzen würde und dass ich gerne bleiben könne, sofern ich bitte für das zweite Touristenschiff Platz machen würde, das in zwei Stunden dort anlegen wolle. Gleichzeitig forderte er mich auf, die Burg zu besichtigen, was doch viel wichtiger sei, als sich darüber Gedanken zu machen, wie man in Schottland anlegen sollte oder nicht.

Und jetzt muss ich noch ein weiteres kleines Vergehen bekennen: Indem wir diesen privaten Steg benutzten, waren wir sozusagen durch die Hintertür schon in das zu besichtigende Burgareal gelangt.

Als Karolina einen Schotten nach dem Eingang fragte, um eine Eintrittskarte zu kaufen, antwortete dieser: »Sie sind doch schon drin! Wozu also noch eine Karte kaufen?«

Am Abend setzten wir unsere Kanalfahrt bis Fort Augustus am Ende von Loch Ness fort. Nein, wir waren Nessie leider nicht begegnet, abgesehen von unzähligen Andenken und auf allen Postkarten, die in sämtlichen Geschäften um den See verkauft werden. Wir vermeiden es prinzipiell, uns mit solchen Souvenirs zu belasten, aber an einer Tankstelle konnte ich nicht widerstehen, eine Marmelade zu erwerben, die man mit dem zehnjährigen The Macallan Single Malt Whiskey herstellt. Ich weiß nicht, ob es etwas mit der Luft, der Landschaft oder der Atmosphäre zu tun hatte, aber ich bin immer noch fest davon überzeugt, dass dies die beste Marmelade ist, die ich je gekostet habe. Zusammen mit frischen, in REGINAs Bordherd gebackenen Scones und einer Tasse englischem Tee wurde Schottland zum herrlichsten Ort, den ich mir vorstellen konnte ...

Nur noch eine Schleuse war zu bewältigen. In weniger als einer Woche ging unser Inlandsurlaub zu Ende, und wir hatten den geschützten Kanal zu verlassen und an der atemberaubenden Westküste Schottlands entlangzusegeln. Erneut müssten wir mit Gezeiten, Nebel, Strömungen und unterschiedlichen Wetterlagen kämpfen, aber uns erwarteten auch wunderbare Ankerbuchten und noch mehr freundliche Schotten.

Das Dingi

Ein gutes Schlauchboot ist wie Ihr zuverlässiges Auto: das Arbeitspferd, der Lastwagen. Es wird Sie zuverlässig an Land oder zu anderen Booten oder zu dem wunderbar türkisen Schnorchel- oder Tauchplatz bringen, von dem Sie gerade noch im Reiseführer gelesen haben. Es transportiert Lebensmittel, Gas, Treibstoff, Ersatzteile und Gäste herbei, und je schneller und robuster es ist, desto unabhängiger sind Sie bei der Wahl Ihres Ankerplatzes. Ein Schlauchboot und ein Motor, die das Gleiten erlauben, bedeuten, dass Sie in einer ruhigen, sicheren Ecke der Ankerbucht liegen und trotzdem schnell, bequem und trockenen Fußes zum Steg gelangen. Ein RIB (Rigid-Inflatable Boat oder Festrumpfschlauchboot) mit Boden aus Aluminium oder GRP (das ist glasfaserverstärkter Kunststoff) ist natürlich ideal, solange es sich im Wasser bewegt. Doch hüten Sie sich vor einem zu großen Exemplar. Sie sollten Ihren Lastesel immer ohne fremde Hilfe auf den Strand ziehen können.

Um den UV-Strahlen der Sonne standhalten zu können, empfiehlt sich ein Schlauchboot aus Hypalon. Ist genug Platz vorhanden, verstaut man das Dingi am besten an Deck. Starke Ringe am Schlauchboot sind hilfreich, um es mithilfe von Fallen an Bord hieven zu können. Ein schwerer Motor braucht eine eigene Halterung, vielleicht sogar einen kleinen Kranarm achtern.

Ein Tipp: Wenn Sie Ihr Beiboot an Land festmachen wollen, empfiehlt es sich, ein Vorhängeschloss und eine Kette oder ein Stahlseil dabeizuhaben, um den Motor am Boot und das Boot zum Beispiel am Steg sichern zu können. Eine leichte Kette kann als Vorlaufkette dienen, falls Sie lieber ankern und die Brecher recht stark sind. Lassen Sie Ihr Beiboot nachts niemals an der langen Leine hinter ihrem Schiff herumschaukeln, denn so ist es für Diebe eine leichte Beute; sollte der Wind auffrischen, könnte es auch kippen, wobei der Motor großen Schaden nehmen würde. Es mithilfe eines Falls über Nacht breitseits neben Ihrem Schiff auf Deckshöhe über dem Wasser hängen zu lassen, ist eine gute Lösung – unser Beiboot hing am stabilsten, wenn der Außenborder Richtung Bug zeigte. Der Motor sollte übrigens von jedem Crewmitglied bedient und gestartet werden können – größere Kinder eingeschlossen.

Und noch ein Tipp: Im Notfall erhält man Ersatzteile rund um die Welt einfacher von einem renommierten Hersteller als von einem kleineren Hersteller.

7

In dem wir in Einklang mit der Natur kommen

Der sich lichtende Nebel

Ich stand vor der Tür, hatte aber nicht viel Hoffnung: Dieser Friseur-salon sah eher geschlossen aus. In dem dunklen Schaufenster hing ein altes Schild, auf dem *Hair and Beauty Salon* zu lesen war, doch die Assoziation von Schönheit ließ sich nur unter Mühe mit dem Laden oder gar der Stadt Mallaig in Einklang bringen. Mallaig ist eine kleine Ansiedlung mit einer einzigartigen Ausstrahlung südöstlich von Skye an der Westküste der schottischen Highlands und ist einfach, was es seit Jahrhunderten gewesen ist: ein echtes Fischerdorf.

Zu meinem Erstaunen war die Tür vom *Hair and Beauty Salon* jedoch ganz leicht zu öffnen, und ganz hinten in dem düsteren Raum ent-deckte ich eine Frau, die den Boden wischte. Kunden waren nicht zu sehen. Also fragte ich höflich, ob sie Zeit habe, meine Haare zu schnei-den.

Die Antwort klang freundlich, aber bestimmt: »Nein, nein – wir sind total ausgebucht. Aber es gibt noch einen Friseur in Fort William. Falls Sie es dort versuchen möchten, fahren Sie einfach nur diese Straße runter.« Sie deutete mit dem Besen zum Ortsende von Mallaig.

Fort William? Meinte sie wirklich Fort William am Ende des Cale-donian Canal? Mit dem Auto war es vermutlich in ein paar Minuten zu erreichen – falls man eines hatte. Wehmütig erinnerte ich mich daran, wie rasch einen diese Fahrzeuge von Ort zu Ort bringen, tatsächlich hatten wir in den vergangenen Wochen aber nur wenige gesehen. Irgendwie erschien mir die Fortbewegungsart plötzlich zu laut und zu gefährlich. Sie war mir fremd geworden mit ihrer hohen Geschwin-digkeit, die im Verhältnis zu unserem neuen Lebenstempo so hektisch wirkte. Kann die Seele diesem Tempo im Alltag wirklich standhalten?

Wirken die Menschen deshalb so gehetzt? Laufen sie vielleicht vor etwas davon? Sind sie sogar auf der Flucht?

Früher war es auch für uns enorm wichtig gewesen, mit der Zeit ökonomisch, also effizient umzugehen, und das hieß vor allem: schnell zu sein, niemals zu bummeln oder gar Leerlauf im Alltag zu haben. Alles Wichtige war mit Stichtagen und Terminen verbunden. Auch wenn Zeit nicht immer Geld war, so war sie grundsätzlich knapp. Folglich hatten wir Stress und Stress und Stress! Ich weiß nicht, ob es wirklich stimmt, aber mittlerweile kam es mir fast so vor, als könnte ich in unserem neuen Leben mehr erledigen als früher, während ich noch ständig herumhetzte in unserem schnellen Auto, als ich nie ohne mein ständig klingelndes Handy unterwegs war und an jedem Ort eine schnellstmögliche Internetverbindung für unverzichtbar hielt. Seit wir auf See waren, schlief ich jedenfalls wieder besser und tiefer und fühlte mich nicht mehr geistig total erschöpft, wenn ich zu Bett ging, sondern angenehm körperlich müde. Verlangte mein Körper nach Ruhe, konnte ich mich einfach hinlegen und direkt einschlafen. Früher hatte ich Schlaf für ein notwendiges Übel gehalten und am Schluss oft sogar für Zeitverschwendung, denn er hielt mich ja davon ab, zu arbeiten und produktiv zu sein. Je weniger ich schlief, desto mehr könnte ich erreichen – dachte ich. So überzeugt ich damals von dieser Einstellung war, so absurd erschien sie mir jetzt.

Als ich noch an Land lebte, hatte mich meine ständige Müdigkeit in einen gereizten, überforderten und unwirschen Menschen verwandelt, war mein Kopf zugemüllt von immer mehr gleichzeitig zu lösenden Problemen. Meine Gedanken drehten sich im Kreis, und es wurde mir fast unmöglich, Muse und inneren Frieden zu finden. Wie oft hing ich in diesem quälenden Teufelskreis: Nachts lag ich stundenlang wach und wartete darauf, dass mein Wecker klingelte. Erfolglos versuchte ich, mich in den Schlaf zu zwingen. Sofort! Alles war ja strukturiert und geplant, und so sollte auch der Schlaf termingerecht abgearbeitet werden, und für das Aufwachen galt das Gleiche. Mein Wecker schien ja immer dann zu klingeln, wenn ich mitten in einem wunderschönen Traum war, den es zu Ende zu führen galt. Ich hasste dieses

Ding! Konnte er mir nicht noch einige Minuten gönnen, dachte ich, bis mein Fantasie mir genug Erholung verschafft hatte, um mit Zuversicht dem neuen Tag entgegensehen zu können? Aber nein, immer fehlten ein paar Minuten! Und heute? Während ich mich an meine absurde Haltung erinnerte, konnte ich darüber nur grinsen, denn jetzt ging ich ins Bett, wenn ich müde war, und es war ein prima Gefühl, von dem Geschrei der Möwen geweckt zu werden. Auf dem Boot zu schlafen ist mir bis heute ein Hochgenuss beim Fahrtensegeln.

Auf vielerlei Arten lebten wir nun schon im Einklang mit der Natur. Ich konnte es an meinem Atem spüren: das Einatmen und Ausatmen kamen mir viel natürlicher, tiefer und ruhiger vor, und es fehlte mein ständiges Keuchen. Sogar die Gezeiten habe ich als das Luftholen des Meeres akzeptiert: ein und aus, ein und aus – alle sechs Stunden. Wir lebten und segelten mit ihrem Rhythmus, bewegten uns in Harmonie mit Wind und Wetter, und ich nahm Abstand von dem Unsinn, die Kräfte und das Tempo des Meeres bezwingen zu wollen – von Zeit zu Zeit gewährte uns der Strom ein paar zusätzliche Knoten Fahrt, aber falls wir gegen den Meeresatem ankämpften, kamen wir eher langsamer voran.

So sinnierte ich vor mich hin, als ich sanft die Tür des Friseursalons hinter mir zuzog. Es gab keinen Grund zur Panik. Mein Haarschnitt war noch gut genug, bis wir in Dublin oder auch noch weiter eine andere Gelegenheit fanden. Wen kümmerte es? Auf der Straße schloss ich mich wieder dem Rest der Familie an, und wir bummelten durch die Hauptstraße. Zur Rechten sahen wir Fischer auf ihren Booten arbeiten, und zu unserer Linken entdeckten wir naturgetreue Kopien dieser Fischerboote in verkleinertem Maßstab in einem Spielwarenladen. Diese Modelle sollten wahrscheinlich dazu beitragen, die nächste Generation spielerisch auf den Fischerberuf vorzubereiten. Am Ende der Straße, zwischen Bahnhof und Hafen, machten wir an einer Hauswand das Schild Fishermen's Mission aus, und auf den Treppenstufen saß ein Mann mit wettergegerbtem Gesicht. Er hielt eine gerade geleerte Kaffeetasse in den schwieligen Händen.

»Geht ihr rein?«, fragte er.

Ich nickte etwas schüchtern. Ja, warum eigentlich nicht, dachte ich.

»Könnt'ste die Tasse mit reinnehmen, bitte?«

So lernten wir diesen wunderbaren Ort kennen: mit einer leeren blauen Tasse in der Hand, deren Inhalt gerade noch einen müden atlantischen Seemann gewärmt hatte. Es handelte sich um eine Art Kantine mit vielen Tischen, an denen die Helden der Meere saßen. Tiefe Falten in ihren Gesichtern erzählten Geschichten von eisigen Stürmen auf unversöhnlicher Wintersee, von Tagen mit gutem Fang und Tagen der Enttäuschung. Einige Männer hatten eine Tasse Tee vor sich stehen, andere eine warme Suppe, und wieder andere schienen sich nur wegen eines Gesprächs unter Gleichgesinnten dort aufzuhalten.

Die Tasse reichte ich einer Frau hinter der Theke, während ich vorsichtig fragte, ob es stimmte, dass Seeleute hier ihre Wäsche waschen lassen könnten.

»Na klar!«, war die Antwort. »Auch wenn du von zu Hause weg bist, musst du doch deine Wäsche sauber halten, oder? Hier kommen viele Männer her, zum Beispiel aus dem Baltikum. Die arbeiten alle auf Fischerbooten draußen im Atlantik.« Die Frau schaute träumerisch einem gerade auslaufenden Fischerboot nach und fuhr nach einer kurzen Pause fort: »Es wäre ja viel zu weit für die meisten, zwischen den Atlantiktouren immer nach Hause zu fahren. Aber wir haben auch viele Briten hier, und natürlich sind alle in der Mission willkommen!« Sie entdeckte unsere Tasche und fragte: »Wie viel Wäsche habt ihr denn? Wir schließen samstags nämlich schon um zwölf – aber falls Angus warten könnte …?« Sie blickte zu einer Gruppe von Männern an einem der Tische, und Angus nickte freundlich. Zufrieden fuhr sie fort: »Na denn! Ich kann eure Wäsche gleich waschen, und wenn ihr zu Mittag wieder vorbeikommt, könnt ihr sie sauber, getrocknet und zusammengelegt mitnehmen.«

Als wir schließlich die Mission verließen, hatten wir das Gefühl, etwas mit dem Meer und den Männern gemein zu haben. Teilten wir nicht alle dieselbe Kälte und denselben grauen Nieselregen, die vor der Tür auf der Lauer lagen, während wir gut gelaunt wieder auf die Straße traten, um einen kleinen Spaziergang zu unternehmen? Wir schlenderten zurück zum Hafen und freuten uns über den Seehund, der um die Boote herumschwamm und nach Resten des frischen Fangs suchte. Und als wir nach zwei Stunden zur Fishermen's Mission zurückkehrten, warteten schon unsere Klamotten in der Tasche: für einen sehr humanen Preis gewaschen, getrocknet und zusammengelegt. Wir werden die Mission nie vergessen!

Es nieselte immer noch und war auch recht diesig, als wir Mallaig verließen. War dies ein typischer schottischer Sommertag? Wie immer verfolgte ich die Wetterentwicklung. Unser Barograf zeigte 1033.5 hPa an, mit anderen Worten: ein kräftiges Hochdruckgebiet. Doch obwohl unser elektronisches Instrument eine kleine freundliche Sonne auf seinem Display präsentierte, verbarg sie sich in Wirklichkeit über den auf Masthöhe hängenden Wolken. Wenn so eine schottische Hochdruckwetterlage im Sommer aussah, wie war dann erst eine schottische Tiefdrucklage im Winter?

In der Sanna Bay, nördlich von Tobermory, ankerte neben REGINA eine schottische Familie, und wir eröffneten das Gespräch mit der Frage, was sie denn vom Wetter hielten. Bruce und Christa mit ihren drei Kindern waren erfahrene Segler und auf einer 52-Fuß-Moody namens PALANDRA unterwegs. Im Gegensatz zu uns hatten sie an dem Wetter gar nichts auszusetzen. Es sei doch ein schöner Tag, meinten sie und schlugen vor, dass wir uns alle auf dem nahe gelegenen Strand treffen sollten.

Das klang schon nett, nur hatten wir das Problem, dass es so fürchterlich kalt war. Wie sollten wir den Strand genießen können, wenn unsere Zähne jetzt schon klapperten? Bruce und Christa lachten über die skandinavischen Weicheier, was wir denn für schwache Wikinger seien! Sie kleideten sich für diesen Sommernachmittag am Strand so simpel, wie effektiv: Neoprenanzüge für die gesamte Familie! Zum Glück hatten auch wir welche an Bord, allerdings tief unten in einem der Stauräume versteckt, aber wir fanden sie. Passend gekleidet entwickelte sich unser Tag an Land zum vollen Erfolg, man muss eben nur

Lösungen für die Probleme finden. Später wollten Bruce und Christa uns zu dem, wie sie sagten, abgelegensten Pub auf dem britischen Festland einladen. Sie erklärten, dass er nur eine Tagesreise von Sanna Bay entfernt sei, und markierten mit dem Finger die Position auf unserer Seekarte. Nur ein paar Seemeilen östlich von Mallaig in den Loch Nevis hinein lag das Dorf Inverie mit dem Pub *The Old Forge*. Laut Bruce lag er so einsam, dass die nächste Straße über 60 Meilen entfernt und diese gottverlassene Gegend deshalb nur per Schiff erreichbar war, falls man nicht stundenlang über einen engen Pfad dorthin wandern wollte.

Natürlich gab es nichts zu diskutieren, selbstverständlich waren wir neugierig und segelten am nächsten Morgen los, kamen gleichzeitig am folgenden Nachmittag an und machten an einer der Bojen fest. Es war wirklich ganz besonders schön, per Boot in dieser vergessenen Gegend einzulaufen. Nur wenige Geländewagen standen an Land rum, die man alle auf einem Lastkahn irgendwann hierher transportiert hatte und die nicht einmal Nummernschilder trugen. Eine schmale, unbefestigte Straße verband den Pub, die Kirche, eine alte Schule, die Post, eine Handvoll Häuser sowie ein paar Katen weiter oben am Wald. Wir waren beeindruckt.

Bruce erklärte: »Hier wird man noch einmal daran erinnert, dass alle Menschen – solange sie keine Autos besaßen – über das Meer reisten, sodass dieser Ort damals nicht so isoliert war wie heute!«

Er hatte recht. Über einem Pint englischem Ale und handverlesenen Kammmuscheln unterhielten wir uns mit Bruce und Christa über unser neues Seglerdasein. Sie fragten, wie wir unseren Lebensstil verändert hätten und ob wir schon in die nächste Phase eingetreten waren.

Das war nicht ganz einfach zu beantworten, ich versuchte es deshalb mit einer Metapher: »Es fühlt sich ungefähr so an, als ob eine Gardine zur Seite geschoben wurde und unsere Sichtweite sich erweitert hat. Wir scheinen plötzlich alles klarer zu sehen. Ungefähr so, als ob sich ein Rauchschleier gelüftet hat.«

Es hatte einen ganzen Monat gedauert, bis sich unser innerer Nebel lichtete. Täglich hatten wir uns abgemüht, das Leben als Fahrtensegler in Gang zu bekommen, und in unserem Eifer gar nicht bemerkt, wie wir uns weiterentwickelten und veränderten. Erst die neu gewonnen Seglerfreunde, die unsere Situation offensichtlich einschätzen konnten, hatten uns die Augen geöffnet. Und als hätte mir die Natur zugehört, begann sich der Nebel langsam zu lichten. Plötzlich konnten wir über die paar Meter Grün am Ufer hinwegsehen, und unsere Blicke reichten nun den ganzen Hang hinauf, wo wir die wilden Berge bewunderten.

Nach diesem Tag genossen wir, was dieser Lebensstil wirklich zu bieten hat: Wir entdeckten die Schönheit des Einfachen und vermissten keineswegs das Drum und Dran unseres teuren, landgebundenen Lebens mit dessen Reizüberflutung. Ich musste plötzlich an Franziskus von Assisi denken. Im frühen 13. Jahrhundert gab dieser Sohn aus reichem Hause sein bequemes Leben auf und tauschte es gegen die Harmonie mit Gott und der Natur. Er lehrte die Menschen, dass sie das Wesentliche in sich selbst finden können, wenn sie nur der inneren Stimme folgen. Er glaubte an den Sinn des Reisens, um Gleichgesinnte kennenzulernen und Frieden zu schaffen. Ja, Franziskus hatte da einen interessanten Grundgedanken, fanden wir, denn folgt nicht auch heute noch auf finanziellen Reichtum oft sehr rasch eine spirituelle Armut?

Christa und Bruce erzählten uns an diesem Tag noch ihre eigene Geschichte. Im vergangenen Winter hatten sie sich eine dreimonatige Auszeit gegönnt, waren in die Schweiz gezogen und schickten ihre Kinder auf eine internationale Schule, während sie sich darauf konzentrierten, Zeit für sich selbst zu finden, Skilaufen zu gehen und einfach das schöne Land zu genießen. Diese Pause vom Alltag hätte eine große Bedeutung für sie gehabt, sagten sie, denn jetzt könnten sie Dinge klarer sehen, sowohl in ihrer Arbeit als auch sonst. Auch ihr mentaler Nebel hatte sich gelichtet, und man musste sie nur zusammen am Strand spielen sehen oder im Cockpit auf ihren Violinen musizieren hören, um zu begreifen: Diese Familie war fest zusammengeschweißt und grundlegend glücklich. Ein bisschen beneideten wir sie um ihre herrliche Harmonie. Sie waren die Ersten von vielen, die wir unterwegs trafen, welche bereits auf Segelfrequenz eingestimmt waren. Wir standen kurz vor dieser Erfahrung. Damals wussten wir noch nicht, dass wir noch viele solcher Gleichgesinnter treffen würden. Neue Freunde zu finden ist vielleicht der schönste Aspekt des Fahrtensegelns.

Segeln im Nebel

Es gibt zwei Arten von Nebel: Advektionsnebel und Strahlungsnebel. Advektionsnebel formt sich, wenn warme, feuchte Luft über kaltes Wasser strömt, er heißt daher auch Berührungsnebel. In Nordeuropa kommt er häufig im Frühling und Vorsommer vor. Es kann windig sein, und die Voraussetzungen für Advektionsnebel können Tage anhalten, insbesondere bei südlichen Winden. Üblicherweise bleibt er immer so lange, bis sich das Wettersystem ändert, beispielsweise eine Kaltfront vorbeizieht.

Der Strahlungsnebel beherrscht eher den Spätsommer, Herbst und Winter, wenn sich der Boden unter Hochdruckeinfluss während einer klaren, ruhigen Nacht abkühlt. Diese Nebelart wird auch Abkühlungsnebel genannt, kann vor allem in Küstennähe entstehen oder entlang von Flüssen und Flussmündungen Richtung Meer driften und rasch wieder verschwinden, sobald die Sonne die Luft wieder erwärmt oder Wind aufkommt.

Von Nebel überrascht zu werden, kann durchaus furchterregend sein. Die Sichtweite ist auf der Luvseite einer Landmasse oder einer Insel oft schlechter als auf deren Leeseite. Es gibt zahlreiche akustische Signale, die man im Nebel regelmäßig absetzen sollte. Nichtsdestotrotz ist es oft schwierig, Richtung und Abstand eines Schallzeichens zu bestimmen.

Auch mit GPS, Plotter und Radar an Bord bleibt es wichtig, die eigene Position sorgfältig auf der Papierkarte zu plotten, insbesondere im zeitlichen Vorfeld des Nebels. Droht Gefahr durch passierende Schiffe, ist es stets ratsam, in untiefem Wasser zu ankern (wo die Schiffe nicht fahren) und abzuwarten, bis der Nebel sich wieder aufgelöst hat. Gehen Sie immer davon aus, dass die anderen Sie nicht sehen können. Am besten zeigen Sie Geduld und bleiben im Hafen, bis sich die Sicht bessert. Sollten Sie Radar an Bord haben, im Umgang damit aber noch nicht ganz sicher sein, so vergessen Sie nicht, bei klarer Sicht zu üben ...

8

In dem wir in die Wikingerzeit zurückversetzt werden

Der entlegene Norden

Fünf Wochen waren wir schon unterwegs, als wir am 20. Juli die Frau auf der Insel Islay trafen. Sie führte ein kleines *Bed & Breakfast Hotel* und arbeitete an einer Homepage. Es fehlten nur noch ein paar Fotos von ihrem Haus, und sie hoffte deshalb auf einen sonnigen Tag.

»Ich warte nun schon eine ganze Weile«, sagte sie und klang dabei gar nicht verdrossen. »Früher oder später wird schon das richtige Wetter kommen! Wenn nicht jetzt, dann ganz bestimmt im Herbst.«

Während wir in den Gewässern der Inselgruppe der Hebriden segelten, schwärmten uns in den Hafenpubs viele Schotten immer wieder vor, wie sehr sich gerade der Herbst für eine Schottlandreise eignete. Das Wasser sei dann noch vom Sommer warm, was weniger Nebel bedeutet, und das Baden im Meer im Oktober angenehmer als im Juli.

»Aber der Winter – oh, der ist schrecklich!«, fuhr die *Bed & Breakfast*-Lady fort. Sie lebte schon seit ihrer Kindheit hier und wusste, wovon sie sprach.

»Und was machen Sie in dieser schrecklichen Jahreszeit?«, fragte ich neugierig.

»Mein Geschäft nimmt mich dann nicht ganz so in Anspruch, das ist klar, denn im Sommer arbeite ich bis ein Uhr morgens und muss um sieben früh schon wieder das Frühstück fertighaben. Jeden Tag in der Woche! Aber im Winter! Also im letzten Winter – ich glaube, es war im März –, da war ich ein paar Tage in Paris. Das war klasse!« Sie hielt ein paar Sekunden inne, offensichtlich in ihre Erinnerungen versunken und lachte dann plötzlich laut auf: »Ach, die hielten mich alle für völlig verrückt, diese Franzosen! Sie schimpften über den besonders kalten Frühling, während ich in einem T-Shirt rumlief! Doch sobald sie hörten, dass ich aus Schottland stamme, war keine weitere Erklärung notwendig. Sie bemitleideten mich nur noch stumm.«

Ein herzhaftes Lachen folgte, bevor ich sie fragen konnte, ob es ihr hier draußen auf ihrer Insel gefiele.

»Ja, ja! Hier ist es viel besser als ein Alltag auf dem Festland! Man trifft so viele nette Leute. Wussten Sie, dass 90 Prozent meiner Gäste aus Schweden kommen?«

»Nein!«, antwortete ich überrascht. »Gibt es dafür eine Erklärung?«

Sie grinste breit und flüsterte dann verstohlen: »Whisky!«

Das erklärte natürlich alles.

Islay ist nett, doch im Vergleich dazu faszinierte uns die geheimnisvolle Insel Barra noch mehr. Also machten wir uns auf den Weg, und auch Canna, die westlichste der kleinen Hebrideninseln, gefiel uns so sehr, dass wir unseren Anker warfen. Den ganzen Tag über verwöhnte uns die Sonne, also beschloss ich, am nächsten Morgen den Tag mit schwimmen zu beginnen – oder, besser gesagt, mit dessen schwedischer Variante, mit »tunken«. Ich glaube, das ist etwas, wovon nur Skandinavier infiziert sind: Von jetzt auf gleich überfällt uns diese übertriebene Begierde, die mit einem Hauch von Nationalstolz gemischt ist. »Schwedisches tunken« heißt, dass man den gesamten Körper während einer sehr, sehr langen Sekunde in das eiskalte Wasser des Meeres oder eines Sees eintaucht, um dann so schnell wie möglich wieder aufzutauchen. Zur Belohnung erhält der mutige Wikingernachfahre anschließend ein Frühstück im sonnenbestrahlten Cockpit seines Bootes, und so steht er dann da mit einer Tasse voll frisch gebrautem und duftendem Kaffee in der Hand, den Körper in ein wärmendes Handtuch gewickelt, und genießt die Bestätigung, dass er immer noch einem beachtlichen Grad an körperlicher Tortur gewachsen ist.

Ich war also gerade dabei, mich auszuziehen, als ich unvorsichtigerweise einen Blick auf unser Wasserthermometer warf. Das hätte ich nicht tun sollen: 11 °C! Vielleicht verfügte ich doch nicht über ganz so starkes Wikingerblut in meinen Adern, wie ich es gleich brauchen würde? Vielleicht sollte ich sofort und ohne Umweg durch das Wasser zum Punkt »frisch gebrauter, duftender Kaffee« übergehen? Doch ich musste unbedingt den Propeller kontrollieren, ob er von Algenbewuchs befallen war. Die Funktionsfähigkeit jedes Propellers ist so wichtig, dass es eigentlich völlig unverständlich ist, warum im Rumpf hinter dem Motorraum kein kleines Fenster angebracht wird, durch das man von innen auf das Ding schauen könnte.

Am Ende fand ich einen Kompromiss: Echte Wikinger mögen lachen, aber ich flüchtete in meinen Neoprenanzug. Sobald ich ins eiskalte Wasser tauchte, sickerte die eisige Nässe langsam in den Anzug, mein Atem wurde schneller, und mein Puls schnellte in die Höhe. Kein Zweifel, das war eine gewaltige Prüfung, und dieses Revier war definitiv zum unerwünschten Überbordfallen extrem ungeeignet! Sicherheitsleinen würden ab jetzt auf der REGINA mit noch größerer Sorgfalt zur Anwendung kommen. Und wie sah ihr Propeller aus? Nur unter höchster Willensanstrengung schaffte ich es, meinen Kopf unter Wasser zu stecken, und beschloss umgehend, dass ich unsere Schraube ganz bestimmt erst in wärmeren Gewässern schrubben müsste. Zurück im Cockpit, reichte mir Karolina mit einem verschmitzten Lächeln den ersehnten frisch gebrauten, duftenden Kaffee. Neckend meinte sie, dass ich durch meine väterlicherseits deutsche Abstammung wohl doch nicht ganz mit echten Wikingern mithalten könnte. Etwas beleidigt und enttäuscht, dass sie sich durch meine Heldentat nicht beeindrucken ließ, genoss ich trotzdem den wunderbaren Morgen. Die Westküste Schottlands ist eben ein unterschätztes Segelgebiet, besonders wenn sich das Wetter von sonniger Seite zeigt. Angesichts der vielen geschützten Buchten und der atemberaubend schönen Landschaft um uns herum konnten wir uns nicht genug darüber wundern, wie wenige Fahrtenyachten hier unterwegs waren.

Der Sonnenschein begleitete uns bis kurz vor Barra. Doch obwohl wir schon fast angelangt waren, konnten wir die Insel nicht ausmachen, denn eine riesige Nebelbank hüllte sie zusammen mit dem Rest der Äußeren Hebriden völlig ein. Von einem Augenblick zum anderen hatte uns die Sonne im Stich gelassen, und wir steckten plötzlich mitten in dieser dichten, grauen und feuchten Masse. Eine auf Meereshöhe befindliche Stratuswolke verbarg auch uns samt Mast und Rumpf.

Uns war, als könnten wir die Götter flüstern hören: »Nur wenn ihr versprecht, bald weiterzusegeln, lassen wir euch wieder raus.«

Wir fanden Barra trotzdem. Radar und Kartenplotter führten uns sicher zur geschützten Ankerbucht, die Castlebay heißt. Wir machten an einer der Gästebojen fest und ließen uns erschöpft auf unsere Cockpitpolster fallen, doch wir hatten den ganzen Weg bis zu den Äußeren Hebriden geschafft! Unglaublich!

Im Grunde ist das Segeln ja keine große Kunst, doch aus emotionaler Sicht war es für uns eine gewaltige Leistung, hier anzulanden. Jede Reise beginnt eben mit einem ersten Schritt, und jeder darauf folgende Schritt – und sei er noch so klein – führt näher ans Ziel heran, bis man es schließlich erreicht hat.

Ich erinnerte mich an einen Morgen in meiner Kindheit, als ich nach den langen Sommerferien wieder auf der Schulbank gesessen hatte und das neue Mathematikbuch ausgehändigt bekam. Geistesabwesend begann ich zu blättern, und zwar bei den letzten Seiten. »O nein!« Ich erschrak. »Da versteht man ja nur noch Bahnhof!« Ich weiß noch ganz genau, wie ich alle die griechischen Buchstaben anstarrte, die mich aus sonderbaren Gleichungen und Formeln hämisch anzugrinsen schienen. War das überhaupt Mathematik? Doch als ich am Ende des Schuljahres zu jenen Aufgaben kam, waren sie zu meiner großen Überraschung nicht viel schwieriger als die auf den ersten Seiten. Es kommt eben immer darauf an, schrittweise vorzugehen und jedes Kapitel erfolgreich zu bearbeiten, ehe man das nächste aufschlägt.

Barra – oder Eilean Bharraigh auf Gälisch – ist laut Aussagen vieler Segler und Naturliebhaber das romantischste Fleckchen aller Hebrideninseln, und auch wir stimmten dieser Einschätzung begeistert zu. Alte Steinhäuser in bescheidenem Grau verschwanden fast in dem tief hängenden grauen Nebel, der an den Hügeln den dunkelgrünen, mit Gras bewachsenen Boden hinaufkroch und stufenlos in Wolken überging. Eine Handvoll Fahrtensegler schwoiten an den Bojen in der Ankerbucht, wo eine Burg namens Kisimul Castle die gesamte winzige Insel besetzt. Ich konnte die jahrhundertealte Geschichte irgendwie nachfühlen, die Spuren sehen, welche die Menschen hinterlassen hatten: die gälische Kultur und die Symbole des keltischen Katholizismus. Zudem wird Barra von über 1000 Arten wilder Blumen und ungefähr 2000 Menschen bewohnt, die eng zusammenrücken, im Westen den wilden Atlantik im Nacken, wobei das Leben auf Barra alles andere als langweilig ist, denn die Inselbewohner wissen, wie man wirklich Spaß haben kann: Ihre Ceilidh-Tänze und sonstigen Versammlungen sind legendär und Besucher jederzeit und herzlich willkommen.

Früher hatte es zwei Kirchen gegeben, doch offensichtlich war auch eine genug, denn die kleinere litt mittlerweile schwer unter den Winterstürmen und war ein trauriger Anblick. Ich frage mich heute rückblickend, was schlimmer ist: eine zunehmend zur Ruine verkommende Kirche wie hier auf Barra oder aber ein Gotteshaus wie in Tobermory, das als Souvenirladen dienen muss. Was soll man nur mit diesen alten Kirchen machen, wenn die Seelen der Menschen von Gott abdriften?

Obwohl wir gerne noch länger geblieben wären, mussten wir mit den Gezeiten auslaufen, denn ein Tiefdrucksystem mit einer bedrohlichen Kaltfront samt Starkwinden näherte sich von Westen, weswegen wir dringend ein besseres Versteck in den Inneren Hebriden brauchten. Castlebay erschien uns doch etwas zu entlegen, um hier längere Zeit festzusitzen. Wir begannen auch zunehmend mehr an unsere bevorstehende Biskaya-Passage zu denken, die abgeschlossen sein sollte, bevor der Sommer alt geworden war. Der Regen knatterte schon auf das Kajütdach, als wir am südlichen Ende von Tobermory Bay Anker warfen. Hier wetterten wir die Kaltfront ab, um danach weiter gegen Süden zur Insel Iona vorzustoßen. Auf dem Weg entlang der Westküste von Mull kamen wir dicht an Staffa vorbei, wo mehrere Höhlen auf Meereshöhe zu finden sind, wovon Fingal's Cave wohl die berühmteste ist. Felix Mendelssohn Bartholdy hat im Jahre 1830 nach seiner Schottlandreise eine »Hebriden-Ouvertüre« komponiert, die auch den Titel »Die Hebriden oder die Fingalshöhle« trägt. Unter dem Eindruck einer stürmischen Nacht auf der Insel Staffa und der Gewalt, mit der die atlantischen Wellen gegen die britische Küste donnerten, skizzierte er in einem Brief an seine Schwester Fanny den überwältigenden Anblick und setzte das Erlebnis in Töne um, die später zum Beginn seiner Ouvertüre wurden. Oh, wie wünschte ich mir, wie Mendelssohn kreativ sein zu können!

Vor der Insel Iona ankerten wir in einer kleinen Bucht namens Bull's Hole und ließen unser Dingi zu Wasser, um quer über die Fahrrinne zu motoren. Mehrere mittelalterliche Gebäude zieren die Insel, wir kamen an den Ruinen eines Nonnenklosters sowie an einer noch sehr aktiven Abtei vorbei und standen schließlich vor einem mindestens 1000 Jahre alten, aber noch sehr gut erhaltenen fensterlosen freistehenden Steingebäude, wo der Dachgiebel ein gleichseitiges Dreieck bildete. Nur eine niedrige Bogentür an der Schmalseite des Hauses bildete den einzigen Kontakt zwischen der äußeren Welt von heute und dem von Geschichte geprägten Inneren.

»Schaut euch das an!«, ich zeigte auf eine gut erhaltene Kapelle, die, wie wir später erfuhren, aus dem 11. Jahrhundert stammte. »Jessica, hast du nicht gerade ein Buch gelesen, in dem zwei Kinder eine Zeitreise unternehmen und im Zeitalter der Wikinger gelandet sind? Ich glaube, wir erleben gerade das Gleiche! Schaut euch diese kleine Kirche an: Sie ist aus der Wikingerzeit, und wir stehen mittendrin!«

Die Tür zur alten Kapelle öffnete sich unter Quietschen und Klagen, und wir schlichen vorsichtig hinein. Trotz der weiß gekalkten Wänden war es sehr finster in dem alten Gebäude. Eine trübe Ölfunzel hing von der Decke herab, ein einfaches eisernes Kreuz lehnte in einer Ecke, der Altar bestand aus einem schweren Steintisch, und zwei kleine Kirchenbänke ergänzten den Rest der spartanischen Einrichtung. Jonathan, Jessica, Karolina und ich verharrten schweigend in der Mitte des Raumes und fühlten uns direkt unter die frühesten Christen des Nordens versetzt. Ich schloss meine Augen und stellte mir die letzten Wikinger vor, die hier aus freiem Willen – oder auch nicht ganz so freiem Willen – getauft worden waren. Plötzlich ertönte ein quakendes Geräusch. Dudelsäcke. Nicht laut, aber deutlich. Vor meinem geistigen Auge verschwanden die Täufer und Getauften, doch die Dudelsackklänge blieben.

»Das klingt ja wie eine kaputte Ölpumpe!«, wunderte sich Jonathan, und Jessica hatte schon die Pforte wieder aufgestoßen, um ein wenig Tageslicht und den Geruch der Blumen in das muffig riechende Kirchlein hereinzulassen. Noch immer konnten wir die Quelle dieser Töne nicht ausmachen, doch kamen sie hinter dem nächsten Hügel hervor und wurden immer lauter. Begeistert folgten wir der Musik und standen wieder vor der alten Klosterruine. Gleich daneben fanden wir die Musiker, in Kilts gekleidet und in Reih und Glied marschierend. Ich rieb meine Augen: Schottland und seine Menschen, deren Geschichte und Kultur, die Landschaft und das Wetter – alles trug dazu bei, unseren Schottlandtörn in unvergessliche Wochen zu verzaubern.

Doch unser Segeljahr hatte ja erst begonnen, und weitere Abenteuer warteten nur ein paar Segeltage weiter südlich auf uns – in Guinness-Land.

Ankern

Ankern ist ein weiteres Thema, worüber bereits unzählige Bücher geschrieben worden sind. Es ist jedoch unerlässlich, sich der zentralen Bedeutung bewusst zu sein.

In schwerem Wetter könnte die Fähigkeit des Ankers, sich fest in den Meeresboden einzugraben, das einzige rettende Glied zwischen Ihnen und einer Katastrophe sein. Erfahrene Hochseesegler rüsten ihre Schiffe generell mit deutlich größeren Ankern und viel längeren Ankerketten aus, als die Hersteller dies in Bezug auf Bootslänge und Verdrängung empfehlen.

Ein Fahrtenschiff sollte mindestens drei Anker führen. Renommierte sowie bewährte Hauptanker sind beispielsweise CQR, Bruce, Delta oder Rocna. Es spricht nichts dagegen, zusätzlich einen leichteren als Zweit- oder Drittanker mitzunehmen, zum Beispiel einen Leichtgewichtsanker wie Fortress oder Danforth für weiche Böden. Und: je mehr Kette, desto besser. Für einen Nordatlantiktörn sind 60 Meter das Minimum, obwohl die Kette viel wiegt und die Segeleigenschaften in jedem kleineren Boot beeinträchtigt.

Um den Angriffswinkel des Ankers am Meeresboden zu verbessern, kann man ein Gewicht entlang der Kette anbringen. Daraus resultiert eine Federbewegung, welche das Rucken der Kette verringert. Die Ankerwinde sollte dem Zug der Ankerkette aber nicht ausgesetzt, sondern lediglich für das Hieven und Fieren zuständig sein. Falls Sie keinen Kettenstopper haben, können Sie einen »Snubber« benutzen. Das ist ein kurzes, circa drei Meter langes Tau, am besten mit einer Gummifeder versehen. Es wird mit einem Ankerhaken an einem Ende in Bugnähe in die Kette eingehängt, während man das andere Ende an einer Klampe befestigt. Dadurch verschwindet auch das störende Rasselgeräusch, welches entsteht, wenn die Kette über die Bugrolle streift, während das Schiff im Wind schwoit.

Bei stärkerem Wind und fehlendem Gezeitenstrom können Sie auch ein Ankersegel setzen: Dieses kleine, am Achterstag gefahrene Segel sorgt dafür, dass das Schiff genau im Wind steht und ruhiger wird, denn es vermindert den ruckartigen Zug an der Ankerkette und bewirkt nicht nur ein bequemeres Ankern, sondern vergrößert auch die Chance, dass der Anker hält.

Und zu guter Letzt: Wenn Sie nicht sehr viel Erfahrung im Ankern haben, gilt es zu üben, zu üben und noch einmal zu üben. Es ist nämlich nicht so einfach, wie es aussieht; viele Hochseesegler sind sogar der Meinung, richtiges und sicheres Ankern sei das schwierigste und wichtigste Manöver überhaupt.

9

In dem wir die dunkle Kraft genießen lernen

Das Fünf-Sterne-Guinness

Als ich auf dem Motor zu liegen kam, war er noch warm. Da ich kurz zuvor gerade erst geduscht hatte, war ich mehr oder weniger unbekleidet, und so fühlte sich meine Haut an wie in einer heißen Bratpfanne. Verkrampft hing ich mit dem Kopf über der Maschine auf der einen Seite, während meine Füße auf der gegenüberliegenden Seite aus dem Motorraum ragten. Ich trug meine Stirnlampe und versuchte, irgendwo ganz hinten die richtige Schraube zu finden, um unsere Duschlenzpumpe abzumontieren. Die Schlauchklemme war zum Glück nicht so schwer loszubekommen, wie ich befürchtet hatte, was sich jedoch rasch als eher unglücklich für mich herausstellte. Denn kaum hatte ich den Schlauch gelöst, bekam ich die nächste Dusche mitten ins Gesicht, und zwar genau mit dem Wasser, mit dem ich mich vor fünf Minuten von Kopf bis Fuß gewaschen hatte – es war zwar noch immer warm, aber eben auch gebraucht. Wertvolles Süßwasser zu recyceln ist natürlich immer ehrenhaft, doch diese Drecksbrühe ging mir eindeutig zu weit. Trotzdem musste die Pumpe repariert werden. Der kleine Elektromotor lief zwar noch gut, doch die Ventile schlossen nicht richtig, sodass das gebrauchte Duschwasser nicht mehr über Bord gepumpt werden konnte. Ich schraubte die ganze Pumpe von der Maschinenraumwand ab und betrachtete sie skeptisch. Es war nicht der einzige Punkt auf meiner To-do-Liste, denn da gab es auch noch das kleine elektrische Relais, das den Regulator für unsere Hochleistungslichtmaschine steuerte. Diese verlangte mittlerweile, nach jeder Ruhepause mit einem entschlossenen Klaps reanimiert zu werden, um ihrer Aufgabe nachzukommen, das heißt: das Startsignal des Ladevorganges weiterzuleiten. Zu Hause hätte ich einfach den Hersteller angerufen. Ein paar Telefongespräche später wären die benötigten Ersatzteile mit der Post auf dem Weg zu mir gewesen und hätten spätestens nach zwei Tagen im Briefkasten gelegen. Mit Handy und Satellitentelefon hatten wir zwar die modernen Kommunikationsmittel mit an Bord genommen, doch unseren Briefkasten hatten wir zu Hause gelassen. Erstmals wurde mir bewusst, was für eine praktische Erfindung so ein Briefkasten ist, abgesehen von den lästigen Rechnungen und Reklame, die sich ja nun leider auch immer darin finden. Wie sollte ich nun hier ohne ihn die neuen Ventile für die Pumpe und ein neues Relais bekommen?

Wie so oft in unserem Leben tauchten im richtigen Moment die richtigen Personen auf: Rob und Karen. Wir trafen sie zum ersten Mal in Glenarm, als sie von ihrer Motoryacht sprangen, um unsere Festmacherleinen entgegenzunehmen und uns in Nordirland zu begrüßen, und sie gehören zu jenem Typ von Menschen, die uns einfach sofort sympathisch sind.

Sie wussten nicht nur, was wir alles in Glenarm besichtigen sollten, sondern konnten auch vieles über ihren Heimathafen Bangor erzählen sowie von den meisten anderen Orten, die wir in Irland zu besuchen planten. Während wir über für unsere Weiterreise denkbare Anlaufhäfen an der Küste Irlands sprachen, verpasste Rob nie die Gelegenheit, die besten Pubs in den jeweiligen Häfen zu nennen.

»Es ist nämlich so«, erklärte er mit wichtiger Miene, »dass wir immer alle Orte danach beurteilen, wie gut das Essen ist und ob das Guinness schmeckt. Wir haben eine Skala von eins bis fünf zur Klassifikation. Ein Fünf-Sterne-Guinness ist eines, welches du nie vergisst; hat es vier Sterne, leerst du das Glas mit Freude; ein durchschnittliches Drei-Sterne-Guinness ist eines, welches du einfach ohne viele Kommentare runterspülst, beim Zwei-Sterne-Guiness lässt du die Hälfte stehen, und eines mit nur einem Stern lehnst du sofort ab, nachdem du es probiert hast. Natürlich sind wir immer auf der Suche nach einem Fünf-Sterne-Guinness, und ich rate dir, gib dich nicht mit weniger zufrieden.«

Wie war Rob zum Spezialisten für dieses Bier geworden, das in jedem Pub der Küste ausgeschenkt wird? Tatsächlich kannte er jeden Pub, den er uns empfahl, nicht nur von vorn bis hinten und retour, sondern er wies uns sogar auf den speziellen Zapfhahn hin, der das beste Guinness ausgab.

»Wenn ihr nach Bangor kommt«, sagte er mit dramatischer Betonung, »müsst ihr unbedingt The First Port aufsuchen, aber akzeptiert nur das Guinness aus dem Zapfhahn, der am weitesten von der Eingangstür entfernt ist. Nur er liefert ein echtes Fünf-Sterne-Guinness!«

Als wir ein paar Tage später in Bangor, unweit von Belfast, einliefen, standen Rob und Karen auch hier auf dem Steg bereit, um wieder unsere Leinen entgegenzunehmen, und es dauerte nicht lange, bis Rob alle »Fünfer« der Stadt runterbetete: die besten Fischhändler der Stadt, die nettesten Cafés – und wo wir den Haarschnitt bekommen könnten, den man uns in Mallaig verweigert hatte.

Doch die verlockenden Lokalitäten mussten noch ein Weilchen warten, denn ich hatte Wichtigeres zu erledigen. Neben der Marina fand ich nämlich einen Laden für Bootszubehör und ging deshalb auf die Jagd nach einem Ventil für die Duschpumpe sowie einem Relais für die Lichtmaschine. Leider ohne Erfolg.

Rob empfahl Nautical World in der High Street. Hinter dem Ladentisch wartete Neil, und ich fühlte sofort, dass er alles in Bewegung setzte, um seinen Kunden zu helfen. Als ich ihm von meiner defekten Pumpe (Marke Whale) erzählte, schaute er mich mit großen Augen an und fragte verwundert: »Wissen Sie denn nicht, dass Sie hier mitten in Whale-City sind? Alle Whale-Pumpen werden nämlich in Bangor gebaut, Sie finden den Firmenhauptsitz ein paar Hundert Meter weiter die Straße runter.«

Und dann bedauerte er wortreich, dass er gerade für meinen Pumpentyp – leider – kein Ersatzteil auf Lager habe und dass er seit einiger Zeit – leider, leider – jedes Whale-Produkt in England bestellen müsse, was – leider, leider, leider – mehrere Tage Lieferzeit bedeutete und hohe Transportkosten, obwohl die Firma praktisch vor der Haustüre lag.

»Vor nur drei Monaten«, erklärte er mir, »hätte ich einfach die Ventile für Sie abgeholt. Doch jetzt läuft alles über diesen Generalimporteur in England. Neue Bestellroutine, behaupten sie ...«

So kam ich weder mit dem dringend benötigten Relais noch mit dem besagten Ventil in die Marina zurück, wohl aber mit einem kürzeren Haarschnitt und frischem Fisch, was ja besser als gar nichts war. Rob füllte gerade seinen Wassertank nach, grüßte mich mit seinem verschmitzten Lächeln, fragte, ob ich schon ein paar »Fünfer« gefunden und was ich sonst so unternommen hätte. Ich gestand, dass ich zurzeit Ersatzteile statt Guinness jagte und berichtete von Whales aktueller Bestellroutine.

»Ach, die kenn ich doch! Das sind Kunden von mir. Famose Burschen! Die rufst du einfach an und erklärst ihnen dein Problem. Ich bin sicher, das geht ruck, zuck mit deinem Ventil. Und dieses Relaisdings ..., warte, ich ruf mal kurz meinen Elektriker an, der weiß bestimmt, wo man so eins bekommt.« Er zog sein Handy raus, wählte, lauschte, fragte mich: »Ist es ein 12-Volt-Relais?«

Ich nickte.

»Steht 30 Ampere drauf?«

Ich nickte wieder.

»Hat es vier Stifte auf der Unterseite?«

Und wieder nickte ich, nun aber schon mit einem Gesichtsausdruck der höchsten Dankbarkeit.

»Bangor Autoparts? Gut. Danke.« Rob legte auf und drehte sich zu mir: »Ich fahre dich schnell hoch, es liegt nämlich direkt neben dem Metzger, wo es die besten Würstchen von Nordirland gibt. Hast du sie nicht schon in Glenarm gerochen, als wir uns das erste Mal getroffen haben?«

»Du meinst, ich hätte sie die ganze Strecke von Bangor bis Glenarm riechen können?«, fragte ich lachend.

»Natürlich nicht!«, antwortete Rob. »Ich hatte sie dort auf dem Grill, weißt du noch? Rochen sie nicht fantastisch? Wenn du willst, können wir beim Metzger halten, damit ihr ein paar bestellen könnt. Ich komme am besten mit, damit ihr die besten der besten bekommt.«

Wenige Minuten später hatte er meine ganze Familie in sein Auto geladen: Ich hoffte auf ein neues Relais, Karolina wollte die Chance nicht verpassen, unsere Gefriertruhe mit erstklassigem Fleisch und Würstchen zu füllen, und Jessica und Jonathan wollten die Autofahrt nicht verpassen, denn es war für sie schon sehr lange her, dass wir eines dieser vierrädrigen Transportmittel benutzt hatten. Im Laufe der Fahrt begriff ich auch endlich, wieso Rob so viel von Zapfhähnen verstand – nicht nur von denen in Bangor oder in Irland, sondern in vielen Ländern der Welt: Seine Firma produzierte monatlich zwei Millionen Meter Schläuche für Fassbier!

Mit einer Tüte voller Fleisch kam Karolina genauso glücklich aus der Metzgerei wie ich aus dem Autoladen mit meinem neuen Relais in der Hand, und die Kinder fanden den Mercedes von Rob ein richtiges Luxusgefährt. Anschließend rief ich bei Whale an und sprach mit der Verkaufsabteilung, die mir umgehend bestätigte, dass es leider nicht möglich sei, Ersatzteile direkt an mich oder an einen Bootszubehörladen zu verkaufen; es musste tatsächlich alles durch das neue Händlernetz laufen, und da Nordirland schließlich zu Großbritannien gehört, saß der zuständige Generalimporteur in England. Aber der freundliche Mann kannte trotzdem eine Abkürzung: Falls wir einen Garantieanspruch geltend machen könnten, würde er mich selbstverständlich in die Serviceabteilung weiterleiten; dort würde man uns unverzüglich helfen, denn Service sei schließlich Ehrensache ... Eine halbe Stunde später stand ich an der Rezeption von Whale, wo man mich schon erwartete. Innerhalb weniger Minuten nahm ein hilfreicher Mitarbeiter von Whale meine Pumpe auseinander, zeigte mir die Haare, die in dem Ventil steckten, und reichte mir die Pumpe mit neuen Ventilen zurück, selbstverständlich kostenfrei.

Na, wenn das kein Guinness wert war! Die gesamte REGINA-Crew suchte sich einen gemütlichen Pub, indem Karolina und ich ein Guinness genossen, welchem wir vier Sterne verliehen. Ein besseres hatten wir noch nie zuvor gekostet. Weich, schwarz und mit wundervollem Schaum soll es laut der Guinnesswerbung »magische Kräfte entwickeln«. Die cremige und feinporige Schaumkrone bleibt bis zum letzten Tropfen unversehrt, Guinness sieht aus wie cremiges Eis auf der besten dunklen Schokolade, die man sich vorstellen kann. Man fühlt sich wie im Himmel, wenn man es genießen darf. Es ist wohl richtig, was in der Werbung behauptet wird: »Guinness is good for you.« Guinness bedeutet Freundschaft, denn man trinkt es unter Freunden. Und falls man einmal gerade keine privaten Freunde in Reichweite hat, stehen in jedem guten Guinness-Pub genügend potenzielle Freunde rum. Nach dem ersten Glas betrachtet man das Leben schon gelassener – und sogar Secondhand-Duschwasser verliert seine Schrecken.

Nach wenigen Tagen mussten wir unsere neuen Freunde aber wieder verlassen und liefen Dublin an, bekanntlich die Heimat von Guinness und mit Sicherheit eine äußerst lebensfrohe Stadt, vielleicht nicht nur wegen des Nationalgetränks. Uns überwältigte das laute Dublin in jeder Hinsicht, aber ganz besonders nach der Ruhe in den friedlichen Hebriden.

Dublin war einst von den Wikingern als wichtige Handelsstätte gegründet und zu einem Zentrum für die berühmten Wikingerschiffe ausgebaut worden. Es war von Anfang an ein Magnet für alle Reiselustigen, und falls es zu gewissen Zeiten ein wenig in Vergessenheit geraten sein sollte, so ist es heute mit Sicherheit wieder eine populäre und coole Stadt, als Reiseziel und auch als Wohnort.

Um nach Dublin zu gelangen, machten wir im Hafen von Malahide fest. Von dort waren es nur noch 20 Minuten mit dem Zug. Hätte Rob es uns nicht so überzeugend angeraten, hätten wir es nie gewagt, über die flachen Sandbänke zu segeln, die teilweise nur 30 Zentimeter Wassertiefe bei Niedrigwasser hatten, wobei REGINA einen Tiefgang von zwei Metern aufweist. Wir führten also unsere Tidenberechnungen sehr sorgfältig durch, gelangten über die Untiefen in den Hafen und fanden in Malahide eine Oase der Ruhe im Gegensatz zu der lauten und geschäftigen Metropole Dublin. Überall hingen Blumen in Körben und Kästen vor den Fenstern, wobei die meisten anscheinend zu Pubs gehörten. Natürlich folgten wir auch hier wieder einem von Robs unzähligen Ratschlägen und suchten *James Gibney's & Sons*, wo wir eine sehr, sehr starke Vier genossen. Alle Gäste verfolgten ein Pferderennen auf großen Flachbildschirmen, wobei die Guinnessgläser schneller gelehrt schienen, als die Pferde rennen konnten.

Unser letzter Tag in Dublin führte uns zum Guinness Store House, der Originalbrauerei. Dort erfuhren wir, dass Arthur Guinness im Jahre 1759 eine vernachlässigte Brauerei gekauft hatte und dort helles Ale zu brauen begann. Zu dieser Zeit gab es mehr als 200 Brauereien in Dublin, und davon standen 20 in der unmittelbaren Umgebung von Arthur Guinness' neuem Sudhaus. Die Konkurrenz muss hart gewesen sein, doch die Nachfrage war noch größer. Bier, das darf man nicht vergessen, wurde in Irland als »sicheres Getränk« angesehen, denn Wasser hätte schließlich verunreinigt sein können.

Arthur Guinness war geschickt, wollte sich von der Konkurrenz unterscheiden und folgte sehr bald einem Trend, der aus der Großstadt London rüberschwappte: Ein neues Bier, genannt Porter, war dort sehr in Mode gekommen. Im Jahre 1799 braute Arthur Guinness sein letztes Ale und konzentrierte sich danach ausschließlich auf Porter, was sich als sehr erfolgreiches Prinzip erwies. Er war eben ein guter Geschäftsmann und Unternehmer mit sicherem Gespür für Trends und Nachfrage und auch für Kostensenkung. Gleichzeitig war er aber auch sehr großzügig, führte bezahlten Urlaub für seine Angestellten ein, bot zehn bis 15 Prozent mehr Gehalt als andere Arbeitgeber, gründete die erste Sonntagsschule in Dublin und zahlte sogar eine Pension für die Witwen seiner Beschäftigten. Aufgrund dieser Pensionsberechtigung sagte man den Müttern Dublins nach, sie wünschten sich als Schwiegersohn stets einen Guinness-Angestellten, denn der ist sowohl lebend als auch tot wertvoll.

Im Guinness Store House zeigte man uns, wie aus Gerste, Hopfen, Wasser und Guinnesshefe das schwarze Bier gebraut wird. Die Tour endete im siebten, also dem obersten Stock der Brauerei, mit einer grandiosen Aussicht über ganz Dublin und dem höchstgelegenen Ausschank der Stadt namens »Gravity«. Und hier fanden wir es: ein Guinness, gezapft direkt über den Fässern der Brauerei, das einzigartige Fünf-Sterne-Guinness!

Ersatzteile und Werkzeuge

Welche Ersatzteile Sie unterwegs brauchen, hängt vor allem von Ihrer Ausrüstung sowie Ihrer Route ab. Bevor Sie auf große Fahrt gehen, sollten Sie sich eine Liste mit allen Telefonnummern und E-Mail-Adressen der Lieferanten und Hersteller Ihrer Ausrüstung zusammenstellen. Recherchieren Sie bei den Serviceabteilungen der Firmen, welche Ersatzteile Sie mitführen sollten. Sie erteilen in der Regel gerne Auskunft und wissen, was üblicherweise unterwegs kaputtgeht. Eine komplette Ersatzteilliste oder Explosionszeichnung, insbesondere für komplexe Systeme wie beispielsweise das Rigg oder den Motor, kann unschätzbar wertvoll werden, wenn es darauf ankommt, ein bestimmtes Teil per Kurier zu bestellen. Die richtige Bestellnummer macht alles unglaublich viel einfacher, aber auch eine Digitalkamera ist hilfreich, um das defekte Teil zu fotografieren und das Bild an den Lieferanten zu mailen.

Wenn Sie nicht sowohl eine Windsteueranlage als auch einen Autopiloten besitzen, könnte es ratsam sein, einen kompletten Autopiloten als Ersatzteil mitzuführen. Längere Zeit von Hand steuern zu müssen ist bei kleiner Crew nämlich extrem ermüdend. Bei Nichtgebrauch können Sie ihn nach der Tour als komplettes Paket einfach weiterverkaufen.

Vielleicht bietet die Werft Ihres Schiffes einen After-Sales-Service an, der nicht nur Kunden vorbehalten ist. Eignervereine können ebenfalls sehr gute Hilfestellungen geben, insbesondere bei Bootstypen, die schon mehrfach auf großer Fahrt waren.

Die an Bord vorhandenen Werkzeuge sollten zumindest grundlegende Wartungsarbeiten ermöglichen sowie zu allen mitgebrachten Ersatzteilen passen. Gute Werkzeuge sind aus Nirosta. Ölen Sie sie ein, um sie vor Rost zu bewahren. Bevorzugen Sie billigere Werkzeuge, werden Sie sie oft ersetzen müssen. Nehmen Sie sich also Zeit, eine gute Werkzeugsammlung aufzubauen. Wartungsarbeiten während einer oder zwei Saisons zu Hause selbst durchzuführen, wird Ihnen eine gute Lehre sein. Dabei ist es praktisch, nicht immer den ganzen Werkzeugkasten herausholen zu müssen, wenn Sie lediglich eine Zange oder einen Schraubenzieher benötigen. Die gebräuchlichsten Werkzeuge leicht zugänglich im Schiff zu haben, erleichtert die tägliche Kleinarbeit ungemein.

Ausreichende Mengen an Öl und Filtern für mehrere Öl- und Filterwechsel am Motor gehören zu den zentralen Ersatzutensilien. Sollten Sie beispielsweise irgendwann einmal verunreinigten Diesel gebunkert haben, werden Sie nicht nur einen einzigen Dieselfilter austauschen müssen. Darüber hinaus ist ein besonders geschätztes Ersatzteil eine komplette Pumpe für die Toilette. Diese auf See auseinanderschrauben und reparieren zu müssen, gehört nicht zu den populärsten Arbeiten.

Schließlich: Zögern Sie nie, Ihre neuen Seglerfreunde nach einem fehlenden Werkzeug oder Ersatzteil zu fragen. Sich gegenseitig zu helfen ist eine der großen Freuden der Yachties.

10

In dem wir zu echten Hochseeseglern werden

Verwandlung auf See

Ich stieg den Niedergang hinauf, atmete tief ein und sah die riesigen Atlantikwellen, die von achtern auf uns zu rollten. Die Logge zeigte 9,94 Knoten. Das Heck von REGINA hob sich, das Wasser rauschte unter uns durch, unsere Yacht schien zu fliegen. Ich hatte nicht viel geschlafen. Nicht nur weil das Schiff so sehr rollte. Ich hatte eine konstante Geräuschkulisse aus Gekicher und Gelächter wahrgenommen und hatte mich immer wieder gefragt, was da oben wohl vor sich ging.

Mehr als einmal hatte ich gehört: »Woooooowww! Guck dir das an ...«

Karolina, Jessica und Jonathan schienen großartiger Stimmung zu sein. Ich war zu unruhig, um richtig ausruhen zu können. Es kommt schließlich nicht jeden Tag vor, dass man den berüchtigten Golf von Biskaya überquert. Ich hatte schon gelauscht, als meine Lieben das Abendessen zubereiteten: lachend, da die Tomaten durch die Pantry rollten. Jonathan hatte auf den Zehenspitzen gestanden und versucht, im Topf zu rühren. In der einen Sekunde konnte er den kompletten Inhalt sehen und in der nächsten, da REGINA rollte, nur die Topfunterseite.

Nun setzte ich mich zu den anderen. Offensichtlich hatte der Wellenritt keinen Einfluss auf ihren Appetit, denn von dem Mahl war fast nichts mehr übrig.

Es ist interessant, wie flexibel sich der Körper an Umweltbedingungen anpasst. Mittlerweile waren uns Seebeine gewachsen. Keiner litt mehr unter Seekrankheit, und das war eine große Erleichterung. Je mehr Zeit man am Stück auf See verbringt, desto besser gewöhnt sich das Gleichgewichtssystem an die Umstände, wobei ein wachsendes

Vertrauen in das eigene Können sowie in das Schiff erheblich hilft. Ist man ängstlich oder hungrig oder wenn man friert, kann das schnell zu den gefürchteten Symptomen führen. Wie oft habe ich von Ehefrauen gehört, die mit »Macho-Seemännern« verheiratet sind, dass sie das Segeln nicht genießen können, weil ihnen ständig schlecht wird! Deren allwettersegelnde Skipper sollten sich mal überlegen, ob ihren Frauen nicht gerade wegen dieses rücksichtslosen Segelstils übel wird. Wäre es nicht viel einfacher, ihren aktuellen Begleiterinnen das Segeln schmackhaft zu machen, statt von einer neuen, seefesten Partnerin zu träumen? Dazu bedarf es keines großen Aufwands. Eine Frau, die über wenig Segelerfahrung verfügt, wird von einem sympathischen und rücksichtsvollen Segellehrer sicher gerne lernen – sogar wenn es der eigene Ehemann ist. Auch wenn das kürzere Etmale mit sich bringen sollte – was macht das schon? Ein halber Tag Schönwettersegeln in der Bucht vor dem Heimathafen kann genau das Richtige sein, um einem Anfänger Erfahrung und Vertrauen zu vermitteln. Bringt der Mann an Bord dann auch noch eine schmackhafte Mahlzeit zustande, ist er schnell auf dem besten Weg zu einer begeisterten und seekrankheits-freien Gattin. Ach ja, er sollte natürlich den Abwasch nicht vergessen, denn auch der gehört zu den Aufgaben eines vorbildlichen Skippers!

Ich wunderte mich nun also über meine Frau und die Kinder, die trotz der größten Wellen lachend und kauend im Cockpit saßen. Die Dünung hatte in der Zeit, in der ich in der Koje lag, deutlich zugenommen. Wir überlegten, ob wir lieber reffen sollten. Einerseits empfahl es sich, ein wenig Großsegel einzuholen, weil es bald dunkel werden würde – andererseits wollten wir so schnell wie möglich La Coruña erreichen, da zum Ende der Woche Starkwind angesagt war.

Über unser Iridium-Satellitentelefon holte ich eine Wettervorher-sage mittels GRIB-Daten ein. Die Information kam prompt, und ich lud sie auf unsere MaxSea-Navigationssoftware herunter. Sie besagte, dass ein steter Wind um die 20 bis 25 Knoten aus Nordwest zu erwar-ten war. Das stimmte mit der jetzigen Windstärke überein, die unsere fantastische Geschwindigkeit verursachte. Über Nacht sollte der Wind auf 15 Knoten abflauen. Wir entschieden daher, das Groß und die

Genua zu lassen, wie sie waren, und unseren Ritt über die Atlantikwellen fortzusetzen.

Den Golf von Biskaya zu passieren war eine der Herausforderungen, denen wir sowohl mit Ehrfurcht als auch mit Nervenflattern entgegengeblickt hatten. Waren wir von der Gefahr fasziniert? Kann man in der Angst auch eine Art Verlockung spüren? Weder Karolina noch ich sind Draufgänger. Wir mögen ein gewisses Abenteuer, wollen aber das Schicksal nicht herausfordern, und Angst wollen wir schon der Kinder wegen auf jeden Fall vermeiden. Gefahren gehen wir daher, so weit es möglich ist, aus dem Weg. Wie hatten wir es nur wagen können, Kurs auf die Biskaya hinaus zu nehmen und dann noch die längstmögliche Strecke zu wählen: von Irland direkt nach Spanien? In unseren Köpfen schwirrten alle möglichen Schauergeschichten von Stürmen und Problemen. Die gefährlichste Zeit in diesem Revier ist sicherlich Herbst und Winter, doch trotz der Tatsache, dass wir Mitte Juli hatten, belastete uns ein unbehagliches Gefühl.

Zweimal zuvor hatten wir beim Verlassen eines Hafens dieses unbehagliche Kribbeln im Bauch verspürt. Das erste Mal, als wir die Leinen in unserem Heimathafen loswarfen, kaum dass wir uns von der Familie und unseren Freunden verabschiedet hatten. Das zweite Mal war, als wir über die Nordsee wollten. Nun schien es schlimmer zu werden, die Biskaya war der bislang längste Abschnitt auf See. Wir kannten einige Segler, welche die Biskaya schon einmal hinter sich gebracht und berichtet hatten, dass man sich dort auch im Sommer nicht auf das Wetter verlassen kann.

Karolina und ich klopften alle Gebiete auf unserer Route von Kinsale, Irland, bis La Coruña, Spanien, gründlich auf die aktuellen Wetterverhältnisse ab. Vor uns lag das Gebiet »Fastnet«, welches uns natürlich an die berüchtigte Fastnet-Regatta von 1979 erinnerte, bei der 15 Teilnehmer im Sturm ihr Leben gelassen hatten. Dann hatten wir »Sole« zu passieren, um in das Vorhersagegebiet »Biskaya« zu kommen. Die erste Landsichtung der Nordwestküste Spaniens ist erst möglich, wenn man das Kap Finisterre umgebende Gebiet »Fitzroy« erreicht. Die Strecke misst insgesamt mehr als 500 Seemeilen und würde mit unserer REGINA fast vier Tage und Nächte dauern. Der Gedanke war sowohl beflügelnd als auch erschreckend zugleich.

Jessica und Karolina legten sich nach dem Essen schlafen. Jedenfalls gelang es Jessica, schnell einzuschlafen. Karolina fiel es hingegen nicht leicht, es ihr gleichzutun. Jonathan und ich hatten zusammen die Wache. Es war komplett dunkel, und ein merkwürdiges Gefühl beschlich uns, denn wir rauschten mit achteinhalb und manchmal neun Knoten dahin, ohne die Wellen unter uns oder um uns herum sehen zu können. Wir konnten nur spüren, wie sie das Schiff anhoben, und hörten, wie sie unter uns durchzischten – es war wie auf der Autobahn, wenn man mit durchgedrücktem Gaspedal bei maximaler Geschwindigkeit über den Asphalt in die Dunkelheit rast. Plötzlich gab es einen Rums, und eine riesige Welle brach sich an der Rumpfseite, die Gischt klatschte aufs Deck und gegen die Sprayhood. Was für eine Kraft Wasser doch hat!

»Seid ihr nass geworden?«, hörte ich Karolinas Stimme von unten.

»Nein, nein, wir sind trocken wie zwei Eidechsen in Arizona. Aber das muss ein richtiger Kaventsmann gewesen sein.«

Es gab ein gurgelndes Geräusch auf Deck, als das Wasser ablief und sich seinen Weg zurück in das pechschwarze Meer suchte. Ich nahm mir ein Paar Nüsse, die wir als Nervennahrung extra für die »schwierigen Nächte in der Biskaya« aufbewahrt hatten. Diese Nacht war eine davon, entschied ich! Obwohl ich ein wenig ängstlich war, konnte ich nicht umhin, es auch gemütlich zu finden, geschützt unter der Sprayhood zu sitzen und dem rauschenden Wasser zuzuhören und die Bewegungen des Schiffes zu genießen. Ohne den Mond war es leichter, die Sterne zu sehen. Es waren nicht viele andere Boote unterwegs, und die wenigen, die wir auf dem Radarschirm ausmachten, waren Fischerboote. Die mögen zwar weder groß noch schnell sein, weichen aber immer wieder plötzlich und unvorhersehbar vom vermuteten Kurs ab, da sie mithilfe ihres Unterwassersonars den Fischen folgen.

»Jonathan, bist du wach? Möchtest du nicht runtergehen und schlafen?«, fragte ich meinen Sohn.

Er fuhr hellwach auf. »Nein, Papa, ich schau mir lieber die Sterne an.

All diese Sterne, kreisen die auch um andere Sterne, so wie wir um die Sonne kreisen und die Sonne in ihrer Galaxie?«

Wir sprachen über die Sterne, die wir sahen, und die Boote, die wir nur auf dem Radar sichteten. Wir diskutierten Radarreichweiten und Frequenzen, warum UKW nicht hinter hohen Inseln empfangen werden kann, und wie das Iridium-Satellitentelefon im Gigahertz-Bereich funktioniert. Wir sprachen über den Unterschied zwischen geostationären Satelliten und anderen Arten. Jonathan erspähte einen Satelliten am Nachthimmel und fragte, was für ein Typ das sein könnte. Ein Spionagesatellit vielleicht? Sofort gab es noch mehr interessanten Gesprächsstoff: Warum sind solche Spionagesatelliten notwendig? Was können sie sehen? Wie werden sie eingesetzt? Gegen Mitternacht verzog er sich in den Salon zum Schlafen, immer noch mit Schwimmweste bekleidet und allzeit bereit, so erklärte er, die nächste Wache zu übernehmen. Jessica dagegen hatte sich in ihrem Pyjama in die Koje gekuschelt, als lägen wir in einem geschützten Hafen. So unterschiedlich reagieren Menschen auf dieselben Reize ...

Nun gehörte die schwarze Nacht mir alleine. Die ersten Stunden nach Mitternacht waren noch recht kühl. Vielleicht würde sich das ändern, je länger wir nach Süden segelten? REGINA kam schnell vorwärts. Ich konnte die Wellen weiterhin unter ihr durchrauschen hören und war ein glücklicher Mann! Ich fühlte tiefe Dankbarkeit über mein Schicksal, das mich an diesen Ort geführt hatte. Wieder dachte ich daran, wie wir unser Leben um 180 Grad gedreht hatten. Lustig, dachte ich, 180 Grad, das war exakt unser Kurs, den ich auf dem Kompass lesen konnte. Ich spürte keinen Zweifel: Das war die spannendste und bereicherndste Erfahrung, die das Leben mir bot. Und das Beste daran war, dass ich sie mit meiner Frau und den Kindern zusammen erlebte. Konnte dieses Glücksgefühl länger anhalten? Die Gewissheit war nicht wichtig. Der Moment war das, was zählte. REGINA pflügte geflissentlich durch die See. Jessica, Jonathan und Karolina schienen glücklich zu sein. Die Biskaya zeigte sich, bis auf die hohen Wellen, von ihrer freundlichsten Seite. Und ich war mittendrin, im Zentrum meines persönlichen Vergnügungsritts.

Am Morgen des zweiten Tages ließ der Wind nach. Wieder einmal stand ich im Niedergang. Diesmal war es mir jedoch geglückt, ein paar kurze Stunden Schlaf zu finden. Die Wellen waren nicht mehr so hoch, und wir machten nur noch sechs, sieben Knoten Fahrt. Ich starrte auf die graue See, und plötzlich hörten wir ganz in der Nähe ein unbekanntes Geräusch im Wasser. Ich drehte mich um, und da sah ich sie aus allen Richtungen heranschwimmen: Delfine! Es handelte sich um eine etwas kleinere und zutraulichere Art als in der Nordsee. Jessica und Jonathan waren verzückt, und wir schauten alle vom Vordeck aus zu, wie sie spielten, geradezu hüpften und vor und zurück unter dem Bug der REGINA durchschwammen. Als sich Jonathan über die Reling lehnte, kam ein Delfin an die Oberfläche und blies eine Fontäne in sein Gesicht.

»Er hat mich geküsst!«, rief Jonathan begeistert. »Er hat mich geküsst!«

Wir konnten sie fast anfassen, so nahe kamen sie uns. Das Schauspiel war wirklich ein angemessener Ausgleich für zu wenig Schlaf in einem schaukelnden Zuhause.

Am dritten Tag fiel es mir schon viel leichter zu schlafen, was nicht nur durch Erschöpfung zu erklären war. Ich fühlte mich einfach weniger müde und insgesamt entspannter, mit mehr Energie und mehr Konzentration fürs Segeln und die Umgebung. Gerade als wir uns alle zum Essen im Cockpit versammelt hatten, sah ich eine Segelyacht aus südwestlicher Richtung kommen. Seit längerer Zeit waren wir recht allein auf dem Wasser gewesen, daher begeisterte uns der Anblick des sich nähernden Schiffes.

Schon meldete sich unser UKW: »Segelyacht – hier ist STELLA MARIS – over.«

Ich schnappte mir den Hörer und drückte die Sprechtaste: »STELLA MARIS, hier ist die schwedische Segelyacht REGINA. Seid ihr das rote Boot mit Kurs Nordost?«

Natürlich waren sie das! Niemals zuvor wären wir auf die Idee gekommen, ein Schiff in unseren Heimatgewässern nur für ein »Hallo« über UKW anzufunken. Warum sollte man jemanden ansprechen, den man gar nicht kennt? Was sollte man sagen? Aber hier, mitten in der

Biskaya, war alles verändert. Wir wollten unbedingt wissen, wer die anderen waren, woher sie kamen, ihren Ausgangs- und Zielhafen erfahren und ob sie auf Probleme gestoßen waren. Das war ein ganz neues Gefühl, ein Gefühl von Gemeinschaft. Der Skipper sprach mit mir, als ob ich ein echter Hochseesegler wäre und nicht länger nur ein Träumer. Plötzlich dachte ich voller Stolz, dass ich bereits etwas gemeinsam hatte mit den Helden aus unzähligen von mir gelesenen Segler-Memoiren.

Wir lüfteten das Geheimnis über die Richtung der STELLA MARIS. Ihr letzter Hafen war auf den Azoren gewesen und davor Cape Town, Südafrika. Sie war auf dem Weg zu ihrem Heimathafen Kiel nach einer fünfjährigen Weltumsegelung. Ihr Skipper ging selbstverständlich davon aus, dass auch wir auf großer Tour wären, fragte nach unseren Plänen und sprach über Tahiti, Bora Bora und Rarotonga, so wie wir über unsere heimatlichen Schären zu sprechen pflegen.

Als STELLA MARIS unter der Kimm verschwunden war, fühlten wir, dass wir das Staffelholz übernommen hatten, hier mitten in der Biskaya. Tief in mir drinnen fühlte ich, dass wir jetzt zu vollwertigen Hochseeseglern geworden waren. Nicht wie bislang mit einem Bein an Land stehend – nun hob sich unsere Familie klar von den Wochenend- und Ferienseglern ab.

Biskaya-Taktiken

Für Nordeuropäer ist der Golf von Biskaya oft die erste große Bewährungsprobe.

Der seit uralten Zeiten existierende schlechte Ruf beruht auf zwei geografischen Gegebenheiten: Das westliche Ende der Biskaya ist der Anfang des Kontinental-sockels mit einem sehr steilen Anstieg des Meeresbodens von mehreren Tausend Metern Tiefe auf nur ein paar Hundert Meter. Rollen große Wellen über den Atlantik in Richtung Osten, treffen sie auf diesen Sockel und werden kürzer, steiler und damit gefährlicher.

Die Biskaya ist aber auch gegen vorherrschende Winde völlig offen und unge-schützt. Von ihrer felsigen östlichen Leeküste fliehen zu wollen, bedeutet fast immer ein Aufkreuzen gegen Wind und Wellen, denn es gibt keinen Ausgang, durch den man mit dem Wind flüchten könnte. Mithilfe moderner Wetterprognosen kann man zwar heutzutage der größten Bedrohung entkommen, für viele Segler bedeutet die Passage aber, dass sie zum ersten Mal mehr als drei Tage am Stück zu bewältigen haben, was der Grenze für eine präzise Wettervorhersage entspricht.

Startet man von Falmouth in England oder von Kinsale in Irland, so hat man die besten Chancen, mit angenehmem halbem Wind segeln zu können. Die Normandie in Frankreich ist zwar einen Tag näher an Spanien gelegen, von dort aus verlangt es aber oft einen Amwindkurs. Sollte dies immer noch ein zu langer Törn für Sie sein, können Sie Ihre Überfahrt auch in kleinere Teilstrecken aufteilen und die Küste Frankreichs entlangsegeln, obwohl Sie wahrscheinlich dann längs der spanischen Nordküste bis nach La Coruña gegen den Wind aufkreuzen müssen.

Von Norden kommend, könnten Sie statt nach La Coruña zu segeln alternativ gleich Camarinas an der Westküste Spaniens anlaufen, was nur unbedeutend weiter ist. Dadurch würden Sie Kap Finisterre vermeiden, die Nordwestspitze Spaniens, die oft Starkwind oder Nebel bereithält. Statistisch gesehen steigt die Starkwindrate in der Biskaya ab Mitte August deutlich an und sollte deshalb möglichst vorher passiert werden.

11

In dem wir die ersten Fahrtensegler kennenlernen

Spanische Wärme

Der dritte Morgen in der Biskaya war anders als die vorigen. Wir hatten uns nicht nur an den Rhythmus des Meeres gewöhnt, sondern auch das frühe Licht des Morgens schien irgendwie heller. Die Sonne stieg an einem wolkenfreien Himmel empor und erleuchtete unser gesamtes Leben. Sogar der Wind fühlte sich fremd an, denn es fehlte die bisher übliche Kälte. Und dann waren da die neuen Farben: Der Atlantik war von Stahlgrau in Tiefblau übergegangen. Es war so unglaublich bezaubernd.

Die Sonne war kaum bei der Arbeit, als ich begann, mich unbehaglich zu fühlen. Etwas an meinem Körper störte; es fühlte sich überflüssig an. Es war mein Pullover! Ich zog ihn aus, und ein warmer Wind, der wie eine warme Dusche aus Luft zu sein schien, streichelte meine nackte Haut. Es war unverkennbar: Wir waren auf südlichem Kurs. Ich suchte meine Shorts heraus, die ich seit fast einem Jahr nicht mehr getragen hatte. Tschüss, ihr warmen Kleiderschichten aus Fleece! Von diesem Tag an verblieben diese Klamotten im Stauraum. Erst als wir elf Monate später die Azoren erreichten, wollten wir wieder etwas anderes als Shorts und T-Shirt tragen. Wir wurden begeisterte Fans dieser Breitengrade.

Bei den milden Winden, die uns umschmeichelten, und unter einer Sonne, die knapp 20 Grad über dem Horizont stand, sichteten wir Land. Dies war also das Ende der uns als fast unüberwindlich erscheinenden Biskaya. Im Zickzack kreuzten wir zwischen Dutzenden spanischer Fischerboote, bis wir schließlich in La Coruña am Nachmittag des 2. August anlegten. Wir hatten 536 Seemeilen in nicht mehr als drei Tagen und sechs Stunden hinter uns gebracht, was mit einer Durchschnittgeschwindigkeit von fast sieben Knoten eine beeindruckende

Leistung und unserer schnellen REGINA zu verdanken war. Mit der Festmacherleine in der Hand sprang ich an Land und spürte unter meinen nackten Fußsohlen den sonnenerwärmten spanischen Boden. Ich war stolz und glücklich.

Um von unserer geglückten Ankunft zu berichten, riefen wir unsere Freunde und Familien in Schweden an, die uns von verregneten Tagen mit 13 °C berichteten und davon, dass bereits die roten Vogelbeerbäume den Herbst ankündigten. Alle beklagten sich darüber, dass es in diesem Jahr gar keinen richtigen Sommer gegeben hätte. Die Schulen würden bald wieder beginnen und dem Leben an der frischen Luft ein Ende setzen – die lange winterliche Zeit, in der man sich in Schweden vom Wetter, vor seinen Nachbarn und vor sich selbst zurückzuziehen pflegt, hatte anscheinend schon begonnen. Ich hörte zu und verstand nicht wirklich, warum sich nicht mehr meiner Landsleute eine südlichere Ecke Europas zum Leben wählen. Andererseits: Hatte ich mich nicht selbst so lange mit dem Entschluss zur Veränderung herumgequält? Hatten wir vor unserem Aufbruch nicht Hunderte Argumente gesammelt, warum wir bleiben sollten, wo wir waren? Es gibt eine Menge, was einen an Land festhalten kann: die Schule für die Kinder, die Arbeit mit einem guten Einkommen für uns, das schöne Haus, die vielen Spielsachen, der Markt, den wir kannten, die Freunde, die wir schätzten. Aber jetzt saß ich im Cockpit, genoss den Schatten unter unserem Bimini, dem Sonnendach, und sah entspannt dem geschäftigen Treiben an Land zu, dessen Einwohner ebenfalls sehr entspannt wirkten. Es musste etwas mit dem Klima zu tun haben.

Im Gegensatz zur Mittelmeerküste Spaniens, die von Reisenden aus vielen Ländern bevölkert ist, stammten die Touristen hier in erster Linie aus dem Inland Spaniens. Viele Madrilenen kommen nach Galicien, um die relative Kühle zu genießen, denn La Coruña war vielleicht für uns gut temperiert, aber für viele Spanier ist es ein Zufluchtsort vor der Hitze der Zentralgebiete. Uns gefiel es hier jedenfalls sehr, und am Morgen verließ ich REGINA leise, während der Rest der Mannschaft noch in den Kojen lag, um in der stillen und verschlafenen Stadt eine Bäckerei zu suchen und frisches Brot für das Frühstück zu besorgen.

Ich gab mein Bestes, um die Nerven von Geschäftsinhabern und Passanten mit meinen paar Spanischbrocken heftig zu strapazieren und gleichzeitig meinen geringen Wortschatz aufzupolstern. Fremdsprachen zu lernen oder wenigstens die Vokabelkenntnisse auszubauen, ist ein weiterer Vorteil des Fahrtenseglerlebens.

Mit der aufsteigenden Sonne kehrte ich zu REGINA zurück und bereitete meiner Familie ein herrliches Morgenmahl im Cockpit. An Steuerbord sahen wir La Coruña und an Backbord die stetig wachsende Anzahl von Yachten, die sich hier nach ihrer geglückten Biskaya-Passage versammelten. Sie wollten weiter in Richtung Süden, und viele planten eine Atlantiküberquerung. Immer wieder erwogen wir vorsichtig unsere Optionen. La Coruña, so dachten wir, wäre ein guter Ort, um andere Segler zu finden, mit denen wir uns beraten könnten. Unter diesem Gesichtspunkt betrachteten wir die Yachten um uns herum. Sie wirkten alle sehr professionell und gut ausgerüstet: Windgeneratoren, Solarzellen, Maststufen, Windsteueranlagen, Notsender, Mann-Überbord-Ausrüstung, Sonnensegel ... alles da! Kein Zweifel: Dies war ein Hafen für Hochseesegler, und REGINA war vielleicht nicht so gut bestückt wie einige andere Schiffe, aber sie passte doch ganz gut dazu. Ich war zufrieden.

Eine der Yachten trug einen mir nicht unbekannten Namen. Sie leuchtete gelb mit einem riesigen Sonnensegel, welches das gesamte Deck überspannte. Eine Windsteueranlage prangte am Heck neben einer britischen Fahne, und darüber drehte sich ein Windgenerator. Auf dem Rumpf stand SARAH GRACE in großen weißen Lettern. Hatten wir mit diesem Boot nicht schon E-Mail-Kontakt gehabt, nachdem wir uns durch die Familienseite von noonsite.com gefunden hatten? Zwei Mädchen spielten auf dem Vordeck: das kleinere kletterte wie ein Äffchen, sich mit Händen und Füßen um das dünne Drahtseil klammernd, am inneren Vorstag des Mastes empor. Beide waren in einem ähnlichen Alter wie unsere Kinder, wirkten völlig gelöst und ohne Hemmungen und schienen viel Spaß miteinander zu haben.

Ich zeigte zur SARAH GRACE und sagte zu Jessica und Jonathan: »Schaut nur! Ich glaube, ich kenne dieses Boot, und falls ich mich recht entsinne, heißen die beiden Otti und Mimi. Wollt ihr nicht mal Hallo sagen?«

Jessica und Jonathan starrten mich schüchtern an. »Aber wir können doch gar kein Englisch. Was sollen wir denn sagen?«

Ich beschloss zu helfen: »Wir gehen alle zusammen nach dem Frühstück rüber, in Ordnung?«

Kurz danach klopften wir an den Rumpf der SARAH GRACE und stellten uns vor, was sich als völlig überflüssig herausstellte, denn man hatte uns beobachtet, als wir am Tag zuvor reingesegelt kamen, und wartete bereits voller Freude auf unseren Besuch. Alle hatten wir ein Gefühl, als ob wir uns schon sehr lange kannten; unser Leben zu Hause wies viele Parallelen auf, und auch diese Familie war noch nicht lange unterwegs. Die Kinder spielten auf dem Steg, während Chris, ein Arzt, und Sophy, eine Zahnärztin, uns an Bord verköstigten. Bald steckten wir in tiefen Diskussionen über unsere Biskaya-Erfahrungen und die Pläne zur Atlantiküberquerung. Wie praktisch wäre es doch, einen Human- und einen Zahnmediziner in unmittelbarer Nähe zu haben, während ich mich als Ingenieur ihrem Computer, der nicht ganz funktionierte, widmen könnte und auch versprach, mit ihnen zusammen den Motor und das elektrische Bordsystem durchzugehen. Auch konnte ich Ratschläge für den Erwerb eines Wassermachers anbieten – ein wunderbarer Synergieeffekt. Bald drehten sich unsere Gespräche um SSB-HAM-Amateurfunknetze, den Schulunterricht an Bord, die Frage, ob es ratsam war, als Verstärkung einen weiteren Erwachsenen als Crew über den Atlantik mitzunehmen, ob die Kapverden sich gut für einen Zwischenstopp eigneten, und ob Madeira wirklich eine neue Marina gebaut hatte.

Probleme anzuschneiden, Fragen zu stellen und sich gegenseitig zu helfen wurde bald ein wichtiger und wertvoller Bestandteil unseres Alltags. Natürlich waren wir so unsicher wie die meisten Frischlinge, aber wie alle anderen hatten auch wir ein kleines Spezialgebiet an Wissen. Wenn alle zusammenlegen, kommt ein beachtlicher Expertenpool zustande. Darüber hinaus tauschen Yachties ihre Seekarten, Bücher, Ersatzteile und Werkzeuge aus. Und Geständnisse über Freuden und

Ängste. So knüpft die sogenannte Yachting Community ein hervorragendes Netzwerk.

Beim Kaffee im Cockpit sprachen wir über unsere Segelerfahrung. Chris war schon in seiner Jugend die ganze Strecke von Südafrika ohne Zwischenstopp bis nach Europa gesegelt. Auf der anderen Seite bewunderte er uns für die Leistung der Irland-Spanien-Passage in einem Rutsch, während sie auf der SARAH GRACE die Strecke in viele kleine Küstenabschnitte aufgeteilt hatten und an der französischen Küste entlanggesegelt waren. Eine gewisse Demut vor dem Leben, der Natur und dem Meer ist typisch für Hochseesegler, und nur sehr wenige brüsten sich als besonders erfahrene Segler oder nehmen ihre Erkenntnisse für selbstverständlich. Fahrtensegler respektieren die Kraft der Natur und andere Segler. Fragt man erfahrene Yachties mit Zehntausenden Seemeilen im Kielwasser, ob sie jemals richtig schlechtes Wetter oder einen ganz schlimmen Sturm abreiten mussten, ist es sehr wahrscheinlich, dass sie dies verneinen, eventuell ergänzt mit dem Zusatz, dass es kein richtig schlechtes Wetter gewesen sei und dass es viel schlimmere Stürme gäbe.

Diese Art bescheidener Untertreibung war neu für uns und sehr verschieden von den Prahlereien, wie sie am Stammtisch, an der Hafenpromenade oder im Segelklub üblich sind. Souveräne Segler bekennen ihre Sorgen und Ängste, sehen ihre Grenzen und geben selten an. Sturm ist etwas, was man als erfahrener Segler gerne meidet, doch wenn es sich nicht vermeiden lässt, nimmt man das Wetter gelassen, refft und wettert die Schwierigkeiten ab. Oftmals ist man draußen auf dem Meer während der Stürme sicherer als in der Nähe einer gefährlichen Küste, auch wenn der sichere Hafen noch so verlockend erscheint.

Auch Jessica und Jonathan schienen ihre neuen Spielkameraden zu mögen, obwohl sie sich zunächst nur mit Händen und Füßen unterhalten konnten. Für unsere beiden war es wunderbar, endlich Gleichaltrige zu treffen, und wir hofften, dass sie bald ein paar Brocken Englisch aufschnappen würden, um ihre äußerst rudimentären Sprachkenntnisse aufzupeppen. Tatsächlich wurde Englisch in kürzester Zeit ihre natürliche Umgangssprache, denn sie trafen während unseres Segeljahres natürlich jede Menge Boatkids. Und so dauerte es nicht allzu lange, bis Jonathan, wie so viele andere Kinder auch, Harry Potter in sich reinfraß – zu unserem Stolz in der Originalfassung auf Englisch.

Jedenfalls gratulierten wir uns an jenem Vormittag im Cockpit in der Sonne gegenseitig, dass wir es alle geschafft hatten, dem kalten Norden zu entfliehen. Sophy, die in den Tropen aufgewachsen war, liebte dieses Klima und konnte es nicht abwarten, noch weiter nach Süden vorzustoßen. Für sie stand wegen der Rückkehr in die Tropen eine Atlantiküberquerung offensichtlich außer Frage. Aber wie war es mit uns? Viele Schiffe, die von unabhängigen Pensionären gesegelt werden und deshalb viel Zeit haben, laufen erst mal in Richtung Mittelmeer, bevor sie eventuell zu weiteren spannenden Touren ansetzen. Fahrtensegelnde Familien scheinen eher Kurs auf die Karibik zu nehmen, und der Grund liegt auf der Hand: Sie wollen das ganze Jahr über, auch während des Winters, segeln und im Meer schwimmen können.

Sollten wir also auch das Wagnis angehen? Es war nicht zu übersehen, wie viel Spaß Jessica und Jonathan mit Otti und Mimi sowie mit Anna und Eddie hatten, die auf dem englischen Segelboot TAMARISK kurz nach uns in den Hafen eingelaufen waren. Jessica und Jonathan fragten auch sehr bald nach, ob wir nicht mit den anderen zusammen weitersegeln könnten. Ich schluckte. SARAH GRACE und TAMARISK wollten den Winter in der Karibik verbringen. Die TAMARISK hatte bereits ihren Platz in der Atlantic Rally for Cruisers (kurz: ARC) gebucht und sich damit mehr oder weniger verpflichtet, am 22. November zu ihrer großen Ozeanüberquerung auszulaufen. Also erklärte ich Jessica und Jonathan, dass wir, falls wir zusammenbleiben wollten, ebenfalls den Atlantik überqueren müssten.

Ihre Antwort kam spontan und direkt: »Ja und …?«

Allmählich wurde auch für uns die Atlantiküberquerung zur logischen Lösung, um dem Winter entkommen. So mannigfaltig die Schiffe auch aussahen und so unterschiedlich ihre Größe, ihre Ausrüstung und die Crews auch waren, sie alle wollten weiter, was uns großen Eindruck machte. Offensichtlich gab es keine richtigen oder falschen Voraussetzungen, und man konnte anscheinend mit jedem Budget aufbrechen. Ehepaare, Einhandsegler, Patchwork-Mannschaften und Familien ergaben eine farbenfrohe Schar, die alle einer gemeinsamen Leidenschaft frönten: dem Fahrtensegeln. Unwillkürlich erinnerte ich mich an Jonathan Livingstone Seagull, die Möwe in dem Buch »Die Möwe Jonathan«, die sich durch ihre individuelle Lebensweise von ihren Artgenossen unterscheidet. Ich wusste jetzt, was der Autor Richard Bach gefühlt haben musste, als er beschrieb, wie Jonathan aus dem Möwenschwarm ausgestoßen wird, weil er gegen die Würde und die Traditionen der Möwensippe verstoßen hat. Er wollte nämlich seine Flugkunst vervollkommnen, während alle anderen Möwen lediglich fliegen, weil es zu ihrem Alltag gehört. Doch Jonathan ließ sich nicht einschüchtern, und am Ende des Buches findet er schließlich Gleichgesinnte, mit denen er eine unabhängige Gemeinschaft gründen kann, in der alle sich gegenseitig fördern und helfen. Wir Segler im Hafen von La Coruña kamen mir vor wie Jonathan, denn wir lebten nach seinem Motto: »Du kannst alles erreichen, was du wirklich willst.«

Gäste an Bord

Familie oder Freunde für einige Tage zum Segeln einzuladen kann Spaß für alle Beteiligten bedeuten. Es kann aber auch recht unangenehm enden. Unsere kleinen Anregungen können die Wahrscheinlichkeit eines für alle angenehmen Erlebnisses erheblich steigern.

Eine bewährte Regel ist, dass Gäste gerne das Datum oder den Ort des Anschlusses wählen dürfen, aber niemals beides. Natürlich ist verständlich, dass Ihre Gäste ihre Flüge möglichst früh buchen möchten, doch die Möglichkeit eines Fahrtenseglers, den Ort, an dem man sein wird, schon Monate im Voraus zeitlich zu bestimmen, ist schwierig. Einige Segler, die wir trafen, bereuten es heftig, entsprechende Verbindlichkeiten eingegangen zu sein. Oftmals waren sie gezwungen, vor allen anderen Segelfreunden aufzubrechen oder unter nicht gerade idealen Wetterverhältnissen an einen Ort zurückzusegeln, von dem sie gerade gekommen waren. In der Karibik ist es für Ihre Gäste gut zu wissen, dass es eine Vielzahl von Flügen zwischen den jeweiligen Inseln gibt, die nicht einmal teuer sind.

Die Einladung, einen Urlaub auf einer Yacht verbringen zu dürfen, klingt für viele Menschen glamourös und kann leicht zu falschen Vorstellungen führen.

Erklären Sie, wie eng der Wohnraum tatsächlich ist, sogar wenn Ihr Boot relativ groß sein sollte. Es ist ebenso anzuraten, Ihren Gästen klarzumachen, wie simpel und schlicht das Leben an Bord tatsächlich aussieht. Wenn sich Ihre Gäste vornehme Restaurants vorstellen sowie ständig animiert und unterhalten werden wollen, könnten sie enttäuscht werden. Ein Maximum an Reizen in kürzester Zeit abzuspulen ist gerade das, was Fahrtensegler im Allgemeinen zu vermeiden suchen.

Betonen Sie bitte, dass die akzeptierten Gepäckmengen viel kleiner sind als die bekannten Begrenzungen der meisten Fluggesellschaften. Gäste sollten deshalb nur ein absolutes Minimum mitbringen – das in eine größere faltbare Sporttasche passt. Hartschalenkoffer sind an Bord so gut wie nicht unterzubringen. Zum Glück braucht man ja wirklich nicht viel Kleidung für wärmere Gegenden. »Nur das allernotwendigste Gepäck« kann übrigens auch Ersatzteile für Ihr Schiff umfassen. Scheuen Sie sich nicht, Ihre Gäste um den Gefallen zu bitten, Dinge mitzubringen, die Sie sich von zu Hause wünschen.

Um spätere Missverständnisse, Ärger und Schwierigkeiten zu vermeiden, sollten Sie die Bordregeln schon am Anfang klar und konkret ansprechen. Halten Sie dazu eine Checkliste für Gäste parat. Diese kann den Umgang mit dem Verbrauch von Frischwasser regeln, das Benutzen der Bordtoilette, wie man Kakerlaken von Bord fernhält, die kurze Frischwasserdusche nach dem Schwimmen, das Abwaschen von Salz und Sand von den Füssen in einem mit Frischwasser gefüllten Eimer und alle die anderen kleinen Dinge, die das gemeinsame Leben an Bord erleichtern und worüber man sich ärgern könnte.

Streben Sie keine längeren Törns mit Ihren Gästen an. Kurze Segeldistanzen an schönen Tagen und viel Zeit an Land für Entdeckungen, Schwimmen, Schnorcheln und Entspannung sind vorzuziehen.

Erklären Sie Ihren Gästen, dass es völlig normal und in Ordnung ist, wenn diese auch einmal Zeit für sich alleine haben möchten, um beispielsweise einen Spaziergang oder eine private Stunde auf dem Vordeck zu genießen. Das ermöglicht die notwendige Privatsphäre, denn genau wie zu Hause muss man nicht immer alles gemeinsam unternehmen. Freunde oder Familie an Bord zu Besuch zu haben macht nicht nur Spaß, sondern es erhöht auch das gegenseitige Verständnis. Ihre Gäste werden nach den gemeinsamen Tagen besser verstehen, wie und warum Sie sich seit dem Verlassen der Heimat so verändert haben und was Sie so toll an Ihrem neuen Leben finden.

12

In dem Bernardo uns die wichtigste Lektion erteilt

Der Schulbeginn

D ie schulfreie Zeit während der langen Sommerferien wurde
sowohl von uns Eltern als auch den Kindern sehr geschätzt.
Sich lediglich auf die gemeinsame Segelei zu konzentrieren,
gab allen die Möglichkeit, sich an Bord einzuleben, ohne durch zusätz-
liche Herausforderungen überfordert zu werden. Dennoch waren
Karolina und ich uns einig, dass die schulische Ausbildung unserer
Kinder grundsätzlich ein wichtiger Bestandteil des Tagesablaufes sein
sollte, damit unser Segeljahr zum erfolgreichen Projekt werden konnte.
Wir hatten uns gründlich vorbereitet und alle notwendigen Schulbü-
cher und sonstiges Lernmaterial dabei. Allerdings war uns zu jenem
Zeitpunkt noch nicht klar, welche gewaltigen Ansprüche das Thema
Schule an segelnde Familien stellt.

Galicien erwies sich als perfektes Segelrevier, um unseren persönlichen Schulbeginn nach den Sommerferien einzuleiten. Die Rías, vier
schmale, tief ins Land reichende Meeresarme, die als galicisches Pen-
dant zu den norwegischen Fjorden gelten, schneiden tief in das ber-
gige Festland hinein und sind mit Pinien bis hinunter zum Strand des
blauen, kalten, atlantischen Meeres dicht bewaldet. Obwohl wir eifrig
Unterricht abhielten, konnten wir in den Rías gemütlich jeden Tag ein
Stückchen weiter vorankommen: Die kurzen Törns zwischen den vielen
Ankerplätzen und Fischerdörfern erlaubten uns, am Vormittag fleißig
zu sein, während wir nachmittags langsam weiter gen Süden segelten.

Kurz bevor wir Kap Finisterre rundeten, fanden wir beispielsweise
Zeit für einen gemeinsamen Landausflug zu einem alten Leuchtturm
aus der Römerzeit, der zu den ältesten noch genutzten landfesten Sig-
nalanlagen dieser Art zählt, und fanden dort eine als Mosaik in den

Boden eingelegte große Kompassrose. Die vier Himmelsrichtungen wurden durch Bilder symbolisiert. Schockiert stellten wir fest, dass in Richtung Westen – wohin unsere Reise gehen sollte – ein Totenkopf abgebildet war und der entsprechende Küstenabschnitt den furchterregenden Namen Costa de la Muerte trug. Also nahmen wir uns vor, diese Strecke mit besonders viel Respekt und Vorsicht anzugehen. Im Nachhinein müssen wir über unsere schaurige Ehrfurcht vor dieser Abbildung sowie vor dem Namen der Küste schmunzeln, da wir nichts Furchterregendes entdecken konnten. Vielmehr haben wir durch dieses Beispiel gelernt, selbst in die Erde eingelassene Botschaften nicht einfach unkritisch zu übernehmen und nicht alle Schauergeschichten zu glauben.

Konzentriert und mit starr auf den Radarschirm gerichteten Blicken brachten wir das in Nebel gehüllte Kap Finisterre sowie die berüchtigte Costa de la Muerte ohne besondere Vorkommnisse hinter uns und setzten unsere täglichen Streckenabschnitte von Camariñas über Muros und Portosin nach Combarro und schließlich Bayona fort. In Portosin gönnten wir REGINA einen Hafentag und fuhren mit dem Bus nach Santiago de Compostela, zum Zielpunkt des legendären Jakobsweges, der sich, in Südfrankreich beginnend, 780 Kilometer bis nach Galicien erstreckt und nicht erst durch Hape Kerkeling bekannt wurde. Wir gewannen allerdings den Eindruck, dass dieser lange Pilgerpfad sicher nicht von allen Menschen, die mit Jakobsmuscheln geschmückt durch die Gassen von Santiago de Compostela wanderten, per pedes zurückgelegt worden war.

Doch warum pilgern sie überhaupt nach Santiago de Compostela? Wieso wollen sie »Jakobs Knochen sehen«, wie Jessica und Jonathan sich ausdrückten, obwohl dieser wertvolle Schatz fest in Gold eingeschlossen und nicht einmal zu besichtigen ist? Karolina und ich mussten recht tief in die Kirchengeschichte eintauchen, um den beiden das zu erläutern.

Wir erklärten ihnen den uralten Glauben an die wundersame Macht der Reliquien und dass Jakob einer von Jesus' Aposteln war. Die Geschichte erzählt, dass Jakob auf diesem Weg wanderte und dabei gepredigt haben soll, um die Menschen zum Christentum zu bekehren. Zu dieser Zeit nannten die Römer Galicien noch »Finis Terrae«, was so viel bedeutet wie »Ende der Welt«, woraus später Kap Finisterre wurde. Im Jahr 44 n. Chr. kehrte Jakob von Frankreich und Spanien nach Palästina zurück, wo man ihn verhaftete und zu Tode folterte. Seine Leiche wurde gestohlen und, so behauptet es die Legende, nach Spanien gebracht und dort beerdigt. Viel später, um 813 n. Chr., hörte angeblich ein Einsiedler namens Pelayo plötzlich Musik in einem Wald, sah ein Licht und fand das Grab. Er nannte den Platz »Campus Stellae«, also »Feld der Sterne«, und später wurde der heilige Jakob zum Schutzheiligen von Galicien.

Jessica und Jonathan waren davon fasziniert, dass immer noch Hunderttausende Menschen diesem traditionellen Weg folgten, um den juwelenbestückten Sarg hinter dicken vergoldeten Gitterstäben in der Kathedrale zu bewundern, und so war dieser Teil der frühen christlichen Geschichte ein idealer Moment, um unser persönliches Schuljahr zu beginnen. Punkt Zehn Uhr am 13. August, genau zwei Monate nach dem Ablegen in Schweden, holten wir die Bücher aus dem »Schulschapp«, und voller Idealismus und Begeisterung sichteten wir das Material, das wir von den Lehrern erhalten hatten. Als Nächstes erstellten wir einen Plan und legten die Lernziele für die erste Woche fest, um ab sofort jeden (oder fast jeden) Montagmorgen so beginnen zu lassen. Zusammen besprachen wir, wie weit Jessica und Jonathan in den jeweiligen Fächern bis zum Freitag kommen sollten, und starteten mit dem Schreiben, dem Lesen und dem Rechnen. Jessica beschloss, über Jakobs Skelett eine frei erfundene Erzählung zu verfassen, die an der irischen Küste spielen sollte, und Jonathan wollte ebenfalls über Santiago de Compostela schreiben sowie seinen ersten Wochenbericht an seine alte Schulklasse schicken. Seine Kameraden erwarteten dieses Material ihres Auslandskorrespondenten schon mit Spannung, denn es sollte in den Unterrichtsstoff einfließen.

Zufrieden beobachteten Karolina und ich, mit welchem Enthusiasmus sich unsere Kinder auf ihre Bücher stürzten, und planten drei Stunden Unterricht pro Tag, fünf Tage pro Woche, vorzugsweise – aber nicht notwendigerweise – montags bis freitags. Falls wir wegen eines längeren Segeltörns einen Schultag ausfallen lassen müssten, wollten wir ihn am kommenden Wochenende nachholen. Wir genossen diese ersten Unterrichtsstunden und freuten uns auf mehr. Jessica und Jonathan waren tüchtig ..., aber ich kann dennoch nicht behaupten, dass das Unterrichten für Eltern eine einfache Aufgabe ist. Wenn sich Fahrtenseglerfamilien treffen, verlaufen die Gespräche typischerweise folgendermaßen: Die Männer vertiefen sich schnell in wichtige Fragen über Batterien, Getriebe oder Stromerzeugung, während sich die Frauen über die Schulsituation auf den anderen Booten informieren.

»Und – wie läuft das Lernen auf eurem Boot?«, ist immer die erste Frage. Und die Standardantwort lautet: »Nicht gerade einfach!«

Selbstverständlich ist es kein Honigschlecken, seine eigenen Kinder zu unterrichten. Auch wir mussten Jessica und Jonathan manches Mal mit Strenge dazu anhalten, ihr Pensum zu leisten, besonders wenn es sogar uns langweilig vorkam. Doch als wir einmal erlaubten, dass gewisse Aufgaben in einem Kapitel ausgelassen werden durften, gingen die Kinder sofort davon aus, dass man über Schularbeiten verhandeln könnte. In der Folge diskutierten wir oft länger darüber, ob es sinnvoll sei, die anstehende Aufgabe zu erledigen, als die konsequente Bewältigung an Zeit in Anspruch genommen hätte. Rasch wurde unsere Planungsstunde am frühen Montagmorgen zu einer Verhandlungsrunde.

»Muss ich das wirklich machen?«, war die zentrale Frage, die in der Regel von einem mitleiderheischenden Blick untermauert wurde. »Ich habe doch schon so viel gearbeitet!«

Da Karolina und ich keine ausgebildeten Lehrer sind, wurde besonders die Beurteilung der Leistungen zur echten Herausforderung. Wie viel Schularbeit und welche Resultate waren »ausreichend«, sollten als »befriedigend« gelten oder waren sogar »gut« oder »sehr gut«? Die Leistungen unserer Kinder wurden von uns natürlich nicht benotet, aber wir hätten gerne einen Maßstab gehabt, wie sehr wir unsere Kinder zum Arbeiten drängen sollten.

Die Leistungen in Mathematik waren noch am einfachsten zu beurteilen, denn hier wussten wir genau, wie weit wir in einer gewissen Zeitspanne gekommen sein sollten, indem wir einfach dem Lehrplan folgten und die Ergebnisse korrigierten. Englisch als Fremdsprache war fast noch einfacher, denn hier herrschte Learning by Doing in einem natürlichen Umfeld. Es gab jede Menge englischsprachiger Kinder und Erwachsener in jedem Hafen, sodass die Entwicklung der Fremdsprachenkenntnisse ganz natürlich und wie von selbst ihren Lauf nahm. Irgendwie ergab es sich immer, dass wir in erster Linie mit englisch sprechenden Familien zusammen waren, während die französischen Yachties eher unter sich blieben; deutsche Kinder im schulpflichtigen Alter trafen wir übrigens nur sehr selten. Englisch zu schreiben blieb während der ganzen Zeit ein Schulfach. Da die Kinder jedoch hautnah erlebten, wie alltagsnotwendig das Beherrschen der englischen Sprache ist, brauchte es nur eine geringe Überzeugungsarbeit, um sie dazu zu bringen, englische Aufsätze zu verfassen, zumal Englisch unter allen Youngsters angesagt und »cool« war.

Das für Karolina und mich am schwierigsten zu bewertende Fach war der Umgang mit unserer Muttersprache, in unserem Fall: Schwedisch. Da so vieles in Englisch abgehandelt wurde, war es recht schwierig zu entscheiden, wie viel Gewicht man der eigenen Muttersprache beimessen sollte. Was konnte man von einem Elfjährigen erwarten, wenn etwa eine Buchbesprechung anstand? Im Grunde war das Lesen für die meisten Seglerkinder keine Anstrengung, denn sie verschlangen geradezu den Lesestoff während langer Strecken auf See. Und wenn die Bücher in der Muttersprache durch waren, lasen sie einfach in Englisch weiter und tauschten mit den neuen Kameraden im nächsten Hafen die Lektüre. Die Fächer Geografie und Geschichte waren ebenfalls nicht sonderlich aufwendig, denn es ergab sich auf natürliche Weise immer genug Material für den Unterricht. Wir nahmen uns, ohne dem Lehrplan einer internetbasierten Korrespondenzschule zu folgen, die Freiheit, den Unterricht allen gerade besuchten Orten anzupassen, arbeiteten projektorientiert und kombinierten mehrere Fächer.

Unser erstes Projekt waren die Wikinger, deren Kielwasser wir schließlich bis nach Spanien gefolgt waren. Dann schwenkten wir auf Kolum-

1 Britische Jungferninseln: Die Boatkids tauchen zum RHONE-Wrack auf sechs Meter Tiefe hinab. Wasserspiele, Schwimmen und Schnorcheln werden in der Karibik schnell zu einem natürlichen Bestandteil des Tages.

2 Grenada: Das klassische Arbeitsboot NOW FOR NOW ist startbereit für die jährliche Regatta und lehrt uns eine wichtige Lebensweisheit: Es gilt im Hier und Jetzt zu leben.

3 Unser altes Zuhause: Vier Wochen vor dem Ablegen herrscht das Chaos. Jessica und Jonathan sortieren, was aufs Boot darf, was im Lager verschwinden und was weggegeben werden soll.

4 Stavanger, Norwegen, Mitternacht: Auf unserer REGINA warten wir auf ein geeignetes Wetterfenster, um Richtung Schottland in die Ehrfurcht gebietende Nordsee auszulaufen.

5 Auf hoher See: Schon nach wenigen Tagen haben sich unsere Körper an die Wellenbewegung so gut angepasst, dass Seekrankheit kein Thema mehr ist.

6 Astronavigation: eine tolle Beschäftigung während längerer Überfahrten. Jonathan hat großen Spaß, denn sie ist nicht so schwierig, wie er befürchtet hat.

7 Fantahålå im Lysefjord, Norwegen: Auf den Spuren eines berüchtigten Räubers verstecken wir uns in der winzigen Schlucht.

8 Tobermory Bay, Schottland: Geschützt vor dem Starkwind ankern wir sicher im südlichen Ende und haben die gesamte Bucht für uns allein.

9 Auf Entdeckungsfahrt: Allein im Beiboot zwischen den fast einen Kilometer senkrecht abfallenden Wänden zu rudern, schenkt Jessica und Jonathan ein berauschendes Gefühl.

10 Letzter Gruß aus Skandinavien: Es wird über ein Jahr vergehen, bis wir den Leuchtturm wiedersehen. Wir werden den Nebel und die Kälte nicht vermissen.

11 Im Motorraum von REGINA: Noch lächelt der Skipper während der Reparatur der Duschlenzpumpe, ehe ihm das gerade benutzte Duschwasser ins Gesicht spritzt.

12 Bei schwachem Wind: Der Gennaker, unser Leichtwindsegel, sorgt für zügiges und genussvolles Vorankommen, ohne dass wir den Motor anwerfen müssen.

13 La Coruña, Spanien: Erschrocken starren wir auf den Totenkopf, der uns auf der Kompassrose unsere Richtung anzeigt: Costa de la Muerte – die Todesküste.

14 Konzentriertes Arbeiten unter Deck: Jessica und Jonathan pflegen ihre eigenen Internetseiten, um ihre Erfahrungen in Form von Aufsätzen und Reiseberichten nach Hause kundzutun.

15 Porto Santo, Madeira: Jessica malt unser »Boot-Logo« zwischen die anderen Gemälde an die Hafenmole.

16 Finisterre: Nur selten finden Segler so gute Bedingungen, um das Kap zu runden. Häufig beherrschen Nebel oder Starkwind dieses Revier.

17 Porto Santo: Es bietet vielen Fahrtenseglern genau das, was sie suchen: wunderschöne Strände und freundliche Menschen. Weitersegeln? Vielleicht morgen. Oder übermorgen. Oder nächste Woche …

18 Anschauungsmaterial: Unser Unterrichtsprojekt »Vulkane« versammelt alle Boatkids auf einer Wanderung, auf der sie den Lernstoff überprüfen, malen, fotografieren und je einen echten Lavastein als Andenken mitnehmen.

bus über. Von Madeira an waren Vulkane unsere Favoriten, mit faszinierendem Anschauungsmaterial auch auf den Kanarischen Inseln, in der Karibik und beim Rücktörn auf den Azoren, wo wir die Feuerspucker eingehend aus der Perspektive mehrerer Schulfächer studieren konnten: Wir haben sie beschrieben, gemalt, fotografiert, bewandert, erforscht, verglichen und berechnet.

Die Naturwissenschaften kamen selbstverständlich immer dann zur Sprache, wenn wir an Bord routinemäßige Wartungsarbeiten beziehungsweise die eine oder andere Reparatur vornahmen. Außerdem waren Jessica und Jonathan sehr am Kochen interessiert und zauberten mehrfach voller Stolz großartige Mahlzeiten in der Pantry unserer REGINA. Anfangs war ich davon überzeugt gewesen, dass Fächer wie Aerodynamik, Elektrotechnik, Thermodynamik oder Meteorologie für ein neunjähriges Kind viel zu komplex und schwierig seien. Doch ich wurde eines Besseren belehrt! Beide zeigten großes Interesse, da sie an Bord aus erster Hand mitbekamen, wie wichtig sie für unser tägliches Leben waren. Das Überleben hing ja sozusagen direkt von unseren technischen Fähigkeiten sowie dem Wissen um die Naturgewalten ab.

Was hätten wir aus heutiger Sicht im Rahmen des Home Schooling vielleicht anders machen können? Es gab einiges. In erster Linie, glaube ich, waren unsere Erwartungen zu hoch angesetzt. Die Schule an Bord hat viel Zeit in Anspruch genommen und erzeugte phasenweise doch mehr Verstimmung und Unmut, als wir erwartet hatten. Irrtümlicherweise waren wir davon ausgegangen, dass die Schule einfach um Punkt neun Uhr anfangen und intensiv bis Mittag gehen könnte, während unsere fleißigen Kinder nichts anderes wollten, als den Lernstoff effektiv zu bearbeiten, damit sie anschließend spielen oder schwimmen könnten. Ich hatte außerdem erwartet, dass die beiden selbstständiger und für sich alleine arbeiteten, sodass ich Zeit für eigene Schreibarbeiten oder Reparaturen hätte. Doch Kinder sind nun mal keine kleinen Erwachsenen, und die eigenen Kinder stellen ihre Eltern mit Sicherheit vor besondere Herausforderungen in Bezug auf Geduld, Pädagogik, Respekt und Disziplin. Doch trotz all der harten

Arbeit, die wir wie viele andere segelnden Familien in die Schularbeit investiert haben, und trotz der so manches Mal blank liegenden Nerven dürfen und wollen wir das große Geschenk und die Freude, so viel Zeit zusammen verbringen zu dürfen, nur in einem Satz zusammenfassen: Es war alle Mühe wert!

Auch in diesem Zusammenhang bewirkte die gegenseitige Unterstützung innerhalb der Yachting Community so manches Wunder, denn wir trafen überall auf freundliche Segler mit Spezialkenntnissen. So war es zum Beispiel eine ganz andere Erfahrung, den Kunstunterricht mit Liz, einer Künstlerin aus Australien, anzubieten, als wenn Karolina oder ich versucht hätten, die Grundlagen im Zeichnen zu erklären oder gar vorzuführen. Sich über trockene Biologiebücher mit den Eltern zu beugen, war ebenfalls viel weniger attraktiv, als wenn Chris, der Arzt, die Boatkids versammelte und sie durch das Domus-Museum, in La Coruña führte, das sich damit befasst, wie sich der Mensch evolutionär entwickelt hat und wie der wunderbare menschliche Körper funktioniert.

Und wie erging es den Kindern, als sie nach dem Segeljahr wieder in eine normale Schule integriert wurden? Hier kann ich eine eindeutige Antwort geben: Sehr gut! Kein einziges der Boatkids, die wir während des Segeljahres kennenlernten, hatte Schwierigkeiten, in seine alte Klasse zurückzukehren. Im Gegenteil: Das Schuljahr zur See wurde stets mit Lob anerkannt. Jessica und Jonathan waren nach unserer Reise ihren Schulkameraden in den meisten Fächern sogar weit voraus.

Das Segelrevier im Nordwesten Spaniens lieferte uns einen Vorgeschmack dessen, was noch auf uns zukommen sollte. Das Klima war angenehm warm, ohne zu heiß zu sein; die Gewässer der Rías waren geschützt; die kleinen Fischerdörfer zeigten sich sehr freundlich, und die Seglergemeinschaft begann zu wachsen. Jeden Tag trafen wir auf weitere Yachten, und vielen begegneten wir während unseres Segeljahres immer wieder, einigen sogar noch viele Jahre später, während wir wieder in unseren Heimatgewässern Urlaub machten.

In Galicien unterschieden wir die Fahrtensegler in drei Kategorien. Erstens gab es die britischen und französischen Segler, die hier ihren Sommerurlaub verbrachten. Für sie war der Golf von Biskaya nichts anders als eine jährlich zu überwindende Anlaufstrecke für gemütliche Urlaubstage in Spanien. Zweitens trafen wir dort Segler, die ebenfalls zu ihrem ersten großen Abenteuer unterwegs waren und »hinter Portugal entweder nach links in das Mittelmeer oder nach rechts auf den Atlantik hinaus« wollten. Und drittens war da noch eine kleine Gruppe von alten Hasen, die bereits das zweite oder dritte Mal die Flucht von dem Landleben praktizierten.

Unsere erste Begegnung mit der dritten Kategorie verschaffte uns Bernardo, wir trafen ihn in einer der vielen schönen Ankerbuchten. Unser Anker hatte sich kaum in den Sandboden eingegraben, als ein Schlauchboot mit einem 15 PS starken Motor auf uns zugezischt kam. Ein sonnengebrannter, wild aussehender Mann mit langen verwuschelten Haaren und einem Bart zielte genau auf uns zu. Wie sein Boot waren auch seine Shorts und sein T-Shirt etwas heruntergekommen und zeugten von vielen Stunden in der Sonne.

Er winkte uns zu, zeigte ein breites Grinsen, drehte geschickt neben REGINA bei und rief, während er sich an unserem Heck festhielt: »Hej, ich sah euch reinkommen mit eurer schwedischen Fahne. Seid ihr Schweden? Ha! Genau wie ich! Mein Name ist Berndt. Aber so nennen mich nur die Leute an Land. Wenn ich segele, bin ich Bernardo! Deshalb könnt ihr mich auch Bernardo nennen!«

Ich kann mich nicht daran erinnern, ihn an Bord eingeladen zu haben, doch nach kürzester Zeit saß er mit einem kalten Bier in der Hand in unserem Cockpit. Er muss in der heißen Nachmittagssonne durstig ausgesehen haben. Nachdem er sich gemütlich unter unser Biminidach verzogen hatte, strahlte er vor Glück mit der spanischen Sonne um die Wette. Er war offensichtlich ein Mensch, der es verstand, das Leben zu genießen, und es dauerte nicht lange, bis Bernardo anfing, über seine drei Jahre in der Karibik zu erzählen. Ich weiß nicht mehr, warum er aus der Karibik wieder nach Schweden zurückmusste, auf jeden Fall war es wohl ein großer Fehler gewesen.

»Oh, es war schrecklich, nach Hause zu kommen! Die Leute waren ja so engstirnig, sie konnten kaum über ihren eigenen Tellerrand sehen. Die wollten alle nichts anderes, als ihr gewohntes Leben genau so fortzuführen, wie sie es schon immer getan hatten. Ich fühlte mich so eingeengt! Nichts, aber auch gar nichts hatte sich zu Hause während der drei Jahre verändert. Sogar das Klima war immer noch unausstehlich eiskalt und nass!« Er starrte verträumt seine kalte, beschlagene Bierdose an, als ob sie ihn an die skandinavischen Winter erinnerte, und fuhr fort: »Drei lange Jahre versuchte ich, es auszuhalten. Ich tat wirklich mein Bestes, um mich wieder zu akklimatisieren, doch es war schlicht unmöglich! Ich arbeitete hart, sparte jeden Cent, und jetzt bin ich wieder unterwegs! Endlich! Ich hoffe, ich kann diesmal lange wegbleiben. Und wie ist es mit euch?«

Ich war überrascht über seine Offenheit sowie seine Einstellung gegen unser gemeinsames Heimatland. Im Vergleich zu Bernardo mussten mein erst kürzlich geschnittenes Haar und mein frisches T-Shirt sehr spießig wirken. Es war gerade noch zu erkennen, dass sein T-Shirt vor langer Zeit einmal grün gewesen war, und ich konnte darauf mit Mühe den Namen einer karibischen Insel entziffern sowie die dazugehörige Botschaft, dass man das Leben langsam leben sollte: »Live slow!« stand in großen Buchstaben auf der Vorderseite.

Ich erklärte ihm, dass wir eine Nacht an diesem Ankerplatz bleiben würden, morgens Unterricht an Bord hätten und am Nachmittag wieder entlang der Küste nach Süden weiterziehen wollten.

Bernardo zeigte eine so mitleidige Miene wie Balou, der Bär im Disney-Film »Das Dschungelbuch«, als Mogli wie ein gefährlicher Bär zu schreien versucht. Dann schüttelte er den Kopf und starrte uns aus großen Augen an.

»Ihr seid neu als Fahrtensegler, gell? Macht nicht den gleichen Fehler wie ich damals, als ich das erste Mal lossegelte. Ich raste viel zu schnell durch dieses schöne Revier. Wohin wollt ihr denn überhaupt? Die Karibik geht nicht unter, auch wenn ihr etwas später ankommt. Sucht euch doch lieber erst mal hier 'ne schöne Stelle und bleibt eine Weile. Ich bin jetzt schon seit einer Woche an diesem Ankerplatz und werde sicher noch eine Woche bleiben. Es ist hier nicht teuer, und die Leute sind nett. Erst wenn ich alles gesehen, neue Freunde gewonnen und die Besonderheiten ausgekundschaftet und richtig genossen habe, wird es für mich Zeit weiterzuziehen. Nur so kann man diesen Ort für immer in Erinnerung behalten. Na, kommt schon! Bleibt doch noch! Ihr seid ja gerade erst angekommen! Lasst locker!«

Ich muss gestehen, ich hatte damals ein wenig Schwierigkeiten, mich auf sein Niveau einzulassen. Auf der anderen Seite fand ich es faszinierend, wie er in den Tag lebte, und war beeindruckt von seiner entspannten Ausstrahlung.

Wie wenig ich zu dieser Zeit doch vom Leben verstand! Es sollte noch einen ganzen Monat dauern, bis wir uns in der nächsten Segelphase für die relaxte Gelassenheit freimachen konnten, von der er uns einen ersten Eindruck vermitteln wollte. Ein paar Segelmonate später erschien mir Bernardos äußere und innere Haltung dem Leben gegenüber bereits völlig normal und natürlich. Ich beurteilte Menschen nicht länger nach ihrem Haarschnitt oder ihrer Kleidung, da nun mal alle Stoffe in der tropischen Sonne langsam verbleichen, und als ich mich später nur noch ab und zu rasierte, sah selbst ich bald ein wenig so wie Bernardo aus – und es störte mich nicht im Geringsten. Außerdem: Genau wie es Bernardo empfohlen hat, werden wir uns beim nächsten Törn mehr Zeit nehmen, um die Rías von Galicien noch besser zu genießen und das Leben langsamer zu leben.

Die Bordschule

Das Fahrtensegeln bietet grundsätzlich sehr viele Lernmöglichkeiten. Boatkids schnappen jede Menge von anderen Kindern auf und lernen von ihrer sich ständig verändernden Umwelt. Hinzu kommt, dass sie sehr viel Zeit mit Erwachsenen verbringen, die aufgeschlossen und mitteilsam sind – Segler eben. Ein weitgehend gleichberechtigter, partnerschaftlicher Umgang zwischen Erwachsenen und Kindern entsteht beim Segeln auf völlig natürliche und angenehme Art und Weise.

Wollen Sie Ihre Kinder für ein Jahr aus der Schule nehmen, sollten Sie sich zunächst über die Gesetze Ihres Landes gründlich informieren. In Deutschland fehlt es möglicherweise am Wissen der Eltern, dass es trotz der grundsätzlich sehr ernst genommenen Schulpflicht möglich ist, eine »zeitlich befristete Beurlaubung aus besonderen Gründen« (Schulgesetz) zu erhalten. Sollte diese durch die Schulleitung nicht bewilligt werden, ist es in der Regel Erfolg versprechend, sich direkt an die vorgesetzte Schulbehörde – wie beispielsweise in Rheinland-Pfalz an die ADD (Aufsichts- und Dienstleistungsdirektion) – zu wenden. Gibt es doch viele gute Argumente und Gründe, eine Langzeitreise für Schüler als fantastische Chance im Leben zu begreifen und Home Schooling für eine gewisse Zeit als Alternative zur grundsätzlich sehr wichtigen Institution Schule zuzulassen. Wie schön, dass in Deutschland zunehmend mehr weitsichtige Schulleitungen und Aufsichtsbehörden das ebenso sehen und es deshalb auch deutschen Kindern und deren Eltern ermöglichen, eine so besondere und bereichernde Reise zu unternehmen.

In Österreich herrscht Unterrichtspflicht statt Schulpflicht (Schulpflichtgesetz), sodass Home Schooling relativ unproblematisch gestattet wird.

Die Schulpflicht in Schweden erstreckt sich nur bis zur Nationalgrenze, wobei ab dem 6. Schuljahr sogar eine internetbasierte Korrespondenzschule angeboten wird, in der die Kinder jederzeit und an jedem Ort der Welt dem schwedischen Lehrplan folgen können.

Nachdem Sie sich mit den Möglichkeiten und Beschränkungen Ihres Landes und Ihrer Schule vertraut gemacht haben, haben Sie generell zwei Möglichkeiten: Entweder folgen Sie dem Curriculum der Schule beziehungsweise einer der vielen sich auf dem Markt befindenden kommerziellen Korrespondenzschulen, oder Sie folgen einem eigenen Schulplan, was insbesondere bei kleineren Kindern gut funktioniert.

Eine Korrespondenzschule hat den Vorteil, dass der Lernstoff vorgegeben ist und damit auch nicht von den Kindern angezweifelt werden kann. Als Eltern haben Sie die Sicherheit, dass der Stoff der jeweiligen Altersstufe entspricht. Die Aufgaben der Kinder werden in regelmäßigen Abständen von professionellen Lehrern beurteilt und am Ende des Schuljahres geprüft, die Eltern übernehmen während der Zusammenarbeit die Funktion eines Coachs. Das Lehrmaterial wurde früher postlagernd an vorgegebene Reisepunkte gesandt, wird aber heute fast ausschließlich über Internet zugeschickt. Einige Segler finden diese Art des Unterrichts zu formell und unflexibel. Kinder müssen hier nämlich einen Stoff pauken, der sehr wenig mit ihrer Umgebung oder ihren aktuellen Erfahrungen in Verbindung steht. Wer will schon Elche studieren, während man Schildkröten und Delfine beobachten kann? Die Alternative ist, ein eigenes Curriculum aufzustellen. Dies verlangt zwar mehr Engagement und Mut von den Eltern, wird auf der anderen Seite von den Kindern aber in der Regel motivierter aufgenommen.

Einigen Sie sich jeweils auf ein Projektthema. Es braucht nicht viel, um dann alles dazu Passende zu lesen, zu schreiben, zu malen, zu werken oder zu berechnen, sodass sämtliche Fächer aufgegriffen werden. Themenbezogene Museen können das Interesse weiter wecken und viel zusätzliches Schulmaterial liefern.

Lassen Sie Ihre Kinder ein »Länderbuch« anfertigen mit einem Kapitel pro besuchtem Land. Dem Alter angepasst können die Kinder eine Karte zeichnen, eine typische Postkarte einkleben, eine Briefmarke beschreiben und über die Sprache, die Umwelt, die Währung, die Industrie, die Geschichte und das Klima berichten. Zusammen mit Fotos können diese Berichte im Computer eingescannt, auf die Internetseiten der Kinder gestellt oder per E-Mail verschickt werden. Bitten Sie die Leser, ein positives, inspirierendes Feedback an die Kinder zu richten, sodass sie Spaß daran haben, weitere Berichte zu verfassen.

Das frühere Problem der Fahrtensegler, nicht genügend Bücher oder Nachschlagewerke dabeizuhaben, hat sich dank Internet und Tablet-Computer (iPad, Kindle oder ähnliche) verflüchtigt. E-Books können einfach im Internet eingekauft und runtergeladen werden und stehen zu jeder Tageszeit, auch während langer Wachen, zur Verfügung.

Mit den anderen Seglerfamilien Kontakt zu halten macht Spaß und ist für alle sehr bereichernd. Von Zeit zu Zeit können Sie sogar die Kinder für den Unterricht tauschen oder einige Projekte und Fächer gemeinsam unterrichten. Stellen Sie naturwissenschaftliche Versuchsanordnungen schon vor Ihrer Abreise zusammen, oder kaufen Sie diese als fertige Experimentkästen im Handel. Vieles ist auch auf dem Schiff zur Hand, um beispielsweise Mechanik oder Stromkreise zu erläutern. Spiegel, Linsen (Vergrößerungsgläser) und ein Laserzeiger sind für optische Experimente sehr hilfreich. Aerodynamik kann während des Segelns durchgenommen und Meteorologie mithilfe von Wetterkarten parallel zur Beobachtung des Himmels studiert werden. Benutzen Sie einfach Ihre Fantasie!

Vereinbaren Sie mit anderen Familien in den Ankerbuchten verbindliche Schulstunden, die dann von allen Kindern gleichzeitig eingehalten werden sollten, und erfinden Sie Flaggensignale, um den Beginn bekannt zu geben. Sie werden rasch ein Gefühl dafür bekommen, wie man die Kinder motiviert und am Lernen hält. Bei aller Freude am gemeinsamen Lernen sollten Sie allerdings nicht unterschätzen, wie anstrengend die Lehrtätigkeit höchstwahrscheinlich für Sie sein wird. Sie dürfen ruhig stolz auf Ihre Leistung sein. Wir wünschen viel Erfolg!

13

In dem wir unser Bestes tun, um vor dem Segeln zu warnen

Die Schattenseiten beim Segeln

»Leon! Erzähl die Wahrheit!«

Diese Aufforderung kam von meiner Schwester, die auf unserem Handy anrief, während wir gemächlich und friedlich die schöne Strandpromenade entlangspazierten. Es war schon spät, aber viele Menschen saßen in Cafés, in Restaurants, in Bars oder bummelten wie wir einfach nur durch die Straßen, um den warmen Sommerabend zu genießen. Die Gebäude waren wunderbar beleuchtet, es war eine bezaubernde portugiesische Nacht.

Was meinte meine liebe Schwester?

»Ich habe deine Texte im Internet verfolgt, es ist alles schön und gut und nett zu lesen, aber, Leon, gib es zu, es kann doch gar nicht immer alles so wunderbar sein, wie du es beschreibst. Leon, du musst glaubwürdiger berichten! Du kannst doch nicht ausschließlich so ein romantisch-rosarotes Bild vom Segeln malen! Alles hat doch auch eine Kehrseite!«

Es ist sicherlich gut, neben einer aufrichtigen Schwester durchs Leben zu gehen, die immer genau sagt, was sie denkt. Aber was war denn »die Wahrheit«? Ich liebte unseren neuen Lebensstil und wollte mit niemandem tauschen, insbesondere nicht in einen Bürosessel zurückkehren. Selbstverständlich waren wir in unserem neuen Leben nicht ausschließlich auf Rosen gebettet, natürlich hatten wir unsere Hochs und Tiefs. Also beschloss ich, meiner Schwester den Gefallen zu tun und im nächsten Text in erster Linie über unsere Malheurs und die negativen Aspekte des Fahrtensegelns zu schreiben. Nichts als die Wahrheit: Wie ist es, mit zwei Kindern auf einem 40-Fuß-Segelschiff zu leben?

Hier muss ich als Erstes gestehen, dass mir das Glück vergönnt ist, mich mit meiner Frau gut zu verstehen. Ohne diese Voraussetzung wäre der Törn sicherlich nicht so erfreulich verlaufen. Nicht wenige Segelreisen enden nämlich mit einer Scheidung, weil ein problematisches Verhältnis auf See noch weniger Chancen hat, sich zu verbessern, als an Land. Jede noch so kleine eheliche Krise verstärkt sich auf dem Boot um ein Vielfaches. Kocht man zu Hause nicht gerne, wird man es an Bord ohne Geschirrspülmaschine und mit begrenzter Arbeitsfläche, mit limitiertem Wasservorrat und bei nur unter Verrenkungen zu erreichenden Stauräumen erst recht nicht mögen. Sorgen die Nachbarn oder gar die Politik schon an Land für einen erhöhten Blutdruck, findet man beim Segeln mit Leichtigkeit noch sehr viel mehr Möglichkeiten, um sich aufzuregen: Skipper, die nicht richtig anlegen können; Hafenmeister und Zollbeamte, welche die hohe Kunst der Bürokratie in bisher ungekannte Dimensionen ausbauen; postalische Sendungen, die beim Zoll hängen bleiben oder komplett verschollen sind; Wettervorhersagen, die nicht stimmen; unverschämt hohe Preise; Schmutz und Dreck in überfüllten Häfen und Ankerbuchten; sprachliche und kulturelle Missverständnisse; Ersatzteile, die nicht aufzutreiben sind … Es gibt unzählige Probleme, über die man sich gewaltig echauffieren kann, wenn man nur will. Vielleicht muss man die zum entspannten Segeln notwendige Gelassenheit auch erst langsam erlernen, um alles Schöne – und sei es noch so winzig und vermeintlich unbedeutend – wahrnehmen zu können und mit Nachsicht zu beurteilen, wenn in anderen Ländern nicht immer alles so quadratisch, praktisch, gut und bis ins letzte Detail durchorganisiert ist wie zu Hause. Ungewohntes sollte man nicht vorschnell als schlechter kategorisieren, sondern sich erst einmal daran zu gewöhnen versuchen. Die meisten Segler stehen tatsächlich dem Ungewohnten nach einer gewissen Zeit flexibel gegenüber und sind gerne bereit, sich mit Bescheidenheit und vielleicht sogar Demut darauf einzustellen, hinter die Fassaden zu blicken und zu erkennen, dass es Wesentlicheres zu suchen gilt.

Auf einem Boot zu wohnen unterscheidet sich selbstverständlich sehr vom Alltag an Land. Nur ein kleines Beispiel ist die eigentlich einfache Aufgabe, Wäsche zu waschen. Größere Yachten haben manchmal den Luxus einer Waschmaschine, die meisten Segelschiffe wegen des Platz-, Strom- und Wassermangels jedoch nicht. In vielen Marinas stehen deshalb Waschautomaten bereit, doch längst nicht in allen. Hat man dann glücklicherweise eine Maschine gefunden, ist sie oft schon belegt. Erfahrene Segler waschen daher, wann immer sich eine Möglichkeit dazu ergibt. Insbesondere in der Karibik gibt es die Alternative, die Wäsche einer Waschfrau zu übergeben, was allerdings eine gewisse Planung voraussetzt. Man muss warten und nicht selten erstaunlich hohe Summen an diese privaten kleinen Unternehmen bezahlen, die in der Regel nur aus einer Hausfrau mit einer Waschmaschine bestehen. Um nicht immer wieder im Waschsack nach einem noch nicht ganz so schmutzigen Kleidungsstück suchen zu müssen, welches man ein zweites oder drittes Mal anziehen könnte, ist auch das Waschen von Hand angesagt, entweder an Deck, am Steg oder sogar an einem recht amüsanten entlegenen Ort ...

Ich kann mich beispielsweise noch gut an einen dieser Geheimtipps entsinnen, wo das Waschen zum lustigen sozialen Ereignis wurde: am Strand. Die im Freien angebrachten Duschen schenkten unbegrenzten Zugang zu kaltem Wasser, boten einen praktischen Sandboden, wo das Wasser abfließen konnte, ein paar bildschöne Palmen und vor allen Dingen eine Schar lustiger Yachties, die sich trafen. Alle füllten ihre großen Eimer und scheuten sich nicht, die verschiedenen Waschtechniken lebhaft untereinander zu diskutieren und Vergleiche mit den jeweiligen Charakterzügen der Wäscher zu suchen und zu finden. Da gab es die Vorsichtigen, die Geekelten, die Starken, die Schwachen, die Großzügigen, die Gehemmten, die Angeber, die Erfindungsreichen, die klassischen und die komischen Waschcharaktere. Es war ein Nachmittag voller Gelächter, Gemeinschaftsgefühl und Lebensfreude. Eine Waschmaschine an Bord hätte uns von diesem Zauber der Freundschaft unter Fremden ferngehalten. Am Nachmittag schleppten alle stolz die saubere Wäsche durch das Dorf, kehrten in den Beibooten zurück zu ihren vor Anker liegenden Booten und hängten die Wäsche wie bunte Fahnen kreuz und quer an zwischen der Takelage gespannten Tauen auf. Auch unsere Wäsche wurde zu einer einzigartigen Dekoration des Ankerplatzes, und die heiße Sonne tat den Rest. Ein paar Stunden später war alles trocken, musste nur noch in die Bootschränke eingeräumt werden und hatte unser Budget mit keinem Cent belastet.

Die Enge der Schränke und des Stauraumes ist allerdings eine nie endende Herausforderung auf jedem Schiff. Dieses Problem tritt fast täglich zutage und je kleiner das Boot, desto deutlicher zeigt es sich. Wir hatten natürlich versucht, unsere Sachen systematisch und nach einer ausgeklügelten Logik zu verstauen, damit man oft gebrauchte Gegenstände leicht und schnell herausfischen konnte. In dem nie enden wollenden Versuch, dieses Stausystem zu optimieren, räumten wir immer wieder um, was zur Folge hatte, dass wir nie genau wussten, wo das Gesuchte in dem Augenblick »optimal« verstaut war, wenn wir es brauchten – allen sorgfältig gepflegten Excel-Tabellen zum Trotz. Das Boot auf den Kopf zu stellen, um beispielsweise eine Druckerpatrone zu finden, die früher immer in diesem gewissen Schapp neben dem Niedergang gelegen hatte, doch letztens stautechnisch an einen anderen Ort umgebettet worden war, war zeitaufwendig und frustrierend. Ich schwor mir selbst in jedem dieser ärgerlichen Fälle, zukünftig noch besser organisiert zu sein, sprich: alles in schön beschrifteten Plastikboxen aufzubewahren.

Plastikbehälter sind in unserer Familie sehr populär. In einem Geschäft entdeckte ich eine uns unbekannte Größe und hätte vor Glück in die Luft springen können, als mir klar wurde, dass dieses Ding haargenau an eine bestimmte Stelle im Regal unter der Pantryspüle passen könnte, und zwar links neben dem Abwasserrohr, um ganz genau zu sein. Was für ein Erfolg! Doch was sollten wir darin lagern? Keine Ahnung! Das Wichtigste war, dass die Box einen bisher noch nicht ausgenutzten Platz ausfüllte. Es war natürlich nicht ganz einfach, an diese Ecke des Regals unter dem Spülbecken heranzukommen; man musste sich dazu, mit dem Kopf nach unten, tief über den Mülleimer beugen und mit gestreckten Armen von hinten um das Abwasserrohr greifen. Müll zu riechen, während man kopfüber Verrenkungen ausführt und das Schiff von Backbord nach Steuerbord und retour rollt, ist seekrankheitsmäßig sicherlich nicht so günstig. Doch wenn man die Tabletten gegen Seekrankheit genau dort aufbewahrt, kann man gleich eine davon schlucken, bevor einem schlecht wird!

Apropos Seekrankheit: Ja, unsere ganze Familie leidet darunter! Das ist unangenehm, hindert uns aber nicht am Segeln. Erfahrungsgemäß kommt Seekrankheit in zwei Schritten: Phase I ist, wenn man befürchtet, dass man sterben muss; Phase II ist, wenn man sich davor fürchtet, auch nur noch eine Minute unter diesen furchtbaren Bedingungen weiter am Leben zu bleiben. Zum Glück erfolgt die Heilung im selben Moment, in dem man festen Boden unter den Füßen spürt. Das Problem ist lediglich, bis dahin nicht Suizid zu begehen. Aber glücklicherweise sind die meisten Menschen schon nach drei Tagen seefest.

Es gibt einige Tricks, das Risiko der Seekrankheit zu verringern. So sollte man sich möglichst eine ruhige See und schwache, stabile Winde für den Tag des Ablegens aussuchen. Dann kann der Körper sich langsam an die Wellenbewegungen gewöhnen, wodurch sich die Seekrankheit im Idealfall sogar ganz vermeiden lässt. Das ist auch der Grund, warum ich persönlich kein Fan von Rallies bin, bei denen die gesamte Flotte an einem vorher festgelegten Tag ablegen soll, unabhängig vom Wetter. Sind die Bedingungen ungünstig, ist die Seekrankheit vorprogrammiert.

Allerdings ist sie nicht die einzige Malaise, die auf dem Wasser lauert. So ist das Verletzungsrisiko nicht geringer als an Land, obwohl die Hochrechnungen der Krankenversicherungen etwas anderes signalisieren: Die Prämien der Krankenversicherungen für Fahrtensegler sind deutlich niedriger als für Normalsterbliche an Land. Ob nun vorzugsweise gesunde und vorsichtige Menschen unter Segeln reisen oder aber das Segeln die Gesundheit begünstigt, sei als möglicher Ursache-Wirkung-Zusammenhang dahingestellt. Viel an der frischen Luft zu sein, täglich beim Landgang mehrere Kilometer zu laufen, das Schwimmen im Meer, die gesunde Ernährung und ein stressfreies Leben mit zahlreichen glückserfüllten Stunden werden sicherlich einen positiven Einfluss auf Yachties ausüben. Nicht umsonst lieben wir genau dieses

Leben, von dem Geist, Seele und Körper profitieren. Sollte man aber dann wirklich einmal einen Arzt benötigen, ist dieser meist nicht in unmittelbarer Nähe, auch wenn die ärztliche Versorgung in den meisten von uns besuchten Regionen erstaunlich gut war. Zudem scheint der Berufstand von Ärzten und Krankenschwestern unter den Yachties überdurchschnittlich häufig vertreten zu sein, sodass an manchen Ankerplätzen tatsächlich ein kompetenter Arzt auf dem Nachbarboot saß. Gerne nutzten wir dessen Wissen und Hilfe, wollten aber nicht von den medizinischen Vorräten zehren, und so war unsere REGINA mit vielen Medikamenten, Spritzen und anderen medizinischen Utensilien gut ausgestattet, wenn sie auch vorzugsweise von Profis eingesetzt werden sollten. Wir hatten Glück und brauchten nur wenige Male einen Arzt. Karolina litt einmal unter einer Ohrenentzündung, und die Kinder fingen sich ein paarmal leichte Formen von Impetigo ein. Diese Hautinfektion entsteht insbesondere in den Tropen gerne nach einer noch so kleinen Schnittwunde, war jedoch mit antibiotischer Salbe zum Glück schnell unter Kontrolle zu bringen. Eine normale Erkältung bekommen Yachties selten, da sie sich selten in engen, überfüllten und klimatisierten Räumen aufhalten und Krankheitserreger deshalb wenig Ausbreitungschancen haben.

Am meisten fürchteten wir Verletzungen, insbesondere wenn wir weit vom Land entfernt auf hoher See waren und deshalb besonders vorsichtig mit Messer, Herd und Werkzeugen umgehen mussten. Eine Brandwunde mitten auf dem Atlantik gehört sicherlich zu den unangenehmsten Erfahrungen des Fahrtensegelns, doch trägt man ähnliche Risiken auch zu Hause, sogar wenn dort natürlich ein Krankenhaus in unmittelbarer Nähe ist, während wir im Fall der Fälle den nächsten Frachter hätten finden müssen. Insgesamt zogen wir aber den Schluss, dass sich unser gesundheitliches Risiko in erträglichen Grenzen hielt.

Der Einkauf für den täglichen Bedarf ist eine andere wichtige, nicht zu unterschätzende Herausforderung für Fahrtensegler. Es dauert gewöhnlich eine Weile, bis man nach dem Anlegen den nächstgelegenen Supermarkt gefunden hat, der dann nicht selten gar nicht so super ist, wie es sein Name verspricht. Sich an einem unbekannten Ort zu verirren, gehört deshalb ebenso zu den Einkaufstouren wie das Phänomen, dass man an manchen am Weg liegenden Cafés einfach nicht vorbeigehen kann. Sitzen die Einheimischen gelassen und zufrieden am Straßenrand im Schatten und genießen ihr Bier oder gegrillte Sardinen, ist es schon sehr verlockend, sich dazuzusetzen. Und warum sollte man solchen Versuchungen widerstehen? Den Supermarkt kann man auch noch später aufsuchen. Oder morgen ...

Ohne Auto muss man allerdings immer vorher ausrechnen, wie man alle Einkäufe wieder zurück zum Boot schleppen kann, von gelegentlichen Taxifahrten einmal abgesehen. Soll es nur ein kleiner Einkauf werden, den Karolina und ich selbst bewerkstelligen können, oder brauchen wir zusätzlich Jessica und Jonathan als Träger, lautete unsere Standardtestfrage. Auf dem Heimweg vom Supermarkt sahen wir oft wie schwer bepackte Rucksacktouristen aus und waren viel zu beladen für die Hitze des Tages.

Marken, Etiketten und Produkte unterscheiden sich sehr von bekannten Waren in der Heimat und sind zudem von Land zu Land immer wieder ganz anders. Wir waren oft überfordert, die Angaben auf den Etiketten zu verstehen, und erlebten viele Überraschungen. Eines Tages fand ich eine 40-prozentige Spirituose für nur ein paar Euro pro Liter. Was für ein Schnäppchen! Ich glaube, es war Wodka mit Anisgeschmack; doch das war nicht das Wesentliche. Er war stark und billig, und das zählte! Nein, nicht für mich, sondern für den Fisch! Wenn man nämlich einen Fisch fängt und diesen an Bord zieht, muss man ihn töten, am besten ohne viel Blut zu vergießen, sodass so ein schönes Teakdeck möglichst wenig beschmutzt wird. Viele Segler schütten deshalb Alkohol in seine Kiemen, wonach er ganz ruhig wird und fast in Trance stirbt. Bis jetzt hatten wir aber immer nur recht teuren Alkohol gefunden, und erst dieser billige Anis-Wodka schien perfekt geeignet, um den Fisch, den wir bald fangen wollten, lebend zu marinieren. Oder besser gesagt: den wir zu fangen hofften. Bis jetzt hatten nämlich nicht viele Fische angebissen, was sich aber nach den Kanarischen Inseln schlagartig ändern sollte.

Was man ganz sicher nicht von einer Einkaufstour mitbringen möchte, sind Kakerlaken. Diese kleinen Kreaturen leben leider eher in der Regel als in der Ausnahme in kleineren, nicht genug gekühlten Geschäften mit wenig Umsatz. Sie reisen mit Vorliebe per Anhalter in Kartons, um gut versteckt als blinde Passagiere an Bord zu gehen. Einmal begegneten wir einem richtig großen dieser Passagiere in unserem Dingi, spät abends im Dunkeln auf dem Weg vom Land zur ankernden REGINA, und wären fast vor Schreck alle vier ins Wasser gesprungen. Doch noch schlimmer als eine Kakerlake sind die Kakerlakeneier. Diese werden gerne von den Kakerlakenmüttern auf Pappschachteln geklebt, in braunen, einen halben Fingernagel großen Packungen mit mehreren Hundert klitzekleinen Eiern. Nach drei Wochen schlüpfen die Tierchen, und nach weiteren drei Wochen weiß man, was eine solche Invasion auf einem Boot bedeutet ...

Und wie vermeidet man es, diese Passagiere an Bord zu lassen? Jedes einzelne vom Supermarkt herbeigeschleppte Stück muss, bevor es an Bord gelangt, sorgfältig geprüft werden. Auf dem Steg zu sitzen, jede überflüssige Verpackung zu entfernen und alles genau zu begutachten, gehörte sehr bald auch zu unserer Einkaufsroutine. Die Plastiktüte muss aus dem aus Pappe bestehenden Cornflakespaket herausgenommen, die Zahnpasta aus ihrer kleinen Schachtel geholt und die Bierdosen müssen von jeder Kartonage befreit werden. Mehl kauft man sowieso am besten nur in Plastik eingeschweißt. Dabei merkt man erst, wie viel unnötige Verpackung mitgeschleppt wird. Auch die Schuhe ließen wir immer an Deck stehen, um Ungeziefer in der Kajüte zu vermeiden.

Falls man trotz all dieser Vorsichtsmaßnahmen doch Kakerlaken an Bord findet, ist das nicht das Ende einer Traumreise, aber man muss sie unbedingt wieder loswerden. Entweder segelt man sehr weit nach Norden (oder Süden), damit sie sich zu Tode frieren; ein kalter skandinavischer Winter könnte gute Dienste leisten. Oder man räuchert sie aus, indem man das gesamte Schiff in eine giftige Rauchwolke versenkt – und zwar genau zwei Mal. Die unerwünschten Gäste werden sich dann entscheiden, schleunigst auszuziehen, was die Crew vorübergehend aber auch selbst machen muss. Falls sich einer dieser Belästiger sogar in unser Boot verirren sollte, wollten wir ihn sterilisieren, bevor Eier gelegt werden könnten, und so platzierten wir eine bekannte Hausmannskost: Leckere, aber für Kakerlaken tödliche kleine Bällchen, die wir aus Borsäure und kondensierter Milch mischten, klebten wir überall unter die Fußbodenbretter. Zusammen mit gekauften »Kakerlak-Motels« – »Die Gäste checken lebend ein – aber tot wieder aus« fühlten wir uns optimal gerüstet, dieser Plage zu begegnen. Zum Glück blieb uns jede Invasion erspart.

Ein anderes heikles Thema ist das Geld. Ohne das gewohnte regelmäßige Einkommen mussten wir ständig die Kosten im Blick behalten, und wir staunten nicht schlecht, wie viel wir beispielsweise allein schon an Hafengebühren bezahlten. Der gelegentliche Luxus, in einem Restaurant zu essen, war in unserem Budget vorgesehen, aber wir fanden bald heraus, dass die Preise von Land zu Land doch sehr variierten und gingen deshalb in einigen Ländern öfter aus als in anderen. Dennoch fand eine gute Flasche Wein regelmäßig ihren Platz unter den Bodenbrettern von REGINA, wo wir einen »Weinkeller« mit uns führten. Warum aber immer nur die teuersten Flaschen in der rollenden See zersprangen und den Duft eines Winzereikellers übers ganze Boot verteilten, unterliegt wohl Murphys Gesetz.

Obwohl wir also sehr vorsichtig mit unseren Ausgaben waren, galten die gleichen Regeln nicht für REGINA. Sie hatte ihr eigenes Budget – ohne Limit, wie es schien. 1000 Euro für neue Batterien in Portugal und dann den gleichen Betrag nochmals für deren erneuten Wechsel in Grenada standen außerhalb jeder Debatte, sondern wurden unter dem Stichwort »Sicherheit« akzeptiert.

Haben wir ein Auto vermisst? Nein. Wir dachten nicht einmal daran, vielmehr wurde es zur Selbstverständlichkeit, überallhin zu laufen. Vor der Kasse eines großen Supermarktes betrachtete ich einmal mit Erstaunen eine Frau, die den ganzen Einkaufswagen mit Wein und Wasserflaschen gefüllt hatte. Wie in aller Welt wird sie all dies nach Hause tragen können, fragte ich mich. Erst später kam ich auf den Gedanken, dass vermutlich ein Auto auf dem Parkplatz auf sie wartete.

Falls wir manchmal den Eindruck gewannen, dass die Einkäufe viel Zeit kosteten, so war das nichts gegen die Zeit, die wir für die Instandhaltung von REGINA aufwendeten. Vorbeugende Wartungsarbeiten und Reparaturen waren ständig notwendig, sodass wir oft an die Seglerweisheit »Go small – go simple – go now!« erinnert wurden. Es hat natürlich etwas für sich, mit einer kleinen, einfachen Yacht loszusegeln, anstatt lange zu warten, bis man sich sein Traumschiff leisten kann, mit dem man dann auch oft auf einfliegende Ersatzteile warten muss. Die Segelreviere sind dieselben, ob mit oder ohne komplizierte Technik an Bord, auch wenn diese das Leben natürlich sehr bequem gestalten kann. Eine blockierte Toilette, ein Wassermacher – der alles außer Wasser macht – sowie nicht funktionierende Dieselgeneratoren und eine defekte Kommunikationsausrüstung sind typische Probleme auf Fahrtenschiffen, die das eine oder andere graue Haar hervorrufen. Ich weiß nicht, ob man sich als der einzige Techniker weit und breit je daran gewöhnen kann, sich so intensiv um so viel Ausrüstung kümmern zu müssen, um alles am Laufen zu halten. Eine robuste, aus Standardkomponenten bestehende simple Konstruktion, die jede Wartung erleichtert und ein weltweites Servicenetzwerk aufweisen kann, zählt deshalb viel mehr als ein preisgünstiges und schickes Strom sparendes Gerät, das durch modegerechtes Design und Digitaldisplay in kompakter Bauweise zu überzeugen versucht, wie man es so oft auf Bootsmessen vorgeführt bekommt. Heute schauen wir lieber, was in Fischerbooten eingebaut ist, und ignorieren komplett, was in tollen Broschüren für elegante Yachten präsentiert wird. Doch natürlich ist es ein Vorteil, ein gut gebautes und angemessen ausgerüstetes Schiff zu besitzen, und generell waren wir mit REGINA sehr zufrieden, aber man kann sich sogar bei einem Neubau aus einer renommierten Werft nicht vor Überraschungen schützen.

Unzählige kleine Missgeschicke gehören zum Alltag, und man braucht ein gewisses Maß an Übung, den Frust mit Humor zu löschen. Aus einem unerklärlichen Grund blies sich beispielsweise unser Mann-über-Bord-Rettungsring in seinem Schrank plötzlich auf. Die Kraft, die aus dem CO_2-Fläschchen strömte, war enorm, und je gewalttätiger wir ihn aus dem Schrank zerrten, desto weiter blies er sich in alle Richtungen auf, sodass sich sogar die Rohre für die Warmluftheizung hinter dem Schrank verbogen.

Ein anderes Mal hatten wir gerade vor der Marina in Cascais bei Lissabon den Anker in den Sand gelegt. Karolina wollte nur noch kurz den Rückwärtsgang einkuppeln, um den Anker richtig einzugraben, da hörten wir ein grässliches schlagendes Geräusch gegen das Unterwasserschiff. Unser Rope-Cutter vor dem Propeller hatte seine Aufgabe gewissenhaft erledigt und das Tau, das im Wasser schwamm, durchgeschnitten, sodass der Motor zum Glück noch lief, aber die Reste steckten jetzt im Ruder. Von dort aus schlugen sie bei jeder Propellerumdrehung gegen den Rumpf. Also war es wieder einmal Zeit für ein erfrischendes Bad des Skippers mit einem Messer zwischen den Zähnen, und das Atlantikwasser ist dort wirklich nicht warm! Ich befreite trotzdem tapfer das Ruder vom Tauwerk und zog daran, bis am Ende ein selbst gebastelter Anker aus alten Eisenrohren zum Vorschein kam, der es nicht einmal wert war, ihn zu behalten.

Am Tag vor dem Anruf meiner Schwester hatten wir gerade unsere neuen Batterien bekommen. Es sollte ein einfaches »Alte-raus-und-neue-rein-Spiel« werden. Aber als wir die alten Batterien aus ihrer Batteriebox heraus hatten, zeigte sich, dass der Batteriekasten zerbrochen war, und er musste erst einmal repariert und verstärkt werden, was einen ganzen Tag mühsame Arbeit kostete. Zudem war unser Computer ein ewiges Thema. Einfache Dinge wie serielle Com-Ports, um die umfangreiche Kommunikations- und Navigationsausrüstung richtig zu konfigurieren, verlangen ihren Mann und können einen Tag voller Frust heraufbeschwören. Den Gasbehälter aufgefüllt zu bekommen kann sogar mehrere Tage und viele unfreiwillige Spaziergänge in Anspruch nehmen. Einige Menschen zu Hause behaupteten, ich hätte meinen Job aufgegeben. Ich sagte stattdessen, ich hätte meinen Beruf nur gewechselt, und meine Tätigkeit bestünde nunmehr darin, als mobiler Elektriker, Schreiner, Klempner, Rigger, Mechaniker und – nicht zu vergessen – Lehrer zu arbeiten. Ist es da ein Wunder, dass ich es ein ganzes Jahr lang nicht ein einziges Mal geschafft habe, meine Gitarre hervorzuholen?

Aber sind all diese Schwierigkeiten geeignet, die positiven Seiten des Segelns in den Schatten zu stellen? Das ist eine Frage, die sich jeder selbst stellen muss. Und man kann sie erst beantworten, nachdem man alles ausprobiert hat, oder?

Wir haben es gewagt, und klar, es gab Momente, da stellten wir alles infrage, aber sie waren doch, ehrlich gesagt, sehr selten.

Versicherungen

Selbst das Segeln hat unangenehme Seiten, daher kann es von Vorteil sein, eine Versicherung abzuschließen. Doch längst nicht alle Segler lassen ihr Schiff versichern, obwohl viele Länder und fast alle Marinas zumindest eine Haftpflichtversicherung verlangen.

Wenn Sie Versicherungsangebote vergleichen, achten Sie nicht nur auf die Prämien. Der Service sowie die Versicherungsleistungen können erheblich differieren. Die meisten Segler wählen den Vertrag eines etablierten Yachtversicherers, der die volle Komplexität des Segelns berücksichtigt. Idealerweise sollte der Versicherer ein weltweites Netzwerk von Agenturen und Partnern haben. Leider existieren erstaunlich wenige Versicherungsgesellschaften, die weltweites Segeln versichern. Der Grund dafür ist nicht, dass das Langzeitsegeln um die Welt riskanter wäre als Kurzzeittörns in der rauen Nordsee mit ihren Gezeiten oder im Mittelmeer zur Winterzeit. Vielmehr geht es darum, dass es für die Versicherer komplizierter ist, Schadenfälle weit entfernt von ihrem Hauptsitz zu regeln.

Studieren Sie die Angebote, indem Sie die Prämien für Ihre gesamte geplante Route berücksichtigen. Verschiedene Reviere kosten nämlich unterschiedlich viel, und man muss sie nicht alle auf einmal abdecken. Fragen Sie auch nach besonderen Bedingungen, beispielsweise ob sie sich während gewisser Jahreszeiten in einem gewissen Revier nicht aufhalten dürfen. Untersuchen Sie, wie der Versicherer die

Wertminderung der Ausrüstung beurteilt, denn nur sehr wenige ersetzen »alt gegen neu«. Falls Sie das Kleingedruckte nicht verstehen, fragen Sie!

Besonders wichtig ist die Haftpflichtversicherung, die von den meisten Ländern verlangt wird. Sehen Sie zu, dass die Schadensumme hoch genug ist. Eine gute Krankenversicherung ist selbstverständlich mindestens genauso bedeutungsvoll und muss vor dem Törn organisiert werden. Untersuchen Sie, wie lange Sie mit Ihrer heutigen Krankenversicherung im Ausland unterwegs sein dürfen und schließen Sie gegebenenfalls eine Zusatzversicherung ab. Einige Yachtversicherer bieten auch eine Krankenversicherung für die Besatzung an. Oft sind jedoch USA und Kanada von der Krankenversicherung ausgeschlossen.

14

In dem wir den Kurs ändern

Die spontane Entscheidung

Es begann, als Karolina laut nachdachte: »Wie wäre es, wenn wir nur ein bisschen Richtung Westen abdrehen würden?« Sie deutete einen ziemlich unklaren Kurs über die Reling an: »In dieser Richtung liegt doch Madeira, oder?«

Wir segelten gerade von Cascais bei Lissabon zu einem 25 Seemeilen weit entfernten Ankerplatz. Es war der 13. September und ein schöner Tag mit optimalem Wind aus einer vorteilhaften Richtung. Unser Plan war, einfach nur den Ort, die Szene zu wechseln, nachdem wir ganze zwei Wochen in Cascais gelegen hatten. Cascais, mit all den Restaurants und der Nähe zu Lissabon, hatte uns viel geboten und war ein sehr angenehmer Stopp gewesen, insbesondere da Portugal freundlich, modern und insgesamt relativ preisgünstig war (mit Ausnahme der Hafengebühren).

Nach der langen Zeit in einer Marina fühlten sich die Bewegungen von REGINA sehr ungewohnt an. Es ist erstaunlich und bedauerlich zugleich, wie schnell man doch seine Seebeine wieder verliert und alles sich erneut wieder einspielen muss. Doch nachdem wir die Segel gehisst und den Motor abgestellt hatten und das Meer am Rumpf vorbeizischen hörten, kam erneut dieses wunderbare Gefühl von Freiheit auf. Schlagartig wurde uns bewusst, dass wir bereits unter den ersten Anzeichen von Hafenfäule gelitten hatten.

Hafenfäule ist durchaus nichts Ungewöhnliches und kann den besten Segler befallen, der sein Schiff eine längere Zeitspanne im Hafen lässt. Ansteckung ist so einfach: Man gewöhnt sich schnell an das Hafenleben, vergisst die wundersamen Wellenbewegungen, wird zu faul für die Weiterreise und bis zu einem gewissen Grad langsam.

Unternehmungs- und Abenteuerlust verlieren immer mehr an Bedeutung; das Auslaufen wird ständig verschoben. In Pläne und Vorbereitungen verheddert Segler können sogar in ihrem Heimathafen von Hafenfäule befallen werden und schaffen es dann nicht einmal mehr vor ihre eigene Mole. Vielleicht gesellt sich manchmal sogar ein wenig Angst vor den Naturgewalten sowie vor dem Neuen, Unbekannten dazu. Wir haben Segler getroffen, die jahrelang im selben Hafen hängen geblieben sind. Besonders oft ist dieser Infekt in den Kanaren anzutreffen, die im großen, bedrohlichen Atlantik liegen. Es gibt nicht wenige, die nie mehr lossegeln. Hafenfäule darf man aber nicht mit dem Glücksgefühl bei der Ankunft in einem Hafen verwechseln. Von Hafenfäule befallene Segler wollen eigentlich nicht bleiben, sie wollen weiter, wissen nur nicht wie; Segler, die ihre Traumdestination gefunden haben, sind im Gegensatz dazu zufrieden mit ihrer bewussten Entscheidung zu bleiben.

Zum Glück hatten wir uns in Cascais nur einen Hauch dieser Krankheit eingefangen, und um eine Verschlimmerung zu vermeiden, wollten wir nun ein paar Stunden zu einem netten Ankerplatz ein kleines Stückchen weiter südlich segeln. Es war wunderbar, wieder die frische Luft unter dem klarblauen Himmel zu atmen, begleitet von den angenehmen nördlichen Winden, die hier während des portugiesischen Sommers vorherrschend sind. Die Segelbedingungen hätten nicht besser sein können, und wir genossen es, endlich wieder auf dem Meer zu sein.

»Warum tun wir es nicht einfach?«, fragte Karolina erneut.

»Tun was?«, antwortete ich, während ich noch in Tagträume versunken war.

»Den Kurs ändern.«

»Karolina, bitte! Wir wollten doch nur vier Stunden segeln, und du redest jetzt davon, vier Tage und Nächte unterwegs zu sein!«

»Aber warum denn nicht?«, blieb Karolina hartnäckig. »Die Voraussetzungen sind perfekt, die Wettervorhersage für die nächsten fünf Tage ist ideal. Wir haben Proviant, Diesel und Wasser. Warum segeln wir nicht einfach nach Madeira?«

Es machte schon Sinn, was sie sagte. Wenn ich weiß, dass eine vier- oder fünftägige Strecke vor uns liegt, beginnen sich meine Nerven darauf vorzubereiten, und ich werde immer ein wenig nervös und vielleicht auch etwas ängstlich. Eine Art Erwartungsanspannung befällt mich. Doch wenn wir den Kurs jetzt und hier nur ein wenig anpassen und direkt auf Madeira zusteuern würden, könnte ich vielleicht meine unangenehmen »Vor-dem-Ablegen-Ängste« besonders effektiv vermeiden.

Streng genommen ist Madeira eigentlich nichts anderes als eine vor der Küste gelegene Insel; etwas weiter draußen – zugegeben –, aber wir blieben ja immer noch im selben Land, nämlich in Portugal. Zudem hatten wir unsere Versicherungsgesellschaft informiert, dass wir gegebenenfalls in der nächsten Zeit in den Atlantik segeln würden, sodass dieses Revier bereits Bestandteil unserer Police war. Obwohl ich mich anstrengte, konnte ich keinen guten Grund anführen, warum wir nicht hier und jetzt direkt Madeira anlaufen sollten.

Über das Satellitentelefon informierte ich meine Mutter und Karolinas Vater über unsere Pläne. Dann, genau wie Karolina vorgeschlagen hatte, gingen wir auf Kurs 225 Grad. Was für ein Gefühl! Herrlich! Seit Jahren träumte ich davon, Kontinentaleuropa zu verlassen, doch ich habe nie richtig daran zu glauben gewagt. Ich las die Revierführer und stellte mir vor, wie es sich anfühlen müsste, den Kurs auf einen so weit entfernten Punkt mitten im großen Ozean auszurichten. Und jetzt bedurfte es nicht mehr als weniger Knopfdrücke auf dem Autopiloten? Es schien fast zu einfach! Genau wie im Leben an Land kann jede noch so kleine Korrektur des (Lebens-)Kurses eine recht große Veränderung hervorrufen. Diesmal hatten wir nicht lange nachgedacht, sondern einfach getan, was für uns persönlich nicht ohne Folgen bleiben würde. Das war eine Lektion, die ich von nun an immer wieder anwenden wollte. Sich im Leben ergebende Chancen sollten wahrgenommen werden, handelt es sich um eine neue Arbeitsstelle, eine neue Freundschaft, ein neues Wagnis, eine Reise oder die Chance, ein Jahr Auszeit auf einem Schiff zu nehmen. Vielleicht bekommt man sie ja nicht noch einmal.

Die warme Dunkelheit der Nacht legte sich gemütlich um mich herum, als wir mit guter Fahrt Richtung Madeira liefen. Ich hatte sicherlich hundertmal von solchen Nächten gelesen, als ich noch zu Hause in meinem Lesesessel saß. Und jetzt stand ich unter diesem wunderschönen sternenklaren Himmel mit nichts als einem T-Shirt und Shorts bekleidet, bei Windstärke fünf, die uns mit sieben Knoten über die atlantische Dünung schaukeln ließ, um die winzige Insel auf dem riesigen Ozean zu finden. Ich hatte noch nie einen Septembertag so erlebt. Sollte ich mich piksen? War ich gerade durch eines meiner alten und von mir so geliebten Bücher den Träumen verfallen? Nein, es ist einfach so, dass Traum und Wirklichkeit viel näher beieinander liegen, als ich mir das jemals vorzustellen vermochte.

Voller Gelassenheit dachte ich über mein altes Leben nach, in dem ich noch, statt Horizont und Segelinstrumente fest im Blick zu haben, in meinem Büro saß, auf Fenster und Computerbildschirme starrte und meistens ohne Unterlass telefonierte. Ich konnte mich noch gut daran erinnern, wie wichtig mir alle diese Telefonate damals gewesen waren. Ich erinnerte mich aber auch daran, dass ich mich, je mehr ich meinen Terminkalender abzuarbeiten versuchte, umso unzulänglicher und unzufriedener fühlte, zog doch jede erledigte Aufgabe sofort weitere Tätigkeiten nach sich. Mir war auch noch sehr präsent, wie ich mich selbst unter Druck gesetzt hatte, statt das zu sehen, was schon erledigt war. Schaute ich damals aus meinem Bürofenster, war oft ein kalter Nieselregen zu sehen. Jetzt dachte ich an all die an Land zurück-gelassenen Freunde, die immer noch eifrig und ehrgeizig schufteten. Vielleicht würden einige von diesen zielstrebig und fleißig Schaffenden auch lieber im portugiesischen Passatwind schaukeln?

Ein anderer Gedanke kam plötzlich auf: War es etwa illoyal, aus diesem Hamsterrad geflohen zu sein, indem sich meine Kollegen noch abstrampeln mussten? Lebte ich auf Kosten anderer, die die Welt noch drehten, entwickelten, voranbrachten, sich nützlich machten? Dachten sie vielleicht »Wenn das jeder so machen würde ...?« Aber dann kamen mir diese deprimierenden Selbstanklagen doch etwas übertrieben vor, denn unsere Auszeit war ja nur für eine begrenzte Zeit vorgesehen, wir hatten jahrelang hart gearbeitet, gespart und Steuern bezahlt, und finanzierten nun diese Auszeit mittels unseres eigenen, selbst erarbeiteten und knappen Budgets. Trotzdem fühlten wir uns reich. Sehr reich und vom Leben verwöhnt! Viele Familienmitglieder und nahe Freunde hatten beispielsweise schon eine Krebsdiagnose erhalten, die für einige sogar mit einem viel zu frühen Abschied vom irdischen Leben verbunden war. Und auch wir hatten schon mit sehr schwierigen Herausforderungen im Leben zu kämpfen gehabt, unter anderem als Karolinas Mutter erst kürzlich an Krebs gestorben war. Wenn man solche Erfahrungen bereits durchlitten hat, versteht man viel eher, wie wichtig es ist, jeden Tag des Lebens zu genießen. Mit Zufriedenheit erlaubte ich mir schließlich, unser aktuelles Glück und das Segeln zu genießen.

Diese Art von philosophisch-existenziellen Gedanken war übrigens für viele Segler, die wir trafen, von großer Bedeutung und verband uns auf eine ganz besondere, von tiefem Verständnis geprägte Art und Weise. Philosophische und persönlich bewegende Fragen wurden sowohl unter dem Sternenhimmel im Cockpit oder in den paradiesischen Ankerbuchten mit anderen Yachties lebhaft diskutiert, eine weitere Seite des Segleralltages, die ich sehr liebe.

Rums! Irgendetwas hatte das Schiff getroffen. Die Nacht war dunkel, und ich konnte nicht viel sehen. Der Schlag schien vom Kajütdach gekommen zu sein, und ich sprang über den Niedergang hinunter, um eine Taschenlampe zu holen. Wieder oben, begann ich das Deck auszuleuchten. Was ich sah, ließ mich grinsen: unser erster Fliegender Fisch! Dies war ein wirklicher Beweis, dass wir endlich echte Hochseesegler waren. Die arme Kreatur kämpfte noch um ihr Leben. Der erste Fliegende Fisch gehört dem Skipper, hatte ich gehört, und wird mit Butter zum Frühstück gebraten. Dieser Fisch aber war noch lebendig, und wir starrten uns an. Sein Schicksal lag in meiner Hand, und zufrieden gab ich ihm eine zweite Chance, indem ich ihn umgehend in den tiefen Atlantik zurückwarf. Ich lehnte mich erneut im bequemem Cockpit zurück. Ich war müde. Unser Radar bestätigte, was ich sah: kein Schiff im 12-Meilen-Umkreis. Wir schienen direkt in das Mondlicht hineinzusegeln.

Der nächste Morgen begrüßte uns mit einer wunderbar strahlenden

Sonne, blauem Himmel sowie noch blauerem Meer. Noch nie hatte ich solch ein tiefes, gesättigtes Blau gesehen, außer in der virtuellen Welt von Photoshop. Jetzt wurde mir plötzlich klar, warum man vom Blauwassersegeln spricht. Während der zweiten Nacht kreuzten wir den Breitengrad von Gibraltar, ein weiterer aufregender Meilenstein – südlich der südlichsten Spitze Kontinentaleuropas. Aber trotz allem fühlte sich unser Törn nach Madeira mittlerweile so an, als segelten wir zu einer nahe gelegenen Insel statt auf großer Fahrt zu sein. Waren wir schon so blasiert? Wo war die Angst, die uns noch in der Nordsee überfallen hatte? Dieser Schlag nach Madeira war genauso lang wie die Überquerung der Biskaya, ungefähr 500 Seemeilen, aber er fühlte sich ganz anders an: viel weniger dramatisch!

Gründe hierfür gab es mehrere, glaube ich. Klar, wir waren schon etwas erfahrener, doch vor allen Dingen machten die Temperatur und das Wetter einen großen Unterschied. Die See, die Dünung, der Wind und die Bewegungen von REGINA fühlten sich gleich viel komfortabler an, wenn die Sonne von einem klaren Himmel strahlte und der Wind angenehm warm von achtern blies. Unsere ständigen Sorgen, in schlechtes Wetter zu geraten, in dem sich die Wetterfronten mit Tiefdruckgebieten ablösen, sowie unser ständiges Bangen oder Hoffen, dass diese sich entweder verlangsamen würden oder ihre Geschwindigkeit erhöhen könnten, vermissten wir hier in keiner Weise. Wettervorhersagen waren jetzt reine Freudenmeldungen. Das Gleiche empfanden wir für den Schiffsverkehr. Die bisher so unberechenbaren Fischerboote waren in Küstennähe zurückgeblieben. Zeigte sich stattdessen ein Frachtschiff, war dies eher eine willkommene Abwechslung, und es auf dem Radar zu verfolgen und die eine oder andere Kursanpassung am Autopiloten vorzunehmen, war inzwischen Routine geworden.

Bei dem stabilen Wetter des Atlantiks mussten die Segel kaum nachgetrimmt werden. Stunden vergingen, ohne dass wir irgendetwas zu tun hatten. Wir genossen einfach das Meer, den Himmel und die Geschwindigkeit, mit der REGINA über die Wellen flog, denn nie können wir es uns verkneifen, die Geschwindigkeit des Bootes zu schätzen. Wir sind kein Regattafreaks, bei denen das nie enden wollende Nachtrimmen zum Zwang wird und jedes mögliche Opfer an Bequemlichkeit gebracht werden muss, um noch einen Zehntelknoten mehr herauszuholen. Doch wir mögen das Gefühl des zügigen Vorankommens, um nicht unnötig viel Zeit auf See zu verbringen und um schlechtem Wetter zu entkommen. Darüber hinaus erschienen uns die Bewegungen von REGINA bei etwas mehr Speed viel angenehmer. Und so stellten wir am Ende zufrieden fest, dass eine Yacht, die kurz vor uns von Cascais ausgelaufen war, erst einen ganzen Tag nach uns Madeira erreichte. Ein wenig Ehrgeiz muss manchmal schon sein.

Während wir also abwechselnd im Dreistundentakt schliefen, sowohl tagsüber als auch nachts, verging die Zeit sehr rasch. Jessica und Karolina fühlten sich die ersten zwei Tage etwas seekrank, zeigten sich aber bereits am dritten Tag völlig befreit davon. Jessica schrieb viele E-Mails an ihre Freunde zu Hause, während Jonathan, fasziniert von dem bezaubernden Nachthimmel, alles über Planeten und Sterne las.

Am dritten Tag verschwand der Wind, sodass wir entweder den Motor anwerfen oder unseren Gennaker, ein großes dreieckiges, bauchiges Leichtwindsegel, herausholen mussten. Ich war nicht sehr begeistert, das große Segel aus seinem Stauraum in der Vorpiek an Deck zu schleppen, denn unser Landfall war nur noch weniger als sechs Stunden entfernt, und für mich schien die Zeit eher reif, die Fender auszubringen. Lachend dachte ich plötzlich daran, dass sechs Stunden Gennakersegeln doch deutlich mehr waren, als wir je an einem normalen Segeltag zu Hause erzielen konnten. Damals holten wir den Gennaker sogar gerne wegen nur einer halben Stunde heraus! Also überwand ich meine Faulheitsattacke und zerrte ihn aus seinem langen wurstähnlichen Schlafsack, den die Kinder nach dem schottischen Monster »Nessie« benannt hatten. Das Ganze entwickelte sich zu einem fantastischen Nachmittag bei fast sieben Knoten auf dem wellenlosen majestätischen Atlantik, dessen ewige Dünung uns langsam, wie in einzelnen Atemzügen, vorsichtig hoch und nieder hob. Was für ein erhabenes Gefühl, sich Madeira mit einem fliegenden Gennaker statt unter Motorengeräuschen zu nähern.

Jonathan sah es zuerst: »Land voraus!«, schrie er und zeigte aufgeregt zum Horizont.

Es fällt mir schwer, die Gefühle dieses Augenblicks zu beschreiben. Aus dem Wasser ragten die Spitzen mehrerer Berge vulkanischen Ursprungs hervor – und wir hatten sie gefunden! Sogar mit einem GPS erscheint es wie ein Wunder, eine so kleine Insel in einem so großen Meer zu entdecken. Der Landfall war großartig, zugleich war es fast schade, dass unsere Passage schon zu Ende war. Ich hoffte, dass noch weitere so angenehme Tage folgen würden, denn der dritte Tag war eine reine Freude gewesen und gehört sicher zu den schönsten Segelerlebnissen meines Lebens.

Seekrankheit

Seekrankheit ist eine unschöne Angelegenheit und sollte sehr ernst genommen werden. Dehydrierung als Folge kann die Gesundheit heftig schädigen. Zudem kann eine handlungsunfähig gewordene Crew die Sicherheit des Schiffes erheblich beeinträchtigen.

Nicht alle Menschen werden auf die gleiche Weise von der Seekrankheit befallen. Das anfängliche Gefühl des Unwohlseins kennen sicherlich die meisten Segler. Oftmals verschwindet es glücklicherweise nach einer kurzen Zeit von allein, insbesondere wenn man einige simple Tipps befolgt:

Beobachten Sie die Seekrankheit bei sich selbst und erkennen Sie, was sie bei Ihnen auslöst. Lesen, besonders bei Wellengang, wird unmöglich; Müdigkeit, starke Gerüche, die Unlust, sich unter Deck zu begeben, sich kopfüber zu beugen oder zu essen sind Alarmsignale – jedoch nicht bei jedem!

Es ist sehr hilfreich, vor dem Auslaufen gut zu schlafen, denn Schlaf baut Histamine ab, was für die Vermeidung von Seekrankheit von Vorteil ist. Versuchen Sie, einige Tage vor dem Auslaufen weder Alkohol noch Kaffee und schweres, fettes Essen zu sich zu nehmen. Trinken Sie reichlich Wasser, und mummeln Sie sich warm ein, um sich sicher, bequem und glücklich zu fühlen.

Bevor Sie in See gehen, sollten Sie einige Mahlzeiten und Snacks vorbereiten, denn unmittelbar nach dem Auslaufen sind so viele Unterdeckarbeiten wie möglich zu vermeiden (Kleider zum Wechseln kann man beispielsweise vorher bereitlegen). Wenn Sie Ihr Ölzeug ausziehen müssen, um etwa die Toilette aufzusuchen, erledigen Sie dies am besten schon im Cockpit. Eine große Sprayhood leistet bei Schlechtwetter dafür gute Dienste. Einmal unter Deck, ist es oft am bequemsten, sich mit geschlossenen Augen hinzulegen.

Stress ist ein typischer Auslöser für Seekrankheit. Man sollte beschäftigt bleiben und seine Gedanken auf etwas konzentrieren, zum Beispiel am Ruder stehen und den Horizont betrachten oder die Segel trimmen. Das Gefühl, dass man die Situation unter Kontrolle hat, ist extrem hilfreich. Versuchen Sie, die Bewegungen des Schiffes so komfortabel wie möglich zu halten, indem Sie die Segelfläche verkleinern oder den Kurs etwas ändern.

Fast alle Segler erleben, dass ihre Anfälligkeit für Seekrankheit im Verlauf der Saison abnimmt. Deshalb sollte Ihr erster Törn, etwa während eines Urlaubes oder nach längerer Zeit im Hafen, nicht zu anspruchsvoll sein. Wählen Sie einen schönen, ruhigen, sonnigen Tag, um Ihren Körper allmählich wieder an die See zu gewöhnen. Die meisten werden ihre Seebeine nach zwei oder drei Tagen zur See erworben haben und dann nicht mehr seekrank werden. Leider verliert man sie schon nach nur einer Woche vor Anker oder im Hafen wieder.

Ingwer (frisch, kandiert oder als Tabletten) kann helfen, ebenso ein Akupressur-Armband. Viele erfahrene Segler schwören jedoch auf das Einnehmen von Vitamin C, welches die Histaminproduktion senkt. Eine Abschwächung des körpereigenen Histamins ist auch mithilfe von Medikamenten zu erreichen. Außerdem gibt es unterschiedliche und recht wirksame Medikamente gegen Seekrankheit. Alle haben jedoch unerwünschte Nebenwirkungen und sollten daher sorgfältig mit einem Arzt oder Apotheker durchgesprochen werden.

Aktives Segeln verkürzt die Symptome von Seekrankheit erheblich. Versuchen Sie immer, Ihre Wachen zu schieben statt schlapp in der Koje zu liegen. Wenn alle Stricke reißen, benützen Sie einen Zwei- oder Dreilitereimer mit Deckel. Sich über die Reling zu lehnen ist gefährlich in einem solchen Zustand. Es mag ein Trost sein, dass man sich nach dem Fischefüttern deutlich besser fühlt. Trinken Sie viel Wasser, damit Sie nicht dehydrieren. Wir wünschen gute Besserung!

15

In dem die Kinder uns zu den Wolkengipfeln führen

Neue Boatkids

D ie Nachricht verbreitete sich wie ein Lauffeuer: Auf einem anderen Boot wohnende Boatkids seien gesichtet worden und schon in den Hafen von Porto Santo eingelaufen! Die Yacht mit drei Mädchen legt gerade an, hieß es, und unsere Kinder liefen von Boot zu Boot, um die freudige Meldung weiterzugeben, und marschierten dann gemeinsam wie ein offizielles Willkommenskomitee zu den neuen Gästen an der Hafenmole.

Allein schon der Name der Yacht faszinierte und regte die Fantasie an. Was konnte KOSHLONG bedeuten? Die Fahne am Heck sagte den Kindern ebenfalls nichts: rot und weiß mit einem hübschen Blatt in der Mitte, doch eines konnte sich daran erinnern, so etwas in seinem Schulbuch gesehen zu haben, und verkündete, dass es sich um Kanada handelte. Kanada? Wo lag das? In Nordamerika. Wow! War die Yacht tatsächlich den ganzen Weg von Kanada hierhergesegelt? Aufgeregt und fröhlich forderte unser Nachwuchs die Mädchen auf, an Land zu kommen. Der zehnjährige Sondre von der norwegischen GALADRIEL stand dabei schüchtern ein wenig abseits neben seiner kleinen Schwester Synne.

Otti, die in wenigen Tagen ihren elften Geburtstag feiern wollte und auf der SARAH GRACE lebte, wagte sich vor: »Hi! Wo kommt ihr denn her?«

Das älteste der KOSHLONG-Mädchen erklärte: »Von den Azoren. Ich bin Emma, und dies sind meine Schwestern Rachael und Cloe.«

»Cool!«, meinte Otti und versuchte, sich vorzustellen, wie viele Segeltage die Azoren von Madeira entfernt sein könnten.

Die Anzahl der Boatkids in einem Hafen ist natürlich ziemlich eng begrenzt, und so werden dazukommende Kinder stets mit lautem Hallo von allen anderen begrüßt. Es ging zwar das Gerücht um, dass mehrere Kinder auf dem Weg von Kontinentaleuropa hierher seien, doch die KOSHLONG war eine völlige Überraschung. Bald machten auch wir Eltern uns auf die Socken, um die Ankömmlinge willkommen zu heißen, und erfuhren, dass Dan, Sue und ihre Mädchen eine ähnliche Route wie wir via Kanarische Inseln in die Karibik planten. Rachael und Cloe waren nicht minder begeistert, so viele neue Freunde zu bekommen; Otti, die an ihre bevorstehende Geburtstagsparty dachte, bezeichnete die neuen Spielkameraden spontan als das schönste Geschenk, welches sie sich vorstellen konnte. Obwohl auch Karolina und ich erfreut über die neue Bekanntschaft waren, hatten wir damals natürlich nicht die geringste Ahnung, wie eng unsere Verbindung noch werden sollte: Wir waren dazu bestimmt, in guten wie in schlechten Zeiten Seite an Seite zusammenzuhalten, uns gegenseitig zu unterstützen und Freunde fürs Leben zu werden.

An Bord von SARAH GRACE liefen die Vorbereitungen für Ottis elften Geburtstag bereits auf Hochtouren. Tatsächlich war so ein Fest für die Eltern nicht sehr kompliziert. Man musste lediglich die kleinen Gäste im Auge behalten, während sie übermütig am Strand feierten oder im Meer badeten. Otti hatte sorgfältig Einladungskarten gebastelt, alle eigenhändig in selbst geklebte Umschläge gesteckt und per Dingi-Post verteilt. Unsere Adresse lautete:

Jessica und Jonathan
S/Y REGINA, Achterkajüte
Porto Santo Marina
Vor Anker

Pünktlich zum großen Partytermin versammelten sich alle Kinder in Schwimmsachen am Strand, ausgerüstet mit einem Handtuch, einem T-Shirt und neuen Shorts sowie einem kleinen Geschenk unter dem Arm. Auf Porto Santo erreichte das Wasser an diesem Tag zum ersten Mal eine Temperatur, die zum Baden einlud: Das Thermometer zeigte 22 °C, was wir Nordeuropäer ziemlich warm fanden. Nur Sophy, die in den Tropen aufgewachsen war, fand es zum Erbarmen. Die Kinder spielten im Sand, während wir Eltern im Schatten in der nahe gelegenen Marinabar saßen und zuschauten. Sicherlich waren es die glücklichsten Kinder der Welt ...

Waren die Youngsters in den folgenden Tagen nicht mit Strandspielen oder Schwimmen beschäftigt, arbeiteten sie fleißig an den »Boot-Logos«, die traditionsgemäß von den Besatzungen aller anlegenden Segelschiffe an die Hafenmole gepinselt werden. Diese Kunstwerke nahmen mehrere Tage in Anspruch, denn erst musste eine Skizze angefertigt, Farbe eingekauft, die richtigen Pinsel ausgesucht, zum Teil eine Schablone gefertigt und schließlich alles mit großem Enthusiasmus und Geduld an die Mauer gemalt werden. Die Kinder halfen sich gegenseitig mit den Farben aus und ergingen sich in endlosen Verbesserungsvorschlägen. Falls Sie eines Tages Porto Santo mit Ihrer Yacht anlaufen, sollten Sie es nicht versäumen, diese zahllosen Gemälde an der Mole zu bewundern. Es lohnt sich! Jedes Einzelne wurde mit viel Liebe, Mühe und Anstrengung produziert.

Kinder und Erwachsene empfanden Porto Santo als perfekte Oase. Dass diese winzige Insel im Altantik nicht mehr zu bieten hatte als wunderschöne Strände und vulkanisches Gestein, störte uns nicht im Geringsten. Im Gegenteil! Nur wenige Touristen fanden zu dieser kleinen Nachbarinsel Madeiras. Die Inselbewohner waren extrem freundlich, die Strände wunderschön, und zur richtigen Jahreszeit bevölkern viele Blauwassersegler, die hier einen Stopp einlegen, den Hafen. Weit entfernt vom Tourismus war es ein ruhiger und charmanter Ort, genau nach unserem Geschmack: kleine Paradiese, die man nur mit den Einheimischen und anderen Yachties teilen muss. Viele unserer neuen Freunde blieben eine Woche oder länger in Porto Santo. Wir selbst planten zwei Wochen. Hatten wir endlich unser persönliches Tempo gefunden? Wir waren mittlerweile seit drei Monaten unterwegs und lösten uns immer mehr von dem Gefühl des Weiterkommenmüssens. Das Reisen an sich war nun unser Ziel. Wir mochten Porto Santo, also blieben wir. Weitersegeln? Vielleicht morgen. Oder übermorgen. Oder nächste Woche. Endlich hatten wir Zeit ...

Waren wir nun auch dem Rhythmus verfallen, den Bernardo schon längst gefunden hatte? Ich dachte oft an seine Ratschläge zurück. Für unsere REGINA-Schule war hier der perfekte Ort zu einem Kolumbus-Projekt. In den Büchern stand, dass die Portugiesen nicht an seine verrückte Idee glaubten, im Westen Indien zu finden. Wir fragten uns, ob diese schlauen Seefahrer vielleicht schon damals viel mehr von Navigation verstanden als andere Nationen und eingesehen hatten, dass die Welt um einiges größer sein musste, als die landläufige Vorstellung behauptete? Oder hatte Kolumbus vielleicht schon davon gehört, dass es Land auf der anderen Seite des Atlantiks gab, und sich nur in dem Detail geirrt, dass es sich nicht um Indien handelte?

Auf jeden Fall scheiterte er mit seinen Plänen in Portugal und suchte daraufhin sein Glück beim spanischen König Ferdinand und dessen Königin Isabella. Nicht zuletzt geblendet von dem versprochenen Goldschatz, vertrauten die Spanier seinen waghalsigen Theorien, und so brach Kolumbus schließlich unter spanischer Flagge auf. Wäre König Johann II. von Portugal zu überzeugen gewesen, hätten die Portugiesen Lateinamerika besiedelt. Vielleicht hätte das andere Konsequenzen für die Geschichte gehabt? Etwa mehr Handel und weniger Plünderung? Mit anderen Worten: Es gab sehr viel Diskussionsstoff für unsere Kinder, die es beeindruckend fanden, wie sich wichtige geschichtliche Ereignisse oft aus scheinbar unbeeinflussbaren Zufällen entwickeln.

Für die Einwohner von Porto Santo aber ist Kolumbus immer noch »ihr Mann« und wird als portugiesischer Held gefeiert – dank seiner Vermählung mit dem Mädchen Felipa aus Porto Santo, deren Vater Bartoloméo Perestrello, ein berühmter Seemann, als Dank für die Entdeckung Madeiras als Gouverneur auf der kleinen Nachbarinsel herrschen durfte. Ob Kolumbus Felipa aus Liebe, aus Geldgier oder aus Interesse an den alten Seekarten des Vaters heiratete, ist nicht bekannt. In jedem Fall bot ihm die Verbindung mit dieser angesehenen Familie einen schnellen Durchmarsch in die Aristokratie, und dem Unterricht für Jessica und Jonathan kam es sehr zupass, dass gerade während unseres Aufenthaltes das jährliche Kolumbus-Fest zu Ehren des Helden gefeiert wurde. Kann man sich einen spannenderen Geschichtsunterricht vorstellen?

Sämtliche Boatkids, die wir unterwegs trafen, waren äußerst liebenswert und behandelten ihre Geschwister wie Gefährten, ihre Eltern wie Partner und die anderen Kinder als wertvolle Freunde. Selten habe ich so fürsorgliche und tolerante junge Menschen gesehen, die sich stets bemühten, dass keiner ihrer Freunde vernachlässigt wurde. Ausgrenzung gab es niemals, denn sie konnten es sich einfach nicht leisten, diese wenigen und daher besonders wertvollen Freundschaften zu gefährden. Vielleicht spielte es auch eine Rolle, dass sie immer wieder getrennt wurden und dann in irgendeinem Hafen mit großer Freude erneut aufeinandertrafen. Obwohl viele Familienboote bestrebt waren, so lange und so weit wie möglich zusammenzubleiben, verfolgten sie nicht immer dieselbe Route. Die freudestrahlenden Kinderaugen bei jedem Wiedersehen waren beeindruckend und rührend zugleich. Mit großer Wertschätzung, Akzeptanz und Verständnis füreinander und besonders für die Unterschiede zwischen Menschen lernten sie ganz selbstverständlich, dass »Anderssein« eine Bereicherung im Leben darstellen kann, führten während ihrer Segelzeit ein Leben jenseits von Vorurteilen und kümmerten sich auch sonst nicht darum, was gerade in oder out war. Jungen durften sich Mädchenspielen anschließen, und ältere Kinder fanden es nicht peinlich, mit jüngeren zu spielen. Ihre Sprachentwicklung stand ebenfalls unter einem sehr guten Stern, denn notgedrungen diskutierten diese Kinder viel mit Erwachsenen und wurden sehr ernst genommen. In gewisser Weise lebten sie in einer sehr behüteten und beschützten Welt, gleichzeitig waren sie sich aber immer der Gefahren durch die Natur bewusst. Wie viele Kinder denken normalerweise schon an die Nervenkrankheit Ciguatera, wenn sie einen Fisch essen, oder an Impetigo, wenn sie sich schneiden? Welche Kinder sehen sich in der Verantwortung dafür, dass ihr Heim abdriften könnte, falls der Anker nicht hält, und haben immer ein wachsames Auge auf den Barografen?

Der begrenzte Platz an Bord hatte uns daran gehindert, viele Spielsachen mitzunehmen, was die Kreativität erheblich anspornte. So konnten Jessica und Jonathan sich stundenlang damit beschäftigen, Schmuck aus Glasperlen herzustellen. Das führte nicht selten zu lebhaften Diskussionen, wenn sie im Hafen an den Schmuckgeschäften vorbeigehen wollten, um sich dort inspirieren zu lassen. Manchmal blieben sie sogar stehen, um die Ware zu kritisieren, und verkündeten dabei laut und deutlich, wie die Künstler hätten besser vorgehen können. Ich fragte mich oft, was wohl die Geschäftsinhaber dachten, wenn diese engagierten zehnjährigen Experten die Stücke so fachmännisch und kritisch prüften. Mit viel Papier, Stiften, Wasserfarben und Acrylfarben ausgestattet, schufen unsere beiden auch immer wieder wunderschöne Bilder. Auf einem anderen Boot hatten die Kinder Knete dabei, was für eine Freude! Alle Boatkids versammelten sich in unserem Cockpit und stellten tagelang kleine Figuren, Möbel und Speisen her, um damit dann gemeinsam ein winziges Puppenhaus auszustatten. Das Sammeln von Andenken war ebenfalls sehr populär, obwohl nicht ganz so beliebt bei den Eltern, die all diese Schätze an Bord verstauen mussten, und am Ende des Segeljahres ächzte manches Boot recht schwer unter den Souvenirs.

Keiner dieser Yachties hatte einen Fernseher an Bord, und niemand vermisste ihn. Für einen gelegentlichen Kinoabend versammelten sich alle Kinder auf einem Boot, die Väter setzten einen Topf Popcorn auf den Herd und schlossen den Laptop an die Bootslautsprecher an, sodass echter Kinosound entstand. Und während die Kinder glücklich eine DVD abspielten, konnten sich die Erwachsenen zu einem Cocktail unterm Sternenhimmel auf einem anderen Schiff treffen, wobei sie immer in Rufnähe, doch weit genug entfernt blieben, dass beide Generationen auch einmal unter sich sein konnten.

Sogar die kleinsten Kinder lernten deshalb sehr bald, den Dingimotor zu starten und zu bedienen, damit sie zwischen den Booten, dem Hafen oder dem Strand hin und her pendeln konnten. Mit zunehmenden Manövrierkünsten errangen sie ein großes Stück mehr an Freiheit, aber auch an Verantwortung. Boatkids gewöhnen sich schnell daran, Verantwortung zu übernehmen. Nicht selten liegt die Sicherheit ihrer Familien sowie ihres Schiffes auch in ihren kleinen Händen. So lernte unsere Youngstercrew beispielsweise auf der Wache während langer Törns, dass es fatale Konsequenzen haben konnte, falls sie nicht konzentriert und korrekt Ausschau hielten. Doch keines der Kinder wurde überfordert. Sie kannten instinktiv ihre Grenzen und riefen bei drohender Gefahr oder wenn sie nicht weiterwussten sofort die Erwachsenen zu Hilfe, die dann natürlich umgehend zur Stelle waren. So ein Schiff ist ein schwieriges Zuhause. Hier sei als Beispiel nur unsere Toilette erwähnt, bei der man nicht nur einfach aufs Knöpfchen drücken konnte, um verschwinden zu lassen, was man nicht mehr brauchte. Ventile mussten in der richtigen Reihenfolge geöffnet und geschlossen werden, die Pumpe war von Hand zu bedienen, und mit dem Toilettenpapier war sparsam umzugehen. Trotzdem war es immer eine Freude, Jessicas und Jonathans neu gewonnene Freunde an Bord einzuladen, denn sie behandelten REGINA mit genauso viel Respekt wie ihre eigenen Schiffe. Erst »parkten« sie ihr Dingi vorsichtig längsseits, vertäuten es sorgfältig mit einem jeweils dafür geeigneten Knoten, kletterten an Bord und beachteten genau, woran man sich festhalten durfte und was man lieber nicht anfassen sollte. Sie schauten interessiert an Deck herum und kletterten vorsichtig nach unten, während sie das unbekannte Schiff mit ihrem eigenen Heim fachmännisch verglichen und zu den technischen Systemen intelligente Fragen stellten. Manchmal blieben unsere kleinen Gäste länger als nur für einen Nachmittag nach der Schule. Gelegentliches Übernachten auf den befreundeten Booten war eine beliebte Abwechslung, wobei oft die kleineren auf einem Boot schliefen, während die größeren Kinder sich für die Nacht auf einem anderen Schiff einrichteten. Alle liebten es, ihre Kajüte mit einer Freundin oder einem Freund zu teilen und ihnen zu zeigen, wie alles auf dem Schiff funktionierte.

Zwischen den Booten nutzten wir UKW wie ein Gratistelefon, und die Funkdisziplin der Kinder war nicht minder gut als die der Erwachsenen. Schon die zweijährige Nancy auf WILD ALLIANCE hatte mitbekommen, dass jeder Satz, wenn man die anderen nicht sehen kann, mit einem »Over« beendet wird. Deshalb rief sie immer, nachdem sie an eine Kajütentür geklopft hatte: »Kann ich reinkommen? Over!«

Trotzdem sorgte die UKW-Kommunikation manchmal auch für peinliche Situationen. Eines Tages brachen alle Eltern mit Ausnahme von Dan auf der KOSHLONG in die Stadt zum Einkaufen auf. Er sollte die Kids hüten, und einige knobelten bei ihm an Bord an einem Kreuzworträtsel, während andere auf der SARAH GRACE spielten. Alles ging glatt, und deshalb meinte Dan, dass es in Ordnung wäre, wenn er zur anderen Marinaseite hinüberging, um einem Freund auf dessen Yacht kurz Hallo zu sagen.

»Kinder, ich bin kurz drüben auf der anderen Hafenseite, ja?«, informierte er die Kreuzworträtselabteilung. »Ich nehme das tragbare UKW mit, falls ihr mich braucht, ruft ihr mich an, und außerdem bin ich gleich wieder da.«

»Klar«, murmelte Emma, ohne ihre Augen von der schwierigen Aufgabe zu heben, während Jessica wenigstens mit Blickkontakt reagierte, denn ihr Englisch war noch nicht ganz so gut, um beim Ausfüllen der Kästchen richtig mithelfen zu können.

Dan hatte ungefähr den halben Weg zurückgelegt, als es aus seinem Funkgerät tönte: »SARAH GRACE, SARAH GRACE, SARAH GRACE, dies ist KOSHLONG, KOSHLONG, KOSHLONG. Over.«

Dan drehte die Lautstärke hoch, damit er besser hören konnte, und vernahm Otti: »KOSHLONG, dies ist SARAH GRACE. Go ahead. Over.«

»Otti. Hallo! Hier ist Emma. Du, wie schreibt man bitte ›Atmosphäre‹? Over.«

»Weiß ich auch nicht. Over.«

»Okay, dann muss ich meinen Papa fragen. Kein Problem. Over.«

»Standing by auf Kanal 72.«

»Standing by.«

Dan wusste nicht, was er tun sollte. Hätte diese Kommunikation an einem verlassenen Ankerplatz irgendwo vor einer einsamen Insel stattgefunden, hätten nur ein paar Segler, die diesen Kanal gerade nutzten, sie hören können. Aber hier, in dieser geschäftigen Marina, wurde Kanal 72 insbesondere von der berühmten Blue Water Rally Round The World genutzt. Zwei feine britische Gentlemen, die sich »Rally One« und »Rally Two« nannten, waren oft auf Kanal 72 zu hören, wenn sie ihre vielen internationalen Teilnehmer über irgendetwas Wichtiges informierten. Hatten sie wohl mitgehört? Dan konnte die Leute förmlich vor sich sehen, wie sie jetzt in ihren Cockpits im Hafen schmunzelten.

Es dauerte nicht lange, bis ein erneuter Ruf zu hören war: »KOSHLONG Shoreparty, KOSHLONG Shoreparty, KOSHLONG Shoreparty, dies ist KOSHLONG, KOSHLONG, KOSHLONG. Over.«

Das mit der »Shoreparty« hatten die Kinder über Funk gehört, wenn die Mannschaften der großen Super-Yachten an Land gingen. Also war Dan jetzt ihre Mannschaft, die Landgang hatte, und wurde kurzerhand zu ihrer Shoreparty.

Der arme Dan hielt so unauffällig wie möglich das tragbare UKW-Gerät an seine Lippen und zischte so leise, wie er nur konnte: »Emma – was willst du?«

»KOSHLONG Shoreparty. Dies ist KOSHLONG. Hallo, Papa! Wie schreibt man eigentlich Atmosphäre? Over.«

»Emma! Bitte! Nicht über Funk!«

Dann, nach Vogel-Strauß-Modell, schaltete Dan das Funkgerät einfach aus, nicht ohne sich umzusehen, als ob er sichergehen wollte, dass keiner ihn entdeckt hatte. Erleichtert setzte er seinen Weg fort, als ob nichts geschehen wäre. Kurz darauf kam ihm aber der Gedanke, dass er so nicht mehr auf die Kinder aufpassen konnte, also schaltete er das UKW-Gerät wieder ein.

Er vernahm eine freundliche männliche Bassstimme, die buchstabierte: »... – P – H – Ä – R – E.« Dann hörte er seine Tochter sagen: »Unbekanntes Schiff. Dies ist KOSHLONG. Das war sehr nett von Ihnen. Vielen Dank! Over.«

»Nicht der Rede wert! Ich freue mich, wenn ich behilflich sein konnte, da ja sonst keiner helfen wollte!«

»Sonst keiner« – Dan fragte sich, ob man ihn damit etwa verklausuliert als Rabenvater bezeichnen wollte. Der Funkverkehr hatte jedenfalls die gesamte Marina unterhalten, und wir haben nie herausgefunden, wer die hilfsbereite Bassstimme gewesen ist.

Das UKW-Funkgerät und der Single Side Band Sender (kurz: SSB), der für größere Distanzen eingesetzt wird, war die primäre Kommunikationstechnik zwischen den Booten. Das Iridium-Satellitentelefon wurde primär für E-Mails eingesetzt sowie für vereinzelte Telefongespräche nach Hause oder an Land; es war jedoch zu teuer und zu privat für unsere täglichen Schiff-Schiff-Gespräche. Wir wollten ja alle mit einbeziehen, sodass sämtliche Segler mithören und sich gegenseitig unterstützen konnten, als ob wir zu einer großen Familie gehörten: die Yachties.

Die wenigen Hochseesegler ohne SSB fühlten sich allerdings etwas ausgeschlossen, denn sie erfuhren nicht immer, wo die Freunde sich als Nächstes treffen oder was sie gemeinsam unternehmen wollten. Wir blieben ja nicht ununterbrochen zusammen, und es war ab und zu durchaus sehr nett, einen eigenen Weg zu gehen, um sich erst später wieder zu sammeln. Deshalb war auf dem SSB auch der primäre Gesprächsstoff, wo und wann man sich treffen und was man unternehmen wollte. Die Wünsche der Kinder fanden ebenso Gehör wie die der Erwachsenen, und wir versuchten immer, einen Konsens zu finden. Das einzige Mal, als der Wunsch der Kinder durch das Vetorecht der Eltern überstimmt wurde, war, als wir uns entschlossen, nach einem Jahr in der Karibik wieder nach Europa zurückzusegeln. Jessica und Jonathan wollten gerne noch ein zweites Jahr bleiben, während Karolina und ich der Meinung waren, dass es an der Zeit war, die Kinder wieder in eine normale Schule mit professionellen Lehrern zu schicken. Heute zweifeln wir manchmal an der Richtigkeit dieser Entscheidung; doch das ist eine andere Geschichte.

Nach zwei Wochen in Porto Santo waren wir reif, um zur Hauptinsel Madeira überzusetzen. Wir hatten von tollen Wandermöglichkeiten gehört und wollten die berühmten Levadas sehen sowie unser Glück auf den höchsten Gipfeln der alten Vulkane versuchen. Der angenehme Tagestörn zwischen den beiden Inseln war genau richtig, um daraus eine Regatta zu organisieren. Alle starteten gleichzeitig, und alle Boatkids waren voll damit beschäftigt, die Segel optimal zu trimmen, ihr Bestes am Ruder und an den Winschen zu geben und einen extra Zehntelknoten rauszuholen.

»SARAH GRACE setzt ihren Gennaker! Schnell! Holt Nessie raus!«, schrien Jonathan und Jessica begeistert.

Bald waren alle Boote mit den bunten Leichtwindsegeln geschmückt, und die farbenfrohe Flotte lief in voller Fahrt Richtung Madeira. Für die Kinder war dieser 30-Meilen-Törn mindestens so spannend wie ein America's Cup. Ich weiß nicht mehr, wer gewonnen hat, aber woran ich mich noch gut erinnere, ist das Grillfest in Quinta do Lorde. Ein kleines spontanes Fest, um unsere gemeinsame Ankunft am Ziel nach erfolgreicher Wettfahrt zu feiern. Das Wichtigste ist, dass man Spaß hat!

Am folgenden Tag war eine Wanderung angesagt. Einige Eltern brachen in der Frühe auf, um drei Mietwagen zu organisieren: Der eine war rot, der zweite blau und der dritte leuchtend silberfarben. Die Kinder fanden, dass es sich um die schönsten Autos weit und breit handelte, und freuten sich auf den Ausflug in das gebirgige Hinterland. Wir bepackten die kleinen Gefährte mit Proviant, Kindern und Walkie-Talkies, auf dem Beifahrersitz saß der Kartenleser und zu seiner Linken der Fahrer, und auf ging's in einer lustigen Autoschlange die Berge hinauf.

Die Welt durch die Augen der Kinder sehen zu dürfen, ist eine große Freude, wenn man gemeinsam Ausflüge unternimmt, denn sie sehen vieles, worauf wir Erwachsenen kaum achten, und leben kompromisslos im Hier und Jetzt. Ich denke oft, dass man ab einem bestimmten Alter – insbesondere in der westlichen Welt – viel zu sehr damit beschäftigt ist zu planen, sich mit der Zukunft auseinanderzusetzen oder die Vergangenheit zu bewältigen. Dabei wäre es für unser persönliches Wohlbefinden und das unserer Mitmenschen oftmals viel gewinnbringender, wenn wir uns achtsam dem Augenblick zuwenden würden. Genau das kann man wunderbar von Kindern lernen. Es ist bereichernd zu erleben, aus welchen Perspektiven sie das Leben betrachten. Oftmals erkennen und beachten sie kleinste Details, die das große Ganze definieren und von uns Erwachsenen völlig übersehen werden. Jessica und Jonathan hatten jeder eine kleine Digitalkamera und fotografierten aus völlig ungewöhnlichen Winkeln heraus, an die ich nie gedacht hätte. Später war es oft so, dass ich um eines ihrer Bilder bat, da ich es verpasst hatte, diese tolle Komposition zu erkennen.

Als wir noch in Schweden lebten, waren Wanderungen oft mit Murren und Meckern verbunden gewesen: Sie waren zu weit, die Hügel zu steil, die Temperatur war zu warm oder zu kalt. Aber nach drei autofreien Monaten waren Jessica und Jonathan das Laufen gewohnt, genossen es, die Wanderung mit ihren Segelfreunden teilen zu dürfen, und wunderten sich über die Levadas, das sind Bewässerungskanäle, die Frischwasser von den Bergen in die trockeneren Gegenden Madeiras bringen. Die daneben laufenden Wege haben eine sehr geringe Steigung und sind somit ideal zum Wandern. Nach einer dreistündigen Levadawanderung fuhren wir weiter hinauf zu den wolkenumhüllten Bergspitzen. Ich war froh, dass unsere Familien und Freunde zu Hause nicht wussten, was einem eine solche Wanderung abverlangt, denn sie sorgten sich eher wegen Stürmen, Piraten und Haien als wegen unserer Landgänge. Jedes Mal, wenn wir ihnen versicherten, dass wir gut vertäut im Hafen lagen, entspannten sie sich und stellten keine beunruhigten Fragen mehr. Sie glaubten, wir seien an Land viel sicherer aufgehoben, was allerdings nur bedingt stimmte.

Teilweise von Wolken umhüllt, versuchten wir vorsichtig, dem Wanderweg auf der Kante des alten Vulkans zu folgen. Die Sicht nahm immer mehr ab, was auch seine Vorteile hatte, denn das ersparte uns den Blick in die Tiefe. Direkt neben dem Wanderweg ging es nämlich mehrere Hundert Meter steil nach unten. Die vorherrschenden Winde aus Nord werden von Madeiras hohem Gebirge aufgehalten, die Luft steigt und kondensiert. Deshalb ist Madeiras Nordseite immer feucht und bewölkt und auch sehr üppig und grün. Durch den Föhneffekt fallen auf der Südseite hingegen trockene heiße Winde herab. Auf dem Bergkamm in 1800 Metern Meereshöhe wanderten wir genau auf der Grenze zwischen diesen beiden Klimazonen: Auf unserer Nordseite kamen die Wolken vom Atlantik heraufgeblasen, auf unserer Südseite setzte sich der Luftstrom fort, wurde trocken, klarte auf und verschaffte uns eine atemberaubende Aussicht. Die Kante des Berges war gleichzeitig auch die Wolkengrenze, und wir standen genau am Punkt.

Irgendwann verzogen sich die Wolken für kürzeste Zeit. Das war der Augenblick, in dem wir uns unserer heiklen Situation bewusst wurden: Der schmale Weg zeigte scharfe Kurven, und manchmal führte er zu balkonähnlichen Vorsprüngen, die abrupt endeten. Zudem mussten wir über schmale Steinbrücken balancieren, bei denen es ebenfalls links und rechts senkrecht mehrere Hundert Meter in die Tiefe ging. Dann wurde unser Wanderweg zu einer in den Fels gehauenen Treppe, die uns nach unzähligen Stufen auf einen weiteren Gipfel führte. Wir wären nicht erstaunt gewesen, hätte Petrus an der Himmelspforte dort oben auf uns gewartet. Wer hatte diese vielen Stufen gemeißelt? Bestiegen wir etwas wie den Turm von Babel, um einen Weg zu Gott zu finden?

Die Kids zeigten viel mehr gewissenhafte Konzentration als Angst und bezeichneten diesen Wanderweg als den besten, den sie je gesehen hätten. Sie rannten voraus, verschwanden im Nebel und gaben trotzdem ihr Bestes, um den Geboten der Eltern zu folgen: sich nicht über die Kanten zu lehnen und auf die scharfen Kurven und Abbrüche zu achten. Doch es war nicht einfach, ihre Begeisterung im Zaum zu halten. Walt Disney hätte keine spannendere Kunstwelt für sie schaffen können, und die Berge von Madeira übertrafen bei Weitem den besten Vergnügungspark. Dennoch waren wir froh, als wir wieder auf dem sicheren Atlantik schaukelten.

Kommunikation

In Kontakt zu bleiben ist wichtig. Doch die Tage von postlagernden Sendungen, als Segler und andere Reisende alte, verstaubte, seit Langem wartende Briefe in entlegenen Postfilialen abholen mussten, gehören mittlerweile zur Vergangenheit. Sollten Sie das Geld dazu haben, können Sie heute sogar mitten im Atlantik mit Breitband im Internet surfen.

Für das Nahgebiet setzt man in erster Linie das UKW-Gerät ein. Neuere Exemplare haben spezielle MMSI-Identifikationsnummern und senden diese bei einem automatischen Notruf mitsamt der GPS-Position mithilfe eines einzigen Knopf-

drucks aus (Digital Selective Calling, DSC). Diese MMSI-Nummer kann man aber auch als »Telefonnummer« benutzen, um ein Schiff direkt und diskret anzurufen – ohne wie früher den Schiffsnamen für jedermann hörbar auf Kanal 16 durchzugeben.

Führen Sie eine Reserveantenne mit, damit Sie auch im Falle eines Mastbruches über UKW senden können. Ein UKW-Handgerät ist ebenfalls ein gutes zusätzliches Back-up, welches Segler auf großem Törn gerne auch an Land oder im Beiboot dabeihaben, um mit dem Schiff in Kontakt zu bleiben. Neuere Handgeräte sind klein, wasserdicht und dafür besonders geeignet.

Um über größere Distanzen zu kommunizieren, benutzen viele Segler das MF/HF-Gerät (auch SSB für Single Side Band genannt) und/oder man hat ein Satellitentelefon. Ein SSB ist teuer, muss korrekt installiert werden, und die Handhabung will gelernt sein. Doch ist der Gebrauch gratis und schenkt ein Gefühl der Sicherheit, Gemeinschaft und Kameradschaft mit allen Seglern, die ebenfalls ein SSB haben. Mit einem Modem kann man sein SSB auch zum E-Mailen benutzen, was ebenfalls gratis sein kann.

Ein Satellitentelefon ist im Allgemeinen einfacher zu bedienen und gut, um Telefongespräche zu führen. Die Kosten fürs Telefonieren oder E-Mailen sind zwischen den Anbietern sehr unterschiedlich, preisgünstig ist es jedoch nie. Sowohl für SSB als auch für Satellitentelefone ist es deshalb ratsam, eine Komprimierungssoftware zu benutzen, um ein- und ausgehende E-Mails billiger verschicken zu können. Internet über WiFi ist heute sogar an erstaunlich abgelegenen Orten erhältlich. Es kann ein kleines Nebengeschäft eines Einheimischen sein, der über die örtliche Ankerbucht WiFi ausstrahlt, oder es sind Cafés und Restaurants, die WiFi anbieten. Um auch vom Schiff aus Internetzugang zu haben, lohnt sich die Installation einer externen WiFi-Verstärker-Antenne. Skype ist ideal, um preisgünstig Familie und Freunde anzurufen.

Indem man lokale SIM-Karten für sein Handy kauft, kann man sich teures Roaming sparen. In manchen Ländern kann Handytelefonieren aber teurer sein, als über Satellit anzurufen.

16

In dem wir eine Schlacht verlieren, aber die Liebe zum einfachen Leben gewinnen

Vincent, Salvages und Graciosa

120 Seemeilen: Näher wollten wir wirklich nicht an einen Hurrikan heran. Auch wenn Hurrikan *Vincent* schon am Ausklingen war, während er geschwächt Richtung Europa weiterzog, fühlten wir uns unangenehm verletzlich. Was sind schon 120 Seemeilen Entfernung von einem solchen Sturm? Dass die alphabetische Namensvergebung für Hurrikane in diesem Jahr schon beim Buchstaben V angekommen war, verstärkte unsere Furcht nur noch mehr. Zudem erschreckten uns die ungewöhnlich südlich gelegene Bahn von *Vincent* sowie die angsteinflößende Windgeschwindigkeit, die noch in über 100 Seemeilen Entfernung vom Zentrum herrschte. Normalerweise sollten Hurrikane längst ihre Stärke verloren haben, bevor sie so weit östlich angekommen sind, und sie sollten überhaupt eine viel nördlichere Route wählen. Alte Hurrikane, die dann als »Herbststürme« gekennzeichnet werden, erreichen ab und zu sogar Skandinavien. *Vincent*, der ausgerechnet jetzt Madeira bedrohte, war aber viel gefährlicher als ein nordeuropäischer Herbststurm und schien sich nicht um Statistiken zu kümmern. Zu dieser Zeit hatten wir noch keine Ahnung, dass dieses nicht unser letztes Zusammentreffen mit einem Hurrikan sein sollte. Bei unserer zweiten Begegnung befanden wir uns sogar im offenen Atlantik.

Vincent zog nur knapp nördlich an Madeira vorbei. Zum Glück lagen wir sicher in Quinta do Lorde auf der Südseite der Insel vertäut und hatten nicht den geringsten Wunsch, unser Glück im offenen Meer zu testen. Die gerade kürzlich errichtete Marina wirkte recht sicher, und die neu gebaute Mole schützte uns vor der zerstörerischen Wut der

Wellen, die bedrohlich vor dem Hafen rollten. Wir saßen im Cockpit, betrachteten die riesigen, über die Hafenmole schlagenden Brecher und spürten die Gischt, die als Salzwasserregen auf uns runternieselte. Es war völlig undenkbar auszulaufen, ohne Boot und Leben aufs Spiel zu setzen. Wir fühlten uns also im Hafen gefangen, und blieben.

In dieser halb fertigen Anlage eingeschlossen zu sein, war gar nicht so übel. Obwohl die Marina kaum mehr zu bieten hatte als Schutz, Landstrom und Wasser, hatten wir genügend Segelfreunde um uns herum. Es gab große Pläne für den Ausbau des Hafens. Bei einem nächsten Besuch würden wir den ganzen Ort sicher kaum wiedererkennen können, wildes Gestein und Klippen waren dann wahrscheinlich einem Ferienkomplex gewichen. Die südöstliche Spitze Madeiras sollte in ein elegantes Feriendorf mit Bungalows, Geschäften, Cafés und Restaurants, Hotels und einem kleinen traditionellen Marktplatz in der Mitte verwandelt werden, und das Bauprojekt hatte zu unserem Glück mit der gigantischen Marina begonnen, doch das Hafenbüro befand sich immer noch in einem abgewohnten Zimmer eines nicht mehr benutzten Hotels, und der neue Hafenturm war ein Rohbau. Ohne viel anbieten zu können, bemühten sich die Hafenmeister ganz besonders um ihre Gäste und waren sehr hilfsbereit. So fuhren sie uns zur nächsten, 20 Autominuten entfernten Ortschaft, damit wir Lebensmittel einkaufen konnten; sie organisierten die Autovermietung und stellten Internetanschlüsse zur Verfügung. Die hohen Hafengebühren waren allerdings schon etwas voreilig an das noch fertigzustellende Projekt angepasst, und für den geringen Service waren die Preise nicht gerechtfertigt, fanden wir, sodass die meisten Segler Quinta do Lorde mieden und an dem neuen Hafen vorbei direkt nach Funchal liefen. Das wiederum veranlasste die Hafenmeister, die wenigen Yachten, derer sie habhaft werden konnten, so lange wie möglich zu halten. Ein gewisses Feilschen bei der Hafengebühr war möglich, und den bestmöglichen Tarif nannten wir KOSHLONG-Taxe, denn sie war die Erste gewesen, die den Wochenpreis, den ARC-Rabatt und den Unter-Zwölf-Meter-Betrag bekommen hatte: alles auf einmal, falls sie um ein paar weitere Tage verlängern würde.

Von unserer sicheren, wenn auch sturmgepeitschten Basis nahmen wir eines Tages den Bus nach Funchal, die Hauptstadt von Madeira. Wir stoppten ihn durch Handzeichen und kletterten hinein. Alle Sitze waren schon besetzt, und je näher wir zur Hauptstadt kamen, desto ungemütlicher wurde es selbst auf den Stehplätzen. Der rasante Fahrer hetzte seinen Bus mit hoher Geschwindigkeit über die schmalen, sich windenden Bergstraßen, und vor den engsten Kurven begegnete er der Gefahr eines Zusammenstoßes durch lautes Hupen. Es wurde immer dann ganz besonders interessant, wenn das entgegenkommende Fahrzeug ebenfalls ein Bus war und auch hupte. Ich kann mich nicht ganz dafür verbürgen, mit wie wenigen Millimetern Spielraum die Busse passierten, denn manchmal hielt ich in diesem Moment meine Augen fest geschlossen, aber es ist auch gut möglich, dass die Busfahrer auf Madeira nicht waghalsiger fahren als anderswo und dass wir den Verkehr einfach nicht mehr gewohnt waren. In jedem Fall einigten wir uns darauf, dass Segeln um etliches sicherer und definitiv angenehmer war.

Wir überlegten, wie wir den Tag in Funchal am angenehmsten verbringen könnten: vielleicht in *Blandy's Weinkeller*? Das Wort »Keller« ist hier nicht ganz zutreffend, denn der Wein wird auf dem Dachboden gelagert. Im Rest der Welt versuchen Winzer, ihre Weine immer unter kühler, konstanter Temperatur zu halten, nicht so auf Madeira. Hier sucht man nach variierender Temperatur, die im Sommer sogar bis zu 30 °C erreichen darf. Ziel ist es, die traditionelle Weinherstellung nachzuahmen, als die Weinfässer in den Laderäumen der Schiffe noch über den Äquator rollten. Deshalb stehen heute die Fenster im Sommer offen, damit die warmen Sommerwinde durch die mit Weinfässern gefüllten Korridore blasen können und die Fässer den karamellisierenden Effekt der Hitze abgeben. Diese teiloxidierten Weine sind weit über 100 Jahre trinkbar, doch wer so viel Geduld hat, sollte alle 40 Jahre eine Umverkorkung einplanen.

Eine interessante Führung durch *Blandy's* endete mit einer ganz besonders angenehmen Weinverkostung. Wir probierten Weine der vier noblen Rebsorten Sercial, Verdelho, Bual und Malmsey, die dem Madeirawein den unverkennbar reichhaltigen aromatischen Geschmack verleihen, der an Rosinen, Karamell, getrocknete Früchte und manchmal auch an Mokka und Haselnuss erinnert. Dabei erfuhren wir, dass man alle Madeiraweine meiden sollte, die nicht eine dieser edlen Rebsorten auf dem Etikett erwähnen, denn diese preisgünstigeren Produkte sind vermutlich aus der einfacheren Traube Tinta Negra Mole gekeltert worden und werden statt mit der Rebsorte einfach nur mit Seco (Trocken), Meio Seco (Halbtrocken), Meio Doce (Halblieblich) oder Duce (Lieblich) bezeichnet. Wir kosteten auch einen neuen günstigeren Jahrgangs-Madeira-Wein, der Colheita genannt wird. Genau wie die richtigen Jahrgangs-Madeiras stammen Colheitas aus einem bestimmten Jahr und sind aus einer der vier edlen Rebsorten hergestellt, werden aber nicht ganz so lange in Eichenfässern gelagert wie ihre echten Verwandten; ein echter Jahrgangs-Madeira muss nämlich mindestens 20 Jahre in Eichenfässern lagern, was den Preis in die Höhe treibt.

Entsprechend fröhlich verließen wir Blandy's und machten uns auf die Suche nach dem Botanischen Garten. Wir wollten eigentlich gar keine Pflanzen besichtigen, brauchten aber eine Genehmigung, die nur dort zu erhalten war, um die kleinen Ilhas Selvagens – auf Deutsch: die wilden Inseln –, die früher auch Salvages genannt wurden, anzulaufen. Diese auf halbem Weg zwischen Madeira und den Kanaren gelegene Inselgruppe zwang uns zu einem Umweg, doch sie würde uns etwas zeigen, was nur sehr wenige Menschen zu sehen bekommen: eine unberührte Natur und Tierwelt. Um sie zu schützen, hat die portugiesische Regierung die Besucherzahl stark begrenzt, und deshalb muss man für den Besuch zuerst einen Antrag stellen und anschließend die Genehmigung abholen.

Unser Taxifahrer wusste, wo man sie im Botanischen Garten bekommen konnte, kam selbst mit rein und wies uns die richtige Tür. Zu unserer Freude weilte sogar der Beamte, der die Papiere unterzeichnen muss, an diesem Nachmittag in seinem Büro. Ich überreichte also die Schiffspapiere, die Pässe und den Antrag einer Frau, die geduldig alle Angaben in einen Computer tippte, alles in der korrekten Reihenfolge auf Papier ausdruckte und mehrfach fotokopierte. Schlussendlich sammelte sie sämtliche Unterlagen ein und ging damit zum Big Boss in das Büro nebenan. Ich verstand sofort, dass unser Anliegen nicht eine im Handumdrehen zu lösende Angelegenheit war, sondern einige offizielle Instanzen überwinden musste. Der Taxifahrer, der nichts gegen ein tickendes Taxameter in seinem Wagen hatte, zeigte keine Hetze, stand neben mir und schaute auf den bezaubernden Botanischen Garten hinaus. In guter Laune durch den Madeirawein, nahm ich mir ein Beispiel und übte mich ebenfalls in angenehmer Geduld, und nach einiger Zeit erschien die Angestellte wieder. Ich erhielt ein wunderschönes Dokument, mit beeindruckenden Stempeln und einer verschnörkelten Unterschrift verziert, das uns erlaubte, für maximal 48 Stunden die Ilhas Selvagens zu besuchen. Erfolg! Nach dieser bürokratischen Arbeit war es höchste Zeit für einen Kaffee, und nachdem wir genug Mut angesammelt hatten, traten wir die wilde Busfahrt zurück in den Hafen von Quinta do Lorde an.

Vincent tat immer noch sein Bestes und lungerte vor der Hafenmauer herum, also versammelten wir uns in der gemütlichen Kajüte von REGINA und sprachen über die Wettersituation und unseren Kurs zu den Kanarischen Inseln. 300 Seemeilen waren zurückzulegen, was einiges an Planung verlangte, uns allerdings kaum noch ängstigte. Wir hatten immerhin schon einige Erfahrung. Uns war nur wichtig, dass wir den Zwischenstopp bei den Salvages bei Tageslicht erreichten, denn es ist schwierig und gefährlich, sie bei Dunkelheit anzulaufen, wenn man im besten Fall nur etwas Mondlicht hat. Die Inseln heißen ja nicht ohne Grund »die wilden«! Nur zwei Menschen lebten damals auf der Insel, die dann auch unsere gestempelten und unterschriebenen Genehmigungen aus Funchal begutachten sollten.

Ein paar Tage, nachdem *Vincent* weitergezogen war, legten vier Boote von Quinta do Lorde ab. Die Crew der AMARANTH von Australien entschloss sich, direkt auf Graciosa in den Kanaren zuzuhalten. »Graciosa«, was so viel heißt wie charmant, bequem, lustig oder sympathisch, klang in deren Ohren viel einladender als unsere gottverlassenen Eilande. So waren wir nur noch drei Boote, die zu den Salvages aufbrachen: STARLIGHT aus den USA, KOSHLONG aus Kanada und REGINA aus Schweden, alle mit Boatkids bestückt. In den frühen Morgenstunden des 13. Oktober, genau vier Monaten nachdem wir Schweden verlassen hatten, näherten wir uns den mystischen Stränden. STARLIGHT, die zuerst angekommen war, suchte nach einem bestimmten Ankerplatz, der auf ihrer Seekarte eingezeichnet war. Ihr Mast schaukelte wie ein Metronom von der einen Seite zur anderen, und das Wasser sah nicht viel ruhiger aus als auf dem offenen Atlantik. Nein, schlimmer noch, denn die Dünung hinter der Insel war kürzer und weniger bequem als auf hoher See.

Nach einer kurzen Diskussion per UKW beschlossen wir, die Möglichkeit wahrzunehmen, lediglich ein paar einzigartige Fotos zu machen, wie wir so vor diesen fast völlig verödeten Inseln dümpelten. Zu ankern erschien uns als zu schwierig, geschweige denn die Yacht zu verlassen, um mit dem Dingi anzulanden. Ich konnte durch das Fernglas keine einzige geeignete Landungsstelle ausmachen, die Wellen schlugen überall an die scharfen Klippen. Unser Besuch erschien uns plötzlich nicht mehr ganz so notwendig, wie wir zunächst gedacht hatten. Meine Enttäuschung aber gipfelte darin, dass überhaupt niemand unsere schönen Papiere kontrollieren würde, denn wir entdeckten keinen der bedeutungsvollen Kontrolleure an Land.

Über SSB riefen wir AMARANTH und behaupteten, dass sie eine fantastische Fotogelegenheit verpasst hätten, als sie direkt nach Graciosa segelten. Sie antworteten, dass sie sich nur noch wenige Stunden vom Ziel entfernt auf eine warme Dusche freuten und deshalb gleich eine Flasche Wein zu einem gemütlichen Mittagessen in der Ankerbucht öffnen würden. Nach einem komfortablen Raumschotskurs mit Winden von achtern hatten sie die Strecke sehr genossen. Wir hingegen hatten nicht nur einen Umweg in Kauf genommen, sondern zusätzlich noch einen unbequemen Amwindkurs. So sind halt Abenteuer, man kann nicht alles planen.

Graciosa gehört zwar zu den Kanarischen Inseln, hat aber mehr gemein mit den Ilhas Selvagens als mit den Touristenorten der Kanaren, wie beispielsweise Playa Inglés auf Gran Canaria. Graciosa liegt am nördlichsten und in einem Naturschutzgebiet. Sie wird von nicht mehr als 650 Einwohnern besiedelt. Der Rest ist Sand: Sand an den Stränden, Sand als Straßenbelag, Sand als Bürgersteig, Sand als Wege, Sand bergauf und Sand bergab. Zu unserer großen Überraschung verfügte das Dorf jedoch über nicht weniger als vier kleine Supermärkte und mehrere Restaurants. Touristen bestanden in erster Linie aus Yachties sowie wenigen Individualtouristen, die bei Selbstverpflegung in den kleinen hüttenähnlichen Bungalows hausten, um dem Massentourismus zu entfliehen. Wieder einmal hatten wir unser eigenes privates kleines Paradies gefunden. Es war uns kaum vorstellbar, dass Lanzarote nur eine Meile oder zwei entfernt liegt.

Wir blieben zehn Tage teilweise in der angenehmen Marina, teilweise vor Anker. Von den ungefähr 30 anderen Yachten waren ein Dutzend Familien mit Kindern unterwegs. Klar, dass die Kinder viel Spaß hatten, wenn sie nach der Schule zusammen spielen konnten. Sie organisierten Regatten mit Segeljollen, hatten Kajaks, suchten nach Schätzen und schwammen in dem warmen klaren Wasser. Jessica liebte stille Stunden mit einem Buch und konnte stundenlang in der Hängematte liegen, die wir an unserem Spi-Baum im 90-Grad-Winkel querab vom Schiff über das Wasser gespannt hatten. So hing sie frei über dem Meer in ihrer eigenen kleinen Welt eine ganze Schiffsbreite von REGINA entfernt.

Der 21. Oktober schien ein bedeutungsvoller Tag zu sein. Wir wussten nicht, was 1805 geschehen war, aber wir erfuhren von den britischen Booten, dass sich die Schlacht von Trafalgar während unseres Aufenthalts zum 200. Mal jährte. Alle Eltern entschieden, dass wir uns zu einem großen Geschichtsunterrichtstag versammelten: Wir wollten die Schlacht von Trafalgar nachspielen – Nelsons Sieg über Napoleons Flotte. Die Kinder sollten die Briten vertreten und die Eltern die Franzosen und Spanier spielen. Das Schicksal der Eltern war somit natürlich von Anfang an besiegelt.

Plötzlich wurde uns bewusst, dass wir eine Yacht in der Ankerbucht hatten, welche die Trikolore am Heck führte. Um jeden diplomatischen Zwischenfall zu vermeiden, ruderten einige Eltern zu dem französischen Boot hinüber und wollten an diesem Schicksalstag der Franzosen kurz Hallo sagen. Es stellte sich aber heraus, dass Chris, der Skipper, zwar in Frankreich geboren war, doch jetzt mit seiner Frau Linn in Australien lebte, sodass sie beide dem geschichtlichen Ausgang des Kampfes sehr entspannt gegenüberstanden. Jedenfalls versprachen sie sogleich, an dem obligatorischen Post-Schlacht-Bier teilzunehmen.

STARLIGHT wurde zur Feier des Tages nach Nelsons Flaggschiff in VICTORY umbenannt. Jack, der älteste der STARLIGHT-Jungen, übernahm die Rolle von Lord Nelson und befahl, die Signalflaggen wie an dem Tag vor 200 Jahren zu hissen.

»England erwartet, dass jedermann seine Pflicht tun wird.«

Die gesamte britische Crew, bestehend aus den Boatkids, versammelte sich auf dem größten Schiff, der WILD ALLIANCE, und plante ihre Strategie, während die Eltern sich auf AVENTURA zurückzogen, welche ab jetzt das Flaggschiff der Franzosen war. Dort öffneten sie eine angemessene Flasche französischen Rotwein, um sich auf die Schlacht vorzubereiten. Nach Plan kletterten die Briten an Strickleitern die Bordwand von WILD ALLIANCE herab und formten eine Armada aus Dingis und Kajaks, wobei sie bis an die Zähne mit Wasserpistolen, Schwämmen, Eimern und wassergefüllten Ballons bewaffnet waren. Ein Nebelhorn ertönte, die Attacke begann. Zwei Dutzend Briten paddelten aufgeregt in Richtung Franzosen. An Bord der AVENTURA wurden jedoch die Weingläser erst mal ohne größere Hast mit Genuss geleert, da wir uns unserer Verteidigungsmöglichkeiten sicher waren, verfügten wir doch über eine starke Deckspumpe, die normalerweise für das Abspülen des Ankers verwendet wird, aber nun kurzerhand als Wasserkanone eingesetzt werden sollte. Diese würde die kleinen Plünderer sicherlich abwehren können.

Als sich die Angreifer dem französischen Flaggschiff näherten, gaben die Kinder eine Salve ab und warfen Wasserballons und Schwämme. Die Eltern schossen zuerst mithilfe ihrer wassergefüllten Eimer zurück und sparten ihre stärkste Waffe für später auf, was fatale Folgen hatte: Sehr schnell wendete sich das Glück zugunsten der durch die Geschichte festgelegten Gewinner. Admiral Jacks taktischer Meisterschlag bestand daraus, von hinten, als die Franzosen durch die Schwamm- und Ballonwerfer abgelenkt waren, die Kontrolle über die Deckspumpe zu bekommen. Kurz danach waren alle Eltern ins Meer gestürzt, und das französische Flaggschiff war in britische Hände übergegangen. Die Kinder sprangen voll Freude erst an Deck auf und nieder und dann zu den Eltern ins Wasser. Das Gelächter hat man sicherlich bis nach Lanzarote gehört. Das war die beste Geschichtsstunde unseres Lebens, jubelten alle im Chor. Nach der Schlacht sammelten sich die müden Krieger auf der WILD ALLIANCE und feierten bis spät in die Nacht hinein. Chris und Linn kamen, wie versprochen, dazu, und so wurde unsere Graciosa-Gang immer zahlreicher.

Zwei Tage danach zelebrierte Dan seinen 44. Geburtstag, und die Besatzung der KOSHLONG organisierte ein Grillfest am Strand. Dans Geburtstagsgeschenk von seiner Frau Sue bestand aus einer Tüte voller Eis, was eine Rarität unter Fahrtenseglern ist, und er war sehr erfreut. Das Eis diente zum Kühlen einer Flasche Spumante und einer nicht unbedeutenden Kollektion von lokalen Biersorten. Wir benutzten die großen Eimer, die sonst zum Wäschewaschen gehörten, als Eiswürfelbehälter und begannen, das einfache Leben zu lieben. Dan meinte, dies sei sein schönster Geburtstag überhaupt, sogar besser als sein achter, als er ein neues rotes Fahrrad bekommen hatte. Wieder einmal konnten wir uns alle darauf einigen, dass unser Entschluss, auszusteigen und zu segeln, der beste war, den wir jemals getroffen hatten, und dass wir es genau richtig machten, jeden Moment voll zu genießen.

»Stellt euch vor«, sagte ich, »wir hätten noch weitere 20 Jahre gewartet, und es wäre Dans 64. Geburtstag. Ich bin mir sicher, ich würde mich sehr ärgern, dass wir nicht schon früher aus unserem Alltag ausgestiegen sind. Lasst uns also anstoßen, dass wir es jetzt schon alle gewagt und deshalb die Chance haben, es immer wieder zu tun!«

Dan stimmte mir zu, grinste breit mit seinem gekühlten Wein in der Hand und murmelte etwas Unverständliches über Panama und die Südsee. Sue, seine Frau, die immer sehr vernünftig ist, machte schnell deutlich, dass wir alle wohl nicht ewig herumvagabundieren könnten, wie angenehm uns dieses Leben auch erschien. Sie hatte möglicherweise recht, aber ich wollte auf keinen Fall zu diesem Zeitpunkt schon meinen Traum einschränken. Also beschlossen Dan und ich, dass wir auch weiterhin fantasieren dürften, denn das ist doch das Mindeste, was man sich erlauben muss, und bramarbasierten weiter über die Südsee, den Pazifik, die verschiedenen Routen und paradiesische Inseln. Sue und Karolina tauschten bedeutungsvolle Blicke aus und signalisierten ähnliche Übereinstimmung wie Dan und ich, worin sie auch immer bestehen mochte. In diesem Augenblick wollten wir das gar nicht wissen!

Atlantic Rally for Cruisers – ARC

Einige, die den Atlantik überqueren wollen, schließen sich der größten und ältesten Ozeanrally, der ARC, an. Sie wurde 1985 von Jimmy Cornell ins Leben gerufen, startet jedes Jahr im November von Las Palmas auf Gran Canaria und endet in Rodney Bay auf St. Lucia. Etwa 250 Boote nehmen jeweils teil, die meisten in der Cruising Section, in der das Motoren erlaubt ist. Für die Anmeldung sollte man die Teilnehmerliste im Blick behalten, denn meistens ist die ARC schon ein halbes Jahr im Voraus ausgebucht.

Die Veranstalter bieten nützliche Checklisten an und führen Sicherheitskontrollen auf sämtlichen Schiffen durch. Teilnehmer bekommen einen Hafenplatz garantiert und haben die Möglichkeit, an Vorträgen in Las Palmas über Wetter, Navigation, Sicherheit, Proviantierung und Kommunikation teilzunehmen. Partys dienen dem Kennenlernen für Erwachsene und Kinder. Zudem erhalten die Teilnehmer Rabatte in einigen Bootszubehörläden. Es wird ein SSB-Funknetz über den Atlantik organisiert, und alle geben nach dem Start jeden Tag ihre Position an, die dann auf der ARC-Website veröffentlicht wird.

Manche Segler empfinden es als sicherer, zusammen mit anderen den Atlantik zu überwinden. Man sollte aber bedenken, dass das Feld schon nach wenigen Tagen sehr weit verstreut sein wird. Man segelt also nicht, wie man sich das vielleicht vorstellen könnte, den ganzen Weg in unmittelbarer Nähe zu ARC-Teilnehmern oder gar in einem Konvoi, sondern ist schon bald genauso weit von anderen Schiffen entfernt, als wäre man auf eigene Faust unterwegs.

Der große gemeinsame Start wird von einem spanischen Kriegsschiff signalisiert, und die Boote werden mit einem Feuerwerk und von an Land winkenden Volksmassen angefeuert und verabschiedet. Es ist eine große und laute Veranstaltung und daher sicher nicht nach jedermanns Geschmack. Bei der ARC mitzumachen bedeutet darüber hinaus, dem Druck zu unterliegen, an einem bestimmten Tag loszusegeln. Alles muss bis dahin erledigt sein, und mit sehr wenigen Ausnahmen startet man, ob das Wetter ideal ist oder nicht. Auf der anderen Seite ist genau das vielleicht ein Vorteil, wenn es Ihnen beispielsweise schwerfallen sollte, den endgültigen Entschluss zum Hinaussegeln auf den Atlantik in die Tat umzusetzen. Der Gruppendruck befreit Sie von dieser Belastung.

17

In dem wir unsere letzten Vorbereitungen treffen

»Wir sehen uns in Bequia zu Weihnachten!«

Unsere Freunde auf der norwegischen GALADRIEL riefen uns diese Worte zu, während sie langsam rückwärts aus ihrer Box in Santa Cruz de Tenerife stießen. Ihre zwei blonden Kinder standen an Deck und winkten. Wir winkten zurück, wünschten gute Winde und versprachen, uns auf der kleinen karibischen Insel wiedersehen zu wollen. Die Szene klang noch lange in meinem Kopf nach. Es schien mir ein unglaublich langer Weg bis dorthin zu sein – sowohl zeitlich als auch entfernungsmäßig. Wir sahen dem Mast von GALADRIEL nach, während sie langsam auf den offenen Ozean hinaustuckerte, um zunächst an der Küste von Teneriffa entlangzusegeln und dann weiter Richtung Westen – ins Nichts, wie es uns erschien. Und bald sollten wir das Gleiche tun? Ein merkwürdiges Gefühl machte sich in meinem Bauch breit, als wollte eine unsichtbare Hand meine Innereien zusammendrücken. Ich fühlte mich so klein vor dem überdimensional erscheinenden Atlantik. Die Nordsee, der Golf von Biskaya, der lange Schlag nach Madeira und später die Route zu den Kanaren waren übersichtliche und kompakte Etappen im Vergleich zu der Herausforderung, die nun vor uns lag. Zum Glück waren wir nicht alleine mit unseren mulmigen Gefühlen und notwendigen Vorbereitungen. Mindestens 250 weitere Boote mit ähnlichen Plänen hatten sich in Santa Cruz versammelt. Kaum war ein Schiff aus dem Hafen, kam schon das nächste angesegelt und begann mit den gewissenhaften technischen Vorbereitungen und der Verproviantierung. Ein ähnliches Schauspiel spielte sich in allen größeren Marinas rund um diese Inseln ab, doch der populärste Hafen war Las Palmas, denn von hier startet die ARC.

Wir sahen winzige Boote, einige nur mit je einem Mann oder einer Frau an Bord – die Einhandsegler. Aber es gab auch riesige Super-Yachten mit professioneller Besatzung. Am meisten beeindruckten mich jedoch die Ruderboote. Über den Atlantik zu rudern dauert mindestens 60 Tage. Einige Teilnehmer ruderten sogar solo. Ich fragte mich, ob sie wirklich wussten, auf was sie sich einließen. Wussten wir, was uns bevorstand? Die meisten Boote waren um die 45 Fuß groß. REGINA mit ihren 40 Fuß hatte zu den größten Schiffen unseres Heimathafens gehört und dort wie ein Dickschiff gewirkt. Nun erschien sie uns doch etwas klein. Nachdem wir sie mit Tonnen von Wasser, Diesel und Proviant beladen hatten, war ich doch froh, dass wir beim Bootskauf nicht das kleinere Modell gewählt hatten, welches wir damals ebenfalls ins Auge gefasst hatten.

Der Grund dafür, dass so viele Yachten gerade zu dieser Jahreszeit loswollen, liegt darin, dass das Zeitfenster zwischen dem Ende der Hurrikansaison und Weihnachten nicht viel größer ist als circa drei Wochen. Viele Marinas der Kanarischen Inseln sind daher schon Wochen im Voraus für den November ausgebucht. Als wir ankamen, hatte Las Palmas auf Gran Canaria, der Starthafen der ARC, keinen Platz mehr für uns. Zum Glück hatten wir jedoch vorab beim Hafenmeister von Santa Cruz telefonisch einen Platz für REGINA reserviert. Santa Cruz de Tenerife war zur Zeit unseres Einlaufens ebenfalls ausgebucht, und auf La Gomera, einer der schönsten Inseln der Kanaren, war es fast unmöglich, einen Platz zu bekommen.

Für uns war es schwer vorstellbar, dass Weihnachten vor der Tür stand. In Shorts, T-Shirt und barfuß fühlte ich mich absolut nicht wie sonst Ende November. Zu Hause säßen wir jetzt fröstelnd mit einem guten Segelbuch in der Hand vor dem wärmenden Kamin und träumten von genau diesem Leben, welches wir jetzt genießen durften. Doch wie ich nun feststellte, war es etwas ganz anderes, von einer Atlantiküberquerung zu träumen, als sich tatsächlich darauf vorzubereiten. Schritt für Schritt wurde uns bewusst, dass wir auch bald aufbrechen müssten, doch noch immer fühlte sich unser Vorhaben unwirklich für uns an. Fünf Monate waren nun schon vergangen, seitdem wir unsere Leinen im schwedischen Heimathafen an Bord gezogen hatten. Wir fanden uns mittlerweile im Rhythmus unseres neuen Lebens zurecht und lebten, ohne auf die Uhr zu sehen und ohne den verhassten täglichen Stress. Hunderte Segler verbrachten ihre Tage so wie wir, viele schon seit mehreren Jahren. Einige waren zum Leben als Yachtie zurückgekehrt, nach dem sie zwei- oder dreimal vergeblich versucht hatten, sich wieder in ein bürgerliches Alltagsleben an Land einzugliedern. Immer wieder hörten wir, dass es nicht einfach sei, sich an seinem früheren Wohnort zurechtzufinden. Einige schaffen es wohl nie und geben schließlich alle Wiedereingliederungsversuche auf.

»Man erstickt – ich habe keine Luft bekommen!« »Immer drinnen und nicht einmal offene Fenster!« »Und dieser Stress! Ich habe es nicht mehr ausgehalten.« »Ich musste einfach wieder raus, um zu leben!« »Und so sind wir wieder Yachties geworden.«

Wir trafen beispielsweise einen älteren Schweizer in seinen Siebzigern, der sich auf seiner vierten Weltumseglung befand. Für diesen erfahrenen Segler waren wir nervöse Grünschnäbel, die noch nicht einmal einen Ozean überquert hatten. Doch das sollte sich nun sehr bald ändern. Genau wie die erfahrenen Fahrtensegler hatten wir zumindest verstanden, dass ein stressiger Beruf, Verkehr, Kriminalität und vieles mehr, was zu einem durchschnittlichen Landleben dazugehört, wahrscheinlich mehr Gefahren in sich birgt als die Atlantikpassage. Wir hatten noch immer ein wenig Angst, konnten uns aber zumindest auf die Erfahrung stützen, die wir bisher gesammelt hatten. Dennoch sorgten wir uns nicht nur um seglerische, sondern auch um psychologische Aspekte der Atlantiküberquerung: Würden wir so lange ohne andere Menschen auskommen können? Würden wir uns gegenseitig auf die Nerven gehen? Oder würden Karolina und ich uns kaum begegnen, da ja immer einer schläft, während der andere Wache schiebt?

Obwohl wir einen Wassermacher an Bord hatten, rechneten wir damit, dass er ausfallen und unser Hauptwassertank unbrauchbar werden könnte. Dann hatten wir zwar noch unseren zweiten Wassertank, doch die Frage blieb, wie viel weiteres Wasser wir noch in Flaschen mitführen sollten. Es war auch schwierig einzuschätzen, wie viel Essen wir bunkern sollten. Ein unerschöpfliches Gesprächsthema zwischen den Seglern ist immer, welche Lebensmittel sich wie lange an Bord halten und wie man diese am besten staut. Wir hatten viel darüber gelesen, wie lange die jeweiligen Gemüsesorten und Früchte frisch bleiben, wenn man sie auf die eine oder andere Weise behandelt; beispielsweise, dass man nur Eier kaufen soll, die noch nie gekühlt gewesen sind, und dass sie sorgfältig alle paar Tage gewendet werden müssen. Eier mit Vaseline einzuschmieren galt ebenfalls als Möglichkeit, ihre Lebensdauer zu verlängern. Jede Tomate sollte einzeln in Zeitungspapier eingewickelt und nicht zusammen mit anderem Gemüse gelagert werden. Kohl und Zwiebeln könnten wochenlang genießbar bleiben, wenn ... Man konnte sich zu jedem Detail Spezialkenntnisse aneignen. Wir führten mit unseren Freunden lange Diskussionen, wie viel Mehl, Zucker, Milch und Pasta wir kaufen sollten. Es fühlte sich irgendwie dekadent an, im Supermarkt mehrere vollgepackte Einkaufswagen zu schieben, wir hatten noch nie so viel Essen auf einmal eingekauft und fragten uns, wie viele Menschen wohl schon bei einer Atlantiküberquerung in einem Segelboot verhungert waren. Wahrscheinlich nur sehr, sehr wenige in Anbetracht der Berge von Lebensmitteln, die überall an Bord wanderten. Die Erfahrenen lächelten uns vielsagend zu und sagten, wir sollten uns nach dem Einlaufen die Abfallcontainer in St. Lucia anschauen. Es sei bedauerlich, wie viele Lebensmittel dort weggeworfen würden, nur weil die unerfahrenen Segler viel zu viel mitnahmen.

Karolina, gut organisiert wie sie ist, erstellte Menülisten für jeden Tag, und so kauften wir nach genau diesen Listen ein. Wir planten ungeplante, sogenannte Extratage ein und beschafften »Notreserven« wie Pasta, Reis und Konserven. Zudem wurde interessantes Futter für potenzielle blinde Passagiere eingekauft, also Borsäure, Kondensmilch sowie Kakerlaken-Motels. Wie immer kontrollierten wir alles sorgfältigst, bevor es an Bord durfte, und tatsächlich fanden wir eine »Tasche« voller Kakerlakeneier, die eine Kakerlakenmutter auf einem Lebensmittelpaket abgelegt hatte. Wir hatten Glück, und die Brut blieb in unserem Security Check hängen. Doch wie viele waren vielleicht bereits durch die Sicherheitskontrolle geflutscht?

Eines wurde in unserer Vor-Atlantik-Hysterie deutlich: Hochseesegler, die schon eine oder mehrere Ozeanüberquerungen im Kielwasser hatten, waren auffällig wenig besorgt und kannten ihre Einkaufslisten. Ihre Boote waren zu jeder Zeit »ozeanbereit«. Sie waren auch nicht mehr vom Kakerlakenfieber befallen. Kakerlaken an Bord zu haben sei nicht das Ende eines Törns, behaupteten sie, denn Kakerlaken könnten immer noch durch Ausräuchern des Bootes besiegt werden, falls alle Stricke reißen. Auf der anderen Seite waren besonders die erfahrenen Segler die Vorsichtigsten, wenn es darum ging, das Ungezieferrisiko zu minimieren. Schuhe und Lebensmittel zu überprüfen, gehörte einfach zur Einkaufsroutine, doch danach machten sie sich kaum Gedanken darüber.

Die großen Supermärkte Carrefour und El Corte Inglés wurden zu unseren Hauptlieferanten, und wir durchstreiften sie fast täglich mit langen Listen in der Hand. Es galt, die Lebensmittel in der richtigen Reihenfolge zu besorgen: Pasta, Reis, Wasser und Konserven zuerst – frisches Obst ganz am Ende. Diese Geschäfte lieferten auf Wunsch auch direkt zum Boot. Von El Corte Inglés bestellten wir vakuumverpacktes gefrorenes Fleisch, in kleine mahlzeitgerechte Größen verpackt, die direkt in unsere Gefriertruhe wanderten. Wir hatten uns jede Menge guter Ratschläge angelesen und waren nur allzu bereit, aus den Erfahrungen anderer zu lernen. Aber so wertvoll sie auch sein mochten, diese Methode führte dazu, dass wir kein Ende absehen konnten. Immer mehr Lebensmittel schafften wir heran, für den Fall der Fälle, sowie Ersatzteile und Ausrüstungsgegenstände, als ob es auf der anderen Seite des Atlantiks nichts zu kaufen gäbe.

»Hast du diese tolle Campinglampe gesehen, die ich gerade gekauft habe? Für nur 30 Euro und läuft mit 12 Volt! Wird sicherlich sehr nützlich werden.«

»Ich habe heute einen Honda-230-V-Generator besorgt. Ist der nicht toll? Habt ihr auch einen Generator an Bord?«

»Wein ist viel billiger auf dieser Seite des Atlantiks, habe ich gehört. Wir haben einen ganzen Einkaufswagen voll erstanden!«

»Wie viele Extrafalle habt ihr denn im Mast, um eure Segel hochzuziehen?«

»Wie viel Diesel führt ihr mit? Wir haben bis jetzt zusätzlich zu den Tanks noch fünf Extrakanister an Deck. Nur für den Fall, weißt du ... Ob das aber reicht?«

»Glaubt ihr, dass 200 Wasserflaschen genug sind? Ich glaube, ich hole schnell noch ein paar.«

»Schau mal, was ich gefunden habe! Olivenöl im Tetrapack! Leicht, einfach zu verstauen, geht nicht kaputt und ist als Müll gut zusammenzufalten. Ich habe gleich 15 Liter gekauft. Ich habe nämlich gehört, dass man Olivenöl drüben nicht so einfach finden kann und dass es schrecklich teuer ist. Hast du das auch gehört? Auf jeden Fall besser aufstocken!«

Es nahm kein Ende! Segler hingen wie Affen in den Takelanlagen, bohrten Löcher für neue Ausrüstungsteile in den Mast, kontrollierten die Segel oder brachten einen Scheuerschutz an, damit sich das laufende Gut (das heißt: die Schoten und Falle) und die Segel nicht am Rigg rieben. Säge- und Schleifgeräusche erfüllten die ganze Marina. Es wurde gemalt und lackiert, neues Segeltuch wurde zu Biminis oder Windschutz genäht, und die Rümpfe unter Wasser wurden von Algen befreit. Oh, wie wünschte ich mir, bereits die Ruhe der erfahrenen Segler zu haben, die scheinbar gelassen und voller Selbstvertrauen Bücher lesend in ihrem Cockpit saßen. Sie wussten schon, dass ihre Schiffe sie behutsam und sicher über den Atlantik bringen würden, und hatten lange genug an Bord gelebt, um ihre schwimmenden Heime konstant im guten Zustand zu halten, weil das routinemäßig zum Bordleben dazugehört. Also verzichteten sie einfach auf die tausend Ideen, wie sie schnell noch alles verbessern könnten, nur weil sie einen Ozean überqueren wollten.

Was aßen wir dann während der Drei-Wochen-Passage? Mit Sicherheit keine getrocknete Astronautennahrung oder Corned Beef aus Konservendosen, obwohl beides zu unserem Notproviant gehörte. Wir hatten das Glück, eine Gefriertruhe an Bord zu haben, und diese war bald mit 46 Mahlzeiten für die geplanten 22 Tage auf See gefüllt. (Der Trick bei einer Gefriertruhe ist übrigens, dass man sie füllt, aber nicht überfüllt, damit noch genug Luft um das Gefriergut zirkulieren kann, um es im gefrorenen Zustand zu halten.) Wir verfügten über Hähnchenbrüste, Hackfleisch, Fleisch für Eintöpfe, Fischfilets – die sich später als völlig überflüssig erwiesen, da wir viel Fisch fingen, Hamburger und sogar schwedische Fleischbällchen (dank IKEA auf Teneriffa) sowie einige von Karolina vorgekochte Mahlzeiten für die ersten Tage, um zwecks Vermeidung von Seekrankheit nur kürzest mögliche Zeitspannen unter Deck verbringen zu müssen. Alles war in Portionen abgepackt und sorgfältig in Listen aufgeführt. Die Rezepte waren einfach, aber schmackhaft und vorab getestet worden. Das Dasein auf dem Boot hatte unsere Rezeptsammlung erweitert und die Freude am Kochen erhöht, denn endlich war Zeit dazu. Viele Segler zeigen großes Interesse am Kochen, und wir tauschten oft Rezepte aus, besonders mit dem Skipper der WILD ALLIANCE. Jon war Profikoch gewesen und auf Fischgerichte spezialisiert! Also absolvierten wir bei ihm einen Schnellkurs im Fischfiletieren und Sushirollen, um perfekt vorbereitet zu sein, sobald der große Fang auf dem Atlantik anbeißen würde. Es kam uns bald so vor, als ob wir uns auf dem Atlantik vorrangig mit Essen beschäftigen und mit vollgestopften Bäuchen in der Karibik ankommen würden.

Nachdem wir zwei Wochen lang in Teneriffa gelegen hatten, gab es keinen Zentimeter freien Stauraum mehr auf REGINA. Außerdem begann Karolina darüber zu klagen, dass wir uns noch vor dem Ablegen an ihren atlantischen Vorräten vergriffen. Falls wir noch länger blieben, meinte sie, müsste sie das Genaschte ersetzen, was erneutes Proviantieren bedeutete und unseren Aufenthalt weiter verlängern würde. Es wurde also Zeit, diesen Teufelskreis zu durchbrechen.

Nachdem zuerst die Blue Water Rally und dann die französische Atlantic Crossing Rally Teneriffa Richtung Westen verlassen hatten, verbreitete sich eine ruhigere Atmosphäre im Hafen. Die ARC-Flotte, die vom benachbarten Gran Canaria aus startete, wollte ebenfalls in den nächsten Tagen ablegen. Übrig blieben dann nur jene Segler, die in ihrem eigenen Takt unterwegs waren und eher Rücksicht auf die Wetterlage und die eigenen Vorbereitungen nahmen als auf einen festgelegten Starttag.

Die Rallies waren kaum außer Sicht, als die Wettersituation auf dem Atlantik »interessant« wurde, gelinde ausgedrückt. Das Azorenhoch, welches für die stabilen Passatwinde zuständig ist, verzog sich zu den Britischen Inseln, sodass sich die Engländer plötzlich über ein unnormal starkes Hochdruckgebiet von ganzen 1039 hPa freuen konnten. Doch ohne das übliche Hochdruckgebiet über den Azoren lag der Atlantik offen für unangenehme Tiefs, und einige Tiefdruckgebiete erlaubten sich deshalb, etwas nördlich der Regattaroute zu ziehen, wo sie überhaupt nicht hingehörten, denn sie brachten alles andere als angenehme Passatwinde.

Wir entschieden uns, nicht in den Atlantik hinauszusegeln, sondern gönnten uns einen kurzen letzten Stopp auf La Gomera, wovon wir sehr viel Schönes gehört hatten.

An dem Tag, als die ARC-Flotte nach St. Lucia startete, nahmen wir Kurs auf La Gomera. Es war ein miserabler Tag, an dem wir gegen enormen Wind ankämpfen mussten und wirklich froh waren, dass unser Zielhafen nicht weit entfernt lag. Wir bedauerten die armen ARC-Segler sehr, die einen solchen Start hatten, und hörten später, dass nicht weniger als fünf Schiffe nach Gran Canaria zurückgekehrt waren, unter ihnen auch unsere Freunde auf der KOSHLONG und der WILD ALLIANCE. Einen einzigen Tag später zu starten machte einen riesigen Unterschied, und so segelten sie am folgenden Tag bei schönstem Wetter dem Rest der Flotte hinterher! Wir waren nicht in Eile und folgten Kolumbus' Beispiel: Auch er war, wie wir jetzt, erst nach La Gomera gesegelt, wo er heiliges Wasser an Bord nahm, um damit die »Indianer« zum Christentum zu bekehren. Die REGINA-Crew tankte aber nur Ruhe und Harmonie. Wir waren dort nicht alleine. Nicht weniger als 200 Yachten hatten sich in der gut geführten Marina dieser freundlichen Insel versammelt, um von dort aus Richtung Karibik aufzubrechen. Im Verhältnis zu Teneriffa oder Gran Canaria gab es hier keinerlei Hektik, was Konsequenzen hatte: Die Marina war ständig über ihr Limit belegt, weil Skipper, die zunächst nur für eine oder zwei Nächte im Hafen gebucht hatten, sich in die Insel verliebten und wochenlang blieben.

Wir waren ebenfalls von der Insel begeistert, wollten aber gleichzeitig unser Versprechen halten, mit unseren Freunde »drüben« Weihnachten zu feiern.

Die meteorologische Situation auf dem Atlantik war immer noch alles andere als stabil. Wir hatten den Vormarsch eines Tiefs schon tagelang auf den Wetterfaxen verfolgt, und bald bekam es sogar einen Namen, was bedeutete, dass es sich von einem tropischen Sturm in einen Hurrikan verwandelt hatte: Delta. Das Alphabet der Hurrikannamen hatte bereits ein Ende gefunden, und den folgenden Hurrikanen verpasste man griechische Buchstaben: Alpha, Beta, Gamma und schließlich Delta. Noch nie hatte ich von so vielen Hurrikanen in einer einzigen Saison gehört: mehr Hurrikane als Buchstaben im Alphabet! Unglaublich.

Deltas Route bereitete uns Kopfzerbrechen. Zunächst hatte alles ganz gut ausgesehen, weil Delta auf nordöstlichem Kurs in Richtung Azoren zog. Doch dann machte Delta plötzlich kehrt und drehte abrupt nach Süden, um damit dem klassischen Kanaren-Karibik-Kurs in die Quere zu kommen. Wir standen mit vielen schon gestarteten Seglern über SSB in Verbindung, und sie fühlten sich mit der Wettersituation nicht mehr sonderlich wohl. Bis dahin hatten alle nur unter dem Fehlen des Passatwindes gelitten, denn Delta, der auf diesen Breiten in die entgegengesetzte Richtung wie der vorherrschende Passat blies, hob ihn auf. Wir hörten von SARAH GRACE, WILD ALLIANCE und TAMARISK, wie sie die totale Flaute für ein mittelatlantisches Bad nutzten. Aber mit jeder weiteren Meile, die Delta Richtung Süden zog, nahm der Gegenwind immer mehr zu. Schließlich wurden die Windstärke gefährlich und die Wellen riesig. Mit anderen Worten: Es wurde kritisch. Wir waren uns der Gefahren sehr bewusst und hofften, dass alle Skipper Langzeitwetterprognosen auf See empfangen konnten. Vom Hafen in La Gomera aus schickten wir über Inmarsat-C eine E-Mail an Freunde in der Blue Water Rally, welche daraufhin sofort Kurs zu den südlichen Kapverden nahmen und dort warteten, bis Delta wieder abgezogen war. Andere in der ARC-Flotte, welche die Starkwinde nutzen wollten, um die Regatta zu gewinnen, verschätzten sich, gerieten auf die »falsche

Seite« von *Delta*, mussten lange gegen äußerst starke Gegenwinde kämpfen und erreichten erst mit Verspätung und mit einigen Schäden am Boot St. Lucia.

Launisch entschied sich *Delta* damals plötzlich ein zweites Mal, seine Richtung zu ändern, und zog nun wieder nach Nordost, genau auf uns zu! Plötzlich lagen wir exakt in der Schusslinie, und unser kleiner überfüllter Hafen kam uns alles andere als sicher vor. REGINA lag längsseits einer der Hafenmolen aus Zement, genau in der Einfahrt, was der denkbar schlechteste Platz war, um einen schweren Sturm abzuwettern. Sollten wir bleiben? Sollten wir ablegen? Und falls ja, wohin sollten wir fliehen? Die Hurrikansaison war noch nicht ganz beendet. Statistisch gesehen hatte *Delta* deshalb eine gewisse Existenzberechtigung. Aber dieselbe Statistik besagte auch, wie selten sich ein Hurrikan so spät in der Saison bildet und dann normalerweise in der Karibik. Aber was kümmert Hurrikane eine Statistik? Das außergewöhnlich warme Wasser im Atlantik in diesem Jahr erklärte die Situation. Kein Hurrikan kann sich bei einer Wassertemperatur unter 26,5 °C bilden. Außerdem muss diese hohe Wassertemperatur nicht nur an der Oberfläche überboten werden, sondern sie muss mindestens 50 Meter tief reichen, denn sonst würde er das kühle Wasser aus der Tiefe hochwirbeln und sich selbst »töten«. Normalerweise ist die Wassertemperatur zu dieser Jahreszeit niedrig genug, was die hurrikanfreie Zeit einleitet. Offensichtlich hatte sich das Meer jedoch in diesem Jahr noch nicht ganz abgekühlt und war wärmer als sonst. Ein Zeichen für den Klimawandel?

Karolina, Jessica, Jonathan und ich lehnten uns über Seekarten, starrten auf den Computermonitor und versuchten, uns ein Bild von diesem Unhold zu machen, der ein riesiges Gebiet auf offener See im Griff hatte. Wir studierten Wetterfaxe, GRIB-Daten, Inmarsat-C-Warnungen, NAVTEX-Mitteilungen und Wettervorhersagen aus Frankreich, England und den USA. Je mehr Material wir zusammentrugen, desto verunsicherter wurden wir und desto schwieriger fiel die Entscheidung. Falls wir die Wetterinformationen richtig interpretierten, sollten wir den Hafen verlassen. Doch die Entscheidung, einen Hafen zu verlassen und der Gefahr im offenen Meer entgegenzusegeln, fiel uns unbeschreiblich schwer, weshalb wir immer weiter nach Anhaltspunkten suchten, um bleiben zu dürfen. Wir führten über SSB Konferenzgespräche mit unseren Freunden, die schon weit draußen waren, aber auch mit denjenigen, die in einem kanarischen Hafen lagen und über dieselben Fragen nachgrübelten.

Die ARC-Flotte war mittlerweile in einer recht guten Lage, denn sie befand sich schon weit genug südlich, um höchstwahrscheinlich dem Hurrikan zu entkommen. Schlimmer war es jetzt für uns. Unser Zeitfenster wurde immer enger und das Wetter stetig bedrohlicher. Schon bald würde ein Verlassen des Hafens einer direkten Konfrontation mit dem Sturm gleichkommen, der sich mit erschreckender Geschwindigkeit exakt auf uns zu bewegte. Aussitzen oder fliehen? Im Hafen verkriechen oder lossegeln?

Über unser Iridium-Telefon riefen wir Commander's Weather an, einen bekannten kommerziellen Wetterroutenberater in den USA. Man bezahlt zwar für den Service, was aber sehr bald zu einer sehr guten Investition werden kann, denn diese Meteorologen sind nie weiter weg als eine E-Mail oder ein Telefongespräch und sorgen für ein komfortables Sicherheitsgefühl. Sie geben detaillierte wetterabhängige Routenvorschläge, und man kann direkt mit einem dieser Wettergurus in Kontakt treten, wo immer man sich auch auf der Welt befindet. Satellitentelefone sind manchmal doch recht praktisch! Auch standen einige unserer Segelfreunde im Kontakt mit dem legendären Herb Hilgenberg in Kanada, der seit Jahrzehnten unentgeltlich äußerst präzise Wettervorhersagen für Yachten mittels SSB liefert. Andere waren unterdessen mit deutschen Meteorologen in Kontakt. Ausnahmsweise waren sich alle vollkommen einig: »Segelt los – und zwar sofort!«

Genau das taten wir.

Proviantieren für den Atlantik

Will man das Proviantieren systematisch angehen, erstellt man am besten erst einmal einen Plan für die Mahlzeiten, der mindestens eine Woche über die veranschlagte Zeit hinausreicht. Alle Essen sollten vorher möglichst als Probe zubereitet worden sein, und die gesamte Crew sollte sich die Finger danach schlecken, denn wenn die Atlantikpassage unter anderem auch ein positives kulinarisches Erlebnis ist, läuft alles an Bord viel besser.

Im zweiten Schritt kann man diese Liste als Vorlage nutzen, um die Shoppingliste zu schreiben. Die Preise in den Supermärkten sind in der Regel höchst unterschiedlich, am günstigsten sind sie in größeren Städten bei überregionalen Lebensmittelketten. Versuchen Sie, Früchte, Gemüse und Eier zu finden, die vorher noch nicht gekühlt worden sind, sie halten im ungekühlten Stauraum an Bord bedeutend länger. Dafür empfehlen wir Gemüsemärkte. Die Bauern verkaufen hier ihr selbst erzeugten Produkte und sind meist sehr hilfsbereit, um besonders frische Waren zu liefern, wenn Sie ihnen erklären, dass Sie eine Atlantiküberquerung vor sich haben.

Sollten Sie eine Gefriertruhe an Bord haben, fragen Sie beim Metzger oder in den großen Supermärkten, ob Sie Fleisch in Mahlzeitgrößen vakuumverpackt sowie tiefgefroren erhalten können. Aber auch ohne Gefriertruhe können Sie zumindest einige solcher vakuumverpackter Fleischpackungen für die ersten Tage bedenkenlos in den Kühlschrank packen.

Übertreiben Sie mit den Vorbereitungen nicht, Sie müssen nicht allzu viele Gerichte noch im Hafen vorkochen! Ein paar Mahlzeiten für die ersten Tage und für schlechtes Wetter genügen. Sonst stiehlt Ihnen der Stress oder das Pflichtgefühl die Freude am Kochen. Aber: Essen zuzubereiten gehört zu den unterhaltsamen Beschäftigungen auf einer langen Segelstrecke.

Verstauen Sie die Lebensmittel abhängig davon, wie hoch diese in Ihrer Gunst stehen. Ravioli-Dosen oder was auch immer Sie sich für den Extremfall aufheben wollen, können in der hintersten Ecke verschwinden. Snacks, Nüsse, Schokolade und Süßigkeiten haben natürlich einen viel höheren Stellenwert und werden insbesondere bei den Nachtwachen sehr geschätzt. Versuchen Sie, so viele Umverpackungen wie möglich an Land zurückzulassen, denn der gesamte Abfall muss ja bis zum Ankommen an Bord verstaut werden können. Trockene Lebensmittel wie

Pasta, Mehl und Reis bewahrt man am besten in zugeschweißten Tüten oder dafür vorgesehenen Plastikbehältern auf. Früchte und Gemüse sollten ein luftiges und lichtgeschütztes Plätzchen finden. Dennoch sind sie während der Überfahrt regelmäßig auf Schimmel und Schadstellen zu kontrollieren. Netze, die vom Kajütdach hängen, sind eine traditionelle und auch äußerst dekorative Lösung, verursachen aber oft Druckstellen bei den Früchten, sodass sie dort nur unmittelbar vor dem Verzehr aufbewahrt werden sollten. Gutes Süßwasser ist selbstverständlich überlebensnotwendig. Ein kombinierter Vorrat in mehreren Wassertanks und zahlreichen Wasserflaschen unter den Bodenbrettern ist eine vernünftige Lösung. Ein Wassermacher erhöht Ihre Bequemlichkeit erheblich, doch sollten Sie immer mit Murphy's Law rechnen, das heißt, dass er genau dann ausfallen könnte, wenn Sie ohnehin schon knapp dran sind.

Notieren Sie, was Sie bei Ihrer Überfahrt tatsächlich verbraucht haben. Diese Liste ist für Ihre nächste Ozeanüberquerung ein unschätzbares Hilfsmittel.

18

In dem wir einen Ozean überqueren

Drei Wochen auf dem Atlantik

Einen »sicheren Hafen« in dem Wissen zu verlassen, einen Hurrikan im Nacken zu haben, war wohl eine der schwierigsten Entscheidungen, die wir bis zu diesem Zeitpunkt hatten treffen müssen. Bald wären wir mitten drin in dem großen Abenteuer einer Atlantikpassage. Die meisten unserer Freunde hatten sich schon auf den Weg gemacht, und so fühlten wir uns zumindest nicht ganz verloren. Kein Landfall war bei der Überquerung geplant, die drei Wochen dauern sollte. Unser wichtigstes Ziel: so schnell wie möglich nach Süden, um *Delta* zu entkommen. Wir mussten es schaffen!

Tag 1: Wettlauf mit *Delta*

Es war ein sonderbarer Start! Was normalerweise der Aufbruch zu einem dreiwöchigen Marathon ist, wurde für uns zu einem Wettlauf mit einer Naturgewalt. *Delta* keuchte hinter uns her und kam immer näher. Dabei wurde deutlich: Wer das Meer und andere Naturgewalten für berechenbar hält, hat nichts verstanden. Eine grundsätzlich demütige Haltung vor der Natur ist durchaus angebracht. Schon einmal waren wir erfolgreich vor einem prognostizierten Starkwind hergelaufen, als wir in Schottland in See gingen, doch die Nordsee ist nicht mit dem Atlantik zu vergleichen, und ein Starkwind ist kein Hurrikan.

Zum Glück standen unsere Chancen nicht schlecht, so lange wir schnell genug in Richtung Süden vorankamen. Die ersten Stunden waren zunächst äußerst nervenaufreibend, da der Wettergott uns nicht den geringsten Windhauch gönnte und wir keine andere Option hatten, als zu motoren. Jede Seemeile, die uns von *Deltas* prognostizierter Route wegbrachte, war ein Schritt in Richtung Sicherheit.

Trotzdem motorten wir so treibstoffeffizient wie möglich, denn für die gesamte Strecke hat kein Segelboot genug Diesel an Bord, außerdem brauchten wir Diesel für die Stromerzeugung und als Reserve. Im zweiten Gang mithilfe unseres Gori-Propellers und mit nicht mehr als 1400 Umdrehungen pro Minute auf dem Motor schob er uns immerhin mit fünfeinhalb Knoten voran, unser Verbrauch lag bei nicht mehr als etwa zwei Litern pro Stunde, und das Motorengeräusch war dank der Centaflex-Kupplung fast nicht zu hören. Rumpf, Motor, Steuerung, Getriebe und Propeller arbeiteten optimal zusammen, was mich als Ingenieur besonders erfreute.

Ich kann nicht behaupten, dass wir in diesen ersten Stunden zur See wirklich Angst hatten, während die Kanaren langsam unter der Kimm verschwanden und wir uns auf unsere Aufgaben konzentrierten. Ob wir uns in dieser Herausforderung bewähren würden, konnte nur die Zukunft zeigen. Das ist nun einmal charakteristisch für das Leben: Man muss es vorwärts leben und kann es immer erst in der Rückschau verstehen, das heißt, man kann erst später erkennen, ob eine Entscheidung richtig oder falsch war.

Nach einigen Stunden unter Motor griff plötzlich eine angenehme Brise mit 15 Knoten aus östlicher Richtung mit an und trieb uns mit luxuriösen siebeneinhalb Knoten vorwärts. Als der Wind dann sogar noch ein wenig mehr zunahm, schafften wir herrliche acht Knoten, womit sich unsere Chancen deutlich erhöhten, Delta zu entkommen. Wieder zeigte sich, dass ein schnelles Schiff auch zur Sicherheit beitragen kann, und bei dieser Geschwindigkeit erzeugte unser DuoGen-Wassergenerator sogar mehr Strom, als wir verbrauchten. Im Grunde lief alles besser als erwartet.

Tag 2: Fischen unter Seekrankheit

Am Morgen des 26. November lag ich in meiner Koje, und ich fühlte mich hundsmiserabel. Ich werde zwar selten seekrank, aber dieses Mal traf es mich mit aller Wucht. Doch das war meine eigene Schuld: Ich hatte selbstsicher und unbedacht eine Menge Kaffee in mich hineingeschüttet, während ich am Abend des ersten Tages unter Deck abwusch. Nun war mir eben kreuzübel, und ich fütterte von Zeit zu Zeit die Fische.

Plötzlich wurde ich aus meinem Dämmerschlaf gerissen: Unsere Hochseeangel schlug Alarm. Hatte ein Fisch angebissen? Verdammt, warum gerade jetzt! Bissen die Fische hier draußen wirklich so rasch an? Hätte er mir nicht ein bisschen Ruhe gönnen können? Eine komplette Atlantiküberquerung als Zeitreservoir, und er machte Stress. Doch hatte ich keine Wahl; ich hatte es mir ja selbst eingebrockt. Also quälte ich mich aus meiner Koje, legte Schwimmweste und Rettungsgurt an und kroch auf unser Achterdeck, um die Angel zu überprüfen. Dort hing ein gewaltiger Kerl! Während ich mit ihm kämpfte, nahm meine Übelkeit noch weiter zu. Der Fisch tauchte und wollte vom Schiff weg, wobei er mehr und mehr Angelschnur mitnahm. Nach einer Weile wurde er jedoch müde, sodass ich ihn Meter für Meter wieder etwas näher zurück zu REGINA ziehen konnte. Als er sein Schicksal besiegelt sah, sammelte er noch einmal gewaltige Kraft, tauchte und zog erneut die Schnur hinter sich her. Das Spiel wiederholte sich mehrmals, während Jonathan mit dem noch nie genutzten Fischhaken bereitstand, um das prächtige Mittagessen an Deck zu hieven. Karolina lauerte mit dem Wodka in der Hand, und Jessica stand mit ihrer Kamera bereit. Unser erster atlantischer Fang sollte dokumentiert werden!

Trotz unvollstellbarer Übelkeit kämpfte ich noch immer mit dem Fisch, dem es natürlich nicht weniger übel ging. Als ich ihn schließlich am Heck hochzog, konnte ich seine Größe und seine strahlend blaue Farbe bewundern. Unter großer Mühe und mit durchaus beachtlichem körperlichem Einsatz bekamen wir ihn an Deck. Eine wunderschöne Kreatur: Zunächst blitzten seine Schuppen türkisfarben, um sich dann in einen schimmernden Goldton zu verwandeln. Ein stolzer »Dorado«, und ich verstand, warum dieser Fisch auch als Goldmakrele bezeichnet wird. Er wog um die sechs Kilogramm, die Filets reichten für mehrere Mahlzeiten, und das Angeln war für die nächsten Tage überflüssig. »Gott sei Dank«, konnte ich gerade noch denken, bevor es wieder Zeit wurde, mich über die Reling zu beugen. Seekrank zu sein ist wirklich kein Vergnügen!

Erst später habe ich von einem befreundeten Tierarzt erfahren, dass das Begießen der Kiemen mit Wodka für den Fisch ein Ersticken bei vollem Bewusstsein bedeutet, da Alkohol das Großhirn weder betäubt noch ausschaltet, und je nach Fischart mehrere Stunden dauern kann. Auf jeden Fall war unser billiger Fusel nur zur Betäubung geeignet, und der Fisch sollte sofort danach fachgerecht getötet werden. Am besten ist wohl, die Beute unmittelbar nach dem Herausnehmen aus dem Wasser mit einem gezielten, kräftigen Schlag zu erledigen, welcher das Großhirn ausschaltet, was dem Tier längeres Leiden erspart.

Jessica und Jonathan schlugen vor, den »Dorado« zu Sushi zu verarbeiten, doch meine gesundheitliche Verfassung verlangte nur nach schwedischem Knäckebrot – und sonst nichts. Karolina war bewundernswert, wie sie REGINA allein segelte, dennoch die volle Aufmerksamkeit sowohl auf das Schiff, die Mahlzeiten sowie die Kinder richtete und sich dabei noch auf zwei unterschiedlichen Funknetzen über SSB mit unseren auf dem Atlantik verteilten Segelfreunden unterhielt. Ich kroch zunächst einmal in die Koje zurück. Als ich nach sechs Stunden meine Wache übernahm, fühlte ich mich endlich besser, und es war ein gutes Gefühl, Karolina in ihre wohlverdiente Freiwache schicken zu können. Ich nahm mir vor, das nächste Mal, wenn wir einen Ozean überqueren, den Beginn mit erheblich mehr Ruhe anzugehen. Man muss nicht alles am ersten Tag erledigen, denn das ist ja gerade das Besondere: Man hat genug Zeit auf einem Ozean.

Dem Hurrikan waren wir noch nicht ganz entkommen, sodass wir weiterhin mit ihm um die Wette segelten. Ich nahm an, dass die Entscheidung am 28. November fallen würde, in zwei Tagen würde er uns ganz nahe kommen. Zu nahe? Anspannung machte sich wieder in uns breit. Ich flüsterte REGINA leise zu: »Lauf, Mädchen, lauf nach Süden! Lauf so, wie Germán Frers dich gezeichnet hat! Lauf in die Tropen. Dort hast du uns alle in Sicherheit gebracht!«

Tag 3: Sorge

Unser nächster Tag auf dem Atlantik verlief beunruhigend. Das lag nicht an Delta, denn dieser hielt schön brav seinen Kurs. Vielmehr ertönte ein ungutes Geräusch aus dem Motorraum, das mich beunruhigte. Das Kreischen machte uns Angst. Es schien nicht am Keilriemen zu liegen, obwohl es sich so anhörte, doch der sah noch gut aus und war ausreichend gespannt. War es die Wasserpumpe? Wasserpumpen gehen normalerweise aber sehr selten kaputt.

Über unser Iridium-Satellitentelefon riefen wir einige Freunde an, die uns vielleicht einen Rat geben konnten, und selbstverständlich auch den Motorenhersteller Volvo Penta. REGINA rollte, und ich war doch gerade erst über meine Seekrankheit hinweg und verspürte keine große Lust, eine komplizierte Reparatur, vielleicht kopfüber im Motorraum hängend, bewältigen zu müssen. Nachdem wir alle erdenklichen Ursachen analysiert hatten, beschlossen wir, das Geräusch als einen ungefährlichen Gesang von den Kohlestäben in der Lichtmaschine zu definieren, und hofften das Beste.

Die Diagnose erwies sich später als falsch. Auf St. Lucia angekommen, stellte sich nämlich heraus, wie viel Glück wir gehabt hatten, dass unser Motor den ganzen Weg einsatzbereit geblieben war. Die von der Werft original eingebaute Halterung für die Standardlichtmaschine hatte sich in der Biegung erst einen Riss zugezogen und war dann gebrochen. Die beiden Teilstücke waren den Rest der Reise nur noch durch den gespannten Keilriemen zusammengehalten worden, und die Reibung zwischen den beiden Metallstücken verursachte das schrille Kreischen. So ein Keilriemen treibt aber nicht nur die Lichtmaschine, sondern auch die Kühlwasserpumpe an, sodass der Motor schnell unbrauchbar hätte werden können. Natürlich wären uns dann immer noch die Segel geblieben, und es wäre keine wirkliche Notsituation entstanden, doch war unser Motor neben unserem DuoGen-Wind-/Wassergenerator unsere Hauptquelle der Stromerzeugung und schenkte uns Luxus in Form von Energie für Frischwasserproduktion, Radar, Computer und andere Verbraucher sowie warmes Wasser für die Dusche. Im Hafen würde es sehr einfach sein, die Halterung wieder zusammenzuschweißen. Doch die innere Unruhe, dass irgendetwas nicht in Ordnung war, und der Gedanke, eventuell mit einem Motorschaden fertigwerden zu müssen, hatte sich auf hoher See trotz aller

Bemühungen nicht völlig verdrängen lassen und uns genauso begleitet wie das Geräusch. Ein die Stimmung beeinträchtigender Faktor.

Was erlebten wir doch für einen merkwürdigen ersten Advent auf See. Zu Hause hätten wir in dunkler Gemütlichkeit die erste Kerze angezündet und einen Stadtbummel unternommen, um den Weihnachtsschmuck in den Straßen zu bewundern. Kaltes, regnerisches, sehr ungemütliches Wetter und das Backen von Weihnachtsplätzchen gehörten ebenso dazu, wie unser Haus vorweihnachtlich zu dekorieren und über freudebringende Weihnachtsgeschenke zu grübeln. Mein größter Wunsch zu diesem Weihnachtsfest war aber nun natürlich ein Motor, der nicht kreischt, und die LED-Stirnlampe, die unseren Cockpittisch beleuchtete, damit wir nicht in totaler Dunkelheit unser Abendessen zu uns nehmen mussten, ersetzte das traditionelle Kerzenlicht. Jonathan übernahm die verantwortungsvolle Aufgabe, seinen Kopf genau so zu halten, dass die Lampe den in Olivenöl, Knoblauch, Limetten und Ingwer gebratenen Fisch beleuchtete, was nicht immer ganz einfach war. Oft blickte Jonathan auf, um etwas zu sagen, und strahlte dann natürlich unsere Gesichter an statt den Fisch.

Obwohl es warm war, kamen uns diese tropischen Nächte auf See ohne jedes Mondlicht schon sehr dunkel vor. Die ersten Dämmerungsstunden wirkten sogar etwas gruselig. Um uns gegenseitig Mut zu machen, versammelten wir uns daher abends stets zunächst zu einem gemeinsamen alkoholfreien Sundowner und anschließend zu einem guten Abendessen um den Cockpittisch. Nach der ersten Stunde gewöhnten wir uns immer langsam an das kompakte Schwarz des Atlantiks, doch jeden Abend litten wir anfangs unter dem gleichen mulmigen Gefühl. Beim dritten Mal fielen mir plötzlich die Ruderer wieder ein. Wie sie sich wohl jetzt fühlen mochten, so dicht an der Meeresoberfläche, Tausende Meter Tiefe unter sich, in kompletter Dunkelheit und unter dem Zwang, ununterbrochen rudern zu müssen? Im Vergleich zu ihnen lebten wir ein absolutes Luxusdasein.

Nach dem gemeinsamen Essen verzog ich mich in die Koje, um für die Nachtwache auszuruhen, während Karolina das Schiff sicher

führte. Vor dem Einschlafen versuchte ich noch einmal herauszufinden, woher das Geräusch aus dem Motorraum kommen könnte. Doch
bevor ich eine Antwort fand, versank ich in meiner Traumwelt und
schlief fest und tief.

Tag 4: Delta schlägt zu

»Irgendwie mag ich diese Nachtwachen«, sagte Karolina, als sie mich
drei Stunden später aus dem Schlaf riss.

Diese Aussage stand im Gegensatz zu meiner Verfassung, denn
ich musste mich unter größter Willenskraft aus meinem gemütlich
schaukelnden Bett zwingen. Mein Schlaf war zwar erholsam gewesen,
doch konnte ich mich auch in den folgenden Tagen nur schwer daran
gewöhnen, nach nur jeweils drei Stunden Schlaf mitten in der Nacht
wieder aufzustehen, und ich hätte einiges dafür gegeben, um nur noch
ein wenig länger schlafen zu dürfen.

»Nicht dass ich es besonders einfach finde, aufzustehen«, fuhr Karolina fort, als ob sie meine Gedanken lesen könnte, »aber wenn ich dann
oben im Cockpit sitze, habe ich endlich Zeit nur für mich und meine
Gedanken.« Sie zog ihre Schwimmweste aus samt dem Mini-EPIRB,
der als Notsender um ihren Hals hing, und bereitete sich auf ihre drei
Stunden gesegneten Schlaf in ihrer Koje vor. »Heute Nacht habe ich es
wirklich genossen und hörte herrliche Musik mit dem iPod. Ich konnte
mich richtig auf die Liedertexte konzentrieren und hatte Zeit, meine
Gedanken zu Ende zu bringen, während ich in die Unendlichkeit des
Sternenhimmels blickte. Du musst dich auf der Cockpitbank ausstre-
cken und einfach in den Himmel schauen.«

Karolina hatte recht. Es war ein Segen, auf dem Rücken zu liegen
und mich in den wolkenlosen Sternenhimmel hineinziehen zu lassen.
Ohne die störenden Lichter und den Beleuchtungssmog der Zivilisation
sind die Sterne hier draußen viel deutlicher und schöner zu sehen. Die
Nacht schenkte mir zudem Muse und Zeit, mein Tagebuch weiterzu-
führen, das ich seit den hektischen Tagen auf den Kanarischen Inseln
vernachlässigt hatte. Für mich erfüllte das Schreiben eine wichtige
Aufgabe: Es war eine Möglichkeit, meine Gefühle klarer zu erfassen,

dadurch noch intensiverer wirken zu lassen und Gedanken besser zu strukturieren. Nicht zuletzt diente es natürlich auch zur unverfälschten und wahrhaftigen, da spontanen Dokumentation des Erlebten. Freude hat man daran besonders im Nachhinein.

Gegen zehn Uhr morgens absolvierten wir unser tägliches SSB-Rendezvous mit unseren Freunden, die mittlerweile weit verteilt in Richtung Westen unterwegs waren. Wir erfuhren, dass der Motor von KOSHLONG seit zwei Uhr nachts Probleme machte. Sue hatte die ganze Nacht von Hand gesteuert, während Dan im Motorraum arbeitete. Trond, auf der norwegischen COCONUT, hatte einige Erfahrung mit Motoren und leitete Dan über Funk an, um das Problem zu identifizieren und dann hoffentlich beheben zu können, und es war uns allen eine große Freude, beim nächsten SSB-Treffen um 18 Uhr zu hören, dass Dan das Problem – eine Undichtigkeit – gefunden und erfolgreich hatte reparieren können. Abgesehen von technischen Fragen, informierten wir uns über das Wetter, tauschten Rezepte aus, gaben unsere aktuellen Positionen durch und diskutierten über besondere Ankerbuchten der Karibik, die wir gemeinsam anlaufen wollten. Besonders die regelmäßigen Positionsmeldungen vermittelten uns ein Gefühl der Sicherheit. Zumindest wussten die anderen im Notfall immer, wo wir uns zuletzt befunden hatten.

Am Morgen des 28. November erhielten wir über SSB und E-Mail von den im Hafen gebliebenen Freunden Informationen über die Verwüstung, die sich Delta auf den Kanaren leistete. Winde von 60 Knoten, was Windstärke 11 entspricht, und Böen mit einer Windgeschwindigkeit von mehr als 80 Knoten hatten »unsere« Stege in Santa Cruz de Tenerife zerstört. Alle Crews kämpften die ganze Nacht um das Überleben ihrer Yachten, doch einige waren schwer beschädigt, zwei sogar gesunken. Hochspannungskabel waren abgerissen, sodass für lange Zeit stromlose Dunkelheit geherrscht hatte und immer noch kein Strom für die notwendigen Reparaturen zur Verfügung stand. Alle, die sich bei uns meldeten, hantierten die Nacht hindurch unaufhörlich mit Fendern und Leinen, um die schlimmsten Beschädigungen zu vermeiden, und waren mit einem blauen Auge davongekommen. Nun mussten sie erst ihre Schiffe reparieren, bevor sie auslaufen konnten. Unsere Entscheidung abzusegeln, die uns so schwergefallen war, hatte sich als richtig erwiesen, gemäß der alten Seglerweisheit: »Das Gefährlichste am Meer ist das Land.«

Während Delta die Inseln verwüstete, waren wir weiter südlich auf dem Atlantik in Sicherheit. Die einzige Konsequenz, die wir vom Unwetter spürten, waren die ungewöhnlich leichten Winde, da Delta den üblichen Passat auslöschte. Zudem litten wir unter einer sehr lästigen Dünung mit hohen, langen Wellen. Es war erstaunlich, wie weit und relativ schnell sich die von Delta aufgewühlten Wellen auf dem offenen Ozean weiter fortsetzen konnten.

Meine nächste Wache wurde von einem herrlichen Geruch nach frischgebackenem Brot begleitet, der sich durch das ganze Boot zog und alle in Hochstimmung versetzte. Nur wenig kann sich mit dem Genuss der Ankündigung einer schmackhaften Mahlzeit an Bord vergleichen, und das Aroma von frischem Brot gehört ohnehin zu den erlesensten Wohlgerüchen, die einen Menschen erfreuen können. Brot, das zu den ältesten Nahrungsmitteln der Menschheitsgeschichte zählt, scheint uns besonders positiv zu beeinflussen, denn in warmem Zustand vermittelt es vielen Menschen Gefühle der Sicherheit, Ruhe, Geborgenheit und ein tief verwurzeltes Wohlempfinden. Ofenfrisch, wenn die Butter auf den Scheiben schmilzt, kann es die Stimmung in ungeahnte Höhen treiben. Besonders auf einem kleinen Boot mitten im riesigen Ozean.

Mittlerweile waren wir in einen sehr angenehmen Rhythmus verfallen, die Tage der Seekrankheit und auch die Sehnsucht nach dem Land waren längst vergessen. Am Nachmittag erlaubten wir uns wieder einmal den Luxus einer Dusche an Deck, was ebenfalls ein Stimmungstreiber war. Über Funk erfuhren wir, dass einige Boote in völliger Flaute festsaßen. Die Besatzungen hatten bereits die Segel geborgen und übten sich mitten im Atlantik im Schwimmen, was unsere Kinder ebenfalls allzu gerne gemacht hätten. Doch mit dem Wind, der bei uns herrschte, hatten wir keine Chance, diesem Beispiel zu folgen.

Tag 5: Bananentag

Unser karibisches Hühnchen in Kokosnussmilch, Zitrone, Chili und Bananen – vielen Bananen – schmeckte lecker. Wie immer saßen wir alle gegen 19.00 UTC Weltzeit im Cockpit, nachdem wir unseren SSB-Chat beendet hatten. Die Antirutschmatten funktionierten wie vorgesehen: Die Teller klebten förmlich auf dem wild schaukelnden Tisch. Der Inhalt der Teller war jedoch mobil, und so flutschten die Bananenscheiben mit den Hühnchenstücken auf den Tellern herum. Mit unseren Gabeln bewaffnet, versuchten wir, die Bananenscheiben aufzuspießen, was einem Spiel für einen Kindergeburtstag glich und jede Menge fröhliches Gelächter auslöste.

Als Nachspeise hatte Karolina einen Bananenkuchen gebacken. Das Dessert reichte für zwei Tage, und zwischen Frühstück und Mittagessen wurden ebenfalls Bananen gereicht und zwar »nature«, wie man in elegantem Küchenfranzösisch sagt. Nur zu Mittag hatten wir keine Bananen bekommen, da hatten wir immer noch Reste von unserem Dorado, aber schon am Nachmittag gab es wieder, man kann es erraten: Bananen!

Ich mag Bananen, aber warum nur wurden sie alle gleichzeitig reif? Wir hatten extra keine ganze Bananenstaude gekauft, wie sie traditionsgemäß von vielen Seglern am Achterstag aufgehängt wird. Besser sei es, Bananen verschiedener Sorten zu kaufen, hatte man uns empfohlen, doch in unserem Fall half das nichts: Die gereiften mussten weg. Unsere Alternative bestand darin, sie zu essen oder über Bord zu werfen, und wir werfen sehr ungern Nahrungsmittel weg. Karolina setzte stets ihren ganzen Stolz hinein, jede einzelne Frucht und jedes Gemüse täglich zu kontrollieren, bei Bedarf sorgfältig zu wenden, damit wir es in der richtigen Reihenfolge bei voller Reife zu essen bekamen. Aber kein Tag war so belastet wie dieser Bananentag.

Wir waren nun schon fünf Tage auf See und stellten einen sehr deutlichen Trend in unserem Lebensmittellager fest: Früchte und Gemüse verschwanden in alarmierender Geschwindigkeit, während alles andere scheinbar unberührt liegen blieb. Vielleicht keine Überraschung, wenn man bedenkt, dass wir wie ein Containerschiff Lebensmittel gebunkert hatten. Gleichzeitig aßen wir wesentlich weniger als gewohnt, denn bei der Wärme hatten wir einfach nicht so großen Hunger. Außerdem fingen wir mehr als genug Fisch.

Eine weitere interessante Beobachtung war, wie wenig Müll wir produzierten. Wir hatten beim Kauf sehr auf die Verpackung geachtet und zusätzlich so viel Umverpackung an Land gelassen wie irgend möglich, alle Essensreste warfen wir als Fischfutter über Bord, ebenso unsere Papiertücher. Plastik sammelten wir, gespült und getrocknet, bevor es sorgfältig platzsparend in unserem Stauraum auf dem Achterdeck verschwand. Nach den drei Wochen auf See hatten wir nicht mehr als unglaubliche vier Plastiktüten Müll angesammelt, zu Hause hätten wir mindestens eine Tüte pro Tag in unsere Mülltonne an der Straße geworfen. Erstaunlich, wie viel Müll die Welt sparen könnte, wenn mehr Kunden beim Einkauf neben Qualität und Preis auch die Verpackungen in die Kaufentscheidung einbeziehen würden!

Am 29. November setzten endlich die ersehnten Passatwinde ein, denn Delta hatte sich ausgetobt. Herrlich stabile nordöstliche Winde, die aber auch einen recht beachtlichen Seegang von achtern mit sich zogen, ließen REGINA heftig von Seite zu Seite rollen. Mit dem Passat kam auch die Hitze. Unsere Achterdeckduschstunden, die wir uns täglich gönnten, wurden zum Höhepunkt des Tages, und wir dankten immer wieder unserem Wassermacher, der uns den Luxus einer Süßwasserdusche bescherte. Anschließend blieb ich noch ein Weilchen auf dem Achterdeck sitzen, gegen die weichen Fender gelehnt, und genoss eine weitere Banane. Hier konnte ich unseren Freudenritt über die Wellen in vollen Zügen genießen, und unser fünfter Tag auf See fühlte sich einfach großartig an.

Tag 6: Deal: Sushi gegen Schularbeiten

»Bitte, Papa, sei doch leiser! Ich kann ja gar nichts verstehen!« Jonathan schaute mich flehend von der Navigationsecke an.

»Ich spüle nur!«, erklärte ich.

»Aber jetzt doch nicht! Bitte! Es ist SSB-Zeit, und ich versuche gerade mit KOSHLONG, SARAH GRACE, AVENTURA und STARLIGHT in Verbindung zu kommen! This is REGINA, standing by on 8122, over.«

Jonathan hatte das Mikrofon wieder in die Hand genommen und verkündete unsere Anwesenheit auf Frequenz 8122 kHz, wie es die Kinder am Vortag vereinbart hatten. Sie bezeichneten ihr eigenes Funknetz als Kids-Net. Jessica stand neben ihrem Bruder, hörte dem Knacken und Rauschen aus dem SSB-Lautsprecher aufmerksam zu und versuchte, eine Stimme zu erkennen.

Plötzlich war sie da: »REGINA, REGINA, this is KOSHLONG, over!« Jonathan antwortete sogleich: »KOSHLONG, this is REGINA, habt ihr heute einen Fisch gefangen? Over.«

Ich grinste, während ich mit dem Spülen so leise wie möglich weitermachte. Es schien kaum vorstellbar, dass meine beiden Kinder, die vor ein paar Monaten kaum ein Wort Englisch verstanden hatten, nun mit ihren Freunden auf Englisch über den Kurzwellensender kommunizierten. Sogar für Erwachsene mit guten Sprachkenntnissen ist das gewöhnungsbedürftig, denn die Stimmen gehen oft im Rauschen der Interferenz und anderen atmosphärischen Störungen unter.

An diesem sechsten Tag konnten Jessica und Jonathan über einen weiteren Fischfang berichten – einen 1,5 Kilogramm schweren Dorado. Sofort hatten mich die Kinder gebeten, aus den Filets Sushi rollen zu dürfen. Um die Kinder zum Lernen zu motivieren, flüchtete ich in einen Vorschlag: Wenn sie sofort mit ihren Schularbeiten begännen, könnte ich Reis aufsetzen, und Sushi stünde für heute auf dem Menüplan. Der Deal wurde akzeptiert, und nach fünf Tagen »Vorwinterferien« nahmen die Kinder die Schularbeiten wieder auf. Es war nicht ganz einfach, sich um das Segeln zu kümmern, Schlaf nachzuholen und gleichzeitig auch noch die Kinder für Schulaufgaben zu gewinnen, aber das Sushi-Versprechen und vielleicht auch ein bisschen Langeweile führten dazu, dass sie alsbald ihre Nasen in die Bücher steckten.

In der Zwischenzeit hatten sich die Wellen weiter aufgebaut. Da wir mit dem Wind segelten, rollte das Boot viel mehr, als ich es mir vorgestellt hatte, und man konnte keinen Schritt tun, ohne sich an einer der dafür vorgesehenen Halterungen festzuklammern. Alles klapperte in den Schränken und in den Schubladen. Wir versuchten diese irritierenden Geräusche mithilfe von Toilettenrollen zu unterbinden, indem wir diese in die Schapps zwischen die scheppernden Gegenstände klemmten, außerdem spannten wir Gummibänder um die beweglichen Teile, um sie an ihren jeweiligen Plätzen zu fixieren. Wollte man eines der Schapps öffnen, um etwas herauszuholen, musste man immer die Schiffsbewegung berücksichtigen, um nicht den gesamten Inhalt vor die Füße gekippt zu bekommen. Passatwindsegeln klingt bequem, doch dies war alles andere als angenehm.

Wir hatten unseren Kurs geändert: Statt Richtung Süden und den Kapverdischen Inseln entgegen segelten wir nun Richtung Westen und wendeten uns somit von dem letzten Vorposten von Land diesseits des Atlantiks ab. Vor uns lagen zwei Wochen auf dem offenen Meer ohne jegliche Möglichkeit, an Land gehen zu können. Dieser Gedanke war immer etwas beängstigend, denn bisher hätten wir uns ja zur Not immer noch auf eine der Inseln retten und beispielsweise in Mindelo auf São Vicente haltmachen können. Karolina litt wohl unter etwas unguten Gefühlen, glaube ich, denn mit Ausnahme von vielleicht dem einen oder anderen Frachter war von nun an keine Hilfe in Reichweite. Ab jetzt gab es nur noch uns und das weite Meer.

Jessica und Jonathan ängstigten sich nicht im Geringsten und dachten ausschließlich an das bevorstehende Sushirollen. Wir öffneten am Spätnachmittag unser auf den Kanaren gekauftes Sushi-Kit, stellten uns in der Kombüse in einer Reihe auf und versuchten, uns in Erinnerung zu rufen, was Jon, der Profikoch von WILD ALLIANCE, uns erklärt hatte. Jeder übernahm einen eigenen Teilschritt, und so standen wir wie am Fließband, um die Produktion von frischem Fisch bis zur vollendeten Sushirolle zu beginnen.

Die zur Herstellung von Sushi benötigte kleine Schüssel mit Wasser kippte zweimal durch den Wellengang um, die Wasabi-Tube verschwand hinter dem Herd, das Seegras wurde viel zu nass, die Dorado-Stücke gerieten erheblich zu groß, und dem Reis fehlte die richtige Klebrigkeit, doch wir hatten riesigen Spaß, rollten mit REGINA um die Wette und nannten unsere Endprodukte »selbst rollende Sushi«.

Es war schon dunkel, als wir fertig waren und uns im Cockpit niederließen. Ich hielt die Schüssel mit den Sushi, Karolina war für die Sojasoße verantwortlich, und Jonathan hatte die Stirnlampe auf. Jessica, die keine besondere Aufgabe hatte, durfte das erste Stück probieren. Einige der Sushis (insbesondere jene, die von Jonathan gerollt worden waren) beinhalteten eine ziemlich großzügige Menge an Wasabi und gehörten damit eindeutig zur scharfen Gattung, die uns beim Essen immer wieder die Tränen in die Augen trieb. Diese Rock-and-Roll-Sushis hat keiner von uns bis zum heutigen Tag vergessen!

Tag 7: Karibische Träume

Bob Marleys rhythmische Steeldrums trommelten mich in eine karibische Vorfreude. Mit den Klängen aus meinem iPod in den Ohren studierte ich die Karte von Bequia in dem hervorragenden Revierführer von Chris Doyle. Mein Finger folgte der Küstenlinie. Am Dingi-Steg bog ich in Gedanken rechts ab, spazierte an dem Markt vorbei entlang der Strandpromenade zur kleinen Kirche. In meiner Vorstellung passierte ich dann die Tankstelle und die Zollbehörde und drehte links vom Buchladen ab in Richtung des kleinen Inselkrankenhauses. Ein Restaurant namens *Gingerbread* hatte in dem Reiseführer eine Anzeige geschaltet, sah sehr ansprechend aus und verfügte sogar über einen WiFi-Hotspot. Konnten wir von dort nach Hause skypen? Auf jeden Fall beschlossen wir, bei *Gingerbread* unsere geglückte Atlantiküberquerung zu feiern. Auf der Straße etwas weiter oben entdeckte ich eine Firma namens Caribbean Diesel. Vielleicht würde sich dort jemand unseren »singenden Motor« ansehen? Dessen Geräusche klangen mittlerweile zwar nicht schlimmer, aber immer noch sehr beunruhigend. Ich schaute wieder auf die Karte. Hinter der Kirche stand mit großen Buchstaben *Frangipani*, was anscheinend auf eine Bar oder ein Café hindeutete. Ich wiederholte den Namen mehrmals langsam und stellte mir wunderbare Düfte und Reggaemusik vor: »Frangipani!« »Frangipani!« »Frangipani!« Was für ein hübscher Klang! Ich sah mich plötzlich dort sitzen, die nackten Zehen in den Sand vergraben und ein kühles Bier in der Hand; oder sollte ich lieber einen dieser berüchtigten Karibik-Rum-Punsche bestellen? Ich fragte mich, wie weit wohl die Wirklichkeit von meinen Tagträumen entfernt sein würde nach mehreren Wochen auf See.

Die erste Woche auf dem Atlantik war verstrichen. Zumindest behauptete dies das Logbuch. Ohne die Aufzeichnungen wäre es schwierig gewesen, die Tage überhaupt nachverfolgen zu können. Die Sonne ging auf, stieg am Himmel empor und ging wieder unter: ein Tag. Danach folgte romantische Dunkelheit: eine Nacht. Doch die Zeit verlor immer weiter an Bedeutung. Wir hatten unsere Uhren dem nach Westen hin erreichten Längengrad nicht einmal angepasst, sie blieben einfach auf UTC Weltzeit gestellt. Somit fand beispielsweise unser tägliches 18.00 UTC-SSB-Rendezvous immer früher am Tage statt, woran wir merkten, wie wir langsam nach Westen kamen. Doch das war, abgesehen von einem Punkt auf der elektronischen Seekarte, auch der einzige Hinweis.

Die Kinder passten sich bewundernswert an unsere kleine Welt an, die aus nichts anderem bestand als einer schwimmenden, klitzekleinen Plastikschale auf einer unendlichen Wasserfläche.

Da unser Boot unsere gesamte Welt ausmachte und das Wasser insbesondere nachts mit dem Weltraum zu verschmelzen schien, war es manchmal nicht einfach, zwischen dieser scheinbaren Unendlichkeit des Ozeans und dem All zu unterscheiden. Es kam uns fast so vor, als reisten wir durch das Universum. Wenn wir in den Nachthimmel schauten, sahen wir Sterne, die sehr einfach in ihrer jeweiligen Konstellation zu identifizieren waren. Es schien keine Grenzen mehr zu geben, und unsere Wahrnehmung wirkte ihrem üblichen Realitätsbezug entrückt. Die Sterne als nahezu einziger optischer und faszinierender Reiz erschienen uns um einiges näher und greifbarer als alles, was sich hinter dem Horizont versteckte, zum Beispiel die karibischen Inseln. Dank unserem Funkgerät erhielten wir immer wieder die beruhigende Gewissheit, dass wir Freunde hatten, die genau wie wir durch das riesige Universum reisten. So waren wir zwar alleine, aber nicht einsam.

Am folgenden Tag sollten wir bereits die 1000-Meilen-Marke auf dem Atlantik überschreiten. 1000 Seemeilen sind weit mehr, als die meisten Segler in einer Saison runterreißen, und wir hatten kaum mehr als eine Woche gebraucht, um diesen Zahlenwert zu erreichen. Unabhängig davon, was nun auch immer geschehen würde: Es gab kein Zurück. Die Passatwinde bliesen stetig aus östlichen Richtungen, und uns blieb keine andere Wahl, als nach Westen weiterzulaufen. Wir befanden uns am *point of no return*. Plötzlich entdeckten wir ein anderes Boot! Es war ein Katamaran, der uns überholte, und so war es ein aufregender Moment, als wir ihn über UKW anriefen. Ich fragte, wann sie von den Kanaren losgesegelt seien. Funkstille. Dann kam die Stimme mit einem deutlich neuseeländischen Akzent: »Samstag, Kumpel – glaube ich ...«

Ich hakte nach: »Samstag – in welcher Woche?«

Zeit ist relativ, ganz besonders auf See! Was war schon ein Tag, eine Woche oder ein Monat? Wir hatten unser Gefühl für Zeit völlig verloren. Ich fragte mich, ob Tiere und kleine Kinder sich so fühlten – immer in der Gegenwart? Als mich nach unserer Rückkehr einmal jemand fragte, ob eine Woche auf dem Atlantik eine lange oder kurze Zeitspanne sei, musste ich gestehen: »Ich weiß es nicht.« Für mich fühlte es sich während dieser Begegnung überwiegend so an, als wären wir schon seit Ewigkeiten auf dem Ozean zu Hause, was mir mehr natürlich als lange erschien.

Ich beugte mich wieder über meinen Revierführer und wechselte Doyles Buch gegen den »Lonely Planet Guide« aus. Waren die Menschen in der Karibik wirklich so nett wie beschrieben? War die Stimmung dort wirklich so cool wie das Klima heiß? Würde es immer noch so hübsch sein, wenn wir ankämen? Ich war mir bewusst, dass keine unberührte Wildnis auf uns wartete. Ich freute mich unbändig darauf, das alles live erleben zu dürfen.

Tag 8: Kontakt mit der Heimat

Ich saß am Kartentisch. Karolina hatte mich für meine Wache aus der Koje geholt, und ich war noch gar nicht richtig wach. Es war Mitternacht. Karolina hatte sich sofort in ihre Kissen gerollt und wurde von einem Leesegel in der Koje gehalten, sodass sie sicher und fest geborgen war, ohne einen Sturz auf den Kajütboden zu riskieren. Um sie zu schützen, hätte ich gerne meine Arme um sie geschlungen – doch darauf mussten wir noch zwei lange Wochen warten.

Fast noch im Tran starrte ich müde auf den Radarschirm. Keine Schiffe in Sicht, nur die Wellen in unmittelbarer Nähe machten sich bemerkbar. Wir hatten außer dem Katamaran sowie einem Containerschiff aus Deutschland seit Langem kein Schiff mehr getroffen. Zwei Begegnungen in einer Woche. Es gab wirklich nicht viel Verkehr hier draußen.

Mit dem deutschen Containerkapitän hatten wir ein nettes Gespräch über UKW geführt, indem wir Informationen über seine Fracht austauschten, über unsere Zielhäfen und über Weihnachten sprachen. Ich erzählte von unseren Plänen auf Bequia, erklärte, dass wir uns nach einem ruhigen Ankerplatz sehnten und dort unsere Segelfreunde wiedersehen würden. Er sagte, dass er uns beneide. Sein Schiff würde an Weihnachten die USA, das aktuelle Reiseziel, schon längst wieder verlassen haben und den nächsten Hafen in Südamerika anlaufen. Weihnachten, meinte er, müsste er irgendwo auf hoher See verbringen – im Kreise der Mannschaft. Er gab zu, dass das ewige Rollen auf seinem großen Schiff auch ihn nervte. Außerdem bestätigte er uns, dass wir ein gutes Radarziel ausmachten und unübersehbar waren. Dann wünschten wir einander »a good watch«, und es wurde wieder still auf der REGINA.

Auf dem Radarschirm war kein Schiff mehr zu sehen, auch keine nahenden Squalls, diese Starkwindböen, die sich besonders nachts im Passat bilden und heftigen Regen bringen, machten sich breit. Man erkennt sie recht gut auf dem Radar, kann also beizeiten die Segel reffen oder den Kurs ändern. Ich gähnte, starrte auf den Computerschirm neben dem Radargerät und ging nochmals alle E-Mails durch, die wir während unserer Atlantiküberquerung erhalten hatten. Viele waren sehr lustig, einige Absender stellten unsere Reiseart infrage, denn sie konnten es immer noch nicht verstehen, warum wir nicht lieber in die Karibik fliegen wollten. Wieder andere waren vom Grundtenor her ängstlich und machten sich um unser Wohlbefinden Sorgen – doch alle waren sie wunderbar! Ich las sie nochmals langsam und mit Genuss durch.

Wie selten hat man sonst schon die Muse, einen Brief mit allen seinen Nuancen mehrfach zu interpretieren? Alle Mails von Freunden und Familie bedeuteten viel für uns hier draußen auf dem riesigen Ozean.

Ich kehrte wieder an Deck zurück und schaute mich um. Eine wunderbar warme tropische Brise umfing mich, und REGINA schien ebenfalls zufrieden. Von der Cockpitbank neben dem zweiten Radarschirm aus genoss ich den sternenklaren Himmel. Eine E-Mail von meiner Cousine in Stockholm berichtete vom Winter. Schnee sei gefallen. Wie exotisch! Ich schloss meine Augen und versuchte ganz fest, mir die weiße Winterlandschaft vorzustellen. Wollte ich tauschen? Nein! Ich hatte lange genug diese dunklen Winter erduldet, in denen die vereinzelten schönen Schneetage sehr rasch wieder durch den elendigen Regen mit seiner braunen Brühe weggewaschen wurden. Um das Einschlafen in meiner bequemen, zurückgelehnten Position zu verhindern, stand ich wieder auf und begab mich auf meine Lieblingsposition zwischen Steuerkonsole und Sprayhood. Totale Dunkelheit unter mir, Sterne über mir und unsere rote und grüne Nachtbeleuchtung dazwischen. Das war meine Welt. Wie so oft während der Nachtwachen, verspürte ich einen gewaltigen Heißhunger auf etwas Leckeres. Unten fand ich die Snacks, die Karolina fürsorglich wie in jeder Nacht für mich bereitgestellt hatte. Sie forderte immer, ich sollte nicht alles aufessen und ihr auch ein wenig übrig lassen für die spätere Wache. Doch das war zu viel verlangt, obwohl ich mir zuerst immer nur eine kleine Nuss schnappte. Und dann noch eine, dann eine letzte und dann eine allerletzte … Ich konnte den Schwund nie richtig einschätzen, bis plötzlich alle Leckereien wie von Geisterhand gestohlen waren und mir nichts anderes übrig blieb, als meine Sünden zu gestehen, wenn ich sie zum Dienst aus der Koje holte. Dann nahm ich mir ganz fest vor, mich in der nächsten Nacht zu bessern, bis mich im roten Schein meiner Taschenlampe wieder die Ration anlachte: Schokolade. Herrlich!

Zurück am Kartentisch, vertrieb ich mir die Zeit damit, neu eingetroffene E-Mails runterzuladen. Es waren gleich zwei auf einmal! Beide kamen von erfahrenen Seglern, die schon auf unserer Route unterwegs gewesen waren, und ich las sie mir selbst laut vor: »Genießt die Überfahrt! Vielleicht kommt ihr nie mehr so nahe ran ans Nirwana.« Und: »Die Karibik ist so dicht am Paradies, wie man nur rankommen kann – und du kannst sogar immer wieder nach Hause zurück!«

Ja, beide hatten recht. Wir genossen jetzt unseren Törn, offensichtlich dauerte es bei uns immer eine Woche, bis wir richtig loslassen und unsere Ängste überwinden konnten. An das schlimme Rollen hatten wir uns entweder gewöhnt oder es war besser geworden. Wir gewannen kontinuierlich an Erfahrung und lernten täglich dazu. Dabei war es am spannendsten, uns selbst kennenzulernen und das wirklich Bedeutungsvolle im Leben zu entdecken. Wir wuchsen als Familie noch mehr zusammen, nicht nur praktisch durch die gemeinsame Tagesbewältigung, sondern vor allem auch emotional und spirituell.

Lächelnd blickte ich auf die Uhr. Erstaunlich, wie schnell doch die Stunden beim Träumen vergehen. Meine Wache war schon fast um, und es wurde Zeit, Karolina zu wecken.

Tag 9: Keine besonderen Vorkommnisse

Am 3. Dezember passierte nicht viel. Und genau das war das Wesentliche für diesen Tag. Wir brauchten kein Segel anzufassen. Die See hatte sich gelegt, und es ging nur eine angenehme Dünung. Der Passatwind schob uns gemächlich voran. Karolina und ich hatten beide genug Schlaf bekommen, um uns richtig ausgeruht zu fühlen, obwohl wir uns auch trotz der guten Bedingungen nicht länger als drei Stunden zusammenhängenden Schlaf zuteilten. Auch alle unsere Freunde berichteten über SSB, wie gut es ihnen ging. Was wollten wir mehr?

Dennoch fanden sich Herausforderungen, selbst an einem ereignislosen Tag wie diesem. So nahm ich die Toilettenpumpe auseinander, eine Aufgabe, die längst überfällig war. Wasser sickerte bereits seit einigen Tagen rückwärts vom Fäkalientank wieder zurück in die Toilette. Es war keine schwierige Arbeit, obwohl sie nicht zu meinen Lieblingstätigkeiten gehörte. Das Auslassventil war auszutauschen und von Salzkristallen zu reinigen. Nach 45 Minuten hatte ich alles erledigt, und mit ein bisschen Armaturenfett lief die Pumpe wie neu. Routinemäßig kontrollierten wir noch Segel und Schoten auf Scheuerstellen. Leinen können schnell komplett durchscheuern, wenn man nicht ständig darauf achtet und eingreift. Wir hatten zwar alte Gartenschläuche dort über die Genuaschoten gezogen, wo sie durch das Ende des Spinnakerbaumes laufen, aber alle möglichen Dinge müssen auf Scheuerung geprüft werden. Ich hatte von einem Segler gehört, dass er sogar sein Sakko nach einer Atlantiküberquerung aufgrund der konstanten Bewegungen im Schapp voller Löcher vorfand. Auch ich hatte beim Packen von umsichtigen Familienmitgliedern die Anweisung erhalten, ein Jackett für »elegante Ereignisse« mitzunehmen.

»Man weiß nie, von wem man eingeladen wird!«, lautete die Weisheit der Landratten.

Nun hing es im Steuerbordschrank, ich hatte es seit unserem Ablegen nicht mehr angeschaut, befürchtete plötzlich, dass es vielleicht gar nicht mehr so elegant aussah, und beschloss, seinen Zustand am folgenden Morgen zu überprüfen. Aber jedenfalls nicht an diesem perfekten Tag auf dem Atlantik!

Ein weiteres bedeutungsloses, aber wichtiges Ereignis lieferte ein Fisch – ein richtig großer, der sich mit unserem größten und besten Angelhaken davonmachte. Karolina hatte in einem Buch gelesen, dass man niemals zu große Haken benutzen sollte, da große Haken große Fische anlocken, also möglicherweise einen größeren Fang, als man ihn sich wünscht. Doch in einem Angelladen auf den Kanaren hatten Dan und ich lauthals davon geschwärmt, dass wir die größtmöglichen Fische fangen wollten, und uns deshalb nicht mit diesen lächerlichen Baby-Haken begnügen könnten, die uns unsere bescheidenen Ehefrauen unter die Nase hielten. Wir wollten richtige Haken – solche für Männer! Na ja, nun war er weg, dieser Supermännerhaken … Karolina hatte vielleicht wieder einmal recht gehabt.

In unserer Fischerkiste fanden wir einen rosaroten Tintenfisch aus Plastik und einen neuen kleineren Haken. Kaum über die Reling gehängt, biss sogleich ein Fisch an: eine handliche kleine Goldmakrele, die für das Mittagessen des folgenden Tages perfekt war. Ach, wenn nur alle Tage so sorglos sein könnten wie dieser ereignislose neunte Tag auf hoher See!

Tage 10, 11 und 12: Mitten auf dem Atlantik

Der zehnte und elfte Tag verliefen genauso unspektakulär wie die davor. Jeder Tag verschmolz nun mit den vorherigen und dem nächsten, und alle bildeten ein zeitloses Kontinuum.

Am zwölften Tag erreichten wir genau die Mitte unserer Atlantikstrecke. 1450 Seemeilen lagen seit den Kanaren hinter uns, und wir hatten noch 1450 Seemeilen vor uns. Subjektiv befanden wir uns also am Mittelpunkt unseres Ozeans, und das Land konnte nicht weiter entfernt sein. Wir bereiteten ein kleines Mitte-Atlantik-Festessen und öffneten unsere einzige Bierdose.

Von nun an begann der Countdown zu unserem Ziel, oder wie unser Schweizer Freund Rudy von der SHIVA über SSB verkündete: »Do gahts jetz bergab, odr!«

Den Gipfel eines Vorhabens zu erreichen ist schon eine Leistung, die man feiern und genießen sollte. Doch der Abstieg nach dem Bergfest kann mindestens genauso anspruchsvoll sein. Unsere Gefühle waren deshalb intensiv und gemischt. Die Position mitten im Atlantik fühlte sich zweifellos großartig an, unter anderem weil ich nie konkret davon geträumt hatte. Oft hatte ich mir vorgestellt, in fremde Häfen ein- oder auszulaufen, in der Wärme zu segeln, Atolle zu entdecken, an Deck in der Sonne zu liegen, sogar durch Stürme zu segeln. Aber nie zuvor hatte ich mich selbst in der Mitte des Atlantiks gesehen, obwohl ich mich schon seit meiner Kindheit immer wieder Tagträumen hingegeben habe. Bis heute tue ich es während langweiliger Geschäftssitzungen, im Auto, beim Joggen oder Schwimmen, bevor ich einschlafe und während ich spät abends vom Büro nach Hause laufe. Aber irgendwie hatte ich vergessen, mich selbst an einen Ort zu stellen, der Tausende Seemeilen vom Land entfernt ist. Ein interessanter Gedanke. Jetzt war ich plötzlich hier!

Die Atlantikpassage war weder ausdrücklicher Wunsch noch unbedingter Plan gewesen. Eine Option. Nicht mehr. Wir hatten immer gesagt, dass wir nur so lange weitersegeln wollten, wie es uns Spaß machte. Das war auch der Hauptgrund, warum wir uns weder der ARC oder irgendeiner anderen Rally angeschlossen hatten. Wir wollten immer frei und unabhängig bleiben, ohne Verbindlichkeiten und festgelegte Termine.

Tag 15: Der riesengroße Atlantik

Zwei Wochen waren wir nun schon unterwegs, und es war täglich nichts anderes um uns herum zu sehen gewesen als der blaue Himmel und der Ozean.

Der Atlantik erschien unendlich groß, obwohl er doch nicht mehr als 24 Prozent der Erdmeere ausmacht. Wir konnten uns nicht vorstellen, wie viel Wasser sich sich auf unserem blauen Planet befindet. Ebenso konnten wir während eines transatlantischen Fluges nie den Abstand zwischen Europa und Amerika nachvollziehen. Die Geschwindigkeit eines Flugzeuges ist einfach zu hoch und verzerrt Raum und Zeit, und unsere Seelen kamen nicht mit. Das Segeln aber ist exakt die für uns geeignete Geschwindigkeit beim Reisen. Fünf, sechs, sieben Knoten ist das Tempo, mit dem der Mensch schon seit Millionen von Jahren vertraut ist, und ich wage die Behauptung, dass man nur bei diesem geringen Tempo des Laufens, Fahrradfahrens oder Segelns einen Weg von A nach B wirklich begreifen und erleben kann. Nur so kann man seine Umwelt achtsam, das heißt bewusst, wach und aufgeschlossen in der Seele speichern.

Natürlich reisen die meisten Menschen mit höherer Geschwindigkeit und haben sicher eine sehr schöne Zeit an ihren Zielorten. Warum reisten wir nicht mit dem Flugzeug? Der Grund war einfach: Würden wir zu denselben Orten fliegen, würden wir sie ganz anders erleben. Segeln entspricht unserem Lebensstil und führt zu der Lebensart, die wir zu schätzen gelernt haben. Keinen der Gleichgesinnten, die wir unterwegs kennenlernten, kümmerte es, wo genau es hingehen sollte. Stets war der Weg mindestens so wichtig wie das Ziel! Außerdem haben wir so auch unterwegs unser Zuhause dabei, Jessica bezeichnet REGINA sogar heute noch als ihre Heimat. Für uns bedeutet das Segeln, als Mensch zu wachsen, das heißt, beispielsweise zu lernen, mit Angst und Ungewissheit umzugehen sowie nahe mit jenen zusammenzuleben, die wir lieben. Das ist ein unglaublich starkes und befriedigendes Gefühl, wenn man ein Ziel nur mithilfe der eigenen Kraft und der der Natur erreicht hat. Zudem geht es um Kameradschaft und darum, zahlreiche Menschen und Freunde, die man unterwegs trifft und die sich gegenseitig ohne den geringsten Gedanken an Bezahlung gerne beistehen, um sich zu haben. Das Segeln bietet ein Leben, wie es dem Selbstverständnis des Urmenschen entspricht: selbstbestimmt die eigene Mitte zu finden und keine Chancen zur Entfremdung zuzulassen.

Über SSB hörten wir, wie einige Boote, die uns voraus waren, schon darüber berieten, was sie nach der Ankunft unternehmen wollten und wie sehr sie sich darauf freuten, in Kürze den Anker in den Sand eingraben zu können. Wir hörten zu, wie sie sich ausmalten, in geschützten Ankerbuchten ins klare Wasser zu springen und wie sie nach der Ankunft als Erstes eine ganze Nacht durchschlafen wollten. Ich konnte es nachfühlen ..., aber für uns war es noch ein gehöriges Stück Weg bis dorthin. Es hörte sich alles so verlockend an. Obwohl wir in unserer Familie so wunderbar zusammenpassten, empfanden wir es doch als Bereicherung, wieder andere Menschen zu treffen. Auf See zu sein war schön und gut, doch sehnten wir nun den Landfall herbei.

Tag 17: Fast da

»Was? Nur noch fünf Tage?« Jessica klang erstaunt und fast etwas enttäuscht.

»Wir sind fast da«, bestätigte Jonathan, während er die elektronische Seekarte studierte.

Ich lächelte. Auch ich fand, dass die verbleibenden fünf Tage auf dem Atlantik sich so anfühlten, als ob wir ihn schon fast überquert hätten. Andererseits waren fünf Tage nicht gerade eine Kurzstrecke. Wir hatten immerhin noch 700 Seemeilen vor uns! Ich erinnerte mich: Der Golf von Biskaya, das waren 536 Seemeilen, die Entfernung von Norwegen bis nach Schottland betrug knappe 280 Seemeilen. Das Wetter hatte es bis jetzt gut mit uns gemeint, obwohl wir uns während des gesamten 17. Tages durch nervige Böen kämpfen mussten, die aus sich auftürmenden Kumuluswolken entstanden, welche rasch zu

Kumulonimbuswolken heranwuchsen. Sie hielten uns den ganzen Tag mit Regen und Starkwind in Atem. Von einer dieser Böen wurden wir total niedergebügelt. Es war gerade eine Weile Ruhe eingetreten, daher hatten wir das Radar ausgeschaltet und konzentrierten uns gerade mit Jessica und Jonathan im Cockpit auf die Schularbeiten, als REGINA wie von Geisterhand gleich einem Spielzeugboot nach vorne geschoben wurde. Meine Aufmerksamkeit richtete sich schnell auf den Himmel hinter uns, wo eine schwarze Regenwand heranschoss.

»Schnell! Alle Schulbücher nach unten! Vorsegel reffen!«

Karolina machte das Radar wieder an und betrachtete voller Sorge den großen gelben Fleck, der sich über die gesamte Schirmbreite verteilte. Squalls, die uns bisher erwischt hatten, waren mit einem Durchmesser von ungefähr einer Seemeile nicht so groß gewesen. Diese hier war aber mindestens sechs Meilen breit, und wir befanden uns direkt in ihrer Zugbahn. Unser Spi-Baum, den wir zum Ausbaumen der Genua benutzten, wurde mithilfe von drei Leinen in Position gehalten, sodass die Genuaschot unabhängig vom Spi-Baum durch dessen Auge am Ende frei laufen konnte. Somit mussten wir das Segel nur einrollen, bis es ganz weg war, und der Spi-Baum blieb immer zum Einsatz in Position bereit. Dieses System funktionierte hervorragend, und wir konnten ihn sogar stehen lassen, wenn wir die Genua auf der Leeseite fuhren. Vielleicht sah es nicht elegant aus, mit einem nach Luv gestreckten Spi-Baum zu segeln, aber hier draußen sah uns ja keiner, und es war einfach praktisch. Das Beste von allem war, dass wir die Genua vom Cockpit aus ein- und ausrollen konnten und dass dies während der Nachtwache eine Person allein schaffte. Wir hatten nämlich die Regel aufgestellt, dass niemand das Cockpit verlassen durfte, solange kein anderes Crewmitglied – und sei es nur eines der Kinder – sich dort eingefunden hatte, um bei etwaigen Problemen Alarm zu schlagen. Das Cockpit nachts zu verlassen sollte völlig vermieden werden. Selbstverständlich trugen alle an Deck immer Sicherheitsgurte mit selbstsichernden Karabinerhaken. Den Großbaum hatten wir auch mit drei Leinen – der Großschot, dem Toppinglift und dem Bullenstander – so fixiert, dass das Segel weder gegen die Wanten noch gegen die Saling schamfilte. Das Großsegel war ebenfalls einfach ein- und ausrollbar, sogar während wir vor dem Wind segelten. Wir mussten dann nur im Einklang mit den Pendelbewegungen von REGINA arbeiten: Jedes Mal, wenn der Winddruck im Segel dank der Rollbewegung von REGINA minimal war, schafften wir ein paar Umdrehungen, ein halbes Dutzend Pendelbewegungen später war das Segel drin. Es war nicht viel schwieriger, als das Vorsegel einzuholen. Schließlich fuhren wir noch ein Stagsegel, das an einem wegnehmbaren Kutterstag zwischen Genua und Mast angehängt war. Holten wir dieses auf der Leeseite dicht bei, während die Genua in Luv ausgebaumt war, verminderte sich das Rollen von REGINA. Unser viertes Segel, den Gennaker für leichte Winde, setzten wir nur selten auf dem Atlantik. Erstens weil der stetige Passatwind uns schnell genug vorantrieb, und zweitens weil es ein ziemlich anspruchsvolles Segel für eine kleine Familiencrew ist, wenn meistens nur ein Erwachsener das Boot führt, während der andere ruht.

Während der Regen nun von achtern heranrauschte, winschte ich schnell die Genua ein. Jessica und Jonathan beeilten sich, alle Kissen und anderen Kram unter Deck zu bringen sowie alle Luken und Fenster dicht zu schließen. Während der erste Sturzbach, als wäre ein Wasserhahn aufgedreht worden, auf uns niederging, konnten wir gerade noch in die Kajüte flüchten, die Niedergangsluke schließen und REGINA dem Autopiloten überlassen, der eine nasse und windige Wache übernahm. Nach weniger als 20 Minuten war der Spuk vorüber, die Sonne kam wieder heraus, und REGINA bedankte sich für eine herrliche Süßwasserdusche, die alles Salz gründlichst von ihr abgespült hatte. Die Kissen kamen mitsamt den Schülern und Schulbüchern wieder nach oben, und der Unterricht konnte bis zum nächsten Regenguss fortgesetzt werden.

Meine Gedanken konzentrierten sich nun fest auf den Zeitpunkt in ungefähr fünf Tagen, wenn sich das Rollen in ein leichtes Schaukeln vor Anker in einer ruhigen karibischen Bucht verwandeln würde und ich endlich in Karolinas Armen ungestört schlafen konnte – eine ganze Nacht lang!

Tag 20: Die letzten 24 Stunden

Es waren nur noch weniger als 24 Stunden bis zum Landfall. Wir hatten den schönsten Passatwind, den man sich vorstellen kann: nur kleine Wellen und angenehme 15 bis 20 Knoten Wind, die uns rasch vorankommen ließen. Und das ging nun schon seit mehreren Tagen so. Sogar die Böen hatten aufgehört.

Es war ein sehr merkwürdiges Gefühl, bald unsere kleine Welt hier auf dem Atlantik verlassen zu müssen. Hatte ich mich nicht erst vor ein paar Tagen nach dem Landfall gesehnt? Hatte ich mir nicht gewünscht, dass das Rollen endlich ein Ende nehmen sollte? Und an dem Tag, als die Regenfront uns so gewaschen hatte, hatte ich mir da nicht im tiefsten Inneren die Frage gestellt, was wir überhaupt auf dem Atlantik zu suchen hatten?

Doch nun gab es etwas, das mir die Freude an einem baldigen Landfall nahm. Trennungsangst von dem, was während Wochen unser Zuhause geworden war, erfüllte mich. Ich fürchtete mich vor dem Land mit den vielen Menschen. Wie würde ich mich in der Zivilisation zurechtfinden? War ich nicht völlig entwöhnt? Der Atlantik war unsere Heimat geworden; eine neue Lebensform war für uns maßgeblich. Noch nie hatten wir so viel Zeit so intensiv miteinander verbracht. Während dieser drei Wochen bestand unsere gesamte Welt aus dem Zwölf-mal-vier-Meter-Schiff und der riesigen Wasserwüste um uns herum und schenkte uns alles, was wir zum Leben brauchten. Wir hatten Schutz, fingen weit mehr Fische, als wir essen konnten, produzierten unser eigenes Süßwasser und mehr als genug elektrischen Strom. Wir fühlen uns geborgen, zufrieden und glücklich. Und jetzt sollten wir all das einfach aufgeben?

Ich überlegte, ob wir nicht lieber vor dem Hafen ankern und einige Zeit im Cockpit bleiben sollten, um das Landleben zunächst aus der Distanz zu beobachten. Dadurch könnten wir uns langsam an die Zivilisation annähern und gleichzeitig genießen, wonach wir uns am allermeisten sehnten: ein still liegendes Boot und eine ganze Nacht Schlaf.

Nach unserem letzten Abendessen auf dem Atlantik saßen wir noch lange um den Tisch herum und versuchten, unsere Passage zusammenzufassen. Es war unser erster Ozean gewesen, und jetzt waren wir richtige Hochseesegler! Wir diskutierten, ob es unseren Erwartungen entsprochen hatte oder inwiefern es anders gewesen sei. Die Kinder hatten nicht viel über das Ganze nachgedacht. Für sie war REGINA ihr natürliches Zuhause, und sie schienen ihre Freunde an Land kaum zu vermissen.

»Der Atlantik ist toll«, stellte Jonathan fest. »Wir essen Kekse und Snacks während der Nachtwachen!«

Jessica liebte es, dass wir während der Nachtwachen DVD-Filme im Cockpit sehen konnten. Ich hatte meine Kinder noch nie so friedlich miteinander erlebt; sie hatten sich kein einziges Mal gezankt, schliefen viel und fanden es spannend, wenn wir einen Fisch fingen oder die Vögel beobachteten, die uns zeitweise begleiteten. Beide hatten sich völlig dem Atlantikleben angepasst.

Ich fragte Karolina: »Und was hattest du nicht erwartet?«

Karolina antwortete wie aus der Pistole geschossen: »Dass wir nur die ersten zwei, drei Tage seekrank waren, und wie einfach es doch ging, gut zu schlafen. Selbstverständlich verlangte uns der Ozean auch Anstrengungen ab, und manchmal war es doch etwas schwierig, auf Befehl die Augen zu schließen, doch im Großen und Ganzen funktionierte alles viel besser, als ich es mir vorgestellt hatte.«

Ich sah es genauso. Wir hatten Essen gekocht, gebacken, geputzt, viel gelesen und geschrieben, uns um uns selbst gekümmert, kurz: ein einfaches, ruhiges Leben geführt und all die normalen Aufgaben unseres Alltags bewältigt. Selbstverständlich war dies eine große Herausforderung, wenn alles schwankte, aber wir hatten uns schnell an die veränderten Lebensbedingungen angepasst.

Karolina fragte nun mich: »Vor gar nicht langer Zeit hast du den Landfall kaum erwarten können. Warum?«

»Das Rollen«, antwortete ich. »Ich hasse es, wenn das Rigg und die Segel schlagen, während die Wellen uns von einer Seite auf die andere schaukeln. Ich mag es auch nicht, wenn ich etwas aus der Kühltruhe nehme, und der Rest dort drin wie ein Kartenhaus zusammenrutscht, und ich mag es überhaupt nicht, wenn die Dinge in den Schubladen herumschlagen oder lose Gegenstände im Boot herumfliegen.«

Die gewaltigen Böen missfielen mir ebenfalls. Nachts immer wieder reffen zu müssen, konnte schon ermüdend sein. Die Winde waren oft regional begrenzt, und es kam immer wieder vor, dass wir mit einer Bö nach der anderen zu kämpfen hatten, während unsere Freunde nicht weiter als 100 Seemeilen entfernt stetige Winde genossen. Wurde man vom Starkwind erwischt, konnte man eine ereignisreiche Nacht erwarten, in der wir unermüdlich Segel einholen und wieder ausrollen mussten. Von Zeit zu Zeit hatten wir das Gefühl gehabt, dass die Passage nie zu Ende gehen würde, und insbesondere für Karolina war es Furcht einflößend, dass der Atlantik so groß und jede Hilfe so weit weg war. Was-wäre-wenn-Fragen riefen die schlimmsten Horrorbilder in ihr auf, während sie schlaflos in der Koje lag. Ich denke, wir alle sind sehr daran gewöhnt, ärztliche Hilfe immer in unmittelbarer Nähe zu haben, und es ist gar nicht so schlecht, daran erinnert zu werden, dass es während einer begrenzten Zeit auch einmal anders gehen kann. Im Notfall wären sicherlich auch andere Schiffe mit Ärzten in der Nähe gewesen, doch einen oder mehrere Tage hätten wir wahrscheinlich schon warten müssen. Gewöhnungsbedürftig, wenn gleichzeitig auch sehr reizvoll war es, während mondloser Nächte mit hoher Geschwindigkeit in dem schwarzen Nichts durch die Wellen zu pflügen. Ich glaube, es geht bei einer Atlantiküberquerung auch darum, dass man wieder Grundvertrauen ins Leben, eine Art Urvertrauen erleben darf, und sich einfach auch einmal auf sich selbst verlässt und die Überzeugung, dass alles gut wird, sowie auf die Statistik, denn die Passage zur richtigen Jahreszeit ist in der Regel eine relativ sichere Sache. Die tägliche Teilnahme am Straßenverkehr ist mit Sicherheit wesentlich gefährlicher. Doch mit diesem enorm hohen Risiko zu leben, haben wir in den sogenannten Zivilisationsgesellschaften alle gelernt und verdrängen die Angst täglich sehr effektiv. Wir waren jedenfalls an der gemeinsam bewältigten Herausforderung und dem Vertrauen in unsere eigenen Fähigkeiten gewachsen und wesentlich weniger ängstlich. Außerdem hatten wir die höchste Stufe der Bedürfnispyramide erreicht: Selbstverwirklichung.

Wichtig war stets das SSB-Funkgerät. Mit anderen Seglern in Kontakt zu stehen, die sich mit ähnlichen Gedanken, Ängsten und Gefühlen herumschlugen, war stärkend. Zu wissen, dass die anderen genauso unter Kreuzseen, Flauten oder Starkwinden zu leiden hatten, war ein Trost. Alle gaben wir unser Bestes in vergleichbaren Situationen, und die SSB-Netze halfen durch frustrierende Tage, die uns nicht alle gleichzeitig erwischen. Wie Therapeuten unterstützten wir uns gegenseitig, und die Kameradschaft zwischen uns Yachties wuchs kontinuierlich.

Am Ende dieses Gespräches saßen wir noch lange schweigend um den Cockpittisch herum, schauten melancholisch dem letzten atlantischen Sonnenuntergang zu und dem Vollmond, wie er langsam aus dem Ozean stieg. Das ewige Lied der brechenden Wellen um uns herum war die musikalische Begleitung dieses wunderbaren Schauspiels, das wir schon 19-mal bewundert hatten und nun wahrscheinlich zum letzten Mal auf dieser Atlantiküberquerung genießen durften.

»Na denn«, unterbrach ich die Stille, »ich werde jetzt wohl besser das Geschirr abwaschen und mich dann für unsere letzte Nacht auf dem Atlantik in die Koje verziehen.« Meine Stimme war von Melancholie durchzogen, oder klang sogar etwas Angst durch?

Das Land, das mich plötzlich so einschüchterte, hatte zugleich Verlockendes zu bieten: unsere Segelfreunde, die wir sehr vermissten. Wir freuten uns unbändig darauf, sie alle wiederzusehen. Und so beschloss ich kurzerhand, mich auf den Landfall zu freuen und ließ mich in tiefer Dankbarkeit ein letztes Mal sachte in den Schlaf wiegen.

Fischen

Südlich der Kanarischen Inseln werden Sie höchstwahrscheinlich recht viel Fisch fangen. Das macht Spaß, kostet nichts und beschert Ihnen die herrlichsten Gerichte. Thunfisch und Dorado (auch Goldmakrele oder Mahi-Mahi genannt) sind die typischen Arten, die man während des Segelns fängt, indem man auf See eine Schleppangel ausbringt, sogenanntes Trolling.

Während diese durch Trolling auf hoher See gefangenen Fische gefahrlos zu verzehren sind, sollten Sie bei tropischen Korallenrifffischen vorsichtiger sein, denn einige Arten können sogar die Nervenkrankheit Ciguatera auslösen. Dabei wird die Weiterleitung der elektrischen Signale im menschlichen Nervensystem gestört, was zu schwerwiegenden neurologischen Ausfällen führen kann. Das Nervengift wird in der Nahrungskette angereichert, daher sind besonders Raubfische wie Barrakudas, Zackenbarsche und Muränen belastet. Größere Fische sind im Übrigen mehr belastet als kleinere, da sich in den großen mehr Gift ansammelt als in kleinen. Deshalb die Faustregel: In Restaurants ist es ratsam, dass man keinen Fisch verzehrt, der größer ist als der Teller. Besonders in den Tropen ist es wichtig, in Reiseführern oder bei den Fischern vor Ort Auskunft über das Vorkommen von Ciguatera einzuholen, bevor man einen Fisch der Risikogruppe verzehrt. Fische vor der einen Insel können verseucht sein, während dieselbe Art vor einer anderen Insel genießbar ist.

Vergessen Sie nicht, bei den Arbeiten am Heck einen Sicherheitsgurt zu tragen. Große Haken und Köder vermögen einem Skipper vielleicht das Gefühl zu vermitteln, Supermann zu sein, locken aber auch eine Fischgröße an, die Sie sich auf einer Yacht vielleicht nicht unbedingt wünschen. Mit kleineren Fischen von drei bis fünf Kilogramm Gewicht umzugehen, ist so viel einfacher, und diese reichen für die frischen Mahlzeiten einer Crew völlig aus. Ein mittelschwerer Köder kann problemlos ohne Gewichte dicht unter der Wasseroberfläche geführt werden, denn Thunfische und Dorados schwimmen nicht in der Tiefe. Die Spule und die Schnur müssen jedoch von passender Größe, Stärke und Länge sein. Die ersten 30 Zentimeter der Angelschnur sind am besten aus Stahl, damit kein Fisch sie mit den Zähnen durchtrennen kann. Eine starke und nicht zu lange Rute, die in einer Halterung am Heckkorb steht, ist praktisch, um die notwendige Federung zu gewährleisten, und erleichtert den oft notwendigen Kampf gegen den Fisch. Viele Segler befestigen die Spule ohne Rute direkt auf dem Heckkorb und benutzen ein Stück Gummi in der Schnur als Federung.

Beißt ein großer Fisch an, ist es von Vorteil, kurzzeitig die Geschwindigkeit aus dem Schiff zu nehmen, so können Sie den Fisch besser an Bord hieven. Ohne den Fisch auszunehmen, können Sie ihn mit einem Spezialmesser mit weicher Klinge auf einem Tablett direkt filetieren, was weitere Blutlachen an Deck erspart. Aus den rohen Teilen lässt sich das frischeste Sushi der Welt zubereiten, oder Sie braten die Filets mit Knoblauch, Limetten und Olivenöl. Rezepte müssen nicht kompliziert sein, damit die Ergebnisse vorzüglich schmecken.

19

In dem wir über Hochs und Tiefs reflektieren

Nichts zu klagen

Ich vermute, es hatte damit zu tun, dass wir so lange Zeit auf See verbrachten: Die ersten Tage an Land empfanden wir im wahren Sinne des Wortes als atemberaubend. Reizüberflutung war das Stichwort, das uns dazu einfiel. Es gab außerdem so viel zu tun und zu sehen, dass wir gar nicht wussten, womit wir anfangen sollten.

Wir stellten keine hohen Erwartungen an die Kleinen Antillen. Dafür hatten wir viel zu oft gehört, dass hier »früher« ein Paradies gewesen, das »heute« jedoch völlig überlaufen sei. Erfahrene Segler erzählten, die Anzahl der in den Häfen liegenden Yachten wäre in den letzten zehn Jahren sehr stark gestiegen, doch die zehn bis 15 Jahre alten Bücher, die ich gelesen hatte, schilderten die Ankerplätze vor der Erfindung des GPS als öde und einsam. Deshalb waren wir überrascht, nach unserer Ankunft liebenswerte Häfen und Ankerplätze vorzufinden, und hatten wirklich nichts zu klagen.

Wir erlebten die Kleinen Antillen in der östlichen Karibik als eine relativ stabile Region mit einer in erster Linie vom Tourismus dominierten Wirtschaft. Und ja, auch wir waren Touristen, obwohl man sich als Yachtie manchmal vielleicht gerne von den Besuchern, die für eine oder zwei Wochen zum Urlaubmachen einfliegen, distanzieren möchte. Doch auch wir gingen gerne an Land, um ein Bier in einer Bar zu trinken, den Abend in einem Restaurant zu verbringen oder den rhythmischen Tönen der Steelbands zuzuhören. Gerne profitierten wir vom »Highlife« in Form von Bars, Restaurants, Wäschereien, Internetcafés oder Yachtzulieferern, das uns die Fremdenverkehrsindustrie bot, und wollen daher wirklich nicht beklagen, womit die Karibik so viele Menschen erfolgreich anlockt. Das Klima, die Farben, die Musik, das

Tauchen und Schnorcheln, das bestechende Grün der üppigen Pflanzen, die Strände und die gelassene Ruhe der Einheimischen werden von sehr vielen Urlaubern geschätzt. Viele kommen per Flugzeug und verbringen ihren kurzen Urlaub beispielsweise in zu luxuriösen Hotels umgebauten alten Plantagen, an den Stränden gelegenen Bungalows, in einem der riesigen Kreuzfahrtschiffe oder chartern eine Yacht. Natürlich unterscheiden sich Fahrtensegler deutlich von diesen Charterseglern. Diese scheinen von ihrem Ziel, möglichst viel zu erleben, so besessen, dass wir mit ihnen kaum ins Gespräch kamen: Kaum hatten sie ihren Anker in den Sand gegraben und mit erheblichen Urlaubsbudgets Restaurants und Bars besucht, war es schon Zeit weiterzuziehen. Mir fiel plötzlich auf, dass ich nun die gelassene Rolle Bernardos übernommen hatte: Mit einem gebleichten T-Shirt und wuscheligen Haaren war nun ich derjenige, der wie Balou, der Bär, verständnislos den gestressten Charterern nachsah.

Die riesigen Kreuzfahrtschiffe, aus denen die Gäste zu Tausenden herausströmten, versuchten wir zu meiden. Zum Glück werden nur bestimmte Inseln von diesen hochhausähnlichen, klimatisierten Glitzerkästen angelaufen: nur jene Inseln, die Häfen für Schiffe mit großem Tiefgang anbieten oder den Pendelverkehr zwischen den vor Anker liegenden Kreuzfahrtschiffen und der Landungsbrücke bewältigen können. Auch müssen die Inseln eine angemessene Menge Busse, Taxis, Geschäfte und Sehenswürdigkeiten bereitstellen sowie Sicherheitsmaßnahmen bieten. Alles muss wie am Schnürchen klappen und gut durchorganisiert sein, wenn die schwimmenden Hotels für wenige Stunden ihre menschliche Fracht entladen. Der bildhübsche Strand auf Mayreau zum Beispiel veränderte sich einmal wöchentlich: Der eingezäunte Strand wird an den »Cruise Ship Days« für die Besucher mit einem Rechen gesäubert, Liegestühle und Picknicktische werden aufgestellt, und die Einwohner bauen ihre Souvenirläden auf und verdoppeln die Preise. So erwarten sie den Ansturm der Gäste, während sich die Yachties an diesen Tagen möglichst eine andere Ankerbucht suchen. Abends und an den übrigen Tagen der Woche haben die Einheimischen und Yachties dann den Strand wieder für sich alleine.

Sobald sich die Sonne hinter dem Horizont zu ihrem üblicherweise wunderschönen Sonnenuntergang verkroch, setzten wir uns meist mit unseren Freunden zusammen in eine Strandbar und genossen die Abendbrise, oft mit einem Rumpunsch in der Hand und den nackten Füßen im Sand.

Ich war beeindruckt, wie einfach man hier Ausrüstung und Service für sein Boot erhalten konnte und mit wie viel Professionalität und Geschick die Yachten in den vielen Werften auf Vordermann gebracht wurden. Klar, die Boatboys, die immer wieder zu den in den Buchten ankernden Schiff fahren, waren sehr scharf darauf, ihre Waren oder ihren Service anzubieten. Unser höfliches »nein danke« brachte jedoch sofort den erwünschten Effekt – und gegenseitiger freundlicher Respekt wurde immer aufrechterhalten. Oft schätzten wir ihren Service und freuten uns, wenn sie kamen. Das »Waschboot« in Bequia beispielsweise holte die Wäsche direkt bei uns draußen ab und lieferte am nächsten Tag die gewaschenen, getrockneten und gefalteten Kleider zurück an Bord. Auch den Boatboy, der jeden Morgen zum Frühstück frisches Brot über die Reling verkaufte, winkten wir gerne herbei, und für das Grillfest am Strand ließen wir uns mit fangfrischem Hummer versorgen. Sogar das Klima war viel angenehmer, als ich es mir in Europa vorgestellt hatte, weil ich befürchtete, dass es zu heiß sein könnte beziehungsweise zu feuchtwarm und zu schwül für eine nordeuropäische Familie. In meiner Fantasie hatte ich mir über maulende Kinder und eine nicht vorhandene Klimaanlage Sorgen gemacht. Völlig grundlos. Es regnete jeden Tag, genauer gesagt: jede Nacht. Daher schafften wir es schon bald noch im Halbschlaf, sämtliche Deckluken zu schließen, um sie nur wenige Minuten später wieder zu öffnen. Wir gewöhnten uns problemlos an das Klima, das uns mit circa 27 °C rund um die Uhr angenehm warm hielt; meistens kühlte der Passatwind unsere Körper, und falls das nicht ausreichte, half ein Sprung ins herrliche Meer, dessen Temperatur nur wenig unter der Lufttemperatur lag.

Nach nur zwei Tagen auf Bequia war uns klar, dass wir es sehr bedauern würden, diese schöne Insel irgendwann wieder verlassen zu müssen. Wir erlebten unsere schönste Zeit, seitdem wir Schweden verlassen hatten. Doch nicht alle fühlten sich so gut wie wir. Es gab Yachties, die lange davon geträumt und jahrelang an dem Ziel gearbeitet hatten, eine Weltumsegelung zu unternehmen, nun aber eine Art Ernüchterung erlebten: Sie sind mit Euphorie losgezogen, aber je weiter die Distanz zur Heimat, desto mehr stellten sie enttäuscht das Hochseesegeln infrage. Trotz der durchgeführten Atlantiküberquerung fühlten sie sich als Versager. Die vielen zum Verkauf angebotenen Fahrtenschiffe in der Karibik scheinen dieses Bild zu bestätigen. Für einige Skipper wurde die Erkenntnis, dass sie nicht mehr weitersegeln wollten, zu einem wirklichen Problem, denn wenn Presse und Bekannte zu Hause über die geplante Weltumrundung informiert worden sind, erscheint es oft peinlich, den großen Plan aufzugeben. Die erste Ozeanüberquerung wird plötzlich zur Niederlage, obwohl sie auf diese Bravade stolz sein könnten.

Ich war froh, dass wir unsere Route nicht als festen Plan verlautbart hatten. Auch jetzt wollten wir uns nicht dazu äußern, wie es weitergehen sollte – aus einem ganz einfachen Grund: Wir wussten es selbst nicht. Für uns galt immer die Devise »Schritt für Schritt«. Selbst wenn unsere Reise in Bequia endete, konnten wir doch stolz sein, es bis hierher geschafft zu haben, oder? Ich konnte es nämlich immer noch nicht fassen, dass wir tatsächlich so weit gekommen waren. Es war wie ein Wunder, aber trotzdem wahr: Wir hatten den amerikanischen Kontinent erreicht! Früher hatte ich immer geglaubt, dass die mutigen Blauwassersegler, die es bis hierher schafften, aus einem besonderen Holz geschnitzt sein müssten. Betrachtete ich aber in Bequia die Crews um uns herum, stellte ich fest, dass sie gar nicht so viel anders waren als wir selbst. Dies waren keine exzentrischen Abenteurer, die alle Beziehungen zur Gesellschaft gekündigt hatten, sondern normale Menschen, die per Schiff während eines kleinen Lebensabschnitts einmal etwas erleben wollten. Wie wir hatten sie mit mehr oder weniger Überwindung einen oder mehrere Zentimeter aus dem Alltag ihrer Lebensbänder herausgeschnitten, um Neues zu entdecken. Die Atlantikpassage hatte uns nicht nur an diesen Ort gebracht, sondern uns vor allen Dingen eine neue Denkweise und Lebenseinstellung geschenkt. Um nur einige Beispiele unserer Veränderung zu benennen: aus Angst waren Vorsicht und Respekt geworden; Hast, Hektik und Stress wurden ersetzt durch Gelassenheit; Vorurteile wandelten sich in Verständnis; sture Pläne wurden zu Optionen; Notwendigkeiten zu Prioritäten, die nicht alle erfüllt werden mussten; Phobien machten der Neugierde und Freude am Unbekannten Platz; Sorgen verwandelten sich in Ur- oder Grundvertrauen und Liebe. Würden wir diese neuen Werte nach unserem Ausstiegsjahr beibehalten oder wieder in unseren alten Lebensstil zurückfallen? Es war ein gewaltiges inneres Abenteuer, ein Prozess, diesen neuen Wertezustand zu erlangen und zu bewahren, und keiner von uns bereute irgendetwas. Vielmehr stimmten wir alle darin überein, dass die Atlantiküberquerung harte Arbeit gewesen war: der begrenzte Schlaf, die Unruhe über Worst-case-Szenearien, das ewige Reffen bei Squalls, die Angst wegen des defekten Motors, die regelmäßige Kontrolle der Frischwaren sowie des Bootes und dessen Ausrüstung; Hurrikan *Delta*, der uns jagte; das Kochen in unserer engen, ständig schaukelnden Pantry oder das ewige Festhalten, wenn man ans andere Ende des Schiffs wollte. Es verleitete keinen von uns zu dem Wunsch, wieder aufbrechen zu wollen – auf jeden Fall nicht in der nächsten Zeit. Karolina verglich die Passage ein wenig mit dem Kindergebären: Man vergisst am Ende die harten Strecken und unbändigen Schmerzen und ist – vom Ergebnis der Anstrengung überwältigt – dann doch wieder für ein weiteres Kind bereit. So dachten wir, dass wir nach einer Zeit der Ruhe wohl wieder Lust auf einen neuen Segelabschnitt haben könnten. Nur jetzt noch nicht. Erst einmal wollten wir den Anker für eine wunderbar lange Zeit im Sand von Bequia eingegraben lassen.

Unser Leben lief total entspannt. Wir waren ganz auf Island Time, wie der Lebensstil auf den Inseln genannt wird, getrimmt. Der Ausdruck beschreibt die gelassene Haltung gegen alles und jeden. Oder wie unser Freund Trond, der norwegische Skipper der COCONUT, ironisch witzelte: Die karibischen Inseln seien wie die Mañana-Länder, doch ohne deren Hetze, denn hier gingen die Uhren noch langsamer. Meine

Armbanduhr trug ich schon seit dem Anlegen nicht mehr. Die Läden hielten sich ohnehin selten an die angegebenen Öffnungszeiten, und die Sonne informierte uns präzise genug, wann es Zeit für eine Joggingrunde, »beer o'clock« oder einen Drink im *Frangipani* war. Sich mit den anderen Yachties im *Frangipani* zu treffen, an einem Rumpunsch zu nippen, während die Steelband spielte, war ein Genuss, wie er nicht besser sein konnte. Ich schloss immer wieder meine Augen. Der Reggaerhythmus schlug im Takt mit meinem Herzen. Kaum konnte ich dem Ruf dieser Trommeln widerstehen, und stets standen einige Gäste auf und tanzten im Sand. Kinder rannten am Strand umher und versuchten vergeblich, eine Kokosnuss zu knacken, die sie gefunden hatten. Andere versuchten, Bananenblätter zu flechten, Segelfreunde gingen im seichten Wasser spazieren und grüßten mit einem herzlichen »Hallo«. Oder sie konnten unserem Winken nicht widerstehen und gesellten sich für einen Sundowner zu uns. Alle waren darüber einig, wie glücklich sie sich schätzten, hier zu sein, bis auf Steve, der eines Abends nur still dabeisaß und daran dachte, dass er am folgenden Tag nach England zurückfliegen musste.

»Es war wirklich eine durchaus interessante Erfahrung ...«, murmelte er, der als Mathematiker an der Uni sich immer sehr akademisch ausdrückte. Plötzlich wurde er ungewöhnlich gesprächig und machte einen sehr gelösten Eindruck, als er von seiner ersten Atlantiküberquerung als Crewmitglied auf der SARAH GRACE erzählte. »Der Atlantik und Bequia und überhaupt das ganze Leben hier haben mir wirklich einen guten Einblick in eure Welt vermittelt. Ich kann euer Leben nun viel besser einschätzen und verstehe, was ihr daran so überragend findet.« Er hob seinen Rumpunsch und hielt ihn gegen die untergehende Sonne, als ob er kontrollieren wollte, inwiefern sich die Farben glichen: die Röte des leuchtenden Balls am Himmel und die des Punsches in seinem Glas. »Dieses Leben möchte man nicht so einfach abbrechen, und ich wäre gerne noch geblieben.«

Sophy von SARAH GRACE strahlte auf: »Es hat dir also gefallen, mit uns drei Wochen auf dem engen Boot zu leben und den Atlantik zu überqueren?«

Steve sammelte seine Gedanken, während er weiter tief in sein Glas schaute: »Für mich war dies eine perfekte Möglichkeit, meinen Traum einer Atlantiküberquerung zu erfüllen, ohne längere Zeit freinehmen zu müssen.«

Auf meine Frage, ob er sich vorstellen könnte, es noch einmal zu tun, schaute er in die Runde und nickte. »Definitiv! Jetzt weiß ich ja, was zu erwarten ist. Ich gestehe aber, dass ich ein bisschen Angst gehabt habe und sehr dankbar bin, dass Sophy und Chris so gute Freunde sind.« Und dann fügte er noch hinzu: »Ich meine: immer noch gute Freunde sind, sogar nach dem großen Törn.«

Chris freute sich natürlich, war es doch immer mit einem gewissen Risiko verbunden, seinen besten Freund zu einer Atlantiküberquerung einzuladen.

Nach längerem Schweigen stellte ich die Frage, ob Steve sich während dieser drei Wochen auf dem Atlantik verändert hätte.

»Ich glaube nicht«, antwortete er, »für mich war dies ein Abenteuer, das ich gerne wiederholen würde. Ich habe einen Vorgeschmack auf das Fahrtenseglerleben erhalten, bin um eine großartige Erfahrung reicher, aber so wie ihr habe ich mich wohl noch nicht verändert.« Er deutete grinsend auf die Bärte, die sich einige Yachties hatten wachsen lassen, und auf die Löcher in den Shorts der Freunde. »Nein, ich bin immer noch der alte Steve, der sich übermorgen wieder mit den Mathematikstudenten abquälen wird, aber ich bringe auch eine konkrete Vorstellung mit nach Hause, wie sich das Leben während eines Sabbaticals formen könnte.«

Dann fragte Steve zurück, wie wir das Fahrtensegeln erlebten. Karolina antwortete, dass sie die Kontraste des Lebens nun mehr schätzte. Sie konnte sich über die kleinsten Gegebenheiten im Leben deutlich mehr freuen, während anderes schneller zur Frustration führen konnte.

»Genau!«, stimmte Sue von der KOSHLONG zu. »Das ewige Rollen auf dem Atlantik machte mich verrückt. Und als dann auch noch unser Motor auf dem Atlantik versagte und wir einen Tag und eine Nacht lang von Hand steuern mussten, um Strom zu sparen, wollte ich am liebsten einfach nur aussteigen!«

Dan sagte: »Wenn die Technik versagt, das Wetter bedrohlich wird, wenn der Anker nicht hält, die Kinder über die Schule quengeln oder ich in der Hitze unermüdlich durch die Stadt auf Ersatzteiljagd gehe, kann meine Stimmung ganz schön den Bach runtergehen, und ich träume von einem unkomplizierten Leben als Landratte.« Ein paar Reggaetöne später fuhr er jedoch fort: »Auf der anderen Seite ist es doch ein unbeschreiblich herrliches Gefühl, wenn man eine so große Herausforderung wie den Atlantik selbst bezwungen hat, oder wenn man, wie jetzt, hier mit Freunden am Strand sitzt und sich über den wunderschönen Sonnenuntergang freut. Ich hatte noch nie in meinem Leben ein solches Glücksgefühl, und es braucht nicht viel, um diese Euphorie auszulösen!«

Karolina fasste es philosophisch zusammen: »Die Hochs sind höher, und die Tiefs sind tiefer«, wobei Steve, der das nicht ganz verstand, wissen wollte, ob Karolina damit die Amplitude der Gemütsschwingungen meinte, die es zu integrieren galt, um die Summe zu errechnen. In mir brach der Ingenieur durch, als ich scherzte, dass man diese Glückskurve erst mal zeichnen müsste, um zu beurteilen, welchen Zustand wir in summa in größerer Zufriedenheit gelebt hätten: die großen Schwingungen als Yachtie oder die gleichbleibende Stimmung als Landratte. Alle lachten, nur Steve nicht, der so aussah, als ob er gerade seine eigenen Berechnungen durchführte. Unsere Gruppe versank weiter in Gedanken und lauschte den Steeldrums.

Ich brach schließlich das Schweigen. »Unsere Tage sind jetzt nicht mehr so verplant und auch nicht mehr wirklich vorhersehbar, und genau diese Spontanität mag ich. Mein altes Leben erscheint mir langweilig im Vergleich.«

Mit der Ausnahme von Schicksalsschlägen in Form von Krankheiten und Ähnlichem, die jeder Mensch irgendwann durchmacht, war unser Landleben ziemlich vorhersehbar verlaufen. Wenn ich früher erwachte, hatte ich schon ein recht präzises Bild von meinen Terminen, denn mein Kalender war immer bis zum Rand voll. Für Spontanes gab es kaum Spielraum. Und falls doch einmal, nutzte ich ihn nicht. Mein Alltag bedeutete vor allem, dem Plan zu folgen und kleine Häkchen zu setzen, sobald die jeweiligen Termine abgearbeitet waren. Meine Armbanduhr und Microsoft Outlook waren meine vorgesetzten Topmanager und ich deren Sklave. Ängste betäubte und verdrängte ich, indem ich mein Leben bis ins letzte Detail plante. Alles im Griff, alles kontrollierbar! Oder? Geschah dann doch etwas Unerwartetes, floh ich fast immer in eine praktische Lösung. Ging etwas kaputt, holten wir den Techniker. Waren wir krank, gingen wir zum Arzt. Bis uns die Krebsdiagnose von Karolinas Mutter überfiel und plötzlich keine Lösung mehr auf der Hand lag. Aber bis zu diesem Moment hatte ich so getan, als ob ich wüsste, wann ich sterben würde (nämlich irgendwann später – auf keinen Fall jetzt). Scheinbare Ausweglosigkeit kann auch eine sehr befreiende Wirkung haben. Für mich wurde immer deutlicher, dass die größte Gefahr in meinem »normalen« Leben darin lag, dass ich auf das Unberechenbare nicht vorbereitet war. Da erschienen mir doch die Hochs und Tiefs des Blauwassersegelns näher an der Realität zu sein. Ich blickte in die Runde. Einige lächelten versonnen, andere wirkten sehr ernst. Natürlich schenkt auch das Blauwassersegeln niemandem ein perfektes Leben. Aber nicht alle Menschen brauchen die Perfektion, dachte ich. Und für mich war dieses neue Leben gut – ich war wunschlos glücklich.

Passatwindsegeln

Bei einer Passatwindroute ist zu bedenken, dass man in einer Zone mit stabilen Winden von achtern segelt (Vorwindkurs). Obwohl sich dies angenehm anhört, muss man bei wochenlangem pausenlosen Segeln auch dabei mit Scheuerungsproblemen durch die ständigen Rollbewegungen rechnen. Ebenso sollte man sich auf Squalls aus sich hoch auftürmenden Kumuluswolken vorbereiten, die besonders nachts auftreten.

Beim Passatwindsegeln ist es wichtig, dass der Baum, mit dem Sie das Vorsegel waagrecht fixieren, unbeweglich festsitzt und unabhängig von der Vorschot in Position gehalten wird. Dabei helfen eine Leine von der Baumnock nach vorne, eine Leine von der Baumnock nach achtern sowie ein Toppnant, ein Haltetau, nach oben zum Mast. Die Leine nach vorne belegt man am besten an einer Bugklampe, während die Leine nach achtern vorschlagsweise an der Springklampe mitschiffs festgelegt wird. Die Vorschot der Genua kann dann frei durch die Baumnock laufen, sodass Sie das Vorsegel ein- und ausrollen können, ohne dass sich der Baum bewegt.

Als klassische Passatwindsegel gelten zwei Genuas, die jeweils auf der Backbord- beziehungsweise auf der Steuerbordseite ausgebaumt werden, wobei das Großsegel unten bleibt. Normalerweise braucht man dafür zwei Vorstage, man kann aber auch die doppelte Liekspur im Vorstagsprofil nutzen, um zwei Genuas gleichzeitig zu fahren. Einige Segler setzten zusätzlich ein fast voll gerefftes und dicht beigeholtes Großsegel, um das Rollen des Schiffes zu vermindern.

Falls Sie, wie wir, nur eine Genua haben oder ein Großsegel, das im Verhältnis zum Vorsegel sehr groß ist, sollten Sie das Großsegel nutzen. Ein Bullenstander, eine vom Ende des Großbaumes über einen Block auf dem Vorschiff ins Cockpit geführte kräftige Leine, erlaubt Ihnen, den Großbaum in jeder beliebigen Position vom Cockpit aus zu fixieren. Alternativ kann man auch den Bullenstander an der Bugklampe belegen, wobei man dann aber an Deck muss, will man die Position des Großbaumes verändern. Dieser sollte nicht nur die Windrichtung berücksichtigen, sondern vor allen Dingen das Schamfilen vermeiden, das heißt: das Scheuern des Segels gegen das Rigg. Deshalb sind hochseetaugliche Segelschiffe generell mit Salingen ausgerüstet, die nicht zu sehr nach achtern gewinkelt sind. Extreme Partialriggs, wie schön sie auch zu trimmen sind, haben nämlich oft den Nachteil, dass die Salinge so weit nach achtern ragen, dass das Großsegel bei Vorwindkursen gegen die Saling schamfilt. Schiffe mit Toppprigg haben hingegen Salinge, die oft in 90 Grad quer nach Backbord beziehungsweise Steuerbord stehen und das Großsegel nicht behindern.

Eine kleine dicht beigeholte Sturmfock oder ein Kutterstagsegel an einem inneren Vorstag (dem Kutterstag) kann zudem hilfreich sein, um das Rollen zu vermindern.

Die Wolken, die Starkwindböen verursachen können, scheinen wie an einer Perlenkette entlang paralleler Bänder zu laufen, sodass schon eine kleine Kursänderung nach Norden oder Süden nützlich sein kann, um ihnen aus dem Weg zu gehen. Ein Wetterroutenberater kann hierbei gute Dienste leisten, denn er kann das Risiko meist gut beurteilen und entsprechende Routenkorrekturen vorschlagen.

Halten Sie immer nach achtern Böen-Ausschau. Besonders nachts ist aber auch Ihr Radargerät sehr nützlich, um das Herannahen von Starkwindböen rechtzeitig zu erkennen und zu beobachten.

Das Reffen von Rollsegeln (Genua und Großsegel in den Mast gerollt) ist einfach, und oft kann man sämtliche Segel vom Cockpit aus bedienen. Die Reibung über mehrere Umlenkblöcke beeinträchtigt bei größeren Schiffen ab ca. 40 Fuß die Möglichkeit einer Führung der Rollreffleinen für das Großsegel ins Cockpit. Bei dieser Größe wird deshalb das Großsegel entweder, wie bei REGINA, vom Mast aus manuell bedient, oder man wählt eine elektrische beziehungsweise hydraulische Rollvorrichtung am Mast, wobei es über Knopfdruck wieder vom Cockpit aus bedient werden kann. Wichtig beim Einrollen des Großsegels ist immer die unbehinderte Sicht auf das Segel, und eine Bedienungsvorrichtung unter der Sprayhood kann deshalb sehr hinderlich sein. Richtig bedient, verursacht ein Rollgroßsegel keine Schwierigkeiten, und wir haben während unserer 25.000 Seemeilen bis jetzt nur einmal eine der vertikalen Latten nicht ganz mühelos ausrollen können. Zweimal über Stag zu gehen, um die Latte »hinauszuschütteln«, war genug, um sie aus dem Mastprofil zu bekommen.

Das Rollen sollte aber geübt sein: Ein Rollgroß sollte beispielsweise nicht, wie man es vielleicht annehmen mag, im Wind flatternd ein- oder ausgerollt werden. Man kann das Segel zwar bei sämtlichen Kursen rollen, aber idealerweise kommt der Wind von circa 50–70 Grad von vorne. Das Großsegel sollte, genau wie die Genua auch, ohne Belastung und recht lose, aber noch mit etwas Wind gefüllt, gerollt werden. Aber auch wenn der Wind genau von achtern kommt, kann das Segel mit mittschiffsgeführtem (das heißt: dicht beigeholtem) Baum mit wenig Belastung ein- und ausgerollt werden. (Vorsicht vor der Patenthalse!) Das Achterliek des Segels sollte mäßig gestreckt sein und der Baum deshalb auf einer vorher beprobten Höhe geführt werden. Wir haben dazu eine Markierung auf dem Rohrkicker. Wichtig ist, dass der Mast beim Rollen nicht mit einer extremen Krümmung getrimmt ist und dass man beim Ausrollen immer beide Winschen im Takt gleichzeitig benutzt: die Winsch für die Streckleine am Schothorn sowie die (gegebenenfalls elektrische oder hydraulische) Einrollwinsch.

Ein traditionelles Großsegel mit Reffleinen bedeutet stattdessen fast immer, dass die gesamte Crew zur Arbeit an Deck gebraucht wird. Stark besetzte Crews fahren sogar auf dem Atlantik einen Spinnaker, Gennaker oder ein Parasail (eine

Spinnakerkonstruktion, die einen flugschirmartigen Flügel als Auftriebselement nutzt). Doch die meisten Fahrtenyachten sind dafür leider zu unterbemannt.

Präparieren Sie sämtliche Stellen, an denen Scheuereffekte auftreten könnten. Dazu eignet sich industrielles Klebeband, es gibt aber auch Produkte, die speziell für Segelreparaturen entwickelt wurden. Wenn Sie diese vorübergehend direkt auf das Tuch kleben, ist das Segel gut geschützt. Leinen und Schoten können Sie gut schützen, indem Sie aus alten Gartenschläuchen zugeschnittene Stücke über die Enden stülpen.

Auf dem Atlantik werden Sie in der Regel nicht viel zu tun haben. Nutzen Sie deshalb die Zeit, um mit verschiedenen Segelstellungen und Schutzmaßnahmen gegen Scheuerung zu experimentieren.

20

In dem wir dem Paradies sehr nahe kommen

Die »Schären der Tropen«

I ch hielt die Seekarte in meiner rechten Hand. Mein rechter Daumen, strategisch zwischen zwei Inseln und einer Untiefe platziert, markierte die aktuelle Position von REGINA, und mit der linken Hand führte ich das Ruder. Mein Blick suchte aufmerksam die einzelnen kleinen Inseln in unserer Nähe ab, um sie identifizieren zu können. Das Ganze erinnerte mich an die Ostseeschären: Enge Passagen zu durchsegeln, während man kleine, auf der Seekarte eingezeichnete Inseln mit der Wirklichkeit in Einklang zu bringen versucht, war für uns nichts Neues. Die geringste optische Täuschung, eine unsichere Peilung, ein Kurs nur minimal ab vom Fahrwasser, und man sitzt buchstäblich »on the rocks«. Aber wir fühlten uns sicher bei unserer »Augennavigation« und hatten Spaß dabei. Als Abwechslung zu dem im Vergleich fast ein wenig eintönig anmutenden Hochseesegeln war es schön, endlich wieder in Küstennähe zwischen Inseln kreuzen zu können.

»Gott war mit Sicherheit ein Segler«, meinte einer unserer Freunde einmal, »deshalb schuf er die Karibik.« Ich konnte ihm wirklich recht geben: Für uns boten die Kleinen Antillen eines der angenehmsten Segelreviere, die wir befahren haben. Die Winde blasen in der Segelsaison von Anfang Dezember bis Anfang Juni fast immer konstant aus Ostnordost mit angenehmen zehn bis 15 Knoten, sodass wir mit halbem Wind die Windward und Leeward Islands hoch- und wieder runtersegeln konnten.

Die Navigation in den Grenadinen ähnelte dem Segeln in den Schären und verlangte erhebliche Konzentration von uns. Statt Gneis und Granit unter der Wasseroberfläche galt es hier, Korallenriffe zu umschiffen; Pelikane statt Möwen beobachteten uns dabei, und auf den Inseln waren hochgewachsene Palmen statt Kiefern zu sehen. Wir verliebten uns spontan in die Grenadinen, die sich von St. Vincent im Norden über Bequia bis nach Grenada im Süden erstrecken. Nur etwa zwölf dieser kleinen pittoresken Inseln sind bewohnt, und mit jeweils nur fünf bis 20 Seemeilen Wasser zwischen den einzelnen Gliedern dieser Kette laden sie zum »Islandhopping« ein. Unsere Segeltage waren entsprechend kurz – kaum das Setzen der Segel wert. Wenn wir das Tuch trotzdem ausrollten, dann in erster Linie, um dieses nahezu geräuschlose Gleiten über das nicht sehr tiefe Wasser zu genießen. Unser Alltag entsprach der Begrüßung durch die Einheimischen: »Take it easy, man!« Wir fanden Zeit für den Unterricht, das Schnorcheln und unsere immer größer werdende Schar von Segelfreunden.

Es ist kein sonderlich großes Revier, doch mit der richtigen Einstellung und auf Island Time getrimmt kann man leicht einen ganzen Monat dort zubringen, ohne sich auch nur eine Minute zu langweilen. Nach der Atlantikpassage bot sich hier genau die richtige Erholung für uns. Wir näherten uns von Norden, ich identifizierte Mayreau, ließ Baleine Rocks backbords liegen und vermied die One Fathom Bank, wo es, wie der Name sagt, weniger als zwei Meter tief ist. Die Farbe des klaren Wassers wechselte von tiefstem Blau bis zu betäubendem Türkis, abhängig von der Beschaffenheit des Meeresgrundes und der Tiefe, und so konnten wir insbesondere durch Polaroidsonnenbrillen die Korallenköpfe und den weißen Sandboden unter dem Boot bis ins Detail sehen. Langsam schlängelten wir uns zwischen den Tobago Cays hindurch und tasteten uns vorsichtig bis zu den bezaubernden Inseln Petit Rameau und Petit Bateau vor. Dahinter öffnete sich eine malerische Ankerbucht, die durch ein halb versunkenes Riff, das Horseshoe Reef, vor den atlantischen Wellen geschützt ist. Unser Anker grub sich problemlos in den Sand ein, hielt auf Anhieb perfekt, und das einzige noch hörbare Geräusch war eine sanfte Brise, die ihren Willkommensgruß flüsterte. Weder Hütten noch größere Gebäude beeinträchtigten das Idyll auf den palmenbekleideten Inseln, die so unwirklich schön aussahen, als seien sie aus einem Märchenbuch.

Natürlich war REGINA nicht die einzige Yacht, die zu dem Ankerplatz hinter dem Horseshoe Reef gefunden hatte, was uns aber wenig störte. Viele der vor Anker Liegenden kannten wir schon, denn die meisten unserer Freunde nahmen sich ebenfalls die Zeit, alles in Muse zu genießen.

»Wäre es nicht schade, schon bald die Karibik wieder verlassen zu müssen?«, fragte ich Karolina, während wir eines Abends wieder einmal den unglaublich schönen Blick genossen. »Falls wir geplant hätten, durch den Panamakanal zu wollen, müssten wir jetzt bald aufbrechen.«

»Du hast ja so recht«, antwortete Karolina. »Lass uns alles andere für später aufheben und dieses Mal einfach hier das Leben genießen. Es ist viel zu schön, um in Hast auszubrechen.«

Wir standen auf dem Vordeck und hielten uns an den Händen, während unsere nackten Füße die Wärme des Teakholzes spürten. Die Sonne war rasch hinter Petit Bateau versunken, und der Vollmond stieg bereits aus dem offenen Atlantik hervor.

»Papa, Papa! Schau da!« Jonathan kam von achtern herangeeilt. »Ich kenne diese Insel!« Er zeigte Richtung Osten, über das niedrige Horseshoe Reef hinweg auf eine der kleinsten palmenbekleideten Inseln. »Das ist die Insel, auf der Jack Sparrow den Rum in dem Film ›Fluch der Karibik‹ findet! Ich will morgen mit dem Dingi hin, vielleicht liegt dort noch Rum rum. Auf der Seekarte hab ich gesehen, dass es eine ganz kleine Passage im Riff gibt. Können wir hinfahren? Biiiitte!«

Er hatte recht. Auf Petit Tabac, wie die Insel heißt, wurde der berühmte Pirat Jack Sparrow, alias Johnny Depp, zum Verhungern ausgesetzt. Zum Glück findet er Rum und überlebt. Kein Wunder, dass man ausgerechnet diese Insel als Drehort ausgesucht hatte, denn sie sieht einfach sagenhaft aus, schöner kann man sie nicht erträumen.

»REGINA, REGINA, this is KEOMA, over.« Eine bekannte Stimme aus dem Lautsprecher unseres UKW-Gerätes unterbrach das Pläneschmieden. »Herzlich willkommen in den Cays, REGINA. Wollt ihr für ein Glas Wein vor dem Abendessen vorbeikommen? Von der WHITE HAVEN kommen sie mit ihren Kindern Emma und Georgia auch rüber, und alle freuen sich schon auf das Wiedersehen mit Jessica und Jonathan.

Morgen wollen wir schnorcheln gehen und die Wasserschildkröten beobachten. Und alle Fische! Wartet! Ich rufe schnell noch KOSHLONG und frage nach, ob sie auch kommen. KOSHLONG, KOSHLONG – habt ihr alles mitbekommen? Over.«

Natürlich leisteten alle der Einladung Folge. Jonathan und acht Mädchen versammelten sich im Salon, während wir Erwachsenen im Cockpit saßen, den tropischen Abend und ein Glas Wein genossen. Ich glaube, wir waren noch nie so sozial aktiv und in eine Gruppe eingebunden gewesen wie während unseres Segeljahres. Auf Wiedersehen zu sagen, um sich nach nicht allzu langer Zeit in irgendeiner Ankerbucht erneut zu treffen, gehörte zu unserer Routine. Und jedes Mal feierten wir natürlich mit einem Glas Wein.

Am folgenden Tag wollte keines der Boatkids das Schwimmen mit den Schildkröten und die Chance, an dem Korallenriff mit den vielen bunten Fischen zu schnorcheln, verpassen. Der Unterricht fiel deshalb an diesem Morgen sehr knapp aus, und der Rest des Tages war für Unterwasseraktivitäten bestimmt, denn wir entdeckten die Schildkröten direkt unter unseren Booten, wo sie im Seegras herumschwammen. Abwechselnd tauchten die Kinder hinunter, die meisten Tiere beachteten sie aber kaum und setzten ihr gemächliches Mampfen fort. Doch das Eindrucksvollste war das Schnorcheln bei den Korallen. Kleine Bojen waren dort ausgelegt, sodass man die Beiboote festmachen konnte, ohne die empfindlichen Bauten mit einem Anker zu beschädigen.

»Hey! Dies ist ja wie im Film ›Findet Nemo‹«, rief Jessica, als ich noch im Schlauchboot meine Schwimmflossen anzog. »Schau, hier unten. Ich sehe Doris! Du weißt schon, den Fisch! Hunderte Dorise!«

Keine Sekunde später hatte sie ihren Schnorchel wieder im Mund, war verschwunden und tauchte immer tiefer und tiefer in das warme Blau hinunter. Sie war genauso aufgeregt, wie ich glücklich war. Jonathan folgte ihr mit der Unterwasserkamera und versuchte, die Magie dieser Welt in Bildern einzufangen. Es war unser erster richtiger Schnorcheltag, der sich als wunderbare Erfahrung in uns festfraß. Jonathan bekam ein paar Tage später auch seine Dingifahrt nach Petit

Tabac. Die Insel war in Wirklichkeit nicht minder bezaubernd als in dem Piratenfilm. Falls allerdings noch Rum vergraben sein sollte, haben wir ihn leider nicht gefunden.

Unser nächster Halt stand in großem Kontrast zur unzerstörten Natur der Tobago Cays. Die private Insel Mustique liefert ein perfektes Beispiel dafür, wie Menschen mit viel Geld ein Paradies designen können. Diese manikürte Insel wurde durch extreme Detailversessenheit in einen – für die Karibik eher untypischen – Zustand geformt. Reiche wie Mick Jagger oder Prinzessin Margaret, die hier luxuriöseste Anwesen errichten ließen, kannten keine Hemmungen, um die Insel nach ihren persönlichen Vorstellungen zu stylen, denn 1958 hatte der exzentrische Schotte Colin Tennant Mustique zu dem Zweck erworben, sich zusammen mit seinen aristokratischen Freunden zu verlustieren; heute gibt es etwa 100 äußerst glamouröse Villen. Sämtliche Gärten sind perfekt gehegt, und jeder hätte einen Preis für seine Schönheit verdient. Alles auf Mustique ist genau dort, wo man es aus Designerhand erwartet. Parkbänke stehen exakt an den Plätzen, an denen die Aussicht am schönsten ist; beschattete Picknicktische und Sitzgelegenheiten mit Grillstellen sind am Strand zu finden und werden in einem makellosen Zustand gehalten, sodass man nicht einmal im Sand Platz nehmen muss. Sogar die Palmen sind offensichtlich nach Plan gepflanzt worden. Papierkörbe stehen überall auf der Insel, und die zahlreichen asphaltierten Wege werden von sogenannten Eseln befahren: eine Kreuzung zwischen Golfmobil und Jeep. Das sind die einzig erlaubten Fahrzeuge auf der Insel, die vielleicht nicht nach jedermanns Geschmack ist, doch wir fanden sie außergewöhnlich und loben sie für das, was sie erzeugen: ein perfektes Urlaubsresort für Vermögende.

Wenn man bedenkt, wie wenig wir mit der schwerreichen Klientel gemeinsam haben, die hier ihre Ferien verbringt, war es doch erstaunlich, wie herzlich wir als Gäste willkommen geheißen wurden. Allerdings sind professionelle Fotografen auf der Insel personae non gratae, und auch wir durften keine Bilder von den Häusern oder riesigen Gärten schießen. Insgesamt waren alle Einwohner aber sehr entspannt und freundlich, und Yachties schienen willkommen zu sein. Wir blieben drei Tage an unserer Boje ein paar Hundert Meter vom Anlegesteg entfernt. Von Nordeuropa waren wir es gewohnt, für REGINA oft die höchsten Hafenpreise zahlen zu müssen, nämlich Gebühren für Yachten über zwölf Meter oder 40 Fuß. In Mustique rangierten wir in der zweituntersten Kategorie: zwischen 36 und 70 Fuß. Darüber gab es noch die Preislisten für Yachten zwischen 71 und 85 Fuß, von 86 bis 100 Fuß und über 100 Fuß. Anscheinend erwartetete man hier in erster Linie Gäste mit Yachten in einer satten Größenordnung.

Ich zog mein neues Island-Style-T-Shirt und ein paar frisch gewaschene Shorts über, um sauber und gepflegt für die vornehme Insel zu sein, dann gingen wir an Land. Nur ein kleines Stückchen hinter dem Steg liegt *Basil's Bar and Restaurant*. Hier treffen sich Neuankömmlinge, nehmen einen Cocktail, speisen und halten nach Promis Ausschau, falls sie selbst nicht dazugehören. Nicht alle müssen ja wie die Promis, die gerade anwesend waren, unzählige Flaschen Champagner ordern, und so begnügten wir Yachties uns mit dem lokalen »Carib Beer«. Ein wenig weiter entfernt findet man eine Bäckerei und einen Weinhandel, der eine imposante Auswahl der besten Tropfen aus aller Welt zu bieten hat. In dem klimatisierten Raum lagern nicht nur Flaschen aus den berühmtesten Kellereien der Welt, sondern auch eine riesige Auswahl an Schweizer Schokoladen. Daneben entdeckten wir ein Lebensmittelgeschäft mit beeindruckendem internationalem Warensortiment – sogar schwedische Fleischbällchen wurden geboten. Eindeutig ist nur das Beste gut genug für die Besucher auf Mustique, und in der Modeboutique nebenan konnten Karolina und ich nicht widerstehen, als Souvenir je einen schicken Sonnenhut zu erwerben. Ein Stück weiter die Straße entlang kamen wir zur Schule, die für die Kinder der Inselfamilien, ob sie nun dort leben oder nur arbeiten, eingerichtet ist. In der Nähe warten eine beeindruckende Bibliothek sowie ein großer Spielplatz auf Benutzer. Außerdem gibt es Mietställe für Pferde, einen Tennisklub und am nördlichen Ende der Insel eine Landebahn für Privatflugzeuge.

Einige von uns Yachties konnten es nicht lassen, die einen oder anderen Berühmtheiten zu identifizieren. Ich war bei diesem Spiel wenig erfolgreich, selbst wenn ein Promi auf mich zugekommen wäre und mir die Hand geschüttelt hätte, hätte ich ihn vermutlich nicht erkannt. Dan machte sich einen kleinen Spaß mit einer Besuchergruppe von Promi-Jägern. Als er joggen war, überholte ihn einer dieser motorisierten Esel, mit dem eine Gruppe auf Inseltour war. Dan zog sofort über seiner dunklen Sonnenbrille seine Kappe tiefer, sodass man sein Gesicht nicht sehen konnte, und starrte verbissen auf die Straße. Auf dem Esel war deutlich aufgeregtes Flüstern zu hören. Ein paar Hundert Meter entfernt stoppte das Fahrzeug sogar, während die Insassen aufgeregt auf Dan zeigten und über seine Identität spekulierten. Für wen sie ihn hielten, weiß ich bis heute nicht, aber er hat mit Sicherheit für Spannung gesorgt.

Von Mustique aus segelten wir zur nahen Insel Mayreau und erwarben frische Hummer von einem Boatboy, der ihn für uns fachgerecht tötete. Anschließend versammelten wir uns auf dem Achterdeck von KOSHLONG, um zu grillen. Mit Knoblauchbutter, Lime und Karolinas frisch gebackenem Weißbrot wurde es ein unvergesslicher Abend! Wir öffneten die Flasche Chablis, welche wir den ganzen Weg von Schweden für genau einen solchen Moment wie diesen mitgebracht hatten. Am allerschönsten war, dass wir diese Stunden mit unseren Freunden auf der KOSHLONG erleben durften. Mit ihnen waren wir seit unserem ersten Treffen in Porto Santo sehr zusammengewachsen, unsere Kinder hatten ebenso viel Spaß miteinander wie wir Erwachsenen. Wir schmiedeten Pläne für die Zukunft – jene Art von Plänen, die weder einen klaren Anfang noch ein Ende benötigen. Glücksstunden wie diese mit allen Kindern teilen zu dürfen, war eine besondere Freude. Ich war so froh, dass sie sich ein Leben lang an diese Erfahrung würden erinnern können. Dass Dan, Sue, Karolina und ich nicht vor dem Risiko zurückgeschreckt waren, um dieses Abenteuer zu ermöglichen, verband unsere Familien noch mehr.

Ich lehnte mich zurück, mein Bauch war gefüllt mit leckerem Hummer. Wir hörten die Kinder fröhlich miteinander spielen, denn Jessica und Jonathan sprachen bereits fast fließend Englisch und hatten überhaupt keine Probleme mehr, mit ihren kanadischen Freunden zu kommunizieren. Alle lachten und redeten durcheinander, während wir Erwachsenen über die karibischen Gerichte diskutierten. Wir liebten es, nach den Rezepten der Einheimischen zu kochen und beschlossen, uns zu einem späteren Zeitpunkt gemeinsam eine »Conch« zu gönnen. Das sind die großen Meeresschnecken, die im gesamten karibischen Raum und den USA zu finden sind. Wir hatten gehört, dass man diese klein geschnitten, mit diversem Gemüse, Kräutern, Gewürzen und Zitronensaft in Alufolie auf dem Grill lecker zubereiten konnte. Die dekorativen Schalen dieser Tritonshornschnecken, die hier auch Lambi heißen, hatten wir zu Tausenden an den Stränden gesehen, wo die Einheimischen sie liegen lassen, nachdem sie das leckere Fleisch herausgeholt haben. Hinter einigen Restaurants lagen sie zu kleinen Bergen gehäuft. Was man aus all den Schneckenhäusern macht? Ein einfallsreicher Mann auf Union Island beispielsweise sammelte sie ein, transportierte sie zu einem Riff und baute dort aus den vielen Tritons-hornschalen eine Insel samt Bar, welche die Gäste nur schwimmend oder per Dingi erreichen können: Happy Island. Für uns waren alle Inseln Glücksinseln, und nicht nur die Bar.

Diesel und Gas

Ihre Diesel- und Gasvorräte aufzustocken sowie die Systeme zu warten, gehört zu den wichtigsten Arbeiten während eines längeren Törns. Mit Wasser oder Schmutz versetzter Diesel ist einer der häufigsten Gründe für Motorprobleme. Versuchen Sie daher, stets nur Diesel von hoher Qualität zu tanken. Woran Sie ihn erkennen? Für gute Qualität spricht ein hoher Tankstellenumsatz. Des Weiteren sollten Sie darauf achten, nicht unmittelbar dann Ihren Vorrat aufzustocken, wenn der Treibstoff gerade angeliefert worden ist, denn beim Umfüllen aus dem Tankwagen wird der auf den Boden des Tanks gesunkene Schmutz hochgewirbelt. Immer wenn Sie um die Reinheit fürchten, bedienen Sie sich am besten eines Trichters mit eingebautem Wasserabscheider. Dies macht das Tanken zwar zu einer langwierigen Angelegen-heit, ist aber sehr effektiv, besonders wenn Sie an abgelegenen Orten nur Diesel aus Fässern erhalten können. Nehmen Sie also ausreichend viele Dieselfilter mit, damit Sie diese bei verschmutztem Treibstoff immer wieder auswechseln können. Eine kleine Handpumpe, die eine Dieselprobe vom tiefsten Punkt Ihres Tanks nimmt, wird Aufschluss über die gebunkerte Qualität und eventuelles Wasser im Tank geben. Pumpen Sie bei Verunreinigung so lange, bis nur noch klarer, sauberer Diesel kommt. Um die Vermehrung von Bakterien zu vermeiden, die in der Schicht zwischen Diesel und Wasser floriert, schütten Sie nach jedem Bunkern Biozid in Ihren Schiffstank.

Beim Gas ist das Hauptproblem, dass an den verschiedenen Orten der Welt unterschiedliche Gasbehälter und Mundstücke zum Einsatz kommen. Einige Länder erlauben das Auffüllen der mitgebrachten Flasche, andere Länder (auch in der EU) erlauben lediglich das Austauschen von identischen Flaschen. Dabei gibt es zwei Typen von Gas: Butan und Propan. Manchmal kann der Tankwart nicht mit Bestimmtheit angeben, was er in Ihre Gasflaschen füllt. Beachten Sie: Butan wird unter niedrigerem Druck gelagert. Das bedeutet, dass Sie Butan in Propanflaschen füllen können – jedoch niemals Propan in eine Butanflasche!

An einigen Orten Europas ist ausschließlich sogenanntes Camping Gaz im Angebot. Hier handelt es sich um Butan. In Nordeuropa und in der Karibik ist Propan das vorherrschende Gas. Wenn Sie von Europa kommend in Richtung Karibik segeln, ist es deshalb wohl empfehlenswert, eine Propanflasche zu installieren, die Sie vielerorts auffüllen können. Sollten Sie längere Zeit im Mittelmeer segeln wollen, sollten Sie eine Extraflasche Camping Gaz mitführen.

Stahlflaschen rosten schnell (dazu gehören auch die Camping-Gaz-Flaschen), daher sind Flaschen aus Aluminium oder GRP (glasfaserverstärktem Kunststoff), wie sie in Skandinavien benutzt werden, vorzuziehen. GRP ist sowohl sehr leicht als auch transparent, sodass man die noch verbleibende Menge Gas sehr gut erkennen kann. Eine Alternative, um die Menge in einer Gasflasche zu bestimmen, ist, das Gewicht der Flasche mithilfe einer Fischwaage festzustellen. Ein Fernabschalter direkt an der Flasche, der von der Kombüse aus betätigt werden kann, verhindert ein sonst mögliches Ausströmen von Gas durch die im Schiff unter Druck stehenden Gasleitungen. Kontrollieren Sie oftmals Ihren Gasalarm, falls Sie über eine solche Einrichtung verfügen.

Nehmen Sie genügend Gas mit, denn jeder Backofen verbraucht erhebliche Mengen, und es gibt oftmals unterwegs keine Gelegenheit, Backwaren zu kaufen.

Außerdem ist ein kleiner klappbarer Einkaufsroller praktisch, um die schweren Dinger vom Boot zur Füllstation und wieder zurück transportieren zu können.

Gas ist potenziell *gefährlich*, und so ist es wichtig, alle Sicherheitshinweise zu befolgen, auch die Instandhaltung der Anlage, inklusive Herd, betreffend. Wenden Sie sich stets an einen qualitativ renommierten, autorisierten Händler.

21

In dem wir im Hier und Jetzt
nicht an die Zukunft denken wollen

Now for now

Wir waren gerade in Grenada angekommen und warteten auf einen Quasi-Le-Mans-Start der jährlichen Regatta für die klassischen Arbeitsboote der Karibik. Die Veranstalter riefen: »Los!«, und alle Steuermänner rannten über den Strand hinunter zu ihren im Wasser wartenden Booten. Sobald jeder an Bord war, folgte ihm die Crew, und es ging los: raus in die Bucht, um ein paar Bojen herum und wieder zurück zum Ausgangsstrand. Uns gefielen die für die Region besonders typisch aussehenden Männer mit seidig glänzender, dunkler Haut und in extrem farbenfrohen Klamotten, die, bis zur Brust in den Wellen stehend, ihr Boot etwa zehn Meter vom Strand entfernt festhielten und offensichtlich auf den Steuermann warteten. Unter größtem sportlichen Ehrgeiz und außerordentlich fröhlich gestimmt rannte dieser vom Startplatz aus über den Strand, schwang sich graziös ins Boot, nahm seine Crew auf und segelte los in diesem Untersatz aus Holz von etwa 15 Fuß Länge mit einem einfachen Rigg aus Bambus, das wild durch die den an den Strand rollenden Wellen schaukelte. Jedes Mal, wenn der Mast vom Strand weg pendelte, tauchte die Steuerbordseite aus dem leuchtend blauen Wasser und zeigte den Namen: NOW FOR NOW.

»Genau!«, flüsterte ich mir selbst zu. »Nimm das Leben, wie es ist, Leon, und mach dir nicht so viele Gedanken über die Zukunft.« Aber oftmals ließ es sich einfach nicht vermeiden, dass meine Gedanken in Richtung Zukunft drifteten. Meine Sorgen, die sich dann und wann bemerkbar machten, galten vor allem dem Leben, das nach unserem Segelabenteuer kommen sollte.

Das gleiche Schauspiel wiederholte sich am Ende der Regatta: Der Skipper musste wieder ins Wasser springen, bevor sein Boot am Strand auflief, und dann über den Sand zur Ziellinie rennen. Einige Wettkämpfer sprangen in ihrer Aufregung zu früh und mussten das letzte Stück schwimmen. Der erste Preis war mit 1000 US-Dollar dotiert, der zweite Sieger erhielt immerhin noch 500 Dollar – sodass es um eine nicht unbedeutende Einnahme ging, welche die Wettkämpfer sehr ernst zu nehmen schienen.

Auch ich befand mich in einer recht ernsten Stimmung. Ich dachte an meinen Beruf, die Herausforderungen des Lebens, an die Familie, die Schule und an die Segelreviere der Heimat, die uns wieder auf kleine Urlaubstörns reduzieren würden. Wir hatten unser Haus verkauft und mussten eine neue Unterkunft suchen. Wir mussten neue Jobs finden und genug Geld verdienen, um uns wieder durchfüttern zu können. Die Kinder mussten sich wieder an eine Schule mit bestimmten Zeiten, Fächern und Lehrern gewöhnen. Wir mussten unsere Uhren wieder zurückdrehen und standen also vor der Frage, ob wir unsere Auszeit verlängern konnten und sollten. Geplant war, im kommenden Frühling nach Europa zurückzukehren. Ein Jahr Törn wird genügen, hatten wir gedacht, doch die Zeit war einfach viel zu schnell vergangen. Im Grunde handelte es sich jedoch weniger um die Anzahl der Wochen und Monate, die noch zum Segeln verblieben, die mich beunruhigte. Vielmehr war es der Gedanke, in mein altes Leben zurückzukehren, nachdem wir die Unabhängigkeit genossen hatten. Wir konnten uns gar nicht mehr daran erinnern, wie so ein »normales Leben« zu führen sei. Oder wollten wir es nicht? Der Gedanke, morgens die Kinder früh aus dem Hause in die Schule zu hetzen und uns selbst wieder in einem Büro niederzulassen, fühlte sich für uns so weit weg an wie das ewige Eis der Arktis. Es war wirklich bemerkenswert: Bevor wir losgesegelt waren, hatten wir endlose Diskussionen geführt, ob und wie wir unser sicheres, gut eingespieltes und durchstrukturiertes Landleben verlassen sollten. Die Ungewissheit des Daseins auf dem Meer hatte als undurchschaubare Drohung gewirkt: die Abhängigkeit von Wind, Wetter und Technik sowie immer wieder unbekannte Länder mit neuen

Sprachen, Kulturen, Gefahren und Routinen anzulaufen. Jetzt standen wir vor der gleichen Schwelle, aber auf der gegenüberliegenden Seite. Von unserer aktuellen Perspektive der Grand Anse Beach auf Grenada aus wirkte der Schritt zurück in die alte Welt noch viel schwieriger. Konnten wir das Karrierestreben an Land wieder zu unserem Lebensziel machen? Würden wir eine Arbeit als Ingenieure finden, die interessant und stimulierend war, uns aber trotzdem noch den notwendigen Raum und die Freiheit schenkte, die wir während unseres Segeljahres kosten durften?

Am Morgen hatte ich meine Schranktür geöffnet, um ein frisches T-Shirt rauszuholen und die dahinterliegenden Jacken aus Fleece bemerkt. Ich fragte mich, ob wir wirklich wieder in einem Klima leben wollten, indem die dicken Jacken vorherrschen, und stellte mir vor, mich wieder mit warmen Socken abquälen sowie meine Füße in Schuhe pressen zu müssen. Noch schlimmer erschien mir die Vorstellung, eine Krawatte um den Hals zu binden. Doch am entsetzlichsten war, wieder eine Armbanduhr tragen zu müssen. Dieser unermüdliche wie unbarmherzige Zeitdiktator, der nie müde wurde, mich daran zu erinnern, dass ich chronisch zu spät kam, was auch immer ich tat, würde mich wieder verfolgen und permanent nach mehr Geschwindigkeit und Effizienz verlangen, ohne Rücksicht darauf, wozu ich gerade imstande war. Karolina erinnert mich gerne an die Geburt unseres Sohnes, als ich bei ihren angehenden Wehen, trotz mehrerer Telefonanrufe ihrerseits, mein Büro völlig gestresst und viel zu spät verlassen hatte. Zwei Stunden später war er auch schon auf der Welt, der kleine Jonathan, wobei wir es gerade noch in das Krankenhaus geschafft hatten. Es ist nicht immer leicht, pünktlich zu sein.

Würde ich an Land vielleicht sogar alles vergessen, was ich über Island Time und karibisches Stressmanagement gelernt hatte? Ich versuchte mir vorzustellen, wie mein regulärer Tag ablief: Ein Wecker klingelte mich noch im Dunkeln unsanft aus dem Schlaf und riss auch Karolina aus den süßesten Träumen, damit wir dann den Rest der Familie aus den Betten holen. Klare Zeitvorgaben von Arbeit und Schule bestimmten die Morgentoilette und das Frühstück. Könnten wir uns in solchen Momenten daran erinnern, wie es sich anfühlte, in der Vorpiek kurz nach dem Sonnenaufgang durch Sonnenstrahlen geweckt worden zu sein? Würde ich an die offene Luke denken, die die frische Luft zu uns hereinließ, und an den blauen Himmel, der uns zu einem weiteren sonnigen Tag begrüßte? Wie würden wir mit diesen Zwängen umgehen, wenn wir nach Europa zurückgesegelt sind? Würden wir es bitter bereuen, die klaren Farben der Tropen verlassen zu haben? Könnten wir uns damit abfinden, wieder an Land zu leben? Wie viel Macht sollen wir dem Verstand einräumen, und wie weit sollen wir dem Gefühl nachgeben? Oder sollen wir uns sogar ganz von unseren Gefühlen leiten lassen? Immerhin behaupten einige Psychologen, dass die menschlichen Entscheidungen in erster Linie aus dem Gefühl heraus getroffen werden. Ich wusste ja nicht einmal, auf was ich hoffen sollte: Es wäre zwar praktisch, die Glücksgefühle des Blauwassersegelns nach der Rückkehr verdrängen zu können, um effektiver mit dem Alltag klarzukommen – aber wollte ich das überhaupt? Mit dem Hochseesegeln aufzuhören, fühlte sich plötzlich viel risikoreicher an, als damit zu beginnen!

Viele unserer Segelfreunde hatten wie wir jahrelang gespart und hart gearbeitet um ein, zwei oder drei Jahre ohne regelmäßiges Gehalt auszukommen zu können. Einige hatten ihre Häuser vermietet, wobei die Mieteinnahmen einen guten Zuschuss für die Ausgaben unterwegs brachten. Wir selbst hatten unser Haus verkauft und das Glück gehabt, einen guten Preis zu erzielen. Aber das Geld würde nicht ewig reichen, und irgendwann galt es, auch wieder an das Einkommen zu denken.

Ich dachte vorrangig an NOW FOR NOW. Sie hatte ganz gut abgeschnitten, hätte aber noch einen Zahn zulegen müssen, um einen Preis zu gewinnen. In einem hatte sie aber auf jeden Fall gewonnen, denn sie hatte so recht mit der Botschaft in ihrem Namen: Ich sollte aufhören, immer wieder über die Zukunft nachzugrübeln. Eine echte Herausforderung für mich.

Jeden Nachmittag, um fünf Uhr, trafen wir Yachties uns in der True Blue Bay Resort Bar zur Happy Hour bei Cocktails zum halben Preis (meine Uhr brauchte ich dazu nicht, der Sonnenstand war präzise genug, auch wenn ich dadurch kurz vor sechs Uhr sämtliche verbilligten Drinks auf einmal bestellen musste). Bald beteiligten sich an unseren »Vorstandssitzungen«, wie wir es ironisch formulierten, jeden Abend mindestens ein halbes Dutzend Crews. Dann wurde besprochen, inwiefern wir reif waren, nach Europa zurückzusegeln oder dieses Vorhaben verschieben wollten. Einige Vorstandsmitglieder vertraten die Auffassung, dass ein Jahr Segeln mehr als genug sei und meinten, sich auch nicht mehr leisten zu können. Ein Rentnerpaar wiederum brachte das Argument, dass das Boot doch nun schon einmal in der Karibik liege und es ideal sei, es in einem Hafen an Land zu heben, um zukünftig immer wieder per Flugzeug zurückzukehren. Den Winter regelmäßig in der Karibik zu verbringen und den Sommer in Europa, das sei doch ein perfektes Lebensmodell. Wieder andere sprachen davon, die Hurrikansaison in Venezuela an Bord zu verbringen, um dort Spanisch zu lernen, oder während dieser Zeit Richtung Norden aus der Hurrikanzugbahn nach Maine oder Kanada auszuweichen. Unseren stets sehr lebhaften und diskussionsfreudigen Sitzungen mangelte es nicht an Ideen und Vorstellungen. Einigkeit herrschte nur in der Überzeugung, dass man unser derzeitiges Leben nicht gerade als Urlaub bezeichnen konnte. Wir hatten alle einen Ganztagsjob mit einem anderen anspruchsvollen Job gewechselt, der uns sogar rund um die Uhr beschäftigte. Unsere Yachtie-Freunde kamen aus den unterschiedlichsten Berufsgruppen. Es waren Ärzte, Krankenschwestern, Zahnärzte, Rechtsanwälte, Ingenieure, Betriebswirtschaftler, Lehrer, Psychologen, Journalisten, Makler, Verkäufer, Köche, Künstler, Handwerker, Techniker und Beamte. Anstatt mit dem Auto jeden Morgen zur Arbeit zu fahren, wendeten wir nun viel Zeit für den Unterricht der Kinder und die Instandhaltung unserer Boote. Solche Arbeitstage vor Anker endeten zwar früher als in der Heimat, sodass wir uns in die Vorstandssitzungen begeben konnten, doch die Themen wurden nicht minder intensiv und ernsthaft diskutiert als in den beruflichen Meetings. Falls wir mit dem Blauwassersegeln aufhörten, gaben wir etwas auf, wonach wir sehr lange gestrebt hatten und was wir alle sehr liebten. Doch gab es auch Aspekte, denen wir nicht nachtrauern würden: Aufgaben wie beispielsweise Lebensmittel an Bord zu schleppen und die Wäsche mit der Hand zu waschen; nach Ersatzteilen zu fahnden oder Bootsreparaturen unter primitivsten Umständen konnten mehrere Tage in Anspruch nehmen, waren anstrengend und wenig interessant. Eine der Frauen bekannte sogar, dass sie gerne einmal Urlaub vom Fahrtensegeln nehmen würde. Alle mit Kindern an Bord stimmten spontan ein und meinten, dass das Unterrichten doch recht schwierig und zeitaufwendig sei. Daher freuten sie sich darauf, ihre Kinder wieder professionellen Lehrern übergeben zu dürfen, zumindest für ein paar Stunden jeden Tag. Wahrscheinlich sind Lehrer noch nie so hochgelobt worden wie während dieser Vorstandssitzungen in True Blue Bay, Grenada. Wenn man mit Kindern segelt, ist es nämlich nicht einfach, Zeit für sich freizuschaufeln, sei es, um Reparaturen oder anderen Arbeiten nachzugehen oder um den eigenen Gedanken nachzuhängen. Auch vor Anker war es unmöglich, auch nur für kurze Zeit zu verschwinden und die Kinder sich selbst zu überlassen.

»Wo ist Mama?«, war sofort zu hören, sobald Karolina außer Sichtweite geriet, auch wenn sie nur in der Achterkajüte war. Wollte einer von uns Erwachsenen an Land gehen, fragte sofort eines unserer Kinder, ob es bitte, bitte, bitte mitkommen dürfe.

Selbstverständlich wurden auch die Finanzierungsmöglichkeiten des Sabbaticals besprochen. Einige hatten das Aussteigen im Alter von 55+ viele Jahre geplant und dachten an keine Rückkehr in die Arbeitswelt mehr, sondern bevorzugten eine verkürzte Rente, die dafür aber während einer längeren Zeit ausgezahlt wird. Andere, insbesondere die Familien mit Kindern, planten eine Rückkehr in ein Arbeitsleben – aber nicht notwendigerweise in denselben Beruf wie vorher. Viele wollten Neues ausprobieren und einige sich sogar mit einer neuen Geschäftsidee selbstständig machen. Alle segelten wir mit einem festgelegten Budget, einige hatten jedoch genug in der Hinterhand, falls sich das Jahr als teurer erweisen sollte als geplant, alternativ um die Segelzeit verlängern zu können.

Eine andere Frage, die immer wieder auf unserer Agenda stand, lautete, wie es wohl »beim nächsten Mal« werden würde. Einstimmigkeit herrschte in der Annahme, dass es völlig anders wäre, wenn die Kinder erwachsen sind und nach dem Abitur nicht mehr mitsegeln wollten. Und dann folgte die Frage: Was würden wir den ganzen langen Tag machen, so ohne Unterricht? Rudy und Lilian aus der Schweiz lachten laut, denn sie waren ohne Kinder unterwegs. Ihre Ovni namens SHIVA mussten sie nicht einmal polieren oder streichen, um ihr Aluminium-Baby in einem Topzustand zu halten. Sie gestanden, viel zu lesen, und planten, in Kürze den Tauchschein zu machen.

Ein paar Dinge wussten Karolina und ich mit Sicherheit. Wir wollten uns beim nächsten Mal mehr Zeit in der nordwestlichen Ecke Spaniens lassen. Und dann erneut nach Madeira segeln, um von dort direkt zu den westlichen Inseln der Kanaren zu laufen, die uns so gefielen.

»Aber was ist mit Graciosa?«, rief Dan, und die anderen nickten, denn die kleine Insel im Osten der Kanaren ist so speziell, dass wir eigentlich alle wieder dorthin zurück wollten. Wir vertagten einen Beschluss und argumentierten, dass wir zumindest in Kap Verde einen Zwischenstopp einlegen könnten, um dann Kurs auf Barbados zu nehmen und dadurch die Zeit auf dem Atlantik zu verkürzen.

»Aber Brasilien liegt noch näher!«, meinten Tim und Penny von der TAMARISK, die ebenfalls Graciosa genießen wollten. »Und danach segeln wir nach Los Roques in Venezuela, damit wir vor den ABC-Inseln alle zusammen tauchen können, ja?«

Andere begannen plötzlich, von San Blas in Panama zu träumen, während Dan meinte, dass auch Kuba äußerst interessant sei.

»Costa Rica!«, rief einer, und dann kamen noch die Vorschläge für Mexiko und Belize und schließlich der ganz große Plan: durch den Panamakanal in die Südsee. Ja, dort wollten wir alle hin!

Je mehr die Happy Hours sich dem Ende der Sitzungen näherten, desto ambitionierter wurden die Pläne für die Zukunft. Was aber blieb, war die noch immer ungelöste Frage, wie wir »dieses Mal« weiter gestalten wollten. Was genau sollten wir im kommenden Frühling machen? Wir vertagten die Frage von einem Tag auf den nächsten, wenn die Drinks wieder nur den halben Preis kosteten. Doch eines Abends, die Sonne war schon am Untergehen und wir wollten gerade aufbrechen, um auf unseren Booten das Abendessen vorzubereiten, schafften wir es doch noch, uns auf eine wichtige Resolution zu einigen: Wir wollten in Zukunft nicht so viel über die Zukunft grübeln! »Now for now« sollte unser Motto heißen, und die nächste Sitzung sollte eher das große Glück, das wir zur Zeit genossen, zum Thema haben, statt endlos die Zukunft zu projektieren. Diesen optimistischen, dem Dasein positiv zugewandten Lebensstil zu führen, hatten wir offensichtlich von den Einwohnern Grenadas erlernt. Als wir dort angekommen waren, sah man überall noch deutliche Spuren von Hurrikan *Ivan*, der im Jahr 2004 während fünf Stunden alles zerstörte, was in fünf hurrikanfreien Jahrzehnten aufgebaut worden war. Auf der Insel hatte sich durch diese Naturkatastrophe schlagartig alles verändert – und kein einziger Bewohner war ungeschoren davongekommen. Sich über die Zukunft theoretische Sorgen zu machen, hätte aber die Betroffenen kaum weitergebracht, und wir wollten uns alle ein Beispiel an diesen Menschen nehmen: sich der Realität stellen, Stärke sammeln und mit Willenskraft und Entschlossenheit das tun, was hilfreich und nötig ist! Denn es war beeindruckend, wie schnell die meisten Häuser wieder aufgebaut wurden. Überall leuchteten rote neue Dächer neben den alten Häusern, die noch wie aufgeklappte Puppenhäuser daneben wankten und ächzten. Grübeln hätte nicht geholfen; die Menschen von Grenada hatten gehandelt, und eine der verwüsteten Firmen, die sich bereits wieder aufgerappelt hatte, war günstigerweise Spice Island Marina an der Südspitze der Insel. Alles in der Werft lief normal, und so buchten wir einen Termin, um REGINA aus dem Wasser holen zu lassen. Sie sollte neue Anoden und einen neuen Unterwasseranstrich mit Antifouling bekommen sowie poliert und gewachst werden.

Ich war übrigens nicht der Einzige in unserer Familie, der gerne auf Grenada bleiben wollte. Eines Morgens hörten wir ein ungewohntes Geräusch. Es war ganz leise und klang nach jämmerlichem Schluchzen. Tatsächlich weinte Jonathan im Salon vor sich hin. Karolina legte ihre Arme um ihn und fragte, was denn los sei.

»Nichts«, schniefte er. »Nichts.« Und fügte nach ein paar Seufzern hinzu: »Wie alt ist Otti, Mama?«

19 Quinta do Lorde Marina, Madeira: Hurrikan *Vincent* wütet nur 100 Seemeilen von unserem sicheren Hafen entfernt. Wir ahnen nicht, dass wir uns selbst bald in der Schusslinie eines weiteren Hurrikans befinden werden – weit draußen auf dem Atlantik.

20 Graciosa, Kanarische Inseln: Emma, Dan und Sue von der KOSHLONG kämpfen sich zusammen mit Karolina und Jonathan durch einen Open-air-Waschtag, während Rachael alles von oben begutachtet.

21 La Gomera: Todesmutige Ruderer machen ihre Boote startklar für das harte Atlantic Rowing Race über den Atlantik. Plötzlich kommt uns REGINA wie ein Luxusdampfer vor.

22 Bequia: Für uns gibt es in der Karibik wirklich nichts zu klagen. Das Klima, die Farben, die üppigen Pflanzen, die Strände und die gelassene Ruhe der Einheimischen laden zum entspannten Leben ein.

23 Weihnachten: Die Maststütze wird zum karibischen Christbaum. Ein Schnorchel, eine Badehose, ein Buch über tropische Fische – das sind die Geschenke, die man in der Karibik braucht.

24 Tobago Cays, Grenadinen: Schildkröten grasen unter unserer ankernden REGINA.

25 REGINA-Crew: Karolina, Leon, Jessica und Jonathan genießen das Leben an Land.

26 Sportunterricht in der Bordschule: Ein Tau am Spi-Baum dient als Turngerät. Jessica schwingt sich daran vor dem Sprung ins Nass. Rachael Jonathan und Emma warten, dass auch sie an die Reihe kommen.

27 Grand Anse Beach, Grenada: Die Skipper rennen vom Strand zu ihren Booten und starten zum Wettrennen.

28 Saba: Vor dem Bau der Hafenmole, 1972, mussten alle Versorgungsgüter bei glühender Hitze hoch über 800 in den Stein gehauene Stufen ins Dorf hinaufgeschleppt werden, inklusive Bischof und Klavier.

29 Britische Jungferninseln: Die Familien-Crews treffen sich zur großen Abschiedsparty. Die Crew der KOSHLONG sitzt im roten Dingi. Weiter im Urzeigersinn: die Crews von TAMARISK, KEOMA, COCONUT, WILD ALLIANCE und REGINA.

30 »The Bath« auf Virgin Gorda: Jonathan und Camilla haben sich durch die wasserdurchspülten Schluchten gequetscht, um auf einen Riesenstein in dieser Höhle zu klettern, während die Erwachsenen noch überlegen, wie sie den Kindern folgen können.

31 Karibische Erfolge: Jonathan ist in nur vier Monaten zu einem kühnen Freitaucher geworden.

32 Extra-Crew: Auf der Passage von den Bermudas zu den Azoren verstärkt unser Freund Tom die Mannschaft. Zusammen mit Jonathan sorgt er für das tägliche Mittagsmahl.

33 Wettervorhersage: Der tägliche Funkkontakt über Kurzwelle zwischen REGINA und dem legendären Wetterguru Herb in Kanada ermöglicht unsere sichere zweite Atlantiküberquerung.

34 Begegnung mit der J120 NUNATAK: Sie kämpft vor Little Skellig um einen Platz im Round Ireland Race. 40 000 Tölpel besiedeln die kleine Insel, die deshalb aussieht, als wäre sie von Schnee bedeckt.

35 REGINA: Die treue Hallberg-Rassy 40 war 14 Monate lang unser Zuhause. Sie brachte uns zweimal sicher durch Flauten und Stürme über den Atlantik und wurde zum zuverlässigen Familienmitglied.

»Otti ist elf, genau wie Jessica«, antwortete Karolina.

»Warum hast du mich nicht 20 Tage früher geboren, Mama?«, fragte er verzweifelt.

Karolina lächelte und erklärte, dass er ohnehin schon zehn Tage früher als berechnet zur Welt gekommen sei. Schließlich begann sie zu verstehen: Otti von der SARAH GRACE hatte sich zum PADI-Tauchkurs angemeldet, um den Junior-Open-Water-Diver-Tauchschein zu machen. Davon träumte Jonathan schon seit dem Tag, als er zum ersten Mal Schnorchel und Schwimmflossen angelegt hatte. PADI hatte erst kürzlich die Altersgrenze von zwölf auf zehn Jahre herabgesetzt, sodass Otti willkommen, Jonathan jedoch zu jung war: exakt 20 Tage! Klar hatten wir Mitleid mit ihm. Auf der anderen Seite fanden wir beide, dass es doch zu gefährlich wäre, schon mit zehn Jahren im offenen Meer zu tauchen. Und das dicke Theoriebuch sah ebenfalls sehr anspruchsvoll aus, sogar für Otti, die den Stoff in ihrer Muttersprache Englisch lernen würde. Natürlich beeindruckte keines dieser Argumente unseren Jonathan, und er blieb untröstlich. Wir gingen deshalb zusammen zum True-Blue-Bay-Tauchcenter, um uns über die PADI-Kurse für Kinder informieren zu lassen, und zu unserer Überraschung gab es passende Kurse sowohl für Jessica, die das Tauchen nur einmal testen wollte, als auch für unseren Junior. Jessica konnte an dem Discover-Scuba-Programm teilnehmen und Jonathan an etwas, das sich Bubblemaker nannte: eine Einführung zum Tauchen für Kinder ab acht Jahren. Der größte Unterschied zwischen den beiden Kursen war, dass die Bubblemakers nicht tiefer als zwei Meter tauchten, während die Discoverer bis zwölf Meter gehen durften.

Also ernannten wir die Kurse zum vorgezogenen Geburtstagsgeschenk für Jessica und Jonathan, und gemeinsam marschierten ein paar Tage später vier glückliche Kinder zum Tauchcenter. Nach dem ersten Einführungstag entschlossen sich Otti und Emma weiterzumachen und erhielten am Ende ihren Open-Water-Tauchschein. Für die Kinder war das Tauchen das »Coolste«, was sie seit Langem erlebt hatten; Jonathan gewann einen Vorgeschmack und träumte von seinem Kurs. Er wollte sich ab sofort noch mehr Mühe mit den Fremdsprachen geben, damit er eines Tages gut genug Englisch lesen könnte, um schnellstmöglich den Tauchschein zu machen. Jessica war unterdessen mit dem Schnupperkurs zufrieden und fand, dass Schnorcheln ihr mindestens genauso viel gab wie Tauchen.

Es warteten aber noch mehr Abenteuer auf Grenada, insbesondere in dem gebirgigen Hinterland mit den vielen Wasserfällen. Unter so einer Riesendusche mitten im Regenwald zu stehen, sollte laut Reiseführer ein einzigartiges Erlebnis sein. Also mieteten wir zusammen mit den Freunden von SARAH GRACE und KOSHLONG einen kleinen Bus samt Fahrer. Dieser brachte uns bis zum Rand des dichten Grüns und wies uns mit der Hand die ungefähre Richtung des Pfades. Nach dem Versprechen, uns gegen 17 Uhr wieder abzuholen, brauste er unter ohrenbetäubender Reggaemusik ab, außer Vogelgezwitscher war bald nichts zu hören, und unser Pfad wurde immer steiler und zeitweise recht rutschig. Es war kühler und feuchter als auf Meereshöhe, hier und da fiel das Gelände steil ab, und wir mussten uns an Bambusbäumen festhalten, um nicht abzurutschen. Doch nach einer halben Stunde erreichten wir die Seven-Sisters-Wasserfälle mit ihrem beeindruckenden Becken, dem tollsten Abenteuerbad, das man sich nur vorstellen kann, schwärmten die Kinder. Die Schönheit der Natur war einzigartig, und schnell zogen wir uns aus und sprangen ins Wasser, das von einer Sekunde auf die nächste den letzten Rest meiner Zukunftssorgen wegwusch.

Nachdem die Werft mit den Arbeiten an REGINA fertig war, suchten wir uns eine nahe gelegene Bucht an der Südseite von Grenada und ankerten hinter Hog Island, einem der stillsten Ankerplätze, die wir bis dahin kennengelernt hatten. Bald wollten wir wieder Richtung Norden segeln, und so stand ich wehmütig auf dem Vordeck und schaute mir die anderen ankernden Boote an, die Mangroven und die Riffs dahinter. Als sich die Sonne unter der Kimm verkroch, schlief auch der Wind ein, und das Wasser wurde spiegelglatt. Damit verschwanden auch meine allerletzten Sorgen. Ein herrliches Gefühl.

Abfall

Seinen eigenen Abfall zu entsorgen, kann beim Blauwassersegeln zu Problemen führen. Auf hoher See werfen nur sehr gewissenlose Segler etwas über Bord, was nicht im Wasser verwesen kann. Vor Anker kann man die Müllbeutel mit dem Beiboot entweder selbst an Land bringen oder bringen lassen, damit sie an dafür vorgesehenen Orten entsorgt werden, wobei man natürlich hofft, dass mit dem Abfall verantwortungsvoll umgegangen wird. Die meisten Boatboys sind ehrlich, doch gibt es wie überall auch hier schwarze Schafe, die zwar das Geld annehmen, die Beutel dann aber einfach hinter den nächsten Busch werfen. Wollen Sie auf der sicheren Seite sein, müssen Sie Ihren Müll selbst entsorgen. Auf den umweltbewussteren Inseln ist es üblich, für seinen Abfall zu bezahlen, insbesondere wenn man vor Anker liegt und nicht in einer gebührenpflichtigen Marina, wo die Müllentsorgung meist inbegriffen ist.

Denken Sie am besten schon beim Einkaufen an die Müllentsorgung, indem Sie sich für Waren mit möglichst wenig Umverpackung entscheiden und alle Pappe gleich im Laden lassen. Suchen Sie nach Lebensmitteln, die in dünnen, leichten Behältern angeboten werden, damit sie später gespült, zusammengefaltet und einfach gelagert werden können. Gut geeignet sind auch Behälter, die man leer platzsparend ineinanderstecken kann.

Bierdosen sollten zusammengedrückt und die sechs Ringe, die einen Sechserpack zusammenhalten, sollten mit einer Schere aufgeschnitten werden, damit Tiere, beispielsweise Vögel, auf der Mülldeponie nicht daran hängen bleiben.

Sondermüll wie Haushaltsbatterien sammeln Sie am besten an Bord, bis Sie einen Hafen erreichen, von dem Sie mit Sicherheit sagen können, dass alles umweltschonend entsorgt und Motoröl und Batterien möglichst recycelt werden.

22

In dem wir ein kleines Stück Frankreich besuchen und
ein Gefühl für das alte England bekommen

Ein Vorgeschmack auf Europa

»**W**as meinst du? Soll ich abheben?«
Es lag etwas Lausbubenartiges in Charlies Stimme. Charlie
und Juliet verbrachten mit ihren zwei Kindern Alice und Pip
ein Sabbatical auf ihrer Yacht KEOMA, und wir hatten uns eine Woche
lang nicht gesehen. So wurde das Wiedersehen auf den zu Frankreich
gehörenden Iles des Saintes umso lustiger. Zu telefonieren mag für
die meisten Menschen heutzutage selbstverständlich sein, doch für
uns Yachties, die eher an VHF-, SSB- oder Iridium-Satellitentelefone
gewohnt sind, wo man sich zu festen Zeiten anfunkt, war das überra-
schende Klingeln eines normalen Festnetzapparates in einer Telefonzelle am Straßenrand schon etwas Außergewöhnliches.

»Ja, warum eigentlich nicht?«, antwortete Karolina.

Ich stand etwas hinter Karolina und Charlie und war in ein Gespräch
mit Charlies Frau Juliet vertieft.

Charlie trat in das Telefonhäuschen und hob ab: »Hello?« Wir anderen konnten nur ein heftiges, unverständliches Quasseln vernehmen.
»Oh, ich spreche leider nicht so gut Französisch. Ich bin Engländer!«,
unterbrach Charlie den Anrufer, doch dieser schien sich davon nicht
beeinflussen zu lassen.

»Je ... ne ... parle ... pas ... bien ... le Français. Un moment, s'il vous plaît.
Ici un homme qui parle Français«, mit diesen Worten reichte Charlie den
Hörer ohne Vorwarnung einfach an mich weiter.

Verblüfft musste ich binnen Sekunden mein altes Schulfranzösisch
aktivieren. Ich versuchte es mit einem zaghaften: »Allo?«

Monsieur setzte sofort seinen Monolog ohne Punkt und Komma fort. Ich konnte ihm nur bruchstückweise folgen, doch ich verstand zumindest, dass er gerne wissen wollte, mit wem er es zu tun und wo er angerufen habe. Ich versuchte, ihm so gut es ging klarzumachen, dass schließlich er es war, der anrief, und zwar in einer öffentlichen Telefonzelle auf einer karibischen Insel und nicht bei seiner Tante in Paris oder wen immer sonst er sprechen wollte.

»Ici, ce n'est pas la France«, sagte ich, obwohl mir schon im nächsten Moment klar war, dass ich Unsinn redete, denn die Iles des Saintes sind französisches Staatsgebiet, und zwar nicht nur juristisch, sondern auch kulturell und überhaupt: von der Gendarmerie bis zu den Automarken auf den Straßen, von den Cafés bis zur Euro-Währung. Wenn man genau auf einen Euro-Schein schaut, entdeckt man nämlich auf der Rückseite ganz unten auf der Europakarte ein kleines Kästchen, in dem die zu Frankreich gehörenden karibischen Inseln eingezeichnet sind. Meine Situation fühlte sich trotzdem sehr exotisch an, und auch der Kontrast zu Grenada konnte nicht größer sein. Wir waren nur zwei Tage und Nächte nach Norden gesegelt und nach unserem wunderbar entspannten Paradies mitten in einem modernen französischen Städtchen gelandet. Fast ein Kulturschock.

Ich bereute, dass ich den Hörer in die Hand genommen hatte. »Alors, ce n'est pas la France normale«, stammelte ich weiter, um genauer zu erklären, wo wir uns befanden. »Nous sommes aux Saintes. Ce sont des îles antillaises. C'est en Amérique, comprenez-vous? Et moi, je suis dans une cabine téléphonique, et vous m'avez appelé, n'est-ce pas?«

Charlie und Karolina konnten sich vor Lachen kaum halten. Der arme Anrufer erklärte mir – oder zumindest glaubte ich, dass er dies tat –, dass man ihm die Nummer dieser Telefonzelle für einen Rückruf gegeben hätte. Er war überzeugt, dass ich ihn und nicht er auf einer Insel in der Karibik angerufen hätte, außerdem handle es sich doch um eine Nummer mit französischer Vorwahl!

»Je ne crois pas, Monsieur. Je ne sais rien du tout!«, radebrechte ich weiter, was erneut nicht ganz logisch war, denn ich wusste ja zumindest, wo ich auf dieser Erde stand. Wir beendeten das Gespräch, ohne klären zu können, wer von uns beiden der größere Wirrkopf war, und ich schlenderte mit Karolina und meinen Freunden weiter durch den Hafen. Auf vielerlei Art war es schön, den französischen Lebensstil zu genießen. Die pittoresken Restaurants verströmten diesen wunderbaren Duft von Knoblauch, Butter und Kräutern, die Geschäfte führten hervorragende französische Weine und Käse zu Preisen, die stark subventioniert waren. Ohne diese Vergünstigungen wären wohl die meisten Überseefranzosen nicht bereit, längere Zeit so weit entfernt von ihrem geliebten Mutterland zu leben. Die Begriffe *liberté*, *égalité* und *fraternité* bekamen plötzlich eine erweiterte Bedeutung für uns: die Freiheit, in einem wunderbaren Klima zu leben, die Chancengleichheit, guten Wein und französischen Käse genießen, und die Brüderlichkeit mit dem französischen Volk und den Einheimischen dieser Region erleben zu dürfen. Jeden Morgen nahm ich das Dingi und kehrte mit frischem Baguette zur in der Bucht ankernden REGINA zurück, das wir mit Confiture und Brie belegt genossen, während wir dazu eine große Tasse Café au lait tranken. Zugegeben: Der Kaffee entsprach der Zubereitungsart, wie wir ihn jeden Morgen getrunken hatten, aber hier schmeckte er definitiv französischer.

Weniger angenehm war der Preis für die europäische Anmutung, den wir zu zahlen hatten: Ich spreche von dem Stress, der hier – für uns unerwartet – die Menschen im Griff hatte. Die Bedienung im Café servierte rasch, aber ohne dieses glückliche Strahlen im Gesicht, an das wir uns in den letzten Wochen ebenso wie an die Fröhlichkeit und Herzlichkeit der Kariben gewöhnt hatten. Island Time kennzeichnete offensichtlich nicht den Alltag auf dieser französischen Insel. Einige unserer Segelfreunde empfanden die Menschen sogar als unfreundlich, doch so streng sahen wir das nicht. Wahrscheinlich mangelte es hier nur einfach an der gelassenen Take-it-easy-man-Mentalität, die uns bisher das Leben so angenehm gestaltet hatte. Deshalb sagten wir bald wieder *au revoir* zu den Iles des Saintes und segelten nach diesem kleinen Wiedersehen mit Frankreich 85 Seemeilen Richtung Norden nach Old England, nach Antigua, welches, obwohl unabhängig, noch immer sehr deutliche Spuren der britischen Kolonialzeit zeigt. Am

5. März war nämlich der Geburtstag von Jessica wie auch Jonathan, und zu diesem Anlass wollten wir mit so vielen Freunden wie möglich zusammentreffen.

Antigua ist in vielerlei Hinsicht das Segelmekka der Karibik. Antigua Week ist die größte Regatta der Saison, und die Antigua Classic Week ist weltberühmt. Auch die Blue Water Rally legt hier den Zwischenstopp auf ihrer Weltumsegelung ein, und die Atlantikruderer gehen hier an Land. Wir hatten uns immer wieder gefragt, wie es ihnen wohl ergangen war, seit sie im Hafen von La Gomera zur längsten Ruderregatta der Welt gestartet waren. Als wir in Antigua einliefen, kam gerade Roz Savage als erste transatlantische Soloruderin der Welt nach unglaublichen 103 Tagen ins Ziel. Für mich war das eine unvorstellbare Leistung: 100 Tage lang zu rudern, alleine und Tag und Nacht auf dem riesigen Atlantik. Was hatten wir im Vergleich dazu an Schönem während dieser Zeit erleben dürfen! Roz' Boot war nur 23 Fuß lang, Stürme hatten ihre vier Riemen zerstört oder zumindest beschädigt, und so musste Roz sie auf See notdürftig reparieren, um überhaupt weiterkommen zu können. Ihren Campingkocher hatte sie schon vor Weihnachten verloren und seitdem keine warme Mahlzeit mehr gegessen. Auch ihr Satellitentelefon stellte vier Wochen vor dem Zieleinlauf den Dienst ein. Das alles war schon erheblich abenteuerlicher als unsere Segelei auf der komfortablen REGINA.

Während Roz die letzte Meile nach English Harbour hereingerudert kam, wurde sie von der ganzen vor Ort liegenden Flotte freudig in Empfang genommen. Alle waren gekommen, um ihr Respekt, Bewunderung und Beifall zu zollen, und auch wir standen auf der Burgmauer, um das Spektakel zu verfolgen, gemeinsam mit Hunderten ihrer Anhänger und einem Kinderchor. Der Beifall war ohrenbetäubend, als sie schließlich Land, Sicherheit und Ruhm erreichte und ihrer Mutter in die Arme fiel. Viele bewegende Momente hatten wir während unseres Segeljahres erlebt, doch dieser rührte uns am meisten. Als Roz zwei Jahre später aufbrach, um den Pazifik zu überqueren und dann weiter um die ganze Welt zu rudern, wünschten wir ihr in Gedanken alles Glück dieser Welt!

Doch zunächst musste sie dringend ausschlafen, und während Roz das Hotelzimmer bezog, lag ihr Boot neben einer der beeindruckenden Super-Yachten, die sich in English Harbour und in dem benachbarten Falmouth Harbour tummelten, und war erheblich kleiner als die Dingis dieser Luxusschaukeln, welche mithilfe hydraulischer Kräne über Rampen in den Schiffsbauch gezogen und in die dafür vorgesehenen Unterdeckgaragen an Bord verbracht werden. Manche führten diese extravaganten Spielzeuge in Form von Beibooten, Dingis, Jetskis, Wasserskis oder Surfbrettern in sogenannten *shadow boats* mit sich, die der Yacht des Eigners vorauseilten, um im Zielhafen alles zum Wohlgefallen der Herrschaften vorzubereiten.

Antigua war der erste Hafen, in dem wir diesen schwimmenden Palästen richtig nahe kamen. Die Eigner trafen wir zwar nie, wohl aber die Besatzungen, die stets hart arbeiteten, andererseits aber auch immer für einen Drink sowie ein gutes Gespräch in einer Bar zu haben waren. So erzählte uns einer beispielsweise, dass sie ohne den Eigner an Bord nie die Segel hissen durften, denn diese waren viel zu wertvoll, um sie nur zum Transport zu verschleißen. Bestellte der Eigner seine Yacht in das Mittelmeer oder wieder in die Karibik, durfte die Besatzung nur motoren. Eine dieser Super-Segelyachten musste für die Atlantiküberquerungen extra einen fast schwimmbadgroßen Tank an Deck mit sich führen, der nach der Ankunft dann wieder bis zur nächsten Atlantiküberquerung abmontiert werden konnte.

»Aber das macht nichts«, meinte die Crew einer Super-Yacht, »der Kahn segelt sowieso so miserabel, dass wir lieber motoren. Er ist durch den Großraumrumpf und die vom Eigner gewünschte Luxuseinrichtung so schwer beladen, dass die Segeleigenschaften von völlig untergeordneter Bedeutung sind.«

Auf meine Frage, wie viele Batterien sie denn auf so einem Superding mitführten, antwortete ein anderes Crewmitglied, dass er das gar nicht wisse, denn die Motoren liefen ja sowieso ständig. Auf uns Normalverdiener wirkte alles etwas surrealistisch. Ehe wir wieder ausliefen, stand Karolina dann vor dem Hafengebäude in einer Menschenschlange, um die Liegegebühr zu begleichen (in English Harbour und Falmouth

Harbour muss man auch für das Ankern draußen in der Bucht zahlen),
und während sie ihr Bargeld zusammenkratzte, damit sie die notwendigen 50 Dollar für die Woche auf den Tisch legen konnte, präsentierte
der Herr vor ihr eine goldene Kreditkarte: Seine Rechnung belief sich
auf 1595 Dollar, und wir priesen unser Glück, dass die Hafengebühr
von der Länge der Yacht abhängig ist.

Viele der großen Yachten kommen nicht nur wegen der Regatten,
der Schönheit der Natur oder der coolen Atmosphäre nach Antigua,
sondern auch um den erstklassigen Service für die Instandhaltung der
Yachten zu nutzen. Antigua ist besonders für ausgezeichnete Holzar-
beiten bekannt, und English Harbour wird immer noch von dem alten
Marinestützpunkt beherrscht, der aus der ersten Hälfte des 18. Jahrhunderts stammt und eine Zeit lang unter dem Kommando von Hora-
tio Nelson stand. Viele der alten Gebäude sind heute sorgfältig restau-
riert, aber man sieht immer noch die Winden, mit denen die Boote zu
Nelsons Zeit an Land gezogen wurden, ebenso wie die Anlagen der
Segelmacher und die Docks, wo die Schiffe früher auf die Seite gelegt
wurden, damit man ihr Unterwasserschiff säubern oder reparieren
konnte.

Nelson war im Jahre 1784 nach Antigua gekommen und hatte sich
bei den Inselbewohnern rasch unbeliebt gemacht, indem er jeden
Handel mit den Vereinigten Staaten verbot, die sich gerade von der
britischen Kolonialmacht verabschiedeten. Während er die Regeln
der Krone mit eiserner Hand durchsetzte und dadurch eine wichtige
Einkommensquelle der Einheimischen verstopfte, verbesserte er die
Lebensbedingungen seiner eigenen Besatzung, die ihn natürlich dafür
rühmte. Nelson gefiel Antigua besonders, heißt es, da er der Frau des
Commissioners sehr zugetan war. Endlich ging auch mir ein Licht auf,
aus welchen Gründen er an so vielen Orten seiner Heldentaten gerühmt
wurde. Heute noch findet man die Segelmacher, Zimmerleute, Rigger
und Schiffsausrüster in den alten Gebäuden von Nelsons Dockyard und
scheint man durch ein Museum zu schlendern, obwohl die modernen
Schiffe natürlich ganz andere Ansprüche stellen. Die Werften arbeiten
im Allgemeinen sehr gut, wenn auch nicht immer sehr schnell. Ersatz-

teile brauchen oft lange Zeit, bis sie per Luftfracht die Insel erreichen, und so gehört das Warten zum Lebensstil auf Antigua. Wir waren es zum Glück noch gewohnt, alles gelassen hinzunehmen, und trafen zudem viele Freunde wieder, mit denen wir gerne unsere Tage verbrachten. Auf dieser Insel bleiben viele erheblich länger als vorgesehen, und andere kommen jedes Jahr wieder.

Die Yachten wurden den ganzen Tag geputzt, poliert und lackiert, und selten habe ich so blitzblanke Boote gesehen. Einige führten ein rotes Licht im Mast, und so fragte ich mich, welche Funktion es haben könnte. Eines Abends zählte ich sogar 19 solcher roten Punkte in den Mastspitzen – und das nur in Falmouth Harbour. Sie reflektierten im schwarzen Wasser und verwandelten den ganzen Hafen in eine Art Rotlichtbezirk. Später erklärte mir jemand, dass es sich weder um Signal- noch Lockzeichen eines schwimmenden Freudenhauses handelte und auch nicht als Partyeinladung zu verstehen war oder irgendwelche nautischen Funktionen erfüllte. Sie dienten einfach nur als Warnung für den Luftverkehr! Hohe Sendemasten und Gebäude müssen nämlich an der obersten Spitze ein rotes Licht führen, um tief fliegende Flugzeuge abzuhalten – und die Segelmasten der Riesenyachten waren mindestens so hoch wie die höchsten Gebäude von Antigua. Ein Mast maß im Gegensatz zu dem von REGINA mit stattlichen 19 Metern nicht weniger als 90 Meter!

»Antigua and Barbuda« besteht, wie der Name schon sagt, aus zwei Inseln, und wir wollten gerne beiden einen Besuch abstatten. Barbuda liegt nur ein paar Meilen nordöstlich von Antigua und bietet nicht viel mehr als Fregattvögel und endlose, fast menschenleere Strände. Erst kurz vor dem Auflaufen konnten wir die Insel ausmachen, ich stand auf dem Achterdeck und hielt mich am Stag fest, während ich mein Gesicht in den warmen Wind drehte. Die Farbe des Wassers änderte sich von Tiefblau in Türkis, und bei einer Tiefe von rund zehn Metern konnte ich in allen Einzelheiten den Sand unter REGINA sehen. Der Himmel war nicht minder beeindruckend – blau mit flauschigen Kumuluswolken, die im Passatwind sachte unseren Kurs kreuzten. REGINA lief mit stetigen acht Knoten durch das Wasser.

Auch Trond aus Norwegen und seiner Frau Lesley mit den Kindern Camilla und Colin gefiel Antigua, und sie wollten während der Hurrikansaison dort bleiben. Die Kinder könnten die internationale Schule der Insel besuchen, und im darauffolgenden Jahr planten sie durch den Panamakanal in den Pazifik zu segeln. Oh, klang das gut! Im Gegensatz zu den meisten anderen Seglern hatte Trond, der als Psychologe Management-Consulting betrieb, den Kontakt zu seinen Kunden beibehalten und war auch schon ein paarmal über den Atlantik geflogen, um seine Seminare fortzuführen, beziehungsweise zu beenden. Während er in der Karibik segelte, sammelte er Ideen und bereitete seine Kurse vor und flog dann ab und zu für eine Woche nach Europa, um die Teamarbeit und den Arbeitsgeist des Managements von Großfirmen zu verbessern. Er schilderte uns dann immer mit einem breiten Grinsen, wie er in Oslo aus dem Flugzeug gestiegen war und es sich wie ein Schuss aus einem Katapult anfühlte.

»Die Beschleunigung war extrem!«, meinte Trond, wenn er seine Erfahrungen aus dem, wie er sagte, chaotischen Leben an Land in vielen Einzelheiten wiedergab. »Alle rennen sie rum, um geschäftig auszusehen, doch keiner scheint so recht zufrieden zu sein. Und wenn man jemanden in Oslo fragt, wie es ihm denn gehe, antwortet er: ›Na ja, gut. Viel Stress halt. Immer viel zu tun ... Ich habe dieses neue Projekt, weißt du, und es verschlingt meine ganze Zeit und Aufmerksamkeit ... Oh, ich muss jetzt los, meinen Sohn vom Fußball abholen, um ihn zu einer Party zu fahren, und meine Tochter wartet schon bei einer Freundin, um in die Tanzstunde gebracht zu werden. Meine Frau ist im Fitnesscenter, sodass ich jetzt keine Minute mehr habe. Es tut mir leid! Muss rennen. Bis später!‹« Trond schüttelte den Kopf und meinte, die Leute zu Hause benutzten Stress als eine Art Statussymbol, um Anerkennung zu gewinnen oder sich selbst zu bestätigen, wie wichtig und unersetzbar sie waren. Sie prahlten förmlich damit, wie wenig sie schliefen, wie viel sie arbeiteten oder wie selten sie zu einer geruhsamen Mahlzeit kämen. Wir Blauwassersegler schienen irgendwie bereits den Kontakt zu dieser Welt verloren zu haben und starrten ihn verständnislos an, als er fortfuhr: »Es ist so wunderbar, hierher zurückzukehren. Die Ruhe ist so erfrischend – ich muss mich nicht abhetzen, und trotzdem schaffe ich es, alle Aufgaben zu erledigen und das Boot noch dazu instand zu halten. Wenn man die Leute hier fragt, wie es ihnen geht, bekommt man ein Lächeln, und sie antworten: ›Hey, mir geht's super – I'm taking it eeaaasy, man!‹. Und dann strecken sie ihre Fäuste vor, um die Knöchel kurz aneinanderzustoßen. Caribbean hand shake, ich liebe es!«

Nach ein paar Tagen segelten wir zurück nach Antigua, da mehrere wichtige Partys auf uns zukamen, allen voran natürlich der Geburtstag unserer eigenen Kinder. Auch sonst gab es immer etwas zu feiern, zumal immer jemand neu ankam oder verabschiedet werden musste. Ich gestehe, ich war nie sonderlich entzückt gewesen, unsere Kindergeburtstage Anfang März im kalten Schweden zu organisieren. Dieses Jahr sollten sie aber am warmen Strand stattfinden. Wir zogen zwei Dingis auf den Sand, eines wurde als Kuchentisch dekoriert, das andere mit Getränken gefüllt. Wir hängten ein paar Papiere mit Fragen für die Kinder in den Palmen auf, sodass die korrekten Antworten sie in Form einer Schnitzeljagd durchs ganze Terrain führten. Den Rest der Unterhaltung boten die üblichen Spiele mit Surfbrettern und Bällen im Meer oder im Sand. Die Schar der Boatkids hatte erheblich zugenommen, und die kleinen Weltbürger kamen von ihren Booten angelaufen. Jessica und Jonathan fanden, dass das ihre allerbeste Geburtstagsfeier überhaupt war, und ich begann zu begreifen, wie prägend unser Segeljahr auch für die Zeit nach unserer Reise werden würde. Europa schien uns plötzlich weniger zu schrecken, denn wir nahmen uns vor, unser »Abenteuer Lebensreise« auch später an Land weiter fortzuführen.

Kochen

Kochen auf einem Segelschiff muss sich nicht vom Kochen zu Hause unterscheiden. Allerdings nimmt es etwas mehr Zeit in Anspruch, die Küche steht nicht immer still, der Arbeitsplatz ist oft sehr viel enger und hängt auch immer wieder etwas schräg. Zudem werden Sie nicht so viele Utensilien zur Verfügung haben, wie Sie es in Ihrer Küche an Land gewohnt sind.

Mit einem Inverter, der aus 12-Volt-Gleichstrom aus den Bordbatterien normalen 230-Volt-Wechselstrom, den man von zu Hause kennt, macht, können Sie an Bord sogar gewohnte Küchengeräte, wie beispielsweise einen Stabmixer, Teekocher, Toaster oder eine Kaffeemaschine, benutzen, solange sie für diese Platz finden. Viel Strom verbrauchen sie eigentlich nicht, denn sie kommen ja nur sehr kurz zum Einsatz. Kochen an Bord ist im Übrigen meist eine unterhaltsame Tätigkeit, in die gerne die gesamte Crew eingebunden wird. Alle können etwas beitragen: etwas schnipseln, etwas hacken, etwas rühren oder spülen. Man sollte sich auch nicht scheuen, zum Zubereiten den Salon- und/oder den Navigationstisch einzubeziehen. Legen Sie schöne Musik auf, und gönnen Sie sich einen Aperitif. Arbeiten Sie nach Kochbüchern oder stellen Sie sich mit Ihren Lieblingsgerichten auf dem Laptop ein eigenes Kochbuch zusammen – selbstverständlich nur mit dem besten Essen! Kochbücher als E-Books auf einem Tablet-Computer (iPad, Kindle oder ähnliche) sparen Platz und Gewicht. Auf Märkten werden Sie sicherlich viele verschiedene Lebensmittel, Früchte und Gemüse probieren können. Fragen Sie, wie man sie zubereitet, und lassen Sie sich von allem Neuen inspirieren. An Bord zu kochen verlangt zwar etwas Übung, ist aber nicht schwierig, solange die See relativ ruhig ist. Stellen Sie deshalb sicher, dass Sie alle Zutaten zur Hand haben, bevor Sie loslegen. Doch legen Sie alles erst auf die Arbeitsfläche, wenn Sie es benötigen; es fällt sonst nur um oder nimmt Platz weg.

Eine Stange vor dem Herd ist sehr wichtig, damit Sie bei stürmischer See nicht vornüber auf dem heißen Grill landen können. Zudem brauchen Sie entweder einen Gurt, mit dem Sie sich anschnallen, damit Sie nicht nach hinten kippen, oder etwas zum Gegenlehnen. Gute Fahrtenschiffe haben eine u-förmige oder j-förmige Pantry und sind so ausgelegt, dass man sich beim Kochen gut abstützen kann. Antirutschmatten erleichtern die Arbeit erheblich, und ein Dampfkochtopf spart nicht nur Gas und reduziert den Temperaturanstieg unter Deck, sondern minimiert auch das Risiko des Überschwappens und damit von Verbrennungen durch heiße Flüssigkeiten. Sollten Sie keine dicke Plastikschürze dabeihaben, können Sie auch die Hosen Ihres Ölzeugs überziehen, um das Risiko von Brandwunden im Zaum zu halten.

Kochen bei stärkerem Wellengang ist eine ziemliche Herausforderung. Halten Sie schnell zuzubereitende, einfache Rezepte parat, die Sie am besten noch im Hafen vorkochen, um nach dem Auslaufen nicht gleich seekrank zu werden. Vorbereitete Mahlzeiten, auch eingefrorene, die nur aufgewärmt werden müssen, sind besonders bei hartem Wetter geeignet. Falls Sie eine Gefriertruhe an Bord haben, ist dann der Augenblick gekommen, sie zu plündern.

23

In dem wir von der gängigen Route in der Karibik abweichen

Neben der Spur

Vor uns reckte sich imposant ein rauchender Vulkan in den Himmel empor. Keine Menschenseele war auf der Insel zu sehen; kein Haus, kein Boot, nichts. Faszinierend, unwirklich und ein wenig unheimlich kam uns die Szenerie vor, und wir erlebten diese Minuten fast wie eine Zeitreise in die Vorgeschichte der Erde, denn die Ansicht glich einem Fantasiebild aus Jonathans Zeichenheft über Vulkane; es fehlten nur ein paar Dinosaurier im Vordergrund. Wir hatten schon mehrere erloschene Vulkane auf unserer Reise gesehen, doch dieser rauchende Berg beeindruckte uns außerordentlich.

»Jessica! Jonathan! Schnell! Kommt hoch und schaut euch das an!«

Binnen Sekunden tauchten zwei blonde Schöpfe im Niedergang auf.

»Cooool! Ist das ein Vulkanausbruch, Papa?«

»Mit all dem Rauch sieht es fast so aus. Aber ich glaube, es ist alles in Ordnung. Die offizielle Internetseite hat nämlich keine weiteren Ausbrüche für die nächste Zeit vorausgesagt, und deshalb können wir auch ganz nah ran.«

Der Rauch gehörte offenbar zu den Nachwehen des letzten Ausbruchs, der sechs Wochen zuvor stattgefunden hatte, und auf der Internetseite schätzten es die Behörden als ungefährlich ein, sich von Norden zu nähern.

»Das ist ja besser als das tollste Feuerwerk, das ich je gesehen habe!«, jubelte Jessica.

Wir tasteten uns vorsichtig längs der Ostseite von Montserrat heran. Hier konnten wir dem Rauch und den Aschewolken entgehen, die noch aus dem Krater quollen und mit dem Wind nach Westen abzogen. Uns war klar, dass heiße Asche Löcher in die Segel brennen kann, was wir natürlich auf jeden Fall vermeiden wollten. Am nördlichen Zipfel der Insel angelangt, rundeten wir vorsichtig die Landzunge und liefen in eine kleine Ankerbucht hinein, die als Little Bay in unseren Karten verzeichnet war. KOSHLONG und REGINA waren die einzigen Yachten hier.

Wir wollten gerade unser Ankermanöver vorbereiten, als plötzlich ein kleines Boot von Land aus auf uns zuhielt. Darin stand ein Mann in Jeans und T-Shirt, und erst als ich mir seine Baseballkappe näher ansah, wurde mir klar, wer uns besuchte: P O L I C E stand in großen Buchstaben darauf; im Übrigen sah er aus wie jeder andere Einheimische, hieß uns auf Montserrat willkommen und erklärte, wie man hier einchecken musste: indem man der Polizeiwache an Land einen Besuch abstattete, es sei denn, man bliebe nur eine Nacht vor Anker.

Über die Reling reichten wir dem Polizisten unsere Crewliste. Sofort brauste er zur KOSHLONG weiter und wiederholte dort die Begrüßungsprozedur. Anschließend kehrte er zu dem kleinen Steg zurück und überließ seine beiden Gastboote dem unbequemen Rollen in der Ankerbucht und dem Schicksal. Ich sah ihm nach und bewunderte seinen Mut, ständig in Reichweite dieses bedrohlichen Vulkans zu leben, der jederzeit ausbrechen konnte. Montserrat Soufrière Hills, wie der Vulkan heißt, war fast 400 Jahre lang inaktiv gewesen, bis 1995. Damit hatte er länger geschlafen als die Vulkane auf Lanzarote, die uns so fasziniert hatten. Als wir damals in der Marina Rubicon lagen, hatten wir ein Auto gemietet und die Vulkanlandschaft von Lanzarote besichtigt. Mit großer Ehrfurcht waren wir in einen alten Krater geklettert, wo vor, geologisch gesehen, gar nicht langer Zeit noch heißes Magma geflossen war und diese großen höhlenähnlichen Tunnel gebildet hatte. Wir hofften inständig, dass der Feuerspucker weiter ruhig bleiben würde, zumindest bis wir wieder ans Tageslicht zurückgekehrt waren. Natürlich hatten wir auch den noch heißen Vulkan Timanfaya besucht, auf dessen Spitze ein Restaurant thront, in dem direkt über dem Krater mithilfe des Vulkanfeuers Essen zubereitet wird. Aber das konnte sich nicht mit dem Schauspiel vergleichen, welches uns nun vor Montserrat dargeboten wurde.

1992 registrierten Seismografen erstmals wieder eine wachsende Anzahl kleinerer Beben auf Montserrat, die dann drei Jahre später zu einem großen Ausbruch führten, dem ersten seit 1632. Diese Eruption zerstörte das fruchtbare Ackerland mitsamt der Hauptstadt Plymouth, und über Nacht verwandelte sich Montserrat von einer attraktiven und blühenden Touristenregion in ein fast totes Felsenlabyrinth. Mehr als die Hälfte der 11 000 Bewohner wurden obdachlos, und nur wenige Bauern blieben auf der Insel und bestellten bald wieder ihre kleinen Felder unterhalb der Berghänge. Am 25. Juni 1997 kam es erneut zur Katastrophe, und mehr als 50 Personen mussten mithilfe von Hubschraubern gerettet werden, 19 Menschen verloren in dem heißen Magma ihr Leben. Danach errichtete man ein Sperrgebiet um den Vulkan, welches sich weit ins Meer hinausstreckte und an dessen Grenze wir gerade entlanggesegelt waren. Vermutlich war es nur eine Frage der Zeit bis zum nächsten großen Ausbruch, doch wann die erneute Katastrophe eintreten würde, konnte niemand voraussagen. Entsprechend betrachteten wir den Feuertopf mit einer Mischung aus Respekt, Aufregung und Angst.

Leider hinderten uns die hohe Dünung sowie der auflandige Wind an einem Landausflug. Unter diesen Bedingungen wagten wir es einfach nicht, unsere Boote an der Leeküste zurückzulassen. Ich erinnerte mich an das Buch »Der kleine Prinz« von Antoine de Saint-Exupéry. Der kleine Prinz lebt auf einem einsamen Planeten, der nicht viel größer als ein Haus ist. Dort existieren drei Vulkane, die er jeden Morgen fegt. Nur einer ist aktiv, den er als Kochherd benutzt. »Aber man weiß ja nie«, sagt der kleine Prinz und reinigt auch seine zwei erloschenen Vulkane täglich … Als Kind hatte ich die wichtige Botschaft, die dahintersteckt, nicht verstanden. Jetzt, da wir vor Montserrat ankerten und den Rauch aus dem Krater des Vulkans aufsteigen sahen, wurde mir klar, wie wichtig es ist, sogar mit unwahrscheinlichen Ereignissen zu rechnen. Leben wir nicht alle mehr oder weniger wie mit einem schlafenden Vulkan in der Umgebung oder sogar in uns? Wer ist schon auf eine Katastrophe vorbereitet, die über Nacht alles verändern kann? Wie bei den Bewohnern von Montserrat, die stets von einem plötzlichen Ausbruch des Soufrière Hills bedroht sind, könnte eine Krankheit oder ein Unfall und auch bei uns alle Lebenspläne, Vorstellungen und Wünsche von einer Stunde zur nächsten zunichte machen. Im Alltag verdrängen wir solche Gedanken oftmals erfolgreich. Ist das vielleicht gut und hilfreich? Stellt es einen Schutz für uns dar? Oder wollen wir in unserem Leben möglichst lange Zeit das irrationale Glücksgefühl durch die Illusion genießen, unsterblich zu sein? Kann man sich auf den Umgang mit möglichen Katastrophen sowie den eigenen Tod vorbereiten, ohne dabei depressiv, ängstlich und lebensmüde zu werden?

Die Wikinger glaubten an die drei schicksalsbestimmenden Nornen: Urd (das Gewordene), Verdandi (das Werdende) und Skuld (das Werdensollende), die in der Edda-Sage Vergangenheit, Gegenwart und Zukunft der Menschen bestimmen. Wie auch immer: Uns allen bleibt letztlich nichts anderes übrig, als unsere eigene Endlichkeit sowie die Unvorhersehbarkeit von unveränderbaren Schicksalsschlägen zu akzeptieren. Daher wollten Karolina, Jessica, Jonathan und ich uns unseren Lebenstraum auch schon in der Lebensmitte erfüllen, ehe ein unvorhergesehenes Ereignis alles kaputt machen konnte. Und wieder einmal fühlten wir uns in unserem Beschluss bestärkt: Wenn man im Leben etwas wirklich möchte, sollte man es mutig umsetzen, denn jeden Tag kann es zu spät sein. Niemand weiß, wie viel Lebenszeit ihm zur Verfügung steht.

Gleichzeitig ist es notwendig, die richtige Balance zu finden: Was kann man beispielsweise als Individuum oder Familie selbst auf der Glücksspur in die Wege leiten? Welche Prioritäten soll man in seinem Leben setzen? Wie viel Raum darf man individuellen Bedürfnissen und Wünschen geben, wie viel Rücksicht soll man auf die Familie oder andere Menschen nehmen? Und nicht zuletzt: Was muss man der Macht der Natur, dem Zufall oder dem Schicksal überlassen? In diese Gedanken versunken, die mehr Fragen als Antworten aufwarfen, verließen wir die Vulkaninsel, setzten unser Inselspringen fort und wählten einen etwas mehr westlichen Kurs als die gängige Route von Antigua über St. Martin zu den British Virgin Islands (BVI), um uns Nevis, St. Kitts, Statia und schließlich Saba anzuschauen.

Nevis ist eine recht verschlafene kleine Insel. Die alten Zuckerrohr-plantagen haben sich in vornehme Luxus-Hotelresorts verwandelt, und die palmengeschmückten Sandstrände sind mit zahlreichen Bars bestückt. St. Kitts ist lebhaft kommerziell mit vielen Geschäften rund um den Hafen wegen der regelmäßig eintreffenden Gäste von den Kreuzfahrtschiffen. Statia ist das ruhigste Eiland, sogar noch fried-licher als Nevis. Ein altes Fort aus der niederländischen Kolonialzeit überwacht Oranjestad, und fantastische Wanderwege führen bis hoch zur Kante des alten Vulkans. Es gehört wie Saba, St. Martin im Norden und Curaçao und Bonaire im Süden zu den Niederländischen Antillen. St. Martin und Curaçao haben erst kürzlich in einer Volksabstimmung ihre Unabhängigkeit beschlossen, während Bonaire, Statia und Saba auch weiterhin Teil der Niederlande bleiben wollen. Mit ihren 877 Metern über dem Meeresspiegel wird Saba deshalb auch weiterhin als höchster Punkt der Niederlande bezeichnet werden, verlangt von den Bewohnern einiges an Anstrengung und sticht wie ein gigantischer Zahn aus dem Meer heraus. Steile Hänge charakterisieren die kreisför-mige Insel, und der einzige Weg, um von einem Boot an Land zu gelan-gen, führte bis vor Kurzem ausschließlich über eine 800-stufige in Stein gehauene Treppe, die wegen ihrer Ähnlichkeit mit einer Leiter »The Ladder« genannt wird. Erst 1972 wurde in Fort Bay auf der südwest-lichen Seite der Insel eine Hafenmole errichtet, sodass nunmehr klei-nere Schiffe an der Insel anlegen können; wir ankerten aber in der zum Ozean offenen, kaum einsehbaren Bucht namens Ladder Bay. Die schroffe Küste und das Fehlen jedes natürlichen Hafens hatten verhin-dert, dass Saba jemals von Feinden eingenommen oder besiegt worden war. Vor der Erfindung der Helikopter und Flugzeuge konnte man nur über The Ladder auf die Insel gelangen; alle Schiffe waren gezwungen, im tiefen Wasser vor der Küste zu ankern und ihre Fracht in kleinere Boote umzuladen, die an dem steil abfallenden und steinigen Strand gelöscht werden mussten. Bis in die 1970er-Jahre schleppten Männer dann die Lasten die 800 Stufen hinauf, und sogar ein Klavier und ein Bischof waren schon über diese Treppe getragen worden. Wir waren sehr froh, nur unseren Rucksack beziehungsweise einige Wasserflaschen transportieren zu müssen, doch auch von dieser vergleichsweise leichten Bürde in der Hitze des Tages rasch erschöpft.

Obwohl der Ort vom Strand aus gesehen ganz oben auf dem Felsen liegt, ist dies doch die am tiefsten gelegene Siedlung der ganzen Insel und heißt deshalb The Bottom. Von hier aus führen die wenigen auf der Insel existierenden Straßen und Wege immer weiter bergauf zu den wenigen Dörfern der Insel. St. Martin, Statia und Saba erhalten jährlich bestimmte Subventionen von den Niederlanden, wobei dieses Geld offenbar sehr unterschiedlich investiert wird. Auf Saba geben sich die stolzen Einwohner beispielsweise sehr viel Mühe, ihre Insel sauber und gepflegt zu halten. Jedes Dorf ist für einen genau festgelegten Straßenabschnitt verantwortlich, und dieser ist von den pflichtbewussten Insulanern pedantisch instand zu halten: An fünf Tagen der Woche wird von Hand so sorgfältig gefegt, dass weder Schmutz noch Staub auf den Straßen verbleiben, die übrigens eine recht neue Errungenschaft sind. Bis in die 1940er-Jahre bestand die einzige Verbindung von einem Ort zum anderen aus einem steil an- und absteigenden Fußpfad. Die Sabaer verlangten irgendwann nach einer Straße, und so ließ man Ingenieure aus den Niederlanden kommen, die aber natürlich nur an die flachen Straßenverhältnisse ihrer niederländischen Heimat gewöhnt waren und das Projekt mit der Begründung zurückwiesen, die Insel sei zu steil. Die Bevölkerung von Saba aber hatte schon größere Herausforderungen erfolgreich bewältigt und war nicht bereit, eine Ablehnung zu akzeptieren. Ein Einheimischer namens Joseph Hassel eignete sich deshalb per Fernstudium die Grundlagen des Straßenbauingenieurwesens an. Anschließend stellte er ein Team aus fleißigen und starken Männern zusammen, das in harter Arbeit die – bisher einzige – Straße quer über die Insel trieb. Es dauerte 20 Jahre, von 1938 bis 1958, um die 14,5 Kilometer lange Trasse namens The Road ohne besondere technische Hilfsmittel fertigzustellen.

Diese und andere Geschichten über die ehrgeizigen Menschen auf Saba erzählte uns Gravis Hassel, ein Taxifahrer und Nachfahre des Ingenieurs Joseph Hassel. Garvis' Familie lebt bereits in der vierten Generation dort, und er hat sein ganzes Leben auf der Insel verbracht. Ein Taxi auf Saba zu steuern, stellt aber nicht nur den Anspruch an äußerste Gastfreundlichkeit, sondern fordert auch das notwendige Geschick auf diesen Straßen. Gewisse Abschnitte steigen tatsächlich so steil an, dass die Fahrgäste zu Fuß neben dem Auto hergehen müssen, damit es den Hang hinaufkommt, und einige Kurven verlangten extrem stabile Nerven von uns, denn sie sind der absolute Horror.

Eine ähnliche Geschichte gibt es über den Bau des Flughafens, denn auch hier behaupteten Ingenieure aus den Niederlanden, dass es völlig unmöglich sei, auf diesem sich aus dem Atlantik in den Himmel streckenden schmalen Felsfinger einen Flughafen zu errichten. Um ihnen das Gegenteil zu beweisen, baten die Inselbewohner die waghalsigsten Piloten der benachbarten Insel St. Barth um eine Probelandung. Man überprüfte, welche Stelle die geeignetste sei, räumte die größten Lavabrocken aus dem Weg und füllte die schlimmsten Löcher in der Erde mit Beton auf. Der mutige Rémy de Haenen schaffte es dann auf Anhieb, sein Flugzug ohne Bruch zu landen. Vier Jahre später, im Jahre 1963, folgte die Einweihung des Flughafens, der sich damit rühmt, bis heute die kürzeste Start- und Landebahn eines kommerziell genutzten Flughafens der Welt zu haben. Wir wanderten viel auf Saba und kamen an zahlreichen wunderschön gepflegten Häusern vorbei, alle Gebäude waren stilvoll gleich weiß gestrichen und mit grünen oder ockerfarbenen Leisten um die Fenster verziert. Sie werden von Generation zu Generation weitervererbt, wobei die verstorbenen Verwandten im eigenen Garten bestattet werden. Verglichen mit anderen Inseln, trafen wir auf Saba nur wenige Touristen oder Yachties, aber für Taucher ist Saba ein Dorado. Die Männer von Saba verdienen seit Generationen als Seeleute in der Handelsschifffahrt das Auskommen, leben nur zeitweise auf der Insel und kehren erst im hohen Alter zurück, was im 19. Jahrhundert zu dem Etikett »Insel der Frauen« führte.

Ich fragte mich, wie es für uns sein würde, auf Saba zu leben – einer der merkwürdigsten Inseln der Karibik. Man musste sich sicher sehr gut anpassen, um im Einklang mit den anderen leben zu können und alle Aufgaben genau so perfekt zu verrichten, wie die Verordnungen sie vorschreiben. Individualismus ist auf Saba wenig gefragt, und für jeden, der sein Haus rosa anstreichen oder das tägliche Straßenfegen hin und wieder ausfallen lassen möchte, ist dies kein optimaler Wohnort. Doch war ich von der Entschlossenheit beeindruckt, mit der man die Projekte durchdrückt, und das Adjektiv »unmöglich« gehört wohl kaum zum aktiven Wortschatz. Zudem schien es keine Kriminalität zu geben, wohl aber eine unglaublich gut organisierte Pflege für die Älteren und Kranken. Die Insel verfügt über ein hervorragendes Lehrkrankenhaus für Schwestern und Pfleger, die Schüler aus aller Welt anlockt, sodass die Ausbildung zu den wenigen Exportartikeln gehört.

Wir stiegen gegen Abend über die lange Leiter ab und fanden unser Dingi unversehrt auf den Rollsteinen am Strand liegend wieder. Als wir auf die REGINA zurückgekehrt waren, dachte ich darüber nach, warum die meisten der hier anzutreffenden Yachten aus den Niederlanden kamen. Kann es sein, dass Europäer gerne ihre alten Kolonien besuchen? Die einzige Insel der Karibik, die jemals zu Schweden gehört hatte, ist St. Barth, die auch Saint-Barthélemy genannt wird. Erst verkaufte Frankreich die scheinbar wertlose Insel im Jahre 1651 an den »Orden vom Hospital des heiligen Johannes zu Jerusalem«, kurz: Malteserorden, der aus dem Erwerb einige Jahre lang vergeblich Nutzen zu ziehen versuchte. Für den Zuckerrohranbau war die Insel jedoch zu trocken, und so wurde sie weder agrarisch genutzt noch besiedelt. Da die Insel herrenlos war, florierte dafür dank des geschützten natürlichen Hafens die Piraterie, bis Frankreich im Jahre 1763 erneut versuchte, sie unter Kontrolle zu bekommen. Aber auch diese Großmacht konnte nichts damit anfangen, weshalb Ludwig XIV. sie im Jahre 1784 gegen ein nicht ganz eindeutig definiertes »Handelsrecht« in Göteborg an die Schweden eintauschte, sehr zum Wohle Schwedens, das die Insel während der nächsten 100 Jahre zu den Latifundien der schwedischen Krone zählte. Im Gegensatz zur heutigen Steuerpolitik Schwedens machte der König damals aus seiner neu gewonnenen Sonneninsel sofort eine Steueroase für seine Untertanen, sodass sie zu einem friedlichen und finanztechnisch attraktiven Handelsplatz aufblühte. Nach dem großen Feuer von 1852 lohnte sich jedoch der Wiederaufbau nicht mehr, und so verkaufte Schweden die Insel im Jahre 1878 für 80 000 Franc wieder an die Franzosen, die ihre Beute wohl nie mehr hergeben werden, denn heute floriert die Insel dank des amerikanischen und europäischen Kapitals der Jetsetter und Stars.

Wir beschlossen, St. Barth diesmal nicht aufzusuchen, und wählten einen Kurs zwischen Antigua und den British Virgin Islands, kurz: BVI, denn es wurde höchste Zeit, unser letztes Ziel in der Karibik für eine große Abschlussparty anzulaufen: auf ebendiesen britischen Jungferninseln.

Sicherheit

Wenn Sie einer eingefleischten Landratte erzählen, dass Sie mit einer Yacht auf große Fahrt gehen wollen, dauert es meist nicht lange, bis Ihr Gegenüber auf Stürme, Haie und Piraten zu sprechen kommt. Mit Überzeugung können Sie dann entgegnen, dass man Stürme heutzutage sehr gut umsegeln kann, indem man rechtzeitig die Wetterinformationen auswertet; Begegnungen mit Piraten lassen sich vermeiden, indem man die gefährlichen Reviere umsegelt, und Haie sind weniger gefährlich als Menschen.

Piraterie ist eine Plage, und jeder Überfall wird in allen Seglerszenen der Welt ausführlich diskutiert. Zum Glück sind die Fälle nach unserer Erfahrung äußerst selten, insbesondere in den klassischen Segelrevieren. Die meisten Raubzüge konzentrieren sich auf eine Handvoll wohlbekannter Regionen. Gute Revierführer weisen ausdrücklich auf diese Risikogebiete hin, und die aktuellsten Warnungen sind auf Internetseiten, zum Beispiel www.noonsite.com, zu finden. Während unseres Aufenthalts hörten wir nur von einem einzigen Boot, das vor Anker liegend nachts von Eindringlingen heimgesucht worden ist, wobei die Übeltäter das Eignerpaar bedrohten, aber nicht verletzten. Die Yacht hatte nahe am Land geankert, weit weg von anderen Booten in einer Bucht in unmittelbarer Nähe einer Stadt mit sehr üblem Ruf.

Die meisten Segler schließen ihre Luken und Niedergänge nachts nicht einmal ab. Manche Boote verfügen über Bewegungssensoren an Deck, die einen Scheinwerfer einschalten. Und genau wie Sie zu Hause Ihr Auto abschließen, sollten Sie auch Beiboot und Außenborder mit einer Kette oder einem Stahlseil sichern sowie beide nachts aus dem Wasser heben. An Land Taschendieben zu begegnen, ist in den meisten Segelrevieren nicht wahrscheinlicher als in jeder größeren Stadt Europas oder Amerikas, doch während Sie in einem Hafen liegen, ist es selbstverständlich nicht ratsam, Kameras oder andere Wertgegenstände sichtbar im Cockpit auszustellen. Wann immer Sie Ihre Yacht vor Anker allein lassen, können eine stromsparende LED-Lampe in der Kajüte und ein billiges kleines Badeschlauchboot vortäuschen, dass Sie an Bord sind. Und wenn Sie nach einem Abendessen im Dunkeln durch die Stadt zum Hafen schlendern, ist natürlich der gesunde Menschenverstand von lebensrettender Bedeutung.

24

In dem wir Abschied nehmen

Die letzte große Party

Seit vielen Monaten hatten wir in einer Gruppe zusammengehalten, einige Mitglieder kannten wir schon seit La Coruña in Spanien, andere hatten wir auf Madeira oder den Kanaren kennengelernt. Auch nach der jeweiligen Atlantiküberquerung blieben wir in engem Kontakt. Nicht ununterbrochen, aber immer wieder. Wir trafen uns mal hier, mal da, verbrachten viel Zeit miteinander, feierten, trennten uns, um uns nach einiger Zeit wieder über SSB, E-Mail und UKW zu verabreden. Der neue Lebensstil sowie die geteilte Erfahrung der Atlantikpassage hatten uns zusammengeschweißt. Wir wussten, dass wir uns vertrauen konnten. Gemeinsam hatten wir lebensfrohe, ausgelassene Stunden erlebt, aber auch Herausforderungen erfolgreich gemeistert. Wir hatten uns in jeder erdenklichen Beziehung gegenseitig unterstützt: beim Schulunterricht, bei Motorproblemen, Wartungsarbeiten oder ganz einfach, wenn unsere Gemüter einen Stimmungsschubs benötigten. Jedem Abschied hatte bisher die Gewissheit innegewohnt, sich schon bald wiederzusehen, und dieser Lebensstil war Teil unseres abwechslungsreichen Alltages geworden. Doch nun änderte sich alles.

Unser Treffen in den BVI war die Vorstufe zum schmerzhaften Abschied: Abschied von den Tropen, Abschied von der Karibik und Abschied von wunderbaren Menschen, die wir vielleicht nie mehr wiedersehen würden. Dieser Abschied war absolut nicht mit einem Abschied von Leuten zu vergleichen, die man in einem Urlaub kennengelernt hat, und sei der Urlaub auch noch so lange und unterhaltsam gewesen. Hier ging es um wesentlich mehr. Es fühlte sich eher an wie der Aufbruch ins Leben nach dem Abitur oder nach dem Studium. Ein sehr bedeutsamer Abschnitt ging zu Ende. Uns verbanden wunderbare Erlebnisse, tief empfundene Freundschaft, Vertrauen, Achtung und Respekt vor jedem Einzelnen – inklusive der Kinder, und wir spürten, dass wir uns in Freude und Dankbarkeit für das gemeinsam Erlebte lebenslang sehr verbunden bleiben würden, selbst wenn wir von nun an wieder in aller Welt verstreut wohnen mussten. Trauer machte sich in unseren Herzen breit.

Die Besatzungen einiger Boote hatten wir schon »verloren«, denn manche waren vorzeitig in die jeweilige Heimat zurückgeeilt, andere hatten sich dazu entschlossen, ihre Boote im Süden, vorzugsweise in Trinidad, Grenada oder Venezuela, während der Hurrikansaison liegen zu lassen. Einige wenige waren sogar in Richtung Panamakanal unterwegs, um von dort aus Kurs auf die Südsee zu nehmen. Für den Rest von uns waren die BVI der letzte Aufenthaltsort in der Karibik, bevor wir aus der Hurrikangegend verschwinden wollten. Alle teilten den Wunsch, so lange wie möglich an unserer Gemeinschaft festhalten zu können, doch wir wussten, dass nun das Ende einer siebenmonatigen festen Kameradschaft gekommen war. Wie nach einem Urknall würden wir fortan wie einsame Planeten unsere Törns fortsetzen, jeder für sich in Richtung des eigenen Ziels. Der unschöne Gedanke an die unausweichliche Trennung wurde immer drängender. Bis zum endgültigen Abschied wollten wir jedoch jede gemeinsame Minute in vollen Zügen genießen, und so wurden unsere letzten Wochen in den BVI zu einer nicht enden wollenden großen Party.

Karolina, Jessica, Jonathan und ich standen in unserer Melancholie nicht alleine da, viele Freunde zeigten ebenfalls ihre Tränen und gestanden, dass eine Trennung ihnen seit dem Schulabschluss nicht mehr so zugesetzt hätte. Was machte unsere Freundschaft so besonders? War es der gemeinsame Traum vom Segeln? Hatte es damit zu tun, dass wir aufgrund der speziellen Situation sehr schnell enormes Vertrauen hatten entwickeln müssen und glücklicherweise auch entwickeln konnten? War es die Dankbarkeit, sich auf die Segelfreunde verlassen zu können? Oder war es schlichtweg deshalb, weil wir so viel Zeit damit verbracht hatten, uns gegenseitig beizustehen? Wer außer unseren Segelfreunden hatte uns geholfen, den wichtigen Benzinschlauch zu finden? Wer hatte uns erklärt, wie man einen Wassermacher auseinanderschraubt oder wie man Diesel filtert? Wer hatte uns Werkzeug geliehen, und wer hatte Interesse an diesen tiefsinnigen Gesprächen, wie man seine Bootstoilette dicht und unverstopft halten kann? Mit wem hatten wir unsere Erfahrungen ausgetauscht, um an Bord erstklassigen Joghurt herzustellen oder ungekühltes Obst und Gemüse maximal frisch zu halten? Zusammen waren wir ein starkes Team, denn die jeweiligen Spezialkenntnisse deckten ein sehr breites Spektrum ab. Und das sollte nun alles ein Ende finden?

Ein Grund, warum unsere Bindung so stark war, lag ganz bestimmt darin, dass jedes dieser Probleme einen direkten Einfluss auf unser Überleben hatte. Fahrtensegler wissen, wie wichtig es ist, Erfahrungen auszutauschen. Es gibt keine unbedeutenden, unwichtigen Themen, daher lässt man sich stets mit voller Aufmerksamkeit und Sorgfalt auf die Anliegen der anderen ein. Wir wollten alle unseren Beitrag dazu leisten, um uns gegenseitig zu unterstützen. Hilfe zu leisten wurde ebenso zum eigenen Bedürfnis, wie Hilfe zu bekommen. Es machte uns glücklich und zufrieden, uns gegenseitig weiterzubringen und effektiv zu unterstützen und legte gleichzeitig das Fundament für Vertrauen, Intimität und Freundschaft.

Die britischen Jungferninseln waren ideal zum Feiern, und wenn uns die Lust auf einen Szenenwechsel überkam, segelten wir einfach gemeinsam in gemächlichem Tempo zur nächsten Ankerbucht. So wie Grenada im Süden der Karibik vielleicht eher Fahrtenyachten anlockt, tummeln sich in den BVI auch unzählige Charterboote. Wir schauten zu, wie die Chartersegler von einem Ort zum nächsten hasteten, um scheinbar möglichst effizient so viel »Erlebnis« wie nur möglich in ihre limitierte Zeit packen zu können. Schon frühmorgens lichteten sie eifrig den Anker und zogen weiter, um den besten Platz in der nächsten Ankerbucht zu ergattern, die ihnen in einer der vielen farbenfrohen Broschüren der unzähligen Charterfirmen empfohlen wurde. Für mein Empfinden bewegten sie sich viel zu schnell, um nachhaltige Sinneseindrücke speichern zu können.

Ich möchte die Chartersegler nicht kritisieren. Wäre meine Zeit in der Karibik so kurz gewesen wie ihre, hätte ich es wahrscheinlich ähnlich gemacht. Man will dann natürlich so viel wie möglich für sein Geld bekommen und segeln, segeln und nochmals segeln. So viele schöne Plätze wie möglich sehen. Und von all den Orten, die wir in der Karibik gesehen hatten, waren die Jungferninseln wohl am besten für das Chartern geeignet. Die Gewässer sind geschützt und klar, die Inseln sind wunderschön und die Abstände zwischen den Inseln und Ankerbuchten gering. Zudem gibt es viel zu bewundern, sowohl über als auch unter der Wasseroberfläche.

Uns, die wir mittlerweile schon über vier Monate in der Karibik verbracht hatten, beeindruckten die Strände und Schnorchelstellen natürlich weniger, denn wir hatten Sand und Meer schon in Fülle genossen. Für uns waren es nun stattdessen die Menschen, die uns wirklich faszinierten. Ich dachte an das, was Karolina vor vielen Monaten gesagt hatte, als wir noch fröhlich mit einem Rumpunsch bei *Frangipani* gesessen hatten: dass für uns Yachties im Verhältnis zu den Erfahrungen an Land die Hochs höher und die Tiefs tiefer waren. Sie hatte so recht gehabt. Wenn man die Gefühlsschwankungen als eine Amplitude betrachtet und die Hetze im Leben als dessen Frequenz, erlebten wir nunmehr das Leben wie die Dünung eines Ozeans: Im Vergleich zu den kurzen, steilen aber gar nicht so hohen Windwellen der Ostsee, empfanden wir die Amplitude des Seglerlebens als größer, deren Frequenz aber geringer. Die unbequeme, raue, ruppige See des Lebens ist in eine gemächliche Schwingung übergegangen, wobei wir zeitweise extrem glücklich und manchmal aber auch heftig verstimmt sein konnten. Falls wir mit unseren Fahrtenseglerfreunden nicht im Takt schwangen, konnten wir uns gegenseitig unterstützen, und wenn wir im Gleichklang schwangen, explodierte das Glück förmlich dank der gegenseitigen Resonanz. Wir schätzten insbesondere unseren Kurzwellensender, den SSB, wo wir in Gesprächsgruppen, den sogenannten Nets, regelmäßig in Kontakt stehen konnten. Glück, Erfolg, Erfahrungen, Tipps, Fragen und Verzweiflung konnten wunderbar geteilt werden, und wir fragten uns wirklich, wie wir später an Land ohne SSB auskommen sollten. Folgerichtig entschlossen wir uns kurzerhand, die »Funknetze« auch später, wenn wir alle wieder als Landratten leben mussten, fortzuführen, dann aber als Konferenzgespräche über Skype. Jetzt bestand das vielleicht größte Tief unserer Reise darin, dass wir uns von unseren so lieb gewonnenen Segelfreuden trennen mussten. Doch immerhin trennten wir uns an einem landschaftlich herrlichen Ort voneinander, was einen gewissen Trost darstellte.

The Bath auf Virgin Gorda hatte deshalb trotzdem noch viel an Spaß zu bieten. Riesige Granitbrocken, die dank eines Vulkanausbruchs auf einen Strand geworfen und willkürlich übereinandergestapelt waren, bildeten wasserumspülte Grotten und Höhlen, durch die man sich durchquetschen musste, ehe sie zum Klettern einluden: über, unter und neben den riesigen Steinen, wie auf dem tollsten Abenteuerspielplatz, den man sich nur vorstellen kann. Dabei überhörten wir geflissentlich ein paar Ferientouristen, die sich fragten, ob »dieser Park« wirklich natürlich sei. Wir grinsten uns eins und hätten am liebsten sofort geantwortet: »Ne, mein Freund, das sieht alles nur so aus. Ist alles von Disney gemacht und aus Plastik! Sieht gut aus, gell?«

Zum Glück hielten wir uns zurück und gönnten uns einen weiteren spaßigen Tag, als wir am RHONE-Wrack tauchten. Die RMS RHONE war ein britisches Frachtschiff gewesen, das auf den Routen zwischen England, Zentral- und Südamerika und der Karibik verkehrte. Als eines der ersten Stahlschiffe lief sie 1865 vom Stapel, geriet aber schon zwei Jahre danach in einen Hurrikan und trieb auf das Riff. Über 100 Menschen mussten ihr Leben lassen. Ein Teil des Wracks liegt in nicht mehr als sechs Metern Wassertiefe und war somit für die Kinder ideal zum Schnorcheln. Sie waren bereits so geschickt, dass einige von ihnen bis hinunter zum Wrack gelangten, um das alte Stahlgerippe zu berühren. Jessica und Jonathan meinten, dass es dort spuken könnte wegen der vielen Ertrunkenen, aber ich wendete ein, dass Geister bekanntlich nicht unter Wasser leben.

Am Ankerplatz zählten zehn Boote zu unserer Yachtie-Gang, und es wurde deshalb wieder eine große Partynacht, in der sich die Erwachsenen auf einem Schiff trafen, während alle Kinder sich auf einem anderen vergnügten. Nach einigen Bieren beschlossen wir, dass jeder zu seinem Boot zurückkehren solle, um etwas Essen vorzubereiten, damit wir uns anschließend wieder zu einem großen, gemeinsamen Mahl versammeln könnten. Käse, Oliven, Brot, Salate, Pasta, Wurst, Eier und viele andere Leckereien wurden zusammengetragen und mit viel Gelächter, toller Stimmung und noch mehr köstlichen Flüssigkeiten hinuntergespült. Was sind das nur für herrliche Menschen, diese Yachties!

Ein unterhaltsames Spiel in den BVI, das insbesondere die Kinder liebten, war das »Blow-Hole«, auch »Bubbly Pool« genannt, auf der östlichsten Spitze der Insel Jost Van Dyke (JVD). Von einer Ankerbucht aus, die zwischen JVD und Little Jost Van Dyke liegt, folgt man einem zehnminütigen Wanderweg an Foxy's berüchtigter *Taboo Bar* vorbei zu einer kleinen Bucht, die von massivem Gestein umgeben ist. Nur eine kleine Öffnung, an der die natürliche Steinmauer nicht ganz so hoch ist, bleibt dem Meer zugewandt offen. Bei Hochwasser schlagen die Wellen von außen so hoch an die Mauer, dass sie über der Kante brechen und aus der kleinen Bucht einen natürlichen Jacuzzi machen. Die Spritzer zerplatzen mit erstaunlicher Kraft, finden durch die kleinste Öffnung hindurch und füllen den gesamten Pool mit Blubberbläschen. Wenn man nicht aufpasst, kann man in der kleinen wannenähnlichen Bucht leicht zwischen den Felsen, dem Sand und dem Wasser hin und her gerissen werden – ein nicht ganz ungefährliches Spiel.

Doch alle Boatkids waren sehr vorsichtig und hatten viel Spaß, ohne sich zu verletzen, was allerdings einigen Jugendlichen nicht gelang, die kurz nach uns mit einem schnellen Motorboot herangefahren kamen. Unsere Kiddies warnten die großen Jungs, die jedoch nur arrogant grinsten und wenig Notiz von den Kleinen nahmen. Für diese Ignoranz zahlten sie mit ihrem Blut und verließen sehr rasch mit Wunden und Prellungen die Szene.

Die Tage auf den Jungferninseln waren ohne Zweifel sehr lustig, wenn auch immer wieder unterbrochen durch quälenden Abschiedsschmerz, der zeitweise alles zu überschatten drohte. Dann kamen schließlich die Tage der Abreise, und ein Boot nach dem anderen segelte seinen eigenen Kurs: zu den Bahamas, zu den Bermudas, nach Kuba, zu den Azoren oder zurück nach Antigua. Die Fotoapparate knipsten ununterbrochen die letzten gemeinsamen Bilder. Nachdem auch wir mit einem Abschiedstrauerklumpen im Bauch abgelegt hatten, drehten wir einfach nach ein paar Segelstunden wieder um. Wir schafften es noch nicht, die BVI zu verlassen, und kehrten für eine allerletzte Nacht neben der WILD ALLIANCE zurück, deren Crew völlig verblüfft ihre Tränen trocknete und sich überrascht und dankbar freute, noch ein paar Stunden mit uns verbringen zu dürfen. Nach einem zweiten, diesmal erfolgreichen Abschied überwanden wir am Ende doch noch die karibischen Anziehungskräfte und begaben uns auf den Atlantik hinaus.

Nicht wenige von uns haben sich seit der Karibikzeit bereits wieder getroffen und dafür Tausende Flugkilometer in Kauf genommen. Unsere »Reunions« sind inzwischen ein wichtiger Termin der Jahresplanung. Somit lagen wir zum Glück mit unserer damaligen Befürchtung, uns vielleicht nie mehr im Leben wiederzusehen, total falsch. Zudem bin ich davon überzeugt, dass wir uns alle auch beim Segeln wiedertreffen werden: irgendwann und irgendwo, wo das Meer blau und das Wasser warm ist.

Routen aus der Karibik

Während der Hurrikansaison zwischen Juni und November kann das Segeln in der Karibik gefährlich werden. Werden Sie nicht zu übermütig, auch wenn Ihnen das Risiko eines Hurrikans gering erscheinen mag. Das Verlassen der Karibik bedarf einer sorgfältigen Planung. Revierführer und Windkarten liefern hilfreiche Informationen und Auskünfte. Vorsichtige Segler bleiben während der Hurrikansaison südlich von Grenada (ungefähr 12 Grad Nord) oder nördlich von Chesapeake Bay (ungefähr 37 Grad Nord).

Viele lassen ihre Schiffe südlich der Hurrikangegend im »Sommerlager« liegen, beispielsweise in einem der Häfen von Trinidad. Einige Marinas innerhalb des Hurrikangebiets (nördlich von 12 Grad Nord) bieten »hurrikansichere« Landlager für Yachten an. Ob dies eine Option für Sie ist, sollten Sie in jedem Fall auch mit Ihrer Versicherungsgesellschaft besprechen. Die Alternative ist, die Karibik auf einer der traditionellen Routen zu verlassen. Diese führen typischerweise Richtung Panama, die USA (via Bahamas oder Bermudas) oder zurück nach Europa via Azoren – mit oder ohne Zwischenstopp auf den Bermudas. Segler, die den Pazifik ansteuern, sollten die Karibik in Richtung Westen und Panama schon lange vor dem eigentlichen Ende der karibischen Saison verlassen. Diese Strecke kann recht »rollig« sein, denn man wird höchstwahrscheinlich auf ziemlich kräftige Passatwinde von 15 bis 25 Knoten Stärke treffen, die gegen einen Strom von bis zu einem Knoten blasen. Diese Konstellation kann zeitweise eine unbequeme See aufwerfen. Man sollte daher am besten weit draußen vor der Küste bleiben und die berüchtigten Kaps nicht zu dicht runden.

Verlassen Sie die Karibik in Richtung Norden, sollten Sie bedenken: Starten Sie zu früh, kommen Sie in den Frühling des kühlen Nordens, in dem die Temperaturen bis zum Gefrierpunkt abfallen können und eisige Starkwinde noch vorherrschend sind. Mit anderen Worten: Es empfiehlt sich, Florida vor Ende März zu meiden und in North oder South Carolina erst ab Mitte April anzukommen. Warten Sie jedoch zu lange in der Karibik, laufen Sie Gefahr, dass die Hurrikansaison dort schon begonnen hat. Das Zeitfenster ist also nicht groß für eine angenehme Reise.

Die Teilstrecke bis zu den Bermudas auf genau nördlichem Kurs ist meist recht erfreulich, doch warten Sie vorsichtshalber lieber bis zur zweiten Maihälfte, bis sie von dort weiter in die USA oder zu den Azoren segeln.

In dem Sie über die Bermudas zu den Azoren und von dort weiter nach Europa segeln, meiden Sie die windstillen Gebiete um das Azorenhoch, das oft auf direkter Strecke von der Karibik zu den Azoren liegt. Am besten nimmt man erst Kurs Richtung Norden, um später in einem fast 90-Grad-Winkel nach Osten abzubiegen. Heutzutage ist der Umweg über die Bermudas aber eigentlich nicht mehr notwendig, da die Flautengebiete ein kleineres Problem als früher darstellen: Moderne Dieselmotoren sowie ausreichend gebunkerter Treibstoff erlauben längeres Motoren. Somit können Sie auch direkt von Antigua oder St. Martin zu den Azoren segeln. Auf dieser Route sollten Sie aber besser nicht vor Mitte Mai die Karibik verlassen, denn erst dann sinkt das Risiko der Starkwinde in den nördlicheren Breitengraden.

25

*In dem wir wie durch das All gleitend
eine merkwürdige Insel erreichen*

Bermuda

E s war, als würden wir durch die unendliche Weite des Weltalls
gleiten, umgeben von Millionen Sternen; es war wie im Raum-
schiff eines Science-Fiction-Filmes. Es gab absolut nichts zu
sehen – mit Ausnahme von tiefem Schwarz und funkelnden kleinen
Lichtquellen um uns herum. Nicht einmal der geringste Windhauch
war zu spüren. So ging das seit Tagen! Vor uns hing der Polarstern,
achtern das Kreuz des Südens. Der spiegelglatte Atlantik wirkte wie ein
Spiegel, der Horizont war im Dunkeln nicht auszumachen. Es erschien
uns so, als ob wir frei im Weltall hingen. Ein unwirkliches Gefühl.

Den unübersehbaren Hinweis, dass wir uns noch auf dem Planeten Erde befanden, bot das grüne Glimmen des phosphoreszierenden
Planktons, welches uns im Kielwasser schwach leuchtend begleitete
und so nahe war, dass wir es am liebsten anfassen wollten. Gleichzeitig
vereinte es sich so hübsch mit dem Spiegelbild der funkelnden Sterne,
die viele Lichtjahre entfernt schimmerten. Nähe und Ferne verschmolzen in ein und demselben Bild. Und im Zentrum des Ganzen: der klit-
zekleine Planet REGINA. Während meiner Nachtwache stand ich auf
meinem Posten, so wie ich am liebsten stehe: zurückgelehnt gegen
den Steuerstand, über die Sprayhood schauend und verträumt dieses
außerordentliche Schauspiel unserer Sternenreise beobachtend. Jede
Nacht wiederholte sich der Blick auf die Schönheit des Weltalls und des
Meeres, und jeden Tag entdeckten wir nicht die kleinste Kräuselung
auf dem Wasser außer der der eigenen Bug- und Heckwelle, in deren
Wirbeln das Plankton nachts leuchtete. Der Motor summte bei 1450
Umdrehungen und schob uns mit sechs Knoten durch die Flaute auf

dem Atlantik Richtung Bermudas stetig voran, vier Tage und Nächte, und wir hatten trotzdem noch gut die Hälfte von unseren 460 Litern Diesel im Tank. Ich war von dem geringen Verbrauch positiv überrascht und versuchte mir vorzustellen, wie wenig Reibung der Rumpf, der Kiel und das Ruder verursachten, und ich dankte dem argentinischen Konstrukteur von REGINA, Germán Frers, ihrer Werft Hallberg-Rassy sowie unserem Zweigang-Propeller von Gori und dem Centaflex-Vibrationsdämpfer für unser schnelles, effizientes und komfortables Vorankommen. Was bin ich doch für ein Narr, dachte ich, der hier im Zentrum dieser Schönheit steht und anstatt sich über die Naturerscheinung zu freuen und den Anblick zu genießen über so etwas Trockenes wie Propellerantriebe nachdenkt! Als Ingenieur faszinierte mich diese von Menschen geschaffene perfekte Zusammenarbeit eines komplexen technischen Systems. Für mich war in dieser Nacht die Konstruktion der REGINA ähnlich perfekt wie die Harmonie und die Balance des Universums, welches sich so wunderbar um uns herum drehte. Auch meine Familie in unserem schwimmenden Zuhause war Teil dieses fantastisch funktionierenden Systems. Ich fühlte mich glücklich und frei. Die Strecke zu den Bermudas würde eine Woche in Anspruch nehmen, und das war genau der richtige Zeitraum, um wieder in den Rhythmus des Hochseesegelns hineinzufinden. Unsere Müdigkeit verschwand nach dem zweiten Tag, und wir verfügten über ausreichend frisches Gemüse und Obst an Bord. Eine Woche lang zu segeln ist eigentlich ideal. Doch trauerten wir immer noch unseren vielen Freunden und den Tropen nach. Wäre es nur um Karolina und mich gegangen, wir wären im Süden geblieben, und auch die Kinder versuchten uns davon zu überzeugen, dass es noch zu früh sei, schon wieder nach Hause zurückzukehren. Doch Karolina und ich hatten nach längeren Diskussionen entschieden, dass ein Jahr Auszeit genügen musste. Jessica und Jonathan sollten wieder eine professionelle Schule besuchen, wie herzergreifend ihre Proteste auch waren.

Im Osten begann der Himmel sein tintenfarbiges Schwarz zu verlieren und erhielt, fast unmerklich, einen schwachen Hauch Rosa. Die Morgendämmerung machte sich bemerkbar. Zum Glück hatte ich das sichere Gefühl, dass vorerst noch mehrere dieser wunderschönen Nächte folgen und wir eines Tages wieder in die Tropen zurückkehren würden. Doch zuvor galt es noch andere Abenteuer hinter uns zu bringen, zum Beispiel unsere zweite Atlantikpassage. Mit unseren nun bereits erprobten und bewährten Checklisten in der Hand war Karolina in Tortola, BVI, zu den Supermärkten gegangen und hatte entsprechend eingekauft, und bald war REGINA mit frischen, tiefgefrorenen, getrockneten und eingelegten Nahrungsmitteln beladen, die uns während der zweiten Atlantiküberquerung satt halten sollten. Wie immer aktualisierte Karolina jede einzelne Liste kontinuierlich und verlor daher nie die Kontrolle darüber, was wo zu finden war, wie viel genau noch übrig war und wann es spätestens verzehrt werden musste.

Anhand einer zweiten Liste führte ich die Sicherheitschecks auf REGINA durch, und nach und nach wurden die einzelnen Punkte abgehakt. Das Dingi wurde an Deck verzurrt, der Notwasserkanister auf dem Achterdeck festgebunden, der Motor inspiziert und das Rigg und die Segel kontrolliert. Es war jetzt Jonathans Aufgabe, in den Mast zu klettern, von wo aus er das gesamte Rigg sorgfältig kontrollierte. Ich winschte ihn im Bootsmannstuhl empor, während er sämtliche Verbindungen und Splints überprüfte sowie das stehende Gut mit den Wanten und Stagen gründlich auf Verschleiß oder Ermüdung untersuchte. Ich wechselte unterdessen das Öl im Getriebe und im Motor, tauschte die Dieselfilter und die Filter für den Wassermacher aus. Wir setzten wieder das innere Vorstag, das wir in Küstennähe am Mast führen, damit es das Vordeck nicht beeinträchtigt und das Kreuzen mit der Genua nicht behindert. Dann bereiteten wir routiniert unser Kutterstagsegel vor und schlugen es am inneren Vorstag an, ließen es aber in seinem Sack, sodass wir es bei Bedarf schnell hochziehen konnten.

Die in den letzten Monaten gewonnene Erfahrung zahlte sich nun aus, wir arbeiteten ohne Hektik und Nervosität, und vielleicht war es auch hilfreich, dass wir nicht von vielen anderen Crews umgeben waren, die sich ebenfalls aufs Auslaufen vorbereiteten und sich gegenseitig mit klugen Ratschlägen zu überbieten suchten. Diesmal erledigten wir alles in unserem eigenen Takt. Auch das sorgfältige Studium der voraussichtlichen Wetterlage auf dem Bermudas-Azoren-Kurs, also auf deutlich höheren Breitengraden als auf dem Hinweg, nahm viel Zeit in Anspruch. Will man nicht gegen die Passatwinde aufkreuzen müssen, führt der Rückweg nach Europa nämlich durch den Westwindgürtel, welcher sich auf 30 bis 60 Grad Nord befindet. Im Nordatlantik zeigt sich das Wetter aber deutlich instabiler als bei der südlichen Kanaren-Karibik-Route. Statistisch gesehen mussten wir damit rechnen, auf unserem Weg nach Europa mindestens einmal in Starkwind zu geraten. Deshalb planten wir, zwei Zwischenstopps einzulegen, und zwar auf den Bermudas und auf den Azoren, obwohl die Bermudas nicht ganz auf unserem direkten Kurs lagen und einen kleinen Umweg verlangten.

Bermuda besteht aus circa 150 Inseln, wobei die größten davon über Brücken miteinander verbunden sind und zusammen eine Fischerhakenform bilden. Das ganze Atoll ist von einem Riff umgeben, sodass es kein Zufall ist, dass die Nationalflagge Bermudas ein sinkendes Schiff zeigt. Um keine weiteren Wracks zu erzeugen und die Umwelt zu schützen, werden alle Schiffsbewegungen über die stärkste UKW-Funkstation der Welt genau beobachtet, das berühmte Bermuda Radio. Ob Dickschiff oder Yacht, man muss sich anmelden und eine ganze Reihe Fragen zur Sicherheitsausrüstung, zur Crew und zum vorgesehenen Kurs beantworten.

Auch wir riefen aus 30 Seemeilen Entfernung Bermuda Radio über UKW an. Man kontrollierte unsere Position, Kurs und Geschwindigkeit und erteilte uns Anweisung, wie wir uns dem Hafen von St. George nähern sollten. Es ging insbesondere darum, dass größere Schiffe ohne weitere Fahrzeuge im Weg – und sei es nur eine kleine Yacht – sicher durch den schmalen Sund namens Town Cut zwischen St. George's Island und Higgs and Horseshoe Island navigieren können. Die Radarführung über Funk, um Town Cut korrekt anzusteuern, ähnelt mehr dem Verfahren einer Instrumentenlandung von Flugzeugen als der üblichen Annäherung einer Yacht an den Hafen. Dennoch war ich dankbar für die Unterstützung durch die vielen Untiefen hindurch, wo sich außer uns noch jede Menge Kreuzfahrtschiffe herumtrieben.

Bei den Besuchern der Bermudas schien es sich in der Mehrzahl ohnehin um Golfspieler, Kreuzfahrer oder Yachties zu handeln. Möglicherweise gab es noch eine vierte Kategorie, die aber in der Regel nicht persönlich vorbeikommt, sondern sich durch ihr Geld vertreten lässt. Für Golfspieler sind die Bermudas ein Dorado mit nicht weniger als neun Golfplätzen auf einer Gesamtfläche von 24 × 4 Kilometern. Viele der Kreuzfahrtschiffe kamen aus New York, was einer 36-stündigen Schiffsreise entspricht, und lagen zwei Tage in St. George, bevor sie einige der anderen Inseln umrundeten, um dann für zwei Tage im Hafen von Hamilton zu bleiben, der Hauptstadt der Bermudas, ehe sie nach New York zurückkehrten. Yachties waren mit durchschnittlich ungefähr 1000 Booten pro Jahr die kleinste Besuchergruppe. Zu Beginn des Sommers landen viele aus der Karibik dort an, um sich noch vor der Hurrikansaison nach Nordamerika oder Europa in Sicherheit zu bringen.

»Willkommen auf den Bahamas!«, scherzte der freundliche Zollbeamte, der es gewohnt war, dass Segler die vielen mit dem Buchstaben B beginnenden Inseln nicht immer ganz auseinanderhalten können: Bermudas, Bahamas, Barbuda, Barbados. Auch wir schauten verdutzt drein, als wir nach circa sechs Tagen und 877 Seemeilen St. George, Bermuda(!), erreicht glaubten. Oder waren es doch die Bahamas?

Wir fragten nach einem Liegeplatz in einer Marina und bekamen eine enttäuschende Ablehnung, weil Hochsaison sei; doch empfahl der Zöllner uns, bei seinem Freund Bernie nachzufragen. Bernie, mit schwedischen Wurzeln, war genau der Mann, den man in einer solchen Situation kennen muss. Er trug einen weißen Helm über seinen grauen Haaren, zischte auf einem Mofa im Hafen herum und half den Yachties, ihren Platz in einer Marina zu finden, vermittelte Reparaturen und organisierte Diesel mit Mengenrabatt, indem er einen ganzen Tankwagen kommen ließ, der dann mehrere Yachten gleichzeitig beliefern konnte. Auch uns besorgte er einen Liegeplatz in Captain Smoke's Marina, deren Bürogebäude und Werkstatt vor Kurzem in Rauch aufgegangen waren, während zum Glück die Liegeplätze, die Duschen und der Grillplatz nicht mit abgebrannt waren. Wir legten uns neben die fünf Boote, die schon mit dem Bug zur Kaimauer vertäut waren, und freuten uns, bequem an Land steigen zu können, statt draußen ankern und das Dingi einsetzen zu müssen.

Bermuda ist um einiges eleganter als die Inseln, die wir bis dahin besucht hatten, mit Ausnahme von Mustique natürlich. Karolina schlug deshalb vor, dass ich mich etwas schicker als üblich anziehen sollte, bevor wir an Land gingen. Nach so langer Zeit in abgetragenen Shorts und sonnengebleichtem T-Shirt konnte ich nicht ganz einsehen, warum wir uns jetzt plötzlich landfein machen sollten. Aber als Karolina etwas ungehalten reagierte und nachfragte, wann wir unsere feinen Kleider, die wir immerhin um die halbe Welt geschleppt hatten, anziehen sollten, wenn nicht jetzt, fügten wir uns und spazierten entsprechend gekleidet die Hauptstraße entlang, um nach einer Wäscherei zu suchen.

Bald begegnete uns ein sympathisch aussehender Mann mit langem Bart, in alten Shorts und einem verfleckten T-Shirt, der uns mit einem Kanister Motoröl in der Hand gemächlichen Schrittes entgegenkam. Er war offensichtlich auch ein Segler und wusste vermutlich, wo sich die nächste Wäscherei befand, also fragten wir ihn, ob er uns helfen könne.

Wir ernteten einen freundlichen, aber sehr skeptischen Blick und die Antwort: »Sie sind doch von einem Kreuzfahrtschiff, oder?«

»Nein, nein!«, beteuerten wir. »Wir leben auf einem Boot und haben eine Menge Wäsche, die gewaschen werden müsste.«

»Oh«, antwortete der Mann erstaunt, »tut mir leid. Aber ihr seht nicht wie Yachties aus. Ihr seid so ... so geleckt! Na ja, nichts für ungut, ich heiße Jeff, ich lebe auf meiner INDIAN SUMMER und segle einhand rüber zu den Azoren und dann weiter nach England. Nächsten Winter möchte ich dann wieder in die Karibik zurück und anschließend in die Südsee.«

Nachdem wir die von ihm empfohlene Wäscherei gefunden hatten, war es höchste Zeit, auf die REGINA zurückzukehren, denn am Abend erwarteten wir unser neues Crewmitglied, Tom, an Bord. Immer wieder hatten wir darüber diskutiert, ob wir für die Rückpassage auf dem Atlantik einen weiteren Erwachsenen an Bord nehmen sollten. Das wollten wir nun auf der nächsten Teilstrecke ausprobieren, denn wir rechneten damit, auch einmal in härteres Wetter zu geraten, und da war uns eine weitere Hand sehr willkommen. Dennoch kann es heikel werden, einen Gast an Bord zu haben, und unsere Segelfreunde hatten von sehr unterschiedlichen Erfahrungen berichtet. Einige meinten, sogar ein guter Freund könne sich recht schnell ins Gegenteil entwickeln, bei so begrenztem Raum und möglicherweise recht anstrengender Arbeit. Es ist dann nicht immer einfach, höflich und versöhnlich zu bleiben, wenn man selbst angeschlagen ist und mit der Müdigkeit zu kämpfen hat. Gleichzeitig muss man sich jederzeit aufeinander verlassen können, offen und ehrlich sein – gegebenenfalls auch die Ängste gestehen – und dennoch gelassen und rücksichtsvoll bleiben. Der Skipper muss als Teamführer vertrauenswürdig, ruhig und im Krisenfall entschlossen auftreten, jedoch ohne Überheblichkeit, während die Crew sich respektiert und sicher fühlen können muss. Das alles ist nicht ganz einfach auf einem kleinen Schiff, auf dem man sich kaum aus dem Weg gehen kann.

Wir kannten nicht viele erfahrene Segler, die wir fragen konnten, ob sie grundsätzlich Lust hätten, als Gast mit uns den Atlantik zu überqueren. Und es gab noch weniger, die – mindestens – zwei Wochen auf dem Atlantik als Urlaub bezeichnen würden. Außerdem gab es den unsicheren Zeitfaktor: Zu den geplanten zwei Wochen auf See kam noch etwas Reservezeit vor und nach dem eigentlichen Törn, da wir erst lossegeln wollten, wenn das Wetter günstig war, und deshalb den Ankunftstag nur sehr ungefähr angeben konnten. Wer konnte und wollte schon so flexibel sein?

»Tom!«, sagte Karolina eines Tages. »Tom könnten wir fragen, ob er die Strecke Bermudas–Azoren mitsegeln will.«

»Hmm«, antwortete ich überrascht, »ich kenne Tom doch kaum.«

Tom und Karolina waren schon einmal vor ein paar Jahren zusammen gesegelt, beide als Crew auf der Hallberg-Rassy 46 MAHINA TIARE III, und hatten gemeinsam 1600 Meilen von Tromsø im Norden von Norwegen nach Göteborg in Schweden zurückgelegt. Tom hatte damals ein Abenteuer erleben wollen, und Karolina hatte den Wunsch gehabt, das Hochseesegeln auf einem Schulschiff unter relativ sicheren Voraussetzungen und einem sehr erfahrenen Skipperpaar zu testen, und entschloss sich, an dieser Offshore-Sail-Trainings-Expedition bei einem der härtesten Törns mitzumachen, nämlich weit nördlich des Polarkreises. Ich sollte unterdessen zu Hause auf unsere beiden kleinen Sprösslinge aufpassen, was mir damals schwieriger erschien als das Segeln in der Nähe des Nordkaps. So hatten sich Karolina und Tom auf der MAHINA TIARE III unter recht anspruchsvollen Bedingungen kennengelernt und schon einige Belastungsproben durchgemacht.

Karolina führte ein paar wichtige Argumente an, die eindeutig für Tom sprachen: »Wenn es stressig wird, ist er so solide und zuverlässig wie ein Fels in der Brandung. Wir hatten viel Spaß zusammen, und er wurde nie seekrank. Ich bin sicher, du wirst ihn mögen, und er ist ein guter Segler.«

Ich ahnte, dass es sich um einen guten Vorschlag handelte, wenn ich auch noch nicht ganz davon überzeugt war, dass Tom sich in einer vierköpfigen Familie mit zwei Kindern und auf einem Boot von nur 40 Fuß wirklich wohlfühlen würde.

»Wir können ihn doch wenigstens fragen«, fuhr Karolina fort. »Stell dir vor, wir könnten alle doppelt so viel schlafen!«

Das mit dem Schlaf klang wirklich verlockend. Anstatt drei Stunden Wache zu schieben und dann drei Stunden in der Koje zu liegen, könnten wir jeweils ganze sechs Stunden an einem Stück schlafen! Und es würde vielleicht sogar Zeit bleiben, um zu lesen, zu fischen oder zu schreiben. Und falls mal ein Manöver zwei Mann an Deck benötigte, könnte das dritte Crewmitglied ungestört weiterschlafen. Mit drei Erwachsenen an Bord könnten wir sogar den Gennaker öfter einsetzen. Also schickten wir schlussendlich eine E-Mail an Tom. Es waren nur noch knapp fünf Wochen Zeit bis zum Ablegen, was für einen Finanzdirektor in einer amerikanischen Firma ein eher knapp bemessener Vorlauf ist. Zu unserer großen Überraschung antwortete er binnen 24 Stunden, dass er sehr gerne mitkommen wolle, was wir wohl auch Toms großzügigem Geschäftsführer und der verständnisvollen

Ehefrau zu verdanken hatten. Am 13. Mai stand er nun mit einem breiten Grinsen in Captain Smoke's Marina und erklärte, wie glücklich er sei, und dass er sich freue, an Bord zu kommen, und das Ablegen kaum erwarten könne. Segeltechnisch begann damit der schönste Hochseeabschnitt unserer Reise.

Strom an Bord

Moderne Schiffe sind heutzutage große Energieverbraucher, die Strombalance sollte daher stimmen: Was verbraucht wird, sollte auch wieder in die Batterien hineinfließen, und somit muss das Laden in Einklang mit dem Verbrauch gebracht werden.

Wenn Sie Ihr Stromsystem entwerfen, schätzen Sie am besten als Erstes den täglichen Verbrauch sowohl vor Anker als auch unterwegs. In den Tropen verbraucht man um etliches mehr Strom als in der Nord- oder Ostsee, beispielsweise für Lichter (dunklere und längere Nächte), Kühlung (Kühlschrank und Gefriertruhe) und Unterhaltung (Computer). Versuchen Sie, den Stromverbrauch zu minimieren, indem Sie beispielsweise LED-Leuchten verwenden oder eine wassergekühlte Gefriertruhe wählen und sie sorgfältig isolieren. Großverbraucher (Wassermacher, Küchengeräte, elektrische Winschen, Ankerwinden) sind natürlich besonders genau zu kalkulieren, obwohl sie dank der in der Regel kurzen Laufzeit insgesamt meist wenig Energie verbrauchen. Aber unterschätzen Sie nicht die vielen kleinen Geräte, die täglich lange angeschaltet sind.

Als Nächstes sollten Sie sich ein Ladesystem ausdenken, das mindestens so viele Amperestunden pro Tag produzieren kann, wie Sie als Verbrauch geschätzt haben. Der Wirkungsgrad einer Batterie liegt nur bei etwas mehr als 90 Prozent, das heißt, Sie müssen ungefähr zehn Prozent mehr laden, als Sie rausholen können. Als Faustregel kann man davon ausgehen, dass Sie Ihren Motor bzw. Ihren Generator einmal oder zweimal pro Tag laufen lassen müssen. Den in den Broschüren angegebenen Leistungen von Solarzellen und Windgeneratoren kann man leider nicht blind vertrauen, da diese Zahlen nur unter idealen Bedingungen gelten.

Solarzellen sollten möglichst im rechten Winkel zur Einstrahlung stehen und dürfen nicht beschattet sein. Windgeneratoren können in Passatwindgegenden am Ankerplatz gut funktionieren (z. B. in der Karibik), doch im Mittelmeer, wo im

Sommer wenig Wind herrscht, wird dieses System eher wenig Strom liefern. Zudem ist man ja grundsätzlich bestrebt, in Lee zu ankern, wo wenig Wind ist. Während des Segelns kann ein Schleppgenerator grob gerechnet ein Ampere pro gesegeltem Knoten produzieren, einige Modelle etwas mehr. Insbesondere bei niedrigeren Geschwindigkeiten verlangsamt dies das Boot allerdings um bis zu einen halben Knoten. Bei Rumpfgeschwindigkeit im Passat ist der Verlust jedoch vernachlässigbar.

Eine vielleicht weniger aufsehenerregende, jedoch umso effizientere Investition ist ein High Output Alternator (HOA oder auch Hochleistungslichtmaschine), der die normale Lichtmaschine auf dem Motor ersetzt oder ergänzt und mit einem externen intelligenten Laderegler die Stromproduktion bei laufendem Motor um ein Vielfaches erhöht.

Bedenken Sie bei der Berechnung der Batteriekapazität, dass sie nicht unter 50 Prozent ihrer grundsätzlichen Kapazität geleert werden sollte. Ohne Landstrom ist es im Allgemeinen sehr schwierig, Batterien voller als 80 Prozent zu bekommen, was letztendlich dahin führt, dass Sie praktisch nicht mehr als 30 Prozent Ihrer nominellen Batteriekapazität nutzen können. Das ist der Grund, warum Segler oft große Batteriebänke einbauen.

Um volle Kontrolle über den Ladevorgang und den Verbrauch zu erhalten, brauchen Sie einen Amperestundenzähler und werden dank dieses Instrumentes nicht nur immer genau wissen, wie voll Ihre Batterien sind, sondern die Batterien werden als Folge der regelmäßigen Überwachung auch besser gepflegt und somit deutlich länger halten.

26

In dem Herb uns zu jeder Zeit sicher leitet

Der Wetterguru

W ir segelten dicht am Wind auf einem östlichen Kurs und kamen schnell ein gutes Stück in den Atlantik hinaus. Zum Glück hing unser rotes Backbordlicht noch an seinem elektrischen Kabel, obwohl es am Bugkorb wild hin und her baumelte, denn eine der größeren Wellen hatte es sich geschnappt und aus seiner Halterung gerissen. Große Mengen Wasser schwappten zu dieser Zeit über das Deck von REGINA, denn sie krängte stark in dem heftig auffrischenden Wind. Das Cockpit blieb glücklicherweise wie immer völlig trocken, doch vor dem notwendigen Kontrollgang an Deck graute mir ein wenig. Sehr bequem würde er wohl nicht werden; ich musste auf allen vieren zum Bug kriechen, um unser Navigationslicht zu retten.

Ich wusste, dass ich bis auf die Haut nass werden würde, also tat ich, was ich seit den Tropen in solchen Situationen immer mache: Ich zog alles aus bis auf meine Schwimmweste mit Rettungsgurt und meine Shorts. Dann pickte ich meinen Sicherheitsgurt in die hierfür vorgesehene, über das gesamte Deck laufende Sicherheitsleine und linste noch ein letztes Mal nach vorne in der Hoffnung, dass sich das Licht wie von Zauberhand wieder in seine Halterung zurückbegeben hätte. Leider baumelte es immer noch vom Bugkorb herab.

Ach, was hätte ich gerne mit Tom getauscht, der gerade gemütlich in seiner Koje schlief und auch während meiner Deckswanderung weiterschlafen durfte. Auch wenn wieder einmal ich in dieser unerfreulichen Situation mit der Wache dran war, war es schon ein erheblicher Unterschied, mit drei Erwachsenen an Bord eine Atlantiküberquerung zu bewältigen, besonders da die Rückkehr über die nördlichen Breitengrade meteorologisch gesehen oft anspruchsvoller ist. Mit Tom als unserem dritten Mann wurde es erheblich erholsamer als unsere erste Überquerung in Richtung Karibik, als Karolina und ich uns als einzige Erwachsene ohne Ausnahme alle Wachen teilen mussten.

Wir hatten mit Tom gemeinsam ein Wachesystem vereinbart, bei dem immer ein Erwachsener drei Stunden alleine Wache hatte, während die anderen zwei ganze sechs Stunden Freiwache genossen. Falls man für ein Manöver einen zweiten Erwachsenen benötigte, war einer der beiden entweder sowieso schon wach, oder man musste nur das Crewmitglied wecken, das schon am längsten geschlafen hatte. Nach einer dreistündigen Wache waren wir natürlich oft recht müde und legten uns gerne mit der Gewissheit in die Koje, dass man die ersten drei Stunden recht sicher und die nächsten drei Stunden, wenn man auf Stand-by war, mit hoher Wahrscheinlichkeit ungestört ruhen durfte. Dadurch bekamen wir viel Schlaf und konnten uns jetzt während unserer Freiwachen auch anderen Dingen widmen.

Tom hatte sich erst vor Kurzem in seine gemütlich schaukelnde Koje zurückgezogen, und so holte ich für meinen Gang über Deck Karolina ins Cockpit, damit sie ein wachsames Auge auf mich richten und einschreiten konnte, falls etwas schieflief. Dann brach ich vorsichtig in Richtung Bug auf. Fast war ich schon vorn, da schlug eine besonders mächtige Welle über mir zusammen, und das kalte Wasser fühlte sich an wie die Temperaturen in der Ostsee! Ich schüttelte mich wie ein nasser Hund und nahm mir vor, ab sofort das Ölzeug wieder zum Einsatz zu bringen. Adieu ihr tropischen Temperaturen! Frierend kämpfte ich mich weiter. Am Bugkorb angelangt, wollte ich mir gerade das pendelnde Licht schnappen, da reckte sich der Bug von REGINA steil nach oben und fiel dann weich hinter der riesigen Welle tief in das nächste Tal. Es war wie eine Achterbahnfahrt, und ich bekam meine zweite gewaltige Dusche. Wäre es nur nicht so verdammt kalt gewesen, hätte ich die Bewegungen richtig genießen können. Zum Glück konnte durch das gewaltige Getöse keiner meine Flüche hören. Ich zog die schwere, wassergefüllte Laterne an ihrem Kabelstrang hoch, öffnete das Gehäuse, ließ das Wasser ablaufen und schraubte es wieder dicht, bevor ich das Licht an seinen Platz zurücksetzte und mit dem kleinen Hebel befestigte, der ihn am Platz hält. Der gewaltige Druck der Wassermassen schien ihn umgelenkt zu haben. Dann schrie ich gegen den Wind Karolina zu, den Strom für die Navigationslichter anzuschalten. Zu meinem großen Erstaunen funktionierten sämtliche Lichter – auch jenes, das ich gerade gerettet hatte.

Bevor ich mich auf den langen Weg zurück zum geschützten Cockpit machte, warf ich noch einen Blick auf unsere Segelführung. Wir segelten dicht am Wind mit zwei Reffs und dem an Haken geführten kleinen Kutterstagsegel. Die Genua war völlig eingerollt. Beide Segel waren perfekt in Form, und das ganze Schiff schien trotz der rauen See in Balance zu sein. Das erlebt man bei Weitem nicht mit jedem Schiffstyp. Die Bewegungen von REGINA waren weich, die beiden Segel arbeiteten wie zwei Flügel perfekt zusammen, REGINA hielt trotz der hohen Wellen einen perfekten Kurs und kein Knacken, Schlagen oder Quietschen war zu hören. Wir flogen mit sieben Knoten gegen den Wind voran, und wir schritten mit schnellen Aufwärts- und Abwärtsbewegungen durch die Wellen. Der Rumpf von REGINA ist ab der Schiffsmitte zum Bug hin sehr schmal konstruiert und bietet dadurch unter Deck nicht ganz so viel Raum wie moderne, extrem breite Serienschiffe. Andererseits werden dadurch die Segeleigenschaften beim Aufkreuzen positiv beeinflusst und gemeinsam mit der tiefen V-Form des Vorschiffes schneidet REGINA deshalb mit weichen Pendelbewegungen wie ein Messer durch die Wellen und lässt das Cockpit hinter der Glasscheibe fast immer trocken bleiben. Kein plötzliches hartes Eintauchen war zu spüren, wie es bei moderneren Serienschiffen unter härterem Wellengang so oft vorkommt, wenn das flache Unterwasserschiff nach einem Wellenberg wieder in die Tiefe kracht und man sich fragen muss, ob noch alles heil geblieben ist.

Obwohl ich vor Kälte zitterte, wäre ich dort am liebsten noch länger geblieben, um die wunderbare Amwindsegelei von REGINA in den atlantischen Riesenwellen zu bewundern, doch eine erneute Kaltwasserdusche forderte mich zum Rückweg auf. Unter Deck nahm ich als Erstes eine herrlich heiße Dusche. Was es doch für einen Luxus auf so einem 40-Fuß-Boot gibt! Dann schaute ich auf das Messinstrument für die Wassertemperatur: Das Meer war nur noch 21 °C warm und damit bereits sechs Grad kälter als die tropische Wassertemperatur, die wir in letzter Zeit so geschätzt hatten. Tom war inzwischen aufgewacht und kam interessiert aus der Koje geklettert, um herauszufinden, was wir denn ohne ihn so getrieben hatten. Aus der Dusche kommend, erzählte ich ihm von meinen eiskalten Erfahrungen und dass er sich gerne wieder schlafen legen könnte, wonach es ihn aber nicht gelüstete. Er meinte, er bekäme bei dieser Überfahrt ohnehin so viel Schlaf, wie er nur wolle, und blieb gerne noch eine Stunde mit uns zusammen im Cockpit sitzen, um mit Karolina in alte Erinnerungen zu versinken. Die beiden lachten herzlich über mich, denn während ihrer ersten gemeinsamen Tour hatten sie weit nördlich des Polarkreises »ganz andere« Wassertemperaturen gehabt. Was hätten sie alles dafür gegeben, Duschen von angenehmen 21 °C zu bekommen.

»Ihr wart aber nicht nackt!«, meinte ich etwas beleidigt, wobei Tom dann von dem Crewmitglied Joe auf der MAHINA TIARE III erzählte. Dieser war aus Kalifornien und hatte zum ersten Mal beim Segeln Ölzeug angehabt, das er extra für diese »Polarexpedition«, wie er sie nannte, gekauft hatte. Joe schwor: Sobald er von der MAHINA TIARE III abgemustert war, würde er sein Ölzeug verbrennen! Wer konnte denn freiwillig in einem Klima segeln, wo man nicht in Shorts und T-Shirt segeln konnte? Ich konnte ihn sehr gut verstehen und fragte mich, ob ich mich je wieder an das Ostseesegeln gewöhnen würde.

Dann konnte ich nur noch mit Staunen zuhören, wie Tom und Karolina über die Inselkette der Lofoten schwärmten und wie bezaubernd schön das Segeln um den 70. Breitengrad sei, wenn das Wetter sich von der schönen Seite zeigte, was nicht immer der Fall gewesen sei. Einmal hatten sie in einer Bucht nördlich von Harstad geankert und berichteten von einer Windgeschwindigkeit bis zu 50 Knoten, als sie bei zwei Ankern mit maximal ausgelegten Ankerketten Ankerwache schieben mussten und als am nächsten Morgen das Deck mit Hagelkörnern bedeckt war. Im Verhältnis zu ihren Abenteuern auf der MAHINA hörte sich unsere Wetterlage direkt paradiesisch an.

Wir segelten entlang einer gedachten Linie, die uns wie die Kante eines Tiefdruckgebietes erschien. Etwas weiter nördlich wüteten sehr starke Gegenwinde; ein wenig weiter südlich herrschte Flaute. Den rechten Weg zwischen diesen beiden Gebieten zu finden, war eine Herausforderung, denn wir mussten haargenau den Korridor nutzen, der uns die richtigen Winde schenkte: stark, aber nicht zu stark. Zum Glück bekamen wir Hilfe vom besten aller Experten – von Herb.

Herb Hilgenberg ist eine lebende Legende. In Braunschweig geboren, war er im Alter von 15 Jahren 1953 mit seinen Eltern von Deutschland nach Nova Scotia in Kanada emigriert. 1982 begab er sich mit seiner aus der Schweiz stammenden Frau Brigitte und zwei kleinen Kindern mit ihrer 39 Fuß großen SOUTHBOUND II auf große Fahrt. Zu dieser Zeit waren die Wettervorhersagen noch sehr unzuverlässig und von See aus kaum erhältlich. Während der Passage von North Carolina zu den Jungferninseln kam die Familie in schlechtes Wetter, und Herb brach sich den Arm, sodass sie zehn Tage brauchten. Von diesem Zeitpunkt an begann Herb sich immer mehr für Wettervorhersagen zu interessieren. 1984 segelte Familie Hilgenberg nach Bermuda, blieb dort zehn Jahre und war von ihrem Schiff aus vielen Freunden mit detaillierten Wettervorhersagen behilflich. Erst über UKW, später über SSB. 1994 zogen Herb und Brigitte wieder nach Kanada, doch das Erstellen seiner höchst kompetenten allabendlichen Wettervorhersagen ließ er sich nicht nehmen, genau wie sein Anrufsignal: SOUTHBOUND II.

Abends ab 19.30 UTC Weltzeit an fast allen Tagen des Jahres sendet Herb auf 12 359 kHz. Nicht selten rufen mehr als 70 Boote während der ersten halben Stunde zwischen 19.30 und 20.00 UTC SOUTH-BOUND II. Ab 20.00 UTC ruft Herb einen Skipper nach dem anderen in der Reihenfolge der optimalen Wellenausbreitung über Kurzwelle zurück und arbeitet sich so von einer Ecke des Atlantiks bis zur anderen durch. Er übermittelt jedem eine detaillierte Wettervorhersage samt individuellem Routenvorschlag und deckt dabei den gesamten Atlantik von Falmouth in England bis Colón in Panama ab. Bis zu zwei Stunden können vergehen, ehe Herb alle versorgt hat. Dabei sollte man besser auf dem Quivive sein, denn wer seinen Rückruf verpasst, wird nicht erneut angefunkt.Natürlich gibt es auch Skipper, die sich nicht bei Herb anmelden, sondern nur zuhören und die Wettervorhersagen für eines sich in der Nähe befindenden Schiffes verfolgen, sodass die wahre Anzahl von Booten, die Herbs Empfehlungen folgen, leicht weit über 100 liegen kann.

»Und wie bezahlt man Herb?«, ist die Frage vieler Atlantiksegler, die zum ersten Mal von Herb hören.

Die Antwort ist: Man bezahlt ihn nicht. Sein Service ist völlig kostenfrei und liefert meiner Meinung nach zutreffendere Informationen als jedes Computermodell. Über die Jahre hinweg hat er eine immer größer werdende Anzahl von Quellen und Modellen für Wettervorhersagen entwickelt, modifiziert, überprüft und korrigiert. Er vergleicht die Resultate der Modelle und kontrolliert sie mit den vielen Wettermeldungen, die er aus erster Hand von den Skippern erhält, mit denen er täglich spricht. Herb korrigiert die offiziellen Wetterkarten, verschiebt die Markierungen der Hochs, Tiefs und Wetterfronten und notiert deren Geschwindigkeiten. Nach 20 Jahren Erfahrung und Intuition ist es nicht erstaunlich, dass Herbs Vorhersagen und Routenempfehlungen so ungewöhnlich treffend und hilfreich sind.

Mit seinem im Laufe von vielen Jahren ausgeklügelten und immer weiter differenzierten System weiß Herb stets genau, wo sich »seine« Boote befinden oder wo sie sich befinden sollten, und nimmt keine Rücksicht auf eventuelle Empfindlichkeiten, wenn er die Positionsangaben der einzelnen Schiffe kommentiert. Gibt ein Segler seine aktuelle Wettersituation durch, können alle anderen auf dem SSB-Netz mithören, wie Herb sein charakteristisches »Ja, das kommt in etwa hin ...« murmelt. Und sollte er nicht die Daten genannt bekommen, die er erwartet, kommt es immer wieder vor, dass er den Skipper auffordert, die Instrumente zu checken.

In unserem Fall war es nicht schwer zu verstehen, warum Herb uns so weit südlich der klassischen Route schickte. Das übliche Azorenhoch war weit südlich gedrückt worden, was dazu führte, dass die nach Osten ziehenden Tiefdruckgebiete mit ihren Kaltfronten sich ebenfalls viel weiter südlich als normal bewegten. Wir mussten nur die Wegepunkte ansteuern, die Herb uns jeden Abend vorgab. Abgesehen von den ersten Tagen mit einer Windgeschwindigkeit von 20 bis 25 Knoten, blieb das Wetter auch während unserer zweiten Atlantiküberquerung äußerst angenehm.

Ich kann nur hoffen, dass sich Herb der großen Dankbarkeit von Tausenden Seglern bewusst ist. Mit ihm in Kontakt zu stehen, verleiht ein starkes Gefühl der Sicherheit. Dank der guten Winde konnten wir während der Teilstrecke von Bermuda zu den Azoren auch unser bestes Etmal erzielen, nämlich 169 Seemeilen in 24 Stunden. Dies entspricht einer Durchschnittsgeschwindigkeit von mehr als sieben Knoten. An vielen Tagen schafften wir gute 160 Meilen.

Für die gute Geschwindigkeit konnten wir aber auch Tom danken. Für ihn war es eine Ehrensache, immer das Maximale aus REGINA rauszuholen, und er war derjenige von uns an Bord, der es nie versäumte, die Segel optimal zu trimmen. Man konnte seine Verzweiflung im Gesicht ablesen, wenn er nach seinem wohlverdienten Schlaf aus der Koje stieg, als Erstes die Segelstellung kontrollierte und dann enttäuscht feststellen musste, dass er der Letzte gewesen war, der eine Korrektur vorgenommen hatte. Er war aber nie nachtragend, sondern widmete sich mit festem Blick auf den Geschwindigkeitsmesser sogleich den Schoten.

Tom war für uns eine große Bereicherung. Nicht nur weil er sich auf angenehmste Weise harmonisch in unserer Familie eingelebt hatte und sämtliche Aufgaben mit uns teilte, sondern insbesondere weil er bei den Kindern so beliebt war. Jonathan und Tom wurden zu festen Wachkumpeln, und besonders nachts schauten sie schier endlos die britische Humorserie »Fawlty Towers« auf DVD. Das Gelächter konnte man sicherlich bis Neufundland hören, und bald wurde REGINA in »Das verrückte Hotel« umgewandelt, wobei Jonathan den lustigen spanischen Kellner Manuel spielte. Das gipfelte darin, dass wir an Bord sehr verwöhnt wurden, denn in der »Restaurantabteilung« von REGINA servierte Jonathan die leckersten Essen, wobei auch Tom in der Pantry immer sehr hilfsbereit war. Tom und Jonathan drehten einen Film zusammen, den sie »Ein Tag auf REGINA« nannten. Ich glaube,

Tom hat es bei uns gut gefallen, und so vergingen die zwei Wochen von Bermuda zu den Azoren für uns alle sehr rasch.

Nicht alle hatten so ein Glück wie wir. Über SBB hörten wir von Seglern, die wegen mangelnder Wetterinformation weiter nördlich die traditionsmäßige Route verfolgten, aber deshalb in dieser speziellen Wettersituation mit dem gegen Süden verschobenen Azorenhoch in sehr starke Winde geraten waren. Umso mehr freuten wir uns über die komfortablen Bedingungen durch Herbs optimalen Begleitschutz.

Das perfekte Wetter machte diese Strecke nicht notwendigerweise ereignislos. Ich war gerade unter Deck, als ich Jessica aus dem Cockpit schreien hörte: »Was ist denn das?«

Ich sprang nach oben. Sie deutete unter unser Boot. Durch das klare Wasser konnte ich es nun auch sehen: Es war stahlblau, ging leicht in Türkis über und war genau unter REGINA. Mein erster Gedanke war, dass wir über einem Eisberg segelten. Unser Echolot zeigte nicht mehr als 90 Zentimeter Wasser unter unserem Kiel. Jessica sprang vor Aufregung auf und nieder.

»Es ist ein Fisch. Ein Riesenfisch! Oder ein Delfin? Nein! Es ist ein Wal! Es ist ein Wal! Papa, schau! Ein Wal!«

Sie hatte recht. Ohne mit REGINA zu kollidieren, schwamm der Wal parallel zu uns und stieg von Zeit zu Zeit gerade so viel an die Wasseroberfläche, dass sein Rücken zum Vorschein kam.

»Es ist ein Pottwal!«, erklärte Jonathan selbstbewusst, der ins Cockpit gehetzt gekommen war.

Die Kopfform des Wales war quadratisch, und der Rücken hatte kleine Buckel und war genauso zackig, wie es die Abbildungen in Jonathans Buch über die Tierwelt der Meere zeigten. Der Wal war keine zwei Meter von unserem Boot entfernt und hatte nicht das geringste Problem, mit unseren sieben Knoten mitzuhalten. Er war genauso lang wie REGINA, wenn nicht länger, blieb leider nur kurz neben uns, tauchte dann wieder etwas ab. Nach ein paar Minuten verließ er gemächlich seine Position hinter uns und blies noch zwei- oder dreimal, bevor er in das tiefe Schwarz des Atlantiks abtauchte.

Ich hatte schon davon gehört, dass man »Spaghettibeine« bekommen könne, wenn man einen Wal sichtet, und jetzt verstand ich plötzlich, was damit gemeint war. Wie weich gekochte Pasta fühlten sich meine Beine an, die mich kaum mehr tragen konnten. Ich hatte noch nie so etwas Atemberaubendes gesehen, und der Wal war so nahe gewesen: Wir hätten ihn fast berühren können. Dabei wollte er uns nichts Böses. Warum war er gekommen? Suchte er ein bisschen Gesellschaft? Unser Motor lief zu dem Zeitpunkt, um die Batterien zu laden, und der Gang war eingelegt, sodass sich der Propeller drehte. Der Wal musste uns also gehört haben und war dann wahrscheinlich neugierig herangeschwommen. Ich war heilfroh, dass er sich nicht dazu entschlossen hatte, sich den Rücken zu kratzen oder gar mit uns spielen zu wollen, denn wir wussten, dass mindestens vier Schiffe der jüngsten ARC-Flotte mit Walen zusammengestoßen waren. Glücklicherweise war nichts Schlimmes passiert. Allerdings wurde bei einem Boot die massive Propellerwelle geknickt, sodass die Crew den Motor nur noch im Leerlauf zum Laden der Batterien einsetzen konnte. In St. Lucia wurde sie gegen eine neue ausgetauscht, die extra eingeflogen werden musste.

Wir brauchten nur 13 Tage von Bermuda nach Faial auf den Azoren, und dank Tom wie auch Herb wurden sie zu unserer schönsten Hochseestrecke des gesamten Törns. Wir waren völlig ausgeruht, und wie wir es erhofft hatten, konnten wir dank Tom an vielen Tagen sogar unseren Gennaker setzen und dadurch erhöhten Segelspaß sowie hohe Etmale erreichen. Unsere Befürchtung, dass wir uns aus Platzmangel auf die Nerven gehen würden, zeigte sich als unbegründet, und das war wohl vor allem Toms Einfühlungsvermögen zu verdanken, der sich so gut in unsere Familie eingegliedert hatte.

Auch der Landfall im Hafen von Horta verlief ohne Probleme, und Tom flog ein paar Tage später glückerfüllt nach Hause. Am letzten gemeinsamen Abend saßen wir in Horta zusammen, als Tom uns sein Abschiedsgeschenk überreichte: den größten Fischerhaken, den man sich vorstellen kann. Damit wir nicht verhungern müssten, wie Tom erklärte. Wir führen den Haken immer noch auf unserer REGINA und werden ihn wohl erst wieder benutzen können, wenn wir uns irgendwann wieder auf dem Atlantik tummeln, denn skandinavische Fische werden sich eher vor einem solchen Köder fürchten und ängstlich davonschwimmen. Auch wenn sich das Gespräch mit Tom in den Azoren ähnlich anhörte wie das mit Steve in der Karibik, war die Stimmung an den beiden Orten höchst unterschiedlich. Als wir nämlich nach unserer ersten Atlantiküberquerung in St. Lucia eingelaufen waren, überwältigte uns die Begeisterung der vielen Segler, die euphorisch vor Erleichterung und Freude ihre erste Atlantiküberquerung gefeiert hatten. Im Gegensatz hierzu waren die Crews auf den Azoren oftmals sehr erfahrene Segler, die mindestens schon einmal den Atlantik überquert hatten, und die Stimmung war deshalb viel gelassener. Sie waren entweder gerade dabei, so wie wir, ihr atlantisches Segeljahr abzuschließen, oder sie waren geradewegs irgendwohin unterwegs. Dieser Treffpunkt in Horta gab dem Hafen eine sehr spezielle Atmosphäre. Es war im Verhältnis zu St. Lucia viel ruhiger, professioneller und seriöser, und ich mochte die Fröhlichkeit der Meeresvagabunden auf den Azoren sehr.

Ein ganz besonders stimmungsvoller Ort für Segler ist *Peter Café Sport*. Ich hatte von so vielen Helden der Meere gelesen, die hier schon einen Drink genommen hatten, sodass ich mich gerne geistig zu ihnen gesellen wollte, um ihnen zu Ehren anzustoßen. Alle großen Segler die zu Hause mein Bücherregal füllten, waren schon in Horta gewesen: Joshua Slocum, Tristan Jones, Bernard Moitessier, Jacques-Yves Cousteau, Bobby Schenk, Rollo Gebhard sowie die vielen Familiensegler, in deren Schlepptau wir uns befanden. Das Café, das 1918 eröffnet wurde, ist direkt am Hafen gelegen und wird bereits von der dritten Generation der Gründerfamilie geführt. José Azevedo, besser als »Peter« bekannt, starb leider in dem Jahr, bevor wir nach Horta kamen. Nun ist es sein Sohn, José Henrique, der die Tradition weiterführt. Andächtig dachte ich an all die Segler, die vor mir hier waren und wie sie mir in meiner Vorstellung Glück wünschen würden, genau wie ich das Gleiche für all jene wünschte, die nach uns kommen.

Das Café war stets voll besetzt, und sobald jemand durch die Tür kam, hob jeder Gast den Kopf, um nachzusehen, ob er den Neuankömmling kannte. Vielleicht ein Segler, der bereits erwartet wurde? Flaggen, Fahnen und Standarten aus aller Welt hingen von der Decke herab und schmückten die Wände. Jedes Utensil erzählte seine eigene windgepeitschte Geschichte, und zusammen repräsentierten sie Tausende Segler aus aller Welt sowie deren Erfahrungen. Ich war stolz und glücklich zugleich an diesem Ort, denn ich war unter Gleichgesinnten. Der Gesprächsstoff handelte oft von Stürmen, die wir dank unserer präzisen Wetterinformationen hatten erfolgreich vermeiden können, und so wurden Gerüchte und Geschichten weitergegeben. Eine Yacht galt zu diesem Zeitpunkt als vermisst. Suchaktionen wurden gestartet, während unter anderem der Wetterguru Herb über SSB alle Segler zwischen der Karibik und den Azoren aufforderte, die gesuchte Yacht regelmäßig über UKW zu rufen. Später stellte sich heraus, dass ihr Motor kaputtgegangen war, und der Skipper, um Strom zu sparen, das Funkgerät ausgeschaltet hatte. Ein paar Tage später wurde sie kurz vor Horta von einem Segler gesichtet und in den Hafen geschleppt.

Ein anderes Boot, das in den Hafen gehumpelt kam, war eine britische Yacht, die ihren Mast eingebüßt hatte. 100 Meilen vor Horta war aufgrund von Materialermüdung eine der Wanten gebrochen. Die Crew musste den Mast wegschneiden und dem Meer opfern, konnte aber einen kleinen Stumpf mithilfe des Rohrkickers riggen, damit sie wenigstens höflich der Etikette folgend die Gäste- und Klubflaggen vorschriftsmäßig hissen konnte, als sie in den Hafen motorte. Very British!

Viele der Segler, die während der nachfolgenden Tage in den Hafen einliefen, berichteten im *Café Sport* von sehr hartem Wetter. Einige sprachen von Starkwindböen bis zu 50 Knoten. Es machte im Café die Runde, dass nicht weniger als vier Schiffe ihre Masten verloren hatten, und eine Crew soll sogar ihr Schiff aufgegeben haben und von einem Frachter gerettet worden sein. Zum Glück ging kein Leben verloren.

Die vorbeikommenden Yachties verbringen nicht nur ihre Zeit im *Café Sport*, sondern finden zudem immer die Zeit, ihr Wahrzeichen an die Hafenmolen zu malen. Horta ist der Ort, wo diese Tradition begonnen hatte, und Bilder von Yachten waren buchstäblich überall im Hafen zu finden. Viele waren richtige Kunstwerke. Einige zeugten von wiederholten Besuchen. Stolz und freudig fertigten auch wir unser Logo an und benutzten das gleiche Design, das wir in Porto Santo ein Dreivierteljahr zuvor entworfen hatten. Vorausschauend ließen wir noch Platz für weitere Jahreszahlen von zukünftigen Besuchen. Ich fragte mich, ob wir jemals wiederkommen würden ...

Langsam und bedächtig schritt ich den Hafen ab und betrachtete die Bilder, als gehörten sie zu einer Kunstgalerie. Ich hielt nach Zeichen von Freunden Ausschau und suchte nach den Signaturen der Berühmtheiten, von denen ich schon mehrfach in meinen Segelbüchern gelesen hatte. Jedes einzelne Bild feuerte meine Fantasie an. Einige waren schon alt und verblassten genau wie die dahintersteckenden Erinnerungen. Andere waren so neu, dass die Farben noch trocknen mussten. Ich war stolz und zufrieden, nun auch selbst diese Tradition fortführen zu dürfen und dazuzugehören. Der Atlantik war zwar immer noch groß, aber nicht mehr erschreckend.

Bürokratie und einklarieren

Segeln macht Spaß und ist nicht sonderlich kompliziert, und die Zoll- und Einwanderungsbeamten sind meistens sehr nett und hilfsbereit – vorausgesetzt, man begegnet ihnen mit Respekt.

In einigen Länder sollten Sie die gelbe Quarantänefahne (Buchstabe »Q«) gehisst haben, bis die Pass- und Zollkontrolle an Bord gewesen ist, doch in vielen Häfen ist dies nicht notwendig. Ein Revierführer gibt darüber Auskunft, doch sollten Sie unsicher sein, ist es nie falsch, die Gelbe zu zeigen.

Es gehört zur Höflichkeit, die Gastflagge schon bei der Einreise aufzuziehen. Sollten Sie die notwendige Gastflagge noch nicht besitzen, könnten Sie vorübergehend auch ein Stück weißes Segeltuch mit breiten wasserfesten Filzstiften bemalen. Hoch an der Saling angebracht, sieht es bis zum Kauf einer korrekten Flagge von Weitem oft gar nicht so übel aus! Das Sammeln von Gastflaggen macht übrigens großen Spaß!

Nehmen Sie sich von vornherein viel Zeit für die Behörden. Die Beamten für Zoll, Polizei sowie gegebenenfalls des Gesundheitsministeriums sitzen oft im selben

Gebäude, was das An- und Abmelden erleichtert. Etwas bessere Kleidung anzuziehen als gewöhnlich auf einem Segelschiff üblich, ist sicherlich kein Fehler.

Abgesehen von Bootspapieren und Pässen ist es praktisch, eine selbst erstellte Crewliste vorzubereiten, in der Namen, Passnummern, Geburtsorte und -tage sowie Staatsangehörigkeit verzeichnet sind. Dabei ist es ratsam, sämtliche an Bord befindlichen Personen als Crew zu deklarieren, sodass Sie nicht plötzlich als Passagierschiff gelten. Oft wollen die Behörden auch die Ausgangspapiere vom zuletzt angelaufenen Hafen/Land sehen.

Wenn Sie ein Crewmitglied in einem Land aufnehmen und in einem anderen Land absetzen möchten, kann es hilfreich sein, diesem Crewmitglied schon im Voraus per Post ein Schreiben auszuhändigen, aus dem dies hervorgeht. Er oder sie kann dieses Schreiben dann schon nach der Landung am Flughafen vorzeigen, falls sich Probleme ergeben sollten, weil kein Rückflugticket existiert.

Einige Länder, insbesondere die USA und assoziierte Staaten (wie die US Virgin Islands, Spanish Virgin Islands etc.) verlangen ein Visum, das nach persönlicher Vorsprache in einer US-Botschaft genehmigt werden muss, ehe Sie auf einer Yacht einreisen dürfen. Es ist ratsam, diese Erlaubnis schon vor der Abreise vom Heimatland aus zu beantragen.

27

In dem wir die Azoren verlassen und ein Versprechen abgeben

Ein letztes Mal auf dem Atlantik

Es sind doch nur 1200 Seemeilen ...« Penny vom britischen Boot TAMARISK schien zuversichtlich. Wir saßen alle im Cockpit von REGINA und genossen ein Glas Wein von den Azoren. »... und die sollten doch in neun oder zehn Tagen zu schaffen sein. Alles, was ich noch auf meiner To-do-Liste stehen habe, ist, frisches Obst auf dem Markt zu kaufen. Das mache ich morgen, und dann sind wir fertig zum Auslaufen.«

TAMARISK und ihre Besatzung hatten satte drei Wochen gebraucht, um die Azoren von den Bermudas aus zu erreichen. Einer Empfehlung Herbs folgend, hatten sie ihre Geschwindigkeit verlangsamt. Zeitweise lagen sie sogar still, um nicht in ein Sturmgebiet weiter östlich zu geraten, und so war es eine langwierige, aber undramatische Überfahrt geworden. Natürlich gab es jetzt viel zu erzählen, denn inzwischen hatten wir vier der insgesamt neun Inseln besucht und uns fest vorgenommen, in den nächsten Jahren wiederzukommen, um die gesamte Gruppe zu besichtigen, denn auf den Azoren gibt es viel zu sehen und zu erleben. Wandern, Wal-Safari, Tauchen, Surfen und die heißen Quellen gehören zu den meistbekannten Attraktionen, aber auch die naturschöne blumengeschmückte Landschaft mit den vielen Vulkanen ist es wert, die Azoren zu besuchen. Dieses Mal hatten wir Faial, Pico, São Jorge und Terceira besichtigt und waren von jeder Insel zutiefst beeindruckt.

Man denke beispielsweise nur an den Wein. Die Reben des Weines, den wir gerade genossen, waren in den steinigen Weingärten der Insel Pico gewachsen, die von der UNESCO zum Weltkulturerbe gekürt wurde. Grund ist der einzigartige Rebbau, der aus einem Zufall entstand. Die einst von dem Vulkan hochgeschleuderten Lavabrocken hatten erst mühevoll von den Weingärten weggeräumt werden müssen, um die fruchtbare Erde bepflanzen zu können. Aber wohin mit den vielen Steinen? Um keinen Platz zu verschwenden, stapelten die Winzer jeden einzelnen Stein als Mauern, die jeweils ungefähr ein Dutzend Reben umgaben, und bildeten dadurch kleine Gärten. Ohne es zu beabsichtigen, schützten die Winzer als sehr effiziente Nebenwirkung dadurch die Reben vor den salzigen Winden, und zusätzlich wurde auch die Sonnenwärme des Tages bis tief in die Nacht hinein gespeichert. Gleichzeitig entstand ein sehr beeindruckendes Landschaftsbild aus Tausenden kleinen Steinmauern.

Zusammen mit der Besatzung von TAMARISK waren wir nach Terceira gesegelt, für uns die schönste der Inseln. Die Hauptstadt Angra Do Heroísmo mit den sorgfältig restaurierten Häusern ist eine blühende kleine Stadt mit Kleinbetrieben: Schreinereien, Töpfereien, Schmieden oder Schusterläden. Die kleinen Geschäfte bestanden aus »Tante-Emma-Läden«, Bäckereien, Käsereien oder Gemüse- und Früchtemärkten. Es wurden Töpferwaren, Leinstoffe, Spitzen und Wollsachen verkauft. In den Restaurants bediente man sehr zuvorkommend, ja die Menschen kamen uns ganz besonders gastfreundlich und herzlich vor. Viele der Touristen schienen aus Portugal zu kommen, was uns erstaunte. Warum gab es hier kein internationaleres Publikum? Lag es an den fehlenden Sandstränden? Zum Ausgleich versuchten die Inselbewohner, die Segler als Gäste zu gewinnen, indem sie den bereits hervorragenden Service für Yachten durch Angebote für ein zuverlässiges Winterlager noch weiter ausbauten, großzügig in neue Marinas investierten und modernste Werften gründeten. Karolina schlug Penny vor, dass wir uns doch im nächsten Sommer wieder hier treffen könnten, um die Schiffe dann für den folgenden Winter hier einzulagern.

»Es sind ja doch nur 1200 Seemeilen ...«, sie lachten beide.

Ganz besonders beeindruckten uns die Vulkane, wobei einer vor 50 Jahren ein aufregendes Schauspiel dargeboten haben muss, als er in Strandnähe unter der Wasseroberfläche ausgebrochen war. Überall in Cafés und Läden hingen Poster und alte Fotos, die von dem Ereignis zeugten, als Faial sich gegen Westen hin ausgedehnt hatte, und so wollten wir uns diese Mondlandschaft gerne auch ansehen. Vor 50 Jahren hatten die Menschen unweit vom Leuchtturm von Capelinhos erst Luftblasen, dann Rauch und schließlich Steine an die Wasseroberfläche steigen sehen. Daraus wurde dann Ponta das Capelinhos, das bis heute noch völlig unfruchtbar geblieben ist. Der Leuchtturm, der als einziges Gebäude während des Vulkanausbruchs stehen geblieben war, befand sich aber plötzlich dank der Landerweiterung ein weites Stück vom neuen Strand entfernt hinter einem Berg aus schwarzem Gestein und ist daher in seiner Funktion als Leuchtturm nicht mehr einsetzbar, dafür aber sehr sehenswert.

Ebenso beeindruckend fanden wir die sogenannten Furnas do Enxofre, obwohl wir ausdrücklich gewarnt worden waren, in die kleinen Krater zu treten. Jonathan fand diese Rauchspender natürlich äußerst spannend. Wie ein Schweizer Käse ist das Gelände übersät von kleinen Löchern, die wie Kaninchenbauten aussehen und aus denen heißer Schwefelrauch emporsteigt. Es gab keine Geländer, keine Warnschilder, keine Wege, keine Eintrittsgelder und keine anderen Touristen, sodass wir diese Naturerscheinung ganz für uns alleine bestaunen und genießen konnten. Dass sich hier bald vieles ändern könnte und man diese Krater bald nicht mehr auf eigene Faust erleben darf, konnte man den beginnenden Bauarbeiten entnehmen.

Uns raste die Zeit davon. Wir wollten nun recht zügig nach Schweden zurückkehren, um vor dem Schulstart noch ein wenig mit Familie und Freunden in Schweden zusammenleben zu können. Das bedeutete, dass wir binnen fünf Wochen an der Westküste von Schweden sein mussten, und an manchen Tagen wunderte ich mich über unsere Ruhe und Gelassenheit.

Wie immer las ich viele Bücher über die vor uns liegende Route, unter anderem »Segelrouten der Welt« von Jimmy Cornell, dem Gründer der ARC. Er ist ein äußerst erfahrener Segler, und was ich von ihm über unsere nächste Teilstrecke erfuhr, heiterte mich wenig auf, denn er berichtete, dass er die ganze Strecke von den Azoren nach Nordeuropa meistens dicht am Wind segeln musste, mit Ausnahme des sonnigen Abfahrtstages war das Wetter grau, nass und kalt.

REGINA und TAMARISK machten sich am selben Tag auf den Heimweg. TAMARISK nahm Kurs auf Falmouth, und wir liefen Irland an. Nach dem herzlichen Abschied motorten wir zwei sonnige, ruhige und warme Tage Richtung Norden, und als wir schließlich den Wind gefunden hatten, kam er, wie Jimmy Cornell auch vorausgesagt hatte, von vorn. Wir setzten unsere Reise hart am Wind auf nordöstlichem Kurs fort. Es wurde eisig kalt, die Wassertemperatur sank auf unter 14 °C, und wir mussten zum ersten Mal seit fast einem Jahr den Dieselwärmer starten. Jessica fror erbärmlich, Jonathan jammerte, Karolina zog Socken an, Stiefel, lange Hosen, den Fleecepullover und eine Jacke darüber, und ich suchte verbissen nach meiner Mütze, die ich nach dem Jahr in den Tropen nicht mehr finden konnte, die aber doch irgendwo sein musste.

Unsere elektronische Wetterstation, die Luftdruck, Temperatur und Luftfeuchtigkeit anzeigen konnte, schien uns zu verhöhnen. Neben den absoluten Zahlen zeigte das Gerät nämlich mithilfe von Symbolen und Text auch Warnsignale, und gerade jetzt konnten wir folgende zwei Worte im Display lesen: NASS und KALT. Hinzu kam, dass es eine kleine graue Wolke abbildete.

Ich begann zu lachen und las das Gerät laut ab: »Karolina! Schau mal, was uns die Wetterstation gerade angibt: grau, nass und kalt! Glaubst du, dass derjenige, der unsere Wetterstation programmierte, auch das Buch von Jimmy Cornell gelesen hat?«

Jonathan kauerte wie ein kleiner Hund vor der Dieselheizung, und wenn man ihn einmal nicht dort auf dem Boden fand, lag er in seiner Koje und las den ganzen Tag lang Harry Potter: in Originalfassung. War das wirklich unser kleiner Jonathan, der vor einem Jahr noch kein Wort Englisch verstanden hatte? Jessica war mehr und mehr zur kompetenten Seglerin geworden, übernahm selbstständig die eine und die andere Wache und erledigte alle ihr übertragenen Aufgaben äußerst zuverlässig. Auch war sie während unseres Segeljahres sehr gewachsen. Überhaupt: Mit zwei Kindern waren wir losgesegelt, mit zwei sachverständigen Crewmitgliedern kehrten wir zurück. Es war einfach fantastisch, wie die beiden an ihren Erfahrungen und Aufgaben gewachsen waren und nun Verantwortung übernehmen konnten und wollten.

Wir konnten bei diesem Törn von den Azoren nach Irland gerade noch über Kurzwelle mit Herb in Verbindung treten, aber an einigen Abenden war die Reichweite von Kanada dann doch nicht ausreichend. So mussten wir auch Wetteranalysen selbst erstellen. In erster Linie benutzten wir dabei die Wetterfaxe, die wir über Kurzwelle empfingen, wobei der Tonausgang des SSB mit dem Mikrofoneingang des Laptops verbunden war. Mit der richtigen Wetterfax-Software konnten wir dann auf dem Laptop die ausgestrahlten Wetterkarten abbilden und die synoptischen Karten analysieren. Auch über E-Mail erhaltene GRIB-Daten gaben uns gute Unterstützung. Die Wettervorhersagen sprachen von einer aktiven Kaltfront und mehreren Tiefdruckgebieten, die sich wie wir in Richtung Irland bewegten. Wir hofften daher, noch vor dem schlechten Wetter in den Hafen zu kommen. Darüber hinaus lockte uns die Aussicht auf einen warmen, gemütlichen irischen Pub, der uns mit einem Guinness begrüßen würde.

Abermals war ich von den Segeleigenschaften von REGINA am Wind äußerst beeindruckt. Der Rumpf, der tiefe Kiel, das Ruder sowie das Großsegel mit den vertikalen durchgehenden Latten arbeiteten optimal zusammen und lieferten uns erstaunliche Etmale, wobei 176 Seemeilen Rekord war, sodass wir nach lediglich acht Tagen in den Hafen von Crookhaven einliefen. Bevor wir kurz vor dem Eintreffen der Kaltfront den Anker in irischen Boden eingruben, gaben wir uns folgendes Versprechen: Irgendwann wollten wir wieder zu den faulen Breitengraden zurück und abermals in den Tropen segeln, wo das azurblaue Wasser immer angenehm ist und die Kleidung so einfach wie das Leben.

Wetter

Man kann heutzutage durchaus die Behauptung wagen, dass man Stürmen in den klassischen Segelrevieren meistens ausweichen kann. Erstens sind die Wettervorhersagen um ein Vielfaches treffsicherer geworden, zweitens kann man, sofern man auf offenem Meer mit ausreichend Platz ohne zeitlichen Druck unterwegs ist, schlechtes Wetter oft umsegeln.

Schon lange bevor Sie auf große Tour gehen, können Sie die Treffsicherheit der Prognosen von Land aus überprüfen. Beachten Sie aber, dass viele Internetseiten dieselben Daten benutzen und somit zu ähnlichen Prognosen kommen, was aber die Treffsicherheit nicht erhöht.

Den besten Überblick über die Wettersituation liefern die synoptischen Karten, die als Wetterfax über Kurzwelle gesendet werden oder auch im Internet zu finden sind. Es ist erstaunlich, wie viele Informationen man aus einer synoptischen Karte erhalten kann, wenn man ihrer Interpretation mächtig ist. Die voraussichtliche Bewegung der Tiefs, Nebelrisiko, Bewölkung, Niederschlag, Gewitter und Winde können auf einen Blick erfasst werden. Lernen Sie mittels Büchern, Kursen und eigenen Erfahrungen synoptische Karten zu interpretieren, insbesondere Windrichtung und -stärke mithilfe der Isobaren herauslesen zu können. Die Richtung der Isobaren gibt Auskunft über die Windrichtung, und der Abstand zwischen den Isobaren gibt Aufschluss über die Windstärke, wobei diese vom Breitengrad abhängt.

Um Nutzen aus den Wettervorhersagen ziehen zu können, müssen Sie diese Informationen natürlich zuverlässig an Bord empfangen können. Das bedeutet, entweder eines der bewährten Satellitensysteme zu installieren oder einen Kurzwellenempfänger (MF/HF bzw. SSB) zu benutzen. Sie können professionelles Wetterrouting von Meteorologen erwerben, die Ihnen per E-Mail Wegepunkte vorschlagen, um unter bestmöglichen Wetterbedingungen zu segeln. Ebenso können Sie computergenerierte GRIB-Daten per E-Mail anfordern, um mithilfe dieser automatischen Prognosen Ihre Route selbst zu planen. Man schickt eine entweder von Hand getippte oder von einem Computerprogramm generierte kurze E-Mail, die nur aus ein paar Buchstaben und Zahlen besteht, aus denen die geografischen Koordinaten von Gitterpunkten hervorgehen sollen sowie welche Informationen angefordert werden, das heißt, über welchen Zeitraum prognostizierter Wind, Wellen, Strömung oder Niederschläge vorhergesagt werden sollen. Als Antwort erhält man von einem Wetter-Server im Internet eine superkomprimierte Datei als E-Mail-Anhang binnen Minuten zurück. Diese sogenannten GRIB-Daten (GRIdded Binary) sind ein standardisiertes, komprimiertes binäres Datenformat, das sich mithilfe einer entsprechenden Software auf dem Laptop »auspacken« lässt und grafisch dargestellte Wettervorhersagen liefert. Bedenken Sie jedoch, dass es sich bei diesen Daten und Informationen um eine reine Computersimulation handelt.

Dies bedeutet, dass Supercomputer die Prognose mithilfe eines Modells hochrechnen und keine menschliche Hand oder kein Meteorologe diese Daten kontrolliert oder mit Erfahrungen in Einklang gebracht hat. Man sollte deshalb GRIB-Daten nicht blind trauen, obwohl sie so präzise wirken.

Sie können natürlich auch über SSB regelmäßig mit einem Funkamateur Kontakt aufnehmen, der von Land aus Wetterprognosen liefern kann, wobei der legendäre Herb mit Abstand der beste und berühmteste ist. Die Qualität der erhaltenen Prognosen unterscheidet sich aber sehr, denn nicht alle Funkamateure, die es in der Welt gibt, sind auch gute Wetterrouter, und hier gilt es die Erfahrung der Segler in Betracht zu ziehen, die den jeweiligen Amateur gegebenenfalls schon einmal kontaktiert haben.

Alle diese Prognosemöglichkeiten sollten Ihnen schlechtes Wetter bis zu drei Tage im Voraus ankündigen können, sodass Sie ausreichend Zeit haben, in einem Radius von mehreren Hundert Seemeilen auszuweichen. Darüber hinaus können Sie das Schlechtwetterrisiko verringern, wenn Sie die am besten geeignete Jahreszeit für die entsprechenden Teilstrecken auswählen. Die dazu wichtigen Informationen finden Sie unter anderem in den Nachschlagewerken erfahrener Segler wie beispielsweise dem Buch »World Cruising Routes« (auf Deutsch: »Segelrouten der Welt«) von Jimmy Cornell.

Sagen verschiedene Prognosen unterschiedliches Wetter vorher, wählen Sie nicht einfach jene, die Ihnen am besten gefällt. Am wichtigsten ist immer, dass Sie selbst alle Wetterkennzeichen zu deuten verstehen. Lernen Sie beispielsweise, Wolken zu lesen, und halten Sie nach Anzeichen für Starkwindböen Ausschau. Ein wachsames Auge auf den Barografen verrät Ihnen, wo Sie sich im Verhältnis zum Wetter befinden, denn das auf der synoptischen Karte gekennzeichnete Wetter kann sich rascher oder langsamer entwickeln beziehungsweise bewegen. Wenn Sie den aktuellen Luftdruck, der auf Ihrem Barometer oder Barografen angezeigt wird, ablesen und diesen mit den Isobaren auf der synoptischen Karte vergleichen, können Sie festlegen, wo sich das Wetter im Verhältnis zu Ihnen befindet.

28

In dem wir den harten Weg gehen

Der wilde Westen

Wir ankerten hinter der alten Burgruine der Insel Inishbofin, ungefähr sieben Seemeilen vor der Küste Galways. Einem Gerücht zufolge hatte hier einst das Versteck der Piratenqueen von Irland gelegen: Grace O'Malley. Aber es waren keine Piraten, die uns beunruhigten. Wir legten unsere zwei größten Anker im Tandem aus, einen vor dem anderen, mit 60 Metern Ankerkette, um maximalen Halt sicherzustellen, und suchten uns einen zentralen Platz aus, um mit Winden aus allen Richtungen fertigwerden zu können. Dazu setzten wir an unserem Achterstag unser kleines Ankersegel, sodass REGINA ihren Bug in den Wind drehte; ein Nylontau mit Gummifederung entlastete die Ankerwinsch und federte die Schockbelastungen der Kette ab, damit weder die Beschläge beschädigt wurden noch sich der Anker durch das Rucken ausgraben konnte. Dann konnten wir nur noch warten. Und hoffen.

Der Sturm kam pünktlich, wie von den irischen Wettervorhersagen über Navtex und UKW sowie den GRIB-Daten vorhergesagt, vom Atlantik und zog mit Böen mit bis zu 40 Knoten Windgeschwindigkeit über uns weg. Die Westküste Irlands ist rau, aber sehr liebenswert, genau wie ihre Einwohner. Sie alle sind an die harten Wellen des Atlantiks gewöhnt, die von Amerika kommend an die Leeküste von Europas westlichem Außenposten donnern. Selbst die Wikinger hatten diese Küste gemieden, nachdem sie ein paarmal in den Genuss der damit verbundenen Probleme gekommen waren; anschließend zogen sie die sicherere Route entlang der geschützten Ostküste Irlands vor und machten aus dem Ort, der heute Dublin heißt, ihr Handels- und Schiffsbauzentrum.

Warum wollten wir überhaupt an der westlichen, dem Atlantik offen liegenden Seite Irlands segeln? Während wir am Anker den Sturm abwetterten, war das wirklich keine vernünftig zu beantwortende Frage. Das Tiefdruckgebiet von 990 hPa lag ganz dicht bei uns, unser Barograf fiel sehr rasch innerhalb weniger Stunden von 1010 hPa auf 992 hPa. Nur vier Yachten ankerten zusammen mit REGINA in der Bucht, und zwei hatten deutlich Probleme mit ihren Ankern, die auf dem bewachsenen Boden nicht hielten, und trieben auf uns und auf die Klippen zu. Ihre Crews versuchten verzweifelt, in dem eisigen Wind sowie dem peitschenden Regen die Anker neu zu setzen. Eine Yacht war erfolgreich, die andere trieb immer näher. Über den brüllenden Wind konnten wir die Männer und Frauen hören, wie sie sich gegenseitig anschrien, um sich überhaupt verständigen zu können. Die Freiwache kam an Deck gestürzt, um dabei zu helfen, den Anker so schnell wie möglich einzuholen und unter Maschine das Weite zu suchen. Falls sie uns rammten, wäre der Schlag wohl so stark, dass auch wir Gefahr liefen, an den Klippen zu zerschellen.

Ich zog meine Kapuze so tief wie möglich übers Gesicht und schnappte mir auf dem Weg zum Vordeck den größten Fender. Die driftende Yacht bewegte sich wild schaukelnd immer weiter auf REGINA zu. Unter Mühen befestigte ich den großen Gummipuffer, hängte ihn über die Reling, schaute wieder hinüber zu den anderen und sah, wie sich plötzlich offenbar der Anker in irgendetwas auf dem Grund verhakte, sodass sich die Yacht mit einem Ruck zunächst von uns weg bewegte und schon im nächsten Moment ihren unfreiwilligen Weg fortsetzte in Richtung der scharfen Felsen am Ende der Bucht.

»Stopp!«, schrie ich in meiner Verzweiflung sinnlos hinter ihr her und sah sie schon auf den Klippen zerschellen und die Crew im Überlebenskampf ins Wasser springen.

Erst im allerletzten Moment gelang es ihr, sich mit voller Maschinenkraft langsam von den Klippen zu entfernen.

Dieses Erlebnis stand im starken Kontrast zu den Abenden davor, als wir mit einem Guinness in der Hand im Pub gestanden hatten. Viele der Gäste sprachen Gaelisch beziehungsweise Irisch, wie sie selbst es bezeichnen, wobei die aus dem Inland kommenden Touristen gerne wissen wollten, wie lange wir denn gebraucht hätten für den ganzen Weg von Schweden bis hierher. Die Antwort, dass wir schon ein Jahr und ein paar Monate unterwegs waren, konterten sie mit hochgezogenen Augenbrauen, und bald unterhielten wir den gesamten Pub mit Geschichten über unsere atlantischen Erfahrungen und beantworteten zahllose Fragen: Schliefen wir wirklich jede Nacht auf dem Boot? Ankerten wir nachts auf dem Atlantik? Wie gefiel es den Kindern an Bord? Wie lief es mit ihrem Unterricht? Wie hatten wir es wagen können, unsere Jobs aufzugeben? Hatten wir denn gar keine Angst? Hatten wir auch Stürme erlebt? Und so weiter und so fort.

»Na ja«, hatte ich geantwortet, »das schlimmste Wetter unseres gesamten Törns werden wir morgen Abend hier erleben. Die Winde sollen angeblich Stärke 9 erreichen und von Südost um 180 Grad auf Nordwest drehen, was fürs Ankern äußerst ungünstig ist.« Ich nahm einen großen Schluck aus meinem Glas und fuhr fort: »Ich weiß, ihr haltet das nur für ein Stürmchen, das schnell vorüberziehen wird. Ich habe viel über euer Winterwetter gelesen und großen Respekt vor eurer Kraft und der Ausdauer und dem Mut, in diesem kargen Klima zu leben. Auf den Passatwindrouten gibt es nichts dergleichen.«

Hätten wir auch nur ansatzweise geahnt, welche Wetterbedingungen uns in Inishbofin am nächsten Tag ereilen würden, hätten wir ganz bestimmt die östliche Route gewählt. Was andererseits sehr schade gewesen wäre, denn die Westküste Irlands ist ein unglaublich faszinierendes Segelrevier: Es ist das Urige, die unentdeckte wilde Schönheit dieser Küste, was wir an dem dem Atlantik zugewandten Gesicht Europas so lieben. Unterwegs hatten wir den berühmten Fastnet Rock passiert und in einem kleinen Dorf namens Crookhaven unseren Landfall, von den Azoren kommend, gewählt. Es hatte 35 Einwohner, oder vielleicht schon 36? Die Frau, die wir gefragt hatten, wusste nämlich nicht genau, ob das Baby, das gerade geboren werden sollte, schon das Licht der Welt erblickt hatte oder noch nicht. Auf jeden Fall verfügte Crookhaven über zwei Pubs und ein Restaurant, wo wir mit den anderen Gästen die Frage diskutierten, ob wir westlich oder östlich an Irland vorbeisegeln sollten. Auf der westlichen Route müssten wir ganz Irland runden, die östliche Route wäre hingegen schneller und auch sicherer, da sie dem Atlantik und dem damit verbundenen Wind und den Wellen nicht gleichermaßen ausgesetzt ist.

Ich wollte keine Probleme riskieren, die unseren schönen, problemfreien Törn so nahe an der schwedischen Heimat hätten verderben können. 16 000 Seemeilen lagen erfolgreich hinter uns – jedoch verfielen wir nicht der Illusion, unverletzbar zu sein. Außerdem waren wir nun einmal keine Helden, die ihr Schicksal herausfordern wollten, und hatten immer noch Freude daran, unbekannte Küsten anzuschauen und neue Menschen kennenzulernen. Es erschien uns deshalb einfach noch zu früh, auf demselben Kurs zurückzusegeln, den wir gekommen waren. Darüber hinaus beeindruckten uns die begeisterten Beschreibungen der wilden Westküste Irlands, und tatsächlich ist sie mit nichts vergleichbar, was wir bisher gesehen hatten.

Einer der außergewöhnlichen Orte heißt The Great Skellig oder auch Skellig Michael, denn dieser unfruchtbare Felsbrocken, der ungefähr acht Meilen vor der Küste liegt, diente mehrere Hundert Jahre lang einer Gruppe religiöser Eremiten als Zuhause, und wir sahen von Bord aus die bienenstockähnlichen Steinhütten aus dem 15. Jahrhundert, in denen sie lebten. Einsiedler, die sogar diese Stätte noch zu gesellig fanden, konnten sich in eine ganz besonders entlegene Zelle auf dem Gipfel der Insel zurückziehen, wo ihre Andacht lediglich durch den Wind und die wilden Vögel gestört wurde. Little Skellig war dann genau das Gegenteil. Als die Insel langsam am Horizont sichtbar wurde, dachten wir zunächst, dass sie weiße Klippen hätte. Im Näherkommen erkannten wir unseren Irrtum: 40 000 Tölpel, so lasen wir später in unserem Führer, nisten dort. Jessica fragte, warum sie wohl alle genau diese Insel als Wohnort wählen und sich nicht über die anderen Inseln in der Nähe verteilen. Ich kannte die Gründe nicht, aber spekulierte, dass es vielleicht gewisse Ähnlichkeiten mit den Menschen geben könne, die ebenfalls gerne in Ballungszentren zusammenziehen. Unser nächster Hafen war Ballycastle. Dieser kleine Ort beschrieb sich selbst mit großen Lettern an einer Hauswand als »a sleepy, drinking village with a fishing problem«. Und wirklich: Genau wie die unzähligen Fischerboote uns sehr beeindruckten, war die Anzahl der Pubs in dem kleinen Dorf nicht minder verwundernd. Auch der nächste Halt, Dingle, hatte sehr viele Pubs; ich hätte sie während einer ganzen Woche nicht alle besuchen können. Die Hauptattraktion war jedoch ein Delfin namens Funji. Über 20 Jahre lebte er schon in der Bucht bei Dingle: ein freier Delfin, der jederzeit in den Atlantik schwimmen kann, um dem Rest seiner Artgenossen Gesellschaft zu leisten, doch er hat bis jetzt immer das Bleiben vorgezogen. Wir nahmen unser Beiboot und fuhren los, um ihn zu suchen – was allerdings nicht notwendig war. Denn kaum erschienen wir in der Bucht, kam er auch schon angeschwommen, um uns zu begrüßen. Auf den Aran Islands besuchten wir eine Burg namens Dun Aonghasa. Dieses riesige als D geformte Fort ist während der Bronzezeit auf einer 100 Meter hohen Klippe erbaut worden. Wie immer fuhren wir in unserem Dingi an Land und versuchten gerade, es längs der Kaimauer des Dorfes festzumachen, als ein Herr erschien und uns höflich bat, es woanders festzubinden, da die Schule an diesem Tag ihren Schwimmunterricht geplant hatte. Ich glaubte, nicht recht zu hören, denn die Wassertemperatur betrug nicht einmal 15 °C. Diese Kinder müssen wirklich hart im Nehmen sein! Später, als wir wieder auf unserer REGINA waren, saßen wir gemütlich unter der Kuchenbude, so nennen die Segler ein Zeltdach über der Plicht, und lauschten versonnen den Regentropfen, die auf das Zeltdach klatschten. Plötzlich übertönten Stimmen von draußen das Regengeknatter. Ich kletterte aus unserem Cockpitzelt heraus und entdeckte zwei Frauen, die neben uns schwammen.

»Braucht ihr Hilfe?«, fragte ich und fügte noch eine Einladung hinzu, an Bord zu kommen. Man muss ja bedenken, dass wir etliche Hundert Meter vom Land entfernt ankerten und die Wassertemperatur seit dem Schwimmunterricht am Morgen nicht gerade gestiegen war.

»Oh nein, danke!«, antworteten die Damen im Chor, »wir sind nur auf einer kleinen Schwimmtour.« Und weg waren sie, kichernd und laut redend. Verschwunden hinter eisigen Wellen.

Wir verließen Inishbofin erst, als der Sturm komplett durchgezogen war. Die nächste Teilstrecke begann daher auch recht ruhig. Der Wind sollte zwar laut Wetterbericht im Laufe des Tages im Zusammenhang mit einer Front zunehmen, doch nicht mehr als Windstärke sechs erreichen. Die Vorhersage deutete auch nicht auf Gewitter- oder Starkwindböen hin, doch plötzlich konnten wir die Kaltfront schon von Weitem kommen sehen. Auf dem Radar waren zudem die Gewitterzellen deutlich zu erkennen, die mit viel Wind darin eingebettet zu sein schienen. Zu diesem Zeitpunkt wehte es schon satte sieben Windstärken mit Böen über 30 Knoten. Die Prognose hatte sich wohl geirrt.

Karolina, die immer sehr vernünftig ist, schlug beim Weitersegeln vor, unser Tuch noch weiter zu verkleinern, bevor es zu hart würde. Das Großsegel war schon längst im Mast eingerollt, und wir liefen mit dem Wind mit einer etwa zur Hälfte ausgefahrenen Genua. Nun rollten wir noch mehr von der Genua ein und ließen nur noch etwa fünf Quadratmeter des Segels draußen. Ich konnte mich gerade noch unter der Sprayhood verstecken, dann brachen die Pforten der Hölle auf. Der Regen minimierte unsere Sicht auf einige Bootslängen und drosch derartig auf die Wellen, dass diese ganz flach wurden. Minuten später wehte der Wind bereits mit satten 45 Knoten, was wir noch nie auf See erlebt hatten. Salzwasser wirbelte durch die Luft und mischte sich mit dem Regen, sodass das Meer wie schneebedeckt aussah.

Wie ich bei einem solchen Sturmwind reagieren würde, hatte ich mich schon immer gefragt. Wie fühlt man sich unter einer solchen Belastung? Woran würde ich wohl denken oder wofür beten? Die Antwort auf diese Fragen erstaunte mich sehr: Ich genoss die Situation in vollen Zügen! REGINA flog förmlich übers Wasser und raste mit gut neun Knoten über die Wellen. Alles war unter Kontrolle. Der Winddruck auf dem Boot war dank der fast gänzlich eingerollten Segel nicht überwältigend, der Autopilot arbeitete, als sei es das Normalste der Welt, und mein Ölzeug hielt mich trocken und warm. Worüber sollte ich mich beklagen? Mir fiel nichts ein, und so tat ich das einzig Vernünftige: Ich lehnte mich zurück und genoss! Als wir in Broadhaven einliefen, waren die Crews der zwei Schiffe, die dort ankerten, uns schon bekannt. Sie waren, wie wir, Richtung Norden unterwegs, und so hatten wir sie schon zuvor in einigen irischen Häfen getroffen. Tatsächlich hatten wir nicht mehr als ein halbes Dutzend Boote an der gesamten Westküste gesehen und fanden es deshalb besonders erfreulich, wieder auf ein wenig Gesellschaft zu treffen. Tom und Dorothy auf der amerikanischen JOYANT lebten schon seit sechs Jahren an Bord und hatten mehr als 45 000 Seemeilen Erfahrung. Nur einmal, sagten sie, hätten sie stärkere Winde erlebt als jene, die uns an diesem Nachmittag heimgesucht hatten.

Die nächste Teilstrecke nach Aranmore verlief unkompliziert, wir ankerten und glaubten, unser Abenteuer im wilden Westen von Irland gehe zu Ende. Was sich allerdings als Trugschluss herausstellte, denn bald bemerkten wir eine sich mächtig aufbauende Dünung in der Bucht, die über die kleinen Inseln in der Nähe einfach wegrauschte. Es war das Resultat eines wilden Sturmes weit draußen im Nordatlantik, und die nächstgelegene Wetterboje gab eine Dünung von fünf Metern an, wobei die von den lokalen Winden hervorgerufenen Wellen sich noch dazuaddierten und sich mit der Dünung überlagerten. Wir bereiteten uns auf eine schlaflose Nacht in der rollenden REGINA vor.

»Pan Pan – Pan Pan – Pan Pan«, rief plötzlich eine Stimme aus dem UKW-Gerät. »Mann im Wasser in hoher Dünung. Dies ist Clifton Coastguard. Over.«

Kaum waren ein paar Minuten vergangen, sahen wir zwei Männer, die noch in ihrer Arbeitskluft steckten und mit einem Motorboot in höchster Eile zu dem an einer Boje hängenden Rettungsschiff rasten. Wie Engel zur See flogen sie über die hohen Wellen in Richtung offenes Meer. Ich war von der Royal National Lifeboat Institution (RNLI) – sie unterhält ungefähr 200 Seerettungsstationen rund um Großbritannien und Irland und hat mehr als 1000 gut ausgebildete Seeretter alleine in Irland – sehr beeindruckt und glaube ohne Weiteres, dass diese Frauen und Männer schon über 135 000 Leben gerettet haben.

Nach einer unbequemen Nacht legte sich die Dünung zumindest so weit, dass wir weitersegeln konnten. Unser nächstes Ziel war, Bloody Foreland zu runden. Ich las beruhigt in unserem Revierführer, dass der Name dieses Kaps sich nur von seiner Farbe ableitet und nicht von gesunkenen Schiffen herrührt, die sich in Wracks verwandelten. Die Dünung war jedoch immer noch stark genug, dass die Fischerboote in der Nähe völlig in den Wellentälern verschwanden und nur ab und zu zum Vorschein kamen, wenn wir uns alle gleichzeitig kurz auf einem Wellenberg wiederfanden.

Dann quakte das UKW-Gerät erneut los: »Pan Pan – Pan Pan – Pan Pan, dies ist Malin Head Coastguard. Ein Windsurfer mit Problemen vor Melmore Head. Schiffe in der Nähe, bitte sofort bei Malin Head Coastguard melden. Over.«

Stille. Weitere Stille. Kein Seerettungsschiff diesmal? Die Zeit schien stillzustehen.

Da griff ich zum Mikrofon: »Malin Head Coastguard, dies ist die schwedische Segelyacht REGINA, Position eine Meile nordöstlich von Melmore Head auf östlichem Kurs.«

Ich nannte den östlichen Kurs deshalb, um klarzumachen, dass wir Melmore Head schon passiert hatten, und wollte zudem betonen, dass wir eine Segelyacht waren und deshalb nicht ganz so geeignet, einen Windsurfer in der Nähe von Land in untiefem Wasser zu retten.

»Yacht REGINA, dies ist Malin Head Coastguard, danke. Bitte ETA bis Claddaghanillian Bay angeben.« ETA ist die voraussichtliche Ankunftszeit ...

Wir rollten rasch alle Segel ein, starteten den Motor und fuhren eine Wende in Richtung Melmore Head. Die Wassertemperatur betrug 13 °C, und ich dachte daran, wie inständig ich, läge ich in so kaltem Wasser, auf eine baldige Rettung hoffen würde.

»Acht Minuten«, antwortete ich und drückte den Gashebel bis zum Anschlag nach vorn.

Auf der Seekarte suchte ich nach dem zungenbrechenden Namen Claddaghanillian Bay. Überall um diese Buch herum lauerten gefährliche Unterwasserfelsen, und als wir uns als einzige Retter langsam dem Unglücksort näherten, berieten wir kurz darüber, unser Dingi ins Wasser zu setzen, um den Surfer aufzupicken, ohne REGINA in Gefahr zu bringen.

Zu meiner großen Erleichterung ertönte plötzlich eine weitere

Stimme auf der bisherigen Frequenz: »Malin Head Coastguard, dies ist Melmore Rettungsboot. Wir sind unterwegs. ETA vier Minuten.« Welche Erleichterung: Sie würden vor uns dort sein.

Wir bekamen neue Anweisungen, kreisten als Stand-by-Schiff auf unserer Position und hörten dem Funkverkehr zu, während die Rettungszentrale weitere Anweisungen erteilte, aus denen hervorging, dass es nicht ganz einfach war, den Surfer in der Dünung zu finden. Einmal fuhren die Retter offensichtlich nur 100 Meter am Verunglückten vorbei, konnten ihn aber trotzdem nicht sehen, mussten umdrehen und weitersuchen. Minuten zogen sich wie Stunden.

Endlich kam die sehnlichst erhoffte Meldung: »Malin Head Coastguard, dies ist das Melmore Rettungsboot. Verunglückten gefunden. Nehmen ihn gerade an Bord. Er atmet, aber mit Schwierigkeiten.«

»Melmore Rescue – verstanden. Bitte bestätigen, dass Sie ihn in Thermodecken gesteckt haben und mit Erster Hilfe begonnen haben. Ein Krankenwagen wartet an Land.«

Die Retter brausten in hoher Geschwindigkeit davon, und wir konnten nur hoffen, dass es noch viele erfreuliche Windsurfingnachmittage für den Verunglückten geben würde. REGINA war schließlich von ihrem Bergungseinsatz befreit, wir konnten unseren Weg nach Lough Swilly fortsetzen, und wir waren daran erinnert worden, wie gefährlich das Meer sein kann, besonders wenn es so kalt ist. Kaum dass wir den Anker geworfen hatten, kamen drei Delfine angeschwommen, tauchten unter dem Rumpf durch und umkreisten uns dann. Immer wieder streckten sie ihre Köpfe aus dem Wasser, so als ob sie uns besser sehen wollten. So nahe waren wir noch nie an diese Tiere herangekommen.

»Sie wollen uns aufmuntern«, meinte Jessica, »Ich glaube, sie wollen uns versichern, dass alles in Ordnung ist mit dem Surfer.«

Die Bordtoilette

Nach längerem, intensivem Benutzen der Bordtoilette, besonders in warmen Gewässern, bildet sich in den Schläuchen Urinstein, der den verbleibenden Innendurchmesser immer kleiner werden lässt. Auch wenn man die Tipps befolgt, regelmäßig (z. B. wöchentlich) Essigsäure in die Toilette zu schütten, ein paarmal zu pumpen und dann alles über Nacht stehen zu lassen, werden Sie die Schläuche früher oder später austauschen müssen. Beim Kauf eines gebrauchten Bootes ist es deshalb nie falsch, gleich zu Anfang sämtliche Schläuche durch einen hochwertigen gasdichten Typ auszutauschen. Verfügt man über einen Wassermacher oder sehr große Wassertanks, kann man sich überlegen, eine Süßwasserspülung einzubauen, was das Urinsteinproblem erheblich vermindert. Zudem verschwinden dadurch die meisten unangenehmen Gerüche, die übrigens in der Regel von Gasen stammen, welche aus billigeren oder undichten Schläuchen aufsteigen. Mit einem T-Ventil können Sie bei Bedarf auf Salzwasserspülung umschalten. Bei einer salzwassergespülten Toilette ist es darüber hinaus sehr wichtig, mit viel Wasser zu spülen, damit kein Urin in den Schläuchen stehen bleibt. Man bedenke nur, mit wie viel Wasser zu Hause der Vorgang erledigt wird. Wird die Pumpe der Bordtoilette träge und beginnt zu quietschen, ist es hilfreich, einen Esslöffel Speiseöl in die Toilette zu schütten, zu pumpen und einige Stunden zu warten. Die Gummidichtungen bewegen sich nach einer gewissen Zeit wieder reibungslos und geschmeidig.

Wir fordern unsere (männlichen) Gäste außerdem immer auf, dass sie, was immer sie auf der Toilette tun, es im Sitzen erledigen sowie nur das in die Toilette stecken sollen, was sie vorher gegessen haben, mit Ausnahme von sparsam verwendetem Toilettenpapier. Eine alte Geschirrspülbürste eignet sich gut zum Toiletteputzen. Verwenden Sie jedoch bitte keine chemischen Toilettenreiniger, da sie die Ventile beschädigen und die Umwelt schädigen. Und sollte einmal Ihr Fäkalientank verstopft sein, schließen Sie sämtliche Ventile mitsamt dem Ventilationsventil (falls der Lüftungsschlauch kein Ventil hat, dichten Sie die Lüftung mit einem konischen Holz an der Außenseite Ihres Schiffes ab). Pumpen Sie heftig, damit Luft in den Fäkalientank strömt. Der Überdruck wird hoffentlich beim Öffnen des Seeventils den Tank schlagartig leeren.

9

In dem wir unsere Anfangserwartungen überprüfen

Die Liste

Während einer Nachtwache, irgendwo auf der Nordsee, fand ich unsere Liste wieder, die wir Jahre zuvor, lange bevor wir überhaupt unseren Heimathafen verließen, verfasst hatten. Diese Liste war Bestandteil des Entscheidungsfindungsprozesses gewesen, durch den wir uns hindurchgearbeitet hatten, bevor wir den endgültigen Entschluss fassten, uns ein Segeljahr zu gönnen. Wir hatten alle Punkte pro und alle Punkte contra Sabbatjahr aufgelistet und lasen sie nun mit größtem Interesse. Waren unsere Erwartungen erfüllt worden? Hatten sich unsere Befürchtungen als grundlos erwiesen? Hatten wir Überraschungen erlebt, die nicht auf der Liste aufgeführt waren?

Dies waren unsere Hoffnungen, die für ein Ausstiegsjahr gesprochen hatten:
- interessante Menschen treffen;
- bessere Segler werden;
- endlich Zeit zum Schreiben und Fotografieren finden;
- interessante Wanderungen unternehmen;
- viele Bücher lesen;
- uns bisher unbekannte Länder und Kulturen erleben;
- schwimmen und schnorcheln;
- Lebenszeit in einem warmen, angenehmen Klima verbringen;
- Möglichkeit nutzen, etwas Neues auszuprobieren;
- Fremdsprachen lernen und anwenden;
- das Leben mit Abenteuern sowie mit etwas Außergewöhnlichem füllen;
- sich auf eine Sache nach der anderen konzentrieren können;

- die Befriedigung erleben, ein gesetztes Ziel zu erreichen und einen Traum zu erfüllen;
- den Sinn des Lebens finden;
- Ruhe und Zeit zum Nachdenken finden;
- ein gesünderes Leben führen;
- frei, eigenständig und autonom leben;
- die Familie zusammenschweißen.

Folgende Punkte fanden sich unter »dagegen«:
- oft weit weg von ärztlicher Behandlung;
- mit einem engen Budget leben müssen;
- Unsicherheit über das Leben nach dem Segeltörn, zum Beispiel keine auf uns wartende Anstellung;
- ohne die alten Freunde und die Verwandten leben;
- ein ganzes Jahr auf professionellen Unterricht für die Kinder verzichten;
- kein Auto zur Verfügung zu haben – überall zu Fuß laufen und alles schleppen müssen;
- abwaschen per Hand und zum Teil die Wäsche im Eimer waschen müssen;
- einen Raum mit einem Geschwister teilen müssen;
- nicht alle lieb gewonnenen Dinge mitnehmen können;
- immer wieder von neuen Freunden Abschied nehmen müssen;
- Hobbys nicht ausüben können, z. B. Tennis, Tanzen, Musik;
- eventuell ohne Internet leben müssen.

Die Liste war damals von allen Familienmitgliedern gemeinsam erstellt worden und unterlag keiner speziellen Rangordnung. Das Wichtige war letztlich nicht der Inhalt, sondern sollte sich mithilfe der Liste herausstellen, dass jemand aus der Crew ein Abenteuer auf dem sturmgepeitschten Meer sucht, während ein anderer eher auf Sonnenschein und Entspannung hofft, konnte sie zu Diskussionen und Umdenkprozessen beitragen. Nach unseren unzähligen Gesprächen mit anderen Seglern sind wir zu folgender Einsicht gekommen: Jedes Crewmitglied sollte eine eigene positive Motivation zum Segeln haben. Sollte der Grund »weil mein Partner es möchte« oder »weil meine Eltern sagen, dass wir es machen sollen« lauten, ist das Risiko, dass der Törn missglückt, relativ hoch.

Die unterschiedlichsten Motivationen sind denkbar. Wir trafen glückliche Segler, die eine Künstlerader in sich entdeckt hatten und es nicht erwarten konnten, einen neuen Ort anzusteuern, um die dortige Landschaft zu malen. Andere sammelten internationale Kochrezepte oder wurden zu begeisterten Vogelbeobachtern. Wir trafen ein Paar aus Frankreich auf einem Katamaran, das kleine Konzerte in den Häfen gab und Chansons für alle sang, die zuhören wollten. Viele waren Taucher oder wollten ihren Tauchschein machen und nutzten das Segeln, um zu neuen faszinierenden Unterwasserwelten zu gelangen. Viele Kinder sammelten Gastflaggen, Postkarten, Briefmarken oder Muscheln.

Einige Aspekte unserer Liste brachten uns im Nachhinein zum Lachen. Besonders die Angst, ohne ein Auto leben zu müssen. Seit unserer Heimkehr haben wir tatsächlich die Notwendigkeit eines Autos überhaupt infrage gestellt und versuchen, so oft wie möglich den Bus zu nehmen oder zu laufen, wann immer wir genug Zeit haben.

Obwohl wir auf der Liste den Unterricht für die Kinder als Problem benannt hatten, war uns damals nicht bewusst gewesen, wie viel Arbeit, emotionale Überzeugungskunst und Geduld dafür doch notwendig ist. Wir empfanden es als anspruchsvolle und auch mühevolle Herausforderung, die Lehrer unserer Kinder zu sein, insbesondere wenn es darum ging, sie zu den weniger interessanten Aufgaben zu motivieren. Wir gaben jedoch unser Bestes, konzentrierten uns auf die Fächer Lesen, Schreiben, Mathematik und Englisch und übersprangen Teile des normalen Schulstoffes. Jessica und Jonathan konnten beispielsweise nicht die großen Flüsse Schwedens auswendig aufsagen, zählten jedoch mühelos die neun Azoreninseln sowie die meisten karibischen Inseln von Norden nach Süden auf. Sie hatten es verpasst, in Sportteams zu trainieren, doch hatten sie gelernt, wie man mit Kindern aus aller Welt in Kontakt kommt und bleibt. Sie kannten nicht die Namen der schwedischen Könige, wussten aber stattdessen viel über die Kolonialgeschichte der Briten und Franzosen. Sie kannten nicht alle Namen der aktuellen Politiker in der Heimat, konnten aber verschiedene Arten von Delfinen unterscheiden. Mit anderen Worten: Sie hatten andere, aber ähnlich wichtige Dinge gelernt als die Kinder zu Hause. Es war auch nicht einfach gewesen, unsere alten Hobbys während des Segeljahres aufrechtzuerhalten, jedoch kamen neue hinzu, wie schnorcheln, kochen und wandern. Was unsere Kinder besonders vermissten, war schwedisches Essen. Sie sehnten sich förmlich nach schwedischen Fleischbällchen mit Preiselbeeren. Andererseits vermissten wir nach unserer Rückkehr frischen Thunfisch sowie Doraden und ein paar Fischsorten, die wir in den Tropen so sehr genossen hatten.

Erstaunlicherweise hatten Jessica und Jonathan niemals darüber geklagt, sich eine Kabine teilen zu müssen, und vermissten kaum die Spielsachen, für die es an Bord nicht genug Platz gab. Sie spielten viel miteinander und stritten sehr selten. Tatsächlich scheint es so zu sein, dass die meisten Boatkids sehr gut mit ihren Geschwistern auskommen, und wir erlebten nie, dass sich ein Kind ausgestoßen oder gar schikaniert fühlte. Es wurde auf kein Kind herabgesehen, falls es nicht die neusten Markenklamotten besaß oder kannte. Jungen und Mädchen, ältere und jüngere Kinder hatten ein dem Lebensstil angepasstes Wertesystem entwickelt und schienen glücklich miteinander.

Und was war das Beste an unserem Segeljahr? Jessica und Jonathan sprachen fließend Englisch, was ein sehr großes Geschenk war. Ich persönlich genoss es, eine Aufgabe nach der anderen lösen zu dürfen, mich endlich auf nur eine Sache zu konzentrieren, anstatt in eine Vielzahl von gleichzeitig zu bewältigenden Projekten verstrickt zu sein. Karolina lacht immer, wenn ich das sage, denn sie meint, Multitasking-Probleme zu haben sei typisch männlich. Aber eigentlich waren es die Menschen, mit denen wir die Zeit teilten, die uns die besten Erinnerungen schenkten, angefangen mit unseren eigenen Kindern bis hin zu den wunderbaren Personen, die wir während unseres Törns trafen. Wir lernten viele ungewöhnliche Freunde fürs Leben kennen und bekamen bald das Vertrauen, dass wir leicht weitere Freunde finden können, wo immer wir hinkommen. Wir besaßen die Gewissheit, diese sogar lange Zeit behalten zu können, obwohl wir uns so oft verabschieden mussten.

Was haben wir gelernt? Dass es für jedes Problem meistens viele verschiedene Lösungen gibt. Ich durfte erleben, wie unterschiedlich man in verschiedenen Ländern ähnliche Probleme angeht, löst und dennoch ein sehr ähnliches Ziel erreicht. So lernte ich die Bedeutung von Flexibilität. Wie kompliziert ein Problem auch aussehen mag, das Wichtige scheint, sich auf die Lösung zu konzentrieren und gegebenenfalls eine Alternative zu suchen, innovativ und einfallsreich zu sein, Möglichkeiten zu entdecken, wo andere vielleicht geneigt sind aufzugeben, und kontinuierlich daran zu arbeiten, das Gesamtsystem beziehungsweise die Ausgangssituation zu verbessern.

Wir lernten zwischen Problemen zu unterscheiden, die wir beeinflussen konnten, und solchen, die wir nicht verändern konnten. Wenn der Bus spät kam oder die Zollbehörde schon mittags Feierabend gemacht hatte, konnten wir nicht viel daran ändern. Am besten folgte man in einer solchen Situation dem Rat der Einheimischen: »Take it easy, man!« Wir lernten, Gelassenheit zu entwickeln und daraus kreative Kraft für die nächste Herausforderung zu schöpfen. Und wir lernten, dass wir viel mehr erreichten, als wir uns jemals hatten vorstellen können, indem wir einen Schritt nach dem anderen taten und gesunden Menschenverstand anwendeten. Heutzutage haben wir daher weniger Angst vor Veränderungen.

Aber es gibt auch viele Argumente, die einen zurückhalten können. Oft behaupteten Leute, dass es für uns ja sehr einfach gewesen sein müsse, diesen Schritt zu tun, da wir Geld, ein tolles Schiff und Segelerfahrung besaßen sowie das Vertrauen in unsere Kinder hatten, ein Jahr lang ohne eine normale Schule auskommen zu können. Offensichtlich lassen sich viele von allen möglichen Hindernissen und Schwierigkeiten blenden, und sie zählen unzählige Gründe und Entschuldigungen auf, warum gerade sie nicht auf diese Art und Weise segeln könnten. Ich gestehe, früher sehr ähnlich gedacht zu haben. Wenn wir nur genug Geld hätten, könnten wir segeln, dachte ich oft. Doch das war falsch. Wir haben Segler mit den unterschiedlichsten Lebensläufen getroffen, und alle hatten persönliche Opfer gebracht. Genau wie wir. Es könnten ganze zehn Jahre vergehen, bis wir das wieder zusammengespart haben, was wir während dieses Jahres ausgegeben haben. Wir hatten unser Haus verkauft. Wir übergaben unsere kleine Firma an unseren Angestellten. Doch Geld kann ja zum Glück wieder verdient werden. Die Chance, das zu erleben, was wir erleben durften, insbesondere als Familie, würde vielleicht nie wieder kommen.

Seinen Traum zu leben ist die eine Sache, aber nach der Auszeit wieder in den ursprünglich gewohnten Alltag einzusteigen, ist eine ganz andere Herausforderung. Wie soll man beispielsweise nach einem so großen Abenteuer und der weitgehenden Erfüllung langgehegter Ziele und Träume nun neue Ziele und Träume finden? Wird man nach einem so erfüllenden Jahr wie der Olympiasieger, der in eine Depression versinkt, nachdem er seine Medaille gewonnen hat, für die er sein ganzes Leben kämpfte? Ich habe von einigen Seglern gehört, dass es helfen würde, ein neues Projekt zu beginnen: ein Haus zu bauen, eine neue Arbeit zu beginnen oder gar das nächste Segelabenteuer zu planen. In jedem Fall sollte es gelingen, nicht für den Rest des Lebens mit dem Bedauern zu leben, zurückgekehrt zu sein. Vielmehr muss man weiter nach vorne blicken, Ziele und Perspektiven aufstellen.

Wir waren aus unserem alten Leben aufgebrochen, um etwas Neues kennenzulernen. Ganz langsam veränderte fast alles, was wir früher für sehr wichtig gehalten hatten, seine Bedeutung. Indem wir uns ein Jahr Auszeit gegönnt haben, haben wir gelernt, uns zu öffnen und für neue Dinge bereit zu sein, und zwar für den Rest unseres Lebens. Wir verwarfen dabei nicht unser altes Leben. Im Gegenteil: Wir schätzten es umso mehr, denn es hatte uns ja zu unserem Segeljahr und unserer veränderten Sichtweise geführt. Unser altes Leben hatte uns Erfahrungen geschenkt, worauf wir unterwegs bauen konnten, denn es bestand aus wesentlich mehr als nur aus Gewohnheiten, die uns gefangen hielten. Unterschiedliche Perspektiven gehören zu verschiedenen Lebensabschnitten, und man unterliegt im Fluss des Lebens ständig kleinen Persönlichkeitsveränderungen. Diese ergeben persönliches Wachstum, und als Mensch wachsen zu dürfen, gehört zu den größten, spannendsten und bereicherndsten Erfahrungen im Leben. Gewohnte Wertvorstellungen, die ursprünglich hilfreich und dadurch bedeutungsvoll waren, können im Verlauf des Lebens an Bedeutung verlieren beziehungsweise sich sogar zu Blockaden entwickeln, die persönlichem Wohlbefinden eher im Wege stehen. Gleichzeitig entwickeln sich oft neue Überzeugungen, Werte und Grundhaltungen. Dieser Prozess der stetigen Veränderung und Entwicklung, der normalerweise sehr langsam vonstattengeht, wird unglaublich deutlich und dynamisch während eines kurzen Segeljahres, in dem sich so viel und rasch entwickelt. Es mag fast erschreckend klingen, dass man sich so stark verändern kann, aber wir begrüßten unsere neue Weltanschauung, die unsere grundlegenden Bedürfnisse zutiefst befriedigt und unserer Persönlichkeit entspricht. Die innere Reise von partieller Fremdbestimmung und Selbstentfremdung hin zur Selbstverwirklichung und Selbstwirksamkeitsüberzeugung haben wir erfahren dürfen.

Extra-Crew

Beim Segeln kann natürlich jede Crewkonstellation gut funktionieren, sogar als Einhandsegler. Unter gewissen Umständen kann es aber auch eine gute Unterstützung sein, ein paar Extra-Hände an Bord zu haben, und hier gilt es, seine Begleiter sorgfältig auszusuchen. Wichtig ist immer, dass sowohl Sie wie auch alle anderen Personen an Bord den Unterschied zwischen Gast und Crew kennen und respektieren. Die Gästegruppe sehnt sich häufig danach, sich zurücklehnen zu können, um sich zu erholen, Urlaub zu machen, das heißt, einfach eine angenehme Zeit an Bord zu verbringen. Eine Crew hingegen spielt stets eine aktive Rolle, wird Wachen halten, Segel trimmen, navigieren, kochen und spülen müssen und sich bemühen, das Schiff sicher von einem Hafen zum nächsten zu bringen. Doch selbstverständlich sollte auch die Crew eine schöne Zeit an Bord verbringen dürfen!

Für ein segelndes Paar ist es eine typische Frage, ob es eine längere Strecke zu zweit segeln oder lieber ein oder zwei zusätzliche Crewmitglieder mitnehmen möchte. Unerfahrene Segler ziehen es vielleicht vor, über den Atlantik erst mal das Flugzeug zu nehmen und erst in der Karibik an Bord zu gehen. Für diese

Passage bietet es sich dann an, beispielsweise einen Freund des Skippers mitzunehmen.

Wir sind auch in der Rückschau sehr zufrieden und glücklich damit, unsere erste Atlantiküberquerung als Familie vollzogen zu haben. Manche Segler schätzen aber mehr Hände an Deck: Wachen werden dadurch vereinfacht, man erhält mehr Schlaf, es ist gesellig, und man genießt mehr Unterhaltung. Hat man aber vielleicht weniger Glück mit der Extra-Crew und entstehen Spannungen, wird diese Atlantiküberquerung zur eher unangenehmen Erfahrung. Man bedenke, dass niemand während der drei Wochen aussteigen kann! Nur Sie selbst können wissen, wer am besten zu Ihnen passt.

Sollten Sie sich für eine Extra-Crew entscheiden, bereiten Sie sich und die Crew schon frühzeitig auf den Törn vor. Soziale Kompatibilität spielt übrigens eine viel wichtigere Rolle als Segelkenntnisse. Bis Sie zur ersten langen Teilstrecke aufbrechen, werden Sie Ihr Schiff schon sehr gut kennen und können den Neulingen an Bord während der ersten Tage auf See die wichtigsten Dinge erklären. Wählen Sie immer nach dem Motto: Eine lange Teilstrecke in den Passatwindgürteln ist keine Regatta und erfordert sehr wenig aktives Finetuning, vielmehr sollte man dafür aber menschlich gut zusammenpassen.

Jedes Crewmitglied sollte so viel Privatsphäre wie möglich erhalten. Wenn jemand beispielsweise alleine auf dem Vordeck sitzen möchte, sollten Sie nicht stören. Wenn Sie vor Anker liegen, lassen Sie die Crew und auch Ihren Lebenspartner auch einmal alleine mit dem Beiboot aufbrechen, denn Zeit für sich ist nach den Tagen auf einem engen Schiff von großer Bedeutung. Auch sollte jeder an Bord seinen persönlichen Schrank haben. Und beharren Sie nicht darauf, dass alles zu jeder Zeit in einem perfekten Zustand sein muss. Mit mehreren Menschen auf einer Yacht wird alles unvermeidlich etwas anders – Flexibilität und Toleranz sind dann gefragt. Bleiben Sie aufrichtig im Umgang miteinander und respektieren Sie sich gegenseitig. Dies zu lernen, wird eines der größten Geschenke sein, das Sie während Ihres Hochseetörns erhalten können.

30

In dem das frühere Leben wieder zum Vorschein kommt

Wir packen aus

Kisten über Kisten standen vor mir. Eine trug die Nummer 62 und war voll mit alten Schuhen. Hatte ich nicht erst gestern einen anderen Karton mit Schuhen geöffnet? Ich widmete mich rasch dem nächsten Umzugskarton: Kleider. Wo sollten wir die nur alle verstauen?

Unsere neue Wohnung war selbstverständlich viel größer als REGINA, doch um etliches kleiner als unser altes Haus, das wir ja vor unserem Segeltörn verkauft hatten. Die vielen Kartons, die sich nun überall stapelten, nahmen so viel Platz weg, dass sich unsere neue Wohnung plötzlich enger anfühlte als unser Boot. Ich öffnete eine weitere Kiste und fand Kabel. Ein anderer Karton war mit Videokassetten gefüllt, in einem weiteren entdeckten wir Lampen, und ganz viele Kartons waren mit Dokumenten und Papieren gefüllt. Ich blätterte einen Ordner durch: alte Rechnungen. Warum hatten wir die aufgehoben?

Erst allmählich begannen wir uns daran zu erinnern, aus welchem Grund alle diese Dinge so wichtig für uns gewesen waren. Jetzt fühlten sie sich eher wie Ballast an. Warum hatten wir geglaubt, all dieses Zeug zum Leben zu benötigen? Wir hatten ein Jahr lang nur Shorts und T-Shirts getragen, und jetzt erschreckte uns der Karton mit den schweren Winterklamotten. Es war, als wollten uns diese dicken Kleider zurufen: »Du willst uns nicht, aber du wirst uns brauchen. Im Winter wird es kalt, verstehst du?«

Ähnlich unnütz kam uns dieser riesige, graue, hässliche Fernseher vor: Wer hatte ihn vermisst? Ich hatte das starke Gefühl, dass wir uns sehr verändert hatten. Statt triviale Dinge zu sammeln, waren wir inzwischen dazu übergegangen, Zeit füreinander und Zeit für Erlebnisse zu schätzen – quality time. Zeit ist für viele Menschen eine luxuriöse Mangelware, insbesondere für solche, denen sonst nichts zu fehlen scheint, die ihre Lebensziele weitgehend erreicht haben und auf der Sonnenseite des Leben stehen. Ich dachte daran, wie ich früher an Time-Management-Kursen für Unternehmer teilgenommen hatte, um alles optimal organisieren zu können, alles pünktlich zu vollenden und ja nicht zu spät zu kommen! Ich lächelte bei diesen Erinnerungen. Welchen Nutzen hatten diese Zeitoptimierungssysteme, wenn ich sie mit der Island Time verglich, die in der Karibik von jedem Einheimischen erfolgreich praktiziert wird? Für diese Menschen ist Erfolg nicht Produktivität, sondern Glück.

Eine weitere interessante Beobachtung war, dass sich nach unserer Ankunft alles so rasch zu bewegen schien. Am schlimmsten war es, wie schnell wir selbst wieder in das hektische Gewimmel hineingezogen wurden. Es war erschreckend, doch es dauerte nicht lange, und wir waren wieder fester Bestandteil einer geldgenerierenden und zeitdefizitären Welt. Geld kann verdient, gespart, verteilt werden und auf der Bank wachsen, ohne zu altern. Mit dem kostbaren Gut Zeit verhält es sich anders. Im Gegensatz zu seinem monetären Gegenstück ist Zeit gerechterweise an alle Menschen der Welt gleich verteilt, und zwar mit genau 24 Stunden pro Tag für jeden, praktisch wie ein Geschenk der Götter. Bis auf seinen ersten und den letzten Lebenstag erhält jeder Mensch täglich genau die gleiche Menge an Zeit; nicht mehr und nicht weniger. Es ist jedem selbst überlassen, diese 24 Stunden weise zu investieren, denn man bekommt sie nie mehr zurück. Man kann sie nicht auf ein Bankkonto einzahlen, um ein paar Reste für später aufzuheben. Es gibt keine Zinsen auf gesparte Zeit. Ähnlich kann man Zeit auch nicht auf Kredit erhalten. Zeit war für uns nun plötzlich viel mehr wert als Geld, und wir überlegten daher genau, ob wir unsere Zeiteinheiten fürs Fernsehen ausgeben, lieber ins Bücherlesen investieren oder mit Freunden Spaß haben wollten. Zeit war für uns zur wertvollsten Währung geworden. Doch obwohl wir lange, überzeugt und engagiert dagegen anzukämpfen versuchten, mussten wir schließlich einsehen, dass wir trotz allem die geliebte Island Time an Bord lassen mussten. Wir wurden schnell in das Multitasking des 21. Jahrhunderts zurückgeschleudert. Allzu rasch fehlte uns der Mut, einfach nur einmal innezuhalten, eine Pause einzulegen oder in Ruhe über eine Situation nachzudenken, bevor schon eine Reaktion notwendig wurde. Es war erschreckend, wie viele Dinge es zu organisieren galt, wie viele Aufgaben wir plötzlich wieder zu bewältigen hatten, und am liebsten sollte alles auch noch möglichst sofort geschehen. Natürlich schafften wir es, den Ansprüchen der modernen Zivilisations- und Leistungsgesellschaft gerecht zu werden. Doch wir fragten uns immer häufiger, welchen Preis wir zu zahlen hatten. Trotzdem dauerte es nicht lange, bis wir den großen Luxus des Lebens an Land wieder ausgiebig genossen. Unsere 14 Monate auf See begannen in unseren Erinnerungen zu verblassen. Waren wir wirklich so lange unterwegs gewesen, oder war vielleicht alles nur ein Traum?

Ich stöberte weiter durch die Umzugskartons, die in der Wohnung verteilt standen. Einer, der sich hinter ein paar Küchengeräten versteckt hatte, kam mir bekannt vor. Als ich ihn öffnete, wehte mir der Geruch von Freiheit entgegen. Ich griff in die Kiste und fand mehrere Stapel mit Yachtzeitschriften und Broschüren, die ich über die Jahrzehnte hinweg gesammelt hatte. Informationen über geeignete Marinas an der Westküste Europas fand ich wieder, Werbeflyer von guten Fahrtenyachten, Tipps übers Proviantieren für lange Törns, Ideen, welche Ausrüstung robust genug oder notwendig sei, und andere bedeutungsvolle Informationen für ein Sabbatjahr auf einem Boot. Es war die Kiste mit meinen damaligen Zukunftsvisionen! Diese Zeitschriftenartikel hatten mir während vieler langer Nächte Gesellschaft geleistet, während ich vom Fahrtensegeln träumte. Und jetzt? Rascher, als ich es mir überhaupt vorstellen konnte, war das Jahr um, und wir waren schon wieder an Land.

Ich schaute mir die Schätze meiner Vergangenheit nochmals genauer an. Seit dem letzen Mal, als ich sie in der Hand gehabt hatte, war meine eigene Erfahrung gewachsen, und ich war nun ähnlich bewandert wie die Verfasser dieser vielen Seiten. Ja, so hatten auch wir es erlebt. Und jetzt? Fühlten wir uns eingeschränkt? War alles nun vorüber? Wir entschieden, dass diese Rückkehr in unser früheres Leben nicht das Ende unseres Abenteuers sein sollte. Unser Sabbatical sollte nicht einfach zu Ende gehen. Vielmehr begannen wir einfach ein neues Kapitel in unserem Leben und wollten das Beste daraus machen – ohne wehmütig zu sein oder einem anderen Leben hinterherzutrauern. Ich stellte die Ordner mit den diversen Segelartikeln und die Yachtzeitschriften in das Bücherregal. Vielleicht können wir sie später wieder einmal brauchen?

Während ich so träumte, leistete Karolina richtige Arbeit, indem sie einen Haufen Papiere auf dem Küchentisch ordnete.

»Rechnungen«, sagte sie kurz, und wir holten den Laptop, loggten uns ein und begannen mit dem Onlinebanking. Das Leben an Land bringt mit Sicherheit viel mehr Kosten als das Segeln. Wir brauchten plötzlich Geld für die Miete, Strom, Wasser, Heizung, Autoversicherung, Benzin, Krankenversicherung, Fernsehgebühren und Steuern. Wir kauften neue Fahrräder für Jessica und Jonathan, und unsere Fahrten zu IKEA brachten uns nicht nur noch mehr Möbel und andere Artikel, die in unsere neue Wohnung passen sollten, sondern natürlich auch noch mehr Rechnungen.

»An Bord hatten wir doch auch nur die paar Möbel, die man wirklich braucht ...«, brummte ich.

Karolina ignorierte meinen verhaltenen Protest. Ja, das war tatsächlich ein neues Lebenskapitel. Es machte schon Spaß, an einen anderen Wohnort zu ziehen und von vorne zu beginnen. Es dauerte auch nicht lange, und jeden Morgen, wenn Jessica und Jonathan fröhlich zum Unterricht liefen, fühlte ich eine große Dankbarkeit für die Lehrer, die sich nun wieder um die Bildung unserer Kinder kümmerten. Jessica und Jonathan gehen bis heute gerne zur Schule, und ich bin stolz, sagen zu können, dass sie nicht die geringsten Probleme hatten, nach einem Jahr Home Schooling den Anschluss zu finden. Tatsächlich waren sie sogar um einiges weiter als ihre Schulkameraden. Trotz der häufigen Zweifel an unseren pädagogischen Fähigkeiten war die Schule an Bord insgesamt doch sehr erfolgreich gewesen.

Eines Tages brauchte ich eine Pause vom lästigen Auspacken der unzähligen Umzugskartons. Die Kinder waren noch in der Schule, und deshalb schlug Karolina vor, wir könnten zum Einkaufen gehen. Vor unserem Segeljahr hatten wir nie richtig begriffen, was es doch für ein Luxus ist, einfach nur zu einem einzigen Supermarkt oder in ein Einkaufszentrum zu fahren, um dort alles, was man haben möchte, bequem in den Kofferraum eines Autos zu laden. Keine Rucksäcke sind notwendig und keine Kakerlakenkontrollen. Und wenn man wieder zu Hause angekommen ist, öffnet man einfach den Kühlschrank mittels einer großen, von vorne zu erreichenden Tür und reiht alle Kühlwaren bequem auf breiten Regalen ein. Kein mühevolles Bücken über eine Kühlbox, die von oben geöffnet wird und aus der man erst alles rausnehmen muss, bevor man das gerade gekaufte tiefgekühlte Zeug in pfiffiger Reihenfolge wieder verstaut.

Ebenso kam es uns so unglaublich einfach vor, den Müll loszuwerden. Nachdem wir während so langer Zeit mit großer Mühe unsere Müllproduktion aufs Äußerste minimiert hatten, fühlte es sich seltsam an, den gesamten Unrat einfach in Abfalltonnen zu werfen, die dann von der Müllabfuhr geleert werden. Schier unglaublich! Unbeschränkte Mengen Frischwasser waren ein weiterer Luxus, an den wir uns nur schwer gewöhnen konnten. Wir leisteten uns genussvoll wieder lange Luxusduschen, ohne über den Wasserpegel in den Tanks zu grübeln; es kam einfach so viel Wasser aus der Wand, wie wir wollten! Das Gleiche galt für den Strom, der unermüdlich aus der Steckdose floss, solange wir die Rechnungen bezahlten. Wir brauchten auch nicht mehr in unbekannten Städten nach einem Waschsalon zu suchen. Und die Geschirrspülmaschine tat ihre Arbeit viel besser und leiser, als ich es je machen könnte. Wir labten uns also an unserem neu gewonnenen Alltagsluxus und genossen es, ein sorgenfreies Leben im Überfluss führen zu können. Mit einer Ausnahme: dem Einkommen. Wir mussten uns sehr rasch um neue Jobs kümmern. Ich beschloss, mich wieder mit meinen alten Kontakten in Verbindung zu setzen, um Aufträge zu ergattern. Wir hatten fälschlicherweise geglaubt, dass uns während des Sabbaticals eine neue Geschäftsidee einfallen würde, aber diese ließ immer noch auf sich warten. Karolina wollte eine Arbeit, bei der sie etwas Sinnvolles für Menschen leisten konnte, und fand in der Zentrale der SOS-Kinderdörfer eine interessante Arbeitsstelle. Ich selbst wollte mir meine maximale Flexibilität sichern und unabhängig in verschiedenen Projekten mitwirken – damit wir auch weiterhin während der langen Sommerferien der Kinder mit REGINA segeln könnten. Es ging uns wirklich nicht schlecht, obwohl wir mit unserem Geld doch sehr sparsam umgehen mussten.

So erstaunte es uns umso mehr, feststellen zu müssen, dass nicht alle Menschen um uns herum ihr hoch privilegiertes Leben zu genießen schienen. Viele kamen uns doch recht unglücklich und unzufrieden vor und schienen in Zwänge eingeknotet. Sie »mussten« so viel und »nur noch schnell«, wie sie sagten. Wo blieb die Muße? Sich Zeit nehmen für eine Aufgabe? Sich Zeit schenken, sich über das Ergebnis freuen? So wie der Künstler, der sein Bild liebt und sich nur ungern und unter Schmerzen davon trennt, da er sich so innig damit beschäftigt hat, es mit Geduld, Einfühlungsvermögen, Hingabe und Liebe zu schaffen. Sind deshalb Künstler die glücklicheren Menschen?

Viele Leute um uns herum hatten weder Verständnis noch das Bedürfnis nach Zeit und Muße. Es ging ihnen oft schlecht. Gleichzeitig empfanden sie sich aber alle als völlig normal und konnten vor lauter Streben nach scheinbar notwendiger Gewinnmaximierung, Effektivität und Produktivität die schleichende Entfremdung von sich selbst und ihren Bedürfnissen nicht erkennen. Es fehlte ihnen offensichtlich an gesunder, selbstkritischer Distanz zu sich selbst. Und immer diese Hetze! Wie soll man das auch aushalten, ohne langsam abzustumpfen und sich eine Hornhaut auf der Seele wachsen zu lassen?

Ich konnte mich noch dunkel daran erinnern, wie ähnlich ich mich gefühlt hatte, bevor wir lossegelten. Jeder Morgen fühlte sich so an. Man funktionierte, indem man täglich einen Weg einschlug, der nur zur Arbeit zu führen schien. Es ging einfach immer nur geradeaus weiter. Erst nach unserem Segeljahr konnten wir es richtig erkennen: Es braucht Zeit, sich selbst und das Leben richtig, das heißt: bewusst, kennenzulernen.

»Ha!«, rief ich laut. Karolina schaute mich an und fragte sich, was sich wohl in meinem Kopf abspielte. »Weißt du noch, wie schwer es uns fiel, die Entscheidung zu treffen, ›alles aufzugeben‹ und loszusegeln?«, ergänzte ich.

Karolina lachte. »Ja, das stimmt! Und nun sind wir schon wieder zurück. Aber das nächste Mal wissen wir zum Glück, wie einfach das Loskommen tatsächlich ist – oder sein kann. Alles, was man braucht, ist ein bisschen Mut, um die Leinen zu lösen.«

Sie hatte recht, sowohl buchstäblich wie auch im übertragenen Sinn. Die eigentliche Entscheidung, auf große Fahrt zu gehen, war für uns der schwierigste Schritt des gesamten Segelabenteuers gewesen. Warum? Wir hatten Angst gehabt vor der Veränderung. Wir hatten unsere Zweifel, ob die Kinder es mögen würden. Wir wollten unsere Familie und Freunde nicht verlassen. Wir hatten Angst um unsere finanzielle Situation. Und vor allem wurden unsere Pläne von anderen sehr infrage gestellt, was uns weiter verunsichert hatte. Das Wissen, wie einfach, befreiend und bereichernd eine Veränderung sein kann – sowohl als Landratte zum Hochseesegler als auch umgekehrt –, schenkt uns heute ein Grundvertrauen, was eine wichtige Quelle des Glücks ist. Wir können unser derzeitiges Leben mit all seinen Möglichkeiten und dem Luxus nun eher als eine Chance sehen. Aber wir wissen gleichzeitig, dass, falls wir uns erneut ein Leben weit entfernt von Straßen, Einkaufszentren und Superorganisation wünschen, die Entscheidung loszusegeln nicht schwierig sein wird. Veränderungen sind für uns in erster Linie nicht mehr bedrohlich, sondern möglich.

Natürlich gibt es Tage, an denen wir unser Seglerleben sehr vermissen. Wenn ich ganz ehrlich sein soll, ich wäre auch jetzt lieber an Bord. Einige unserer Freunde segelten weiter. Sie kamen nach Venezuela, Kuba, Mexiko, San Blas und auf die Galapagosinseln, und einige sind immer noch unterwegs. Es stimmt mich ebenso ein wenig wehmütig zu wissen, dass, während ich diese Zeilen schreibe, glückliche Familien aufbrechen und gerade auf dem Weg zu den Kanaren sind. Oft frage ich mich, ob diese Familien und Paare eine ähnlich wunderbare Zeit verbringen werden wie wir. Werden sie zu sich finden? Ein Stück

Sehnsucht krabbelt in mein Herz hinein, wenn ich daran denke, dass ich zurzeit nicht mehr zur Gemeinschaft der Yachties gehöre. Aber eines Tages werden wir wieder aufbrechen: wenn die Zeit reif ist, einen weiteren Zentimeter aus unserem Lebensband herauszuschneiden und ihm damit eine besondere Bedeutung zu geben!

Bootsriss
Hallberg-Rassy 40
Mit freundlicher Genehmigung © Hallberg-Rassy

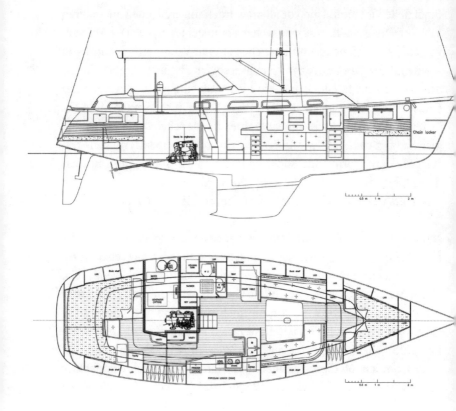

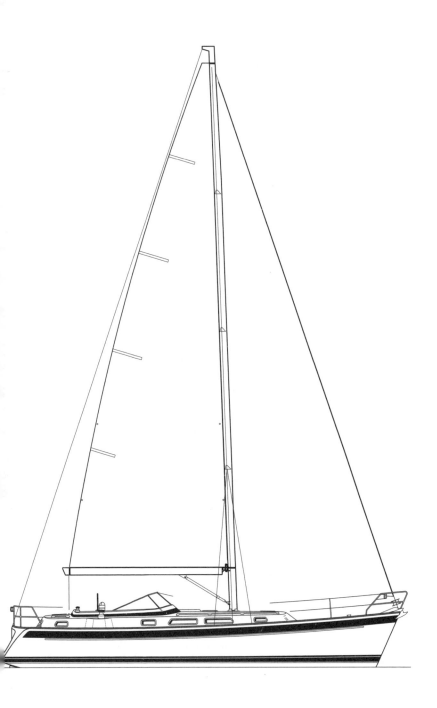

Technisches

Das Boot

Hallberg-Rassy 40	Baunummer 6
Konstrukteur	Germán Frers
Rumpflänge	12,40 m
Wasserlinie	11,04 m
Breite	3,82 m
Tiefgang	1,99 m
Verdrängung	10 000 kg
Bleikiel, Gewicht	4100 kg
Segelfläche mit Kreuzfock	80,8 m^2
Segelfläche mit Rollgenua	93,5 m^2
LYS Handicap ca.	1,24
Masthöhe über Wasser inkl. Antennen	19,8 M

Rigg und Segel

Mast	Seldén 19/20, 2-Saling-Rigg mit Kutterstag und Backstagen www.seldenmast.com
Maststufen	2 klappbare Stufen an der Mastspitze www.seldenmast.com
Reffsystem	Rollgroß und Rollfock, Furlex www.seldenmast.com
Falle	2 Großfalle, 2 Genuafalle, 1 Gennakerfall, 1 Kutterstagfall
Kickstange	Rodkick mit Gasfeder www.seldenmast.com
Masttrimmung	Manueller Achterstagstrecker www.seldenmast.com
Winschen	Genua: 50CEST elektrisch (2), Groß: 30 CST (2), Mast (2) www.lewmar.com
Großsegel	Elvström Rollgroß EMS4V, 41,9 m^2, vertikale Latten, Gitterspectra 3800z www.elvstromsails.com
Genua	Elvström Gitterspectra 51,6 m^2, 3800z www.elvstromsails.com
Fock	Elvström, Standard, 38,9 m^2 www.elvstromsails.com
Kutterstagsegel	Elvström, ca. 17 m^2, mit Haken www.elvstromsails.com
Gennaker	Elvström 125 m^2 www.elvstromsails.com
Ankersegel	Sydsegel, um Bug beim Ankern im Wind zu halten www.sydsegel.se

Motorantrieb

Motor	Volvo Penta, D2-55, 55 PS
	www.volvopenta.com
Impellerdichtung	TrueMarine Speedseal
	www.speedseal.com
Ventilation	Elektrische Maschinenraumlüftung
Propeller	3-Flügel-2-Gang-Propeller von Gori, fester Ersatzpropeller
	www.gori-propeller.dk
Kupplung	Centaflex M 160K 3,2 35 mm flexible Wellenkupplung
	www.centa.info
Bugstrahler	Sleipner SP95T, 8 PS, 12 V
	www.side-power.com
Ropestripper	Ambassador, um Taue im Propeller abzuschneiden
	www.ropestripper.com
Diesel	475 Liter in 2 Nirotanks
Dieselfilter	Racor 500MAM10
	www.racor.com
Ölfilter	Filtermag, Magnet auf Standardölfilter
	www.filtermag.com
Trichter	Mr Funnel, Wasser- und Schmutz abscheidend
	www.mrfunnel.com
Dieselzusätze	Racor Diesel Biocide, www.racor.com
	Soltron Enzyme Solution, www.soltron.co.uk

Elektrik

Servicebatterien	8 x Trojan T105, 12 V, 900 Ah, www.trojanbattery.com
SSB-Batterien	Tudor 24 V, 62 Ah, www.tudor.se
Motorstart	Tudor 12 V, 62 Ah
	www.tudor.se
Landstrom	Mastervolt Ivet-C16, 3,5 kW Isoliertransformator
	www.mastervolt.com
Ladesystem	Volvo Penta 60 A Lichtmaschine, www.volvopenta.com
	Amtech 160 A High Output Alternator (HOA)
	www.mpowermfg.com
	Mastervolt Alpha Pro 3-Stufen Regulator
	www.mastervolt.com
	Mastervolt MASS 12/60 230 V/12 V, 60 A
	www.mastervolt.com
	Thrane & Thrane CH4656, 230 V/24 V, www.thrane.com
	DuoGen Wasser- und Windturbine, www.duogen.co.uk
Inverter	Mastervolt Maß Sine 12/2000, 12 V/230 V, 2 kW
	www.mastervolt.com
Ladeüberwachung	DCC 4000 Amperestundenzähler
	www.odelco.se

Navigation

Autopilot	Raymarine ST7001 mit zweitem Display ST6001
	www.raymarine.com
	Steuercomputer 400G mit Rate Gyro
	www.raymarine.com
	Drive Unit Typ II, elektrisch, linear
	www.raymarine.com
Radar/Plotter	Im Cockpit: RL70C Radar/MARPA/Plotter
	www.raymarine.com
	In Navigationsecke: RL70RC Radar/Plotter
	www.raymarine.com
	Auf Radarmast: 2 kW Radom Antenne
	www.raymarine.com
Instrumente	Im Cockpit: ST60 Logg, ST60 Lod, ST60 Wind
	www.raymarine.com
	In Navigationsecke: ST60 Multi
	www.raymarine.com
Interface	NMEA/RS232C mit serieller PC-Schnittstelle
	www.raymarine.com
Radar Reflektor	Blipper 210 passiver Reflektor auf Mast
	www.firdell.com
	Jotron ARR Aktiver Radar Reflektor
	www.jotron.no
GPS	Raymarine Raystar 125 WAAS
	www.raymarine.com, Furuno GP-32 WAAS
	www.furuno.com
AIS	AIS-CTRX Class B Transponder (später komplettiert)
	www.trueheading.se
Fernglas	Steiner 7x50AC Commmander III mit Kompass
	www.steiner.de
Sextant	Celestaire Astra III B Delux mit WH Spiegel
	www.celestaire.com
Barograf	Vion A4000
	www.vion-marine.com
Software	MaxSea »Yacht« mit Wettermodus
	www.maxsea.com
	Pangolin TideComp 2000 für Gezeiten
	www.pangolin.co.nz
	Pangolin Nautical Almanac
	www.pangolin.co.nz
	Pangolin Astro Calculator
	www.pangolin.co.nz
Seekarten	Jeppesen C-Map NT+
	www.c-map.no, Papierkarten

Sicherheit

Rettungsinsel	bfa-marine für 6 Personen, www.zodiacmarine.com
Feuerlöscher	1 x 6 kg, 3 x 2 kg
EPIRB	Jotron TRON40 GPS, 400 MHz, GMDSS mit Hammar hydrostat. Auslösung, www.jotron.no
	Jotron TRON45S, 400 MHz, www.jotron.no
	4 persönliche SeaMarshall EPIRBs www.seamarshall.com
	SeaMarshall 121.5 MHz EPIRB Empfänger www.seamarshall.com
SART	Jotron SART, www.jotron.no
Entsalzungsanlage	Katadyn Survivor 06 manueller Wassermacher www.katadyn.com
Blitzlichter	Jotron AQ4 Strobe light (1) www.jotron.no
	Jotron AQ5 Strobe light (4) www.jotron.no
Rettungswesten	Kadematic 15ALR-DW inkl. Spraykappe, Licht, Gurt www.kadematic.de
	Kadematic 15 Bebe AL inkl. Licht, Gurt www.kadematic.de
Jack Stays	2 gewebte Leinen längs dem Deck zum Einpicken
Notsignale	8 Fallschirmraketen, 8 rote, 4 weiße, 2 Rauch www.hansson-pyrotech.com
Blitzableiter	Mast, Wanten und Stage mit Bleikiel elektrisch verbunden
Kabelschere	Felco C16 zum Durchtrennen der Wanten im Notfall www.felco.ch
Treibanker	Hatheway Galerider Storm, 36" zum Abbremsen im Sturm www.hathaways.com

Kommunikation

UKW	Sailor A1 mit DSC, GMDSS, www.thrane.com
	Zweite Station C4941WP im Cockpit www.thrane.com
	Jotron TRON TR20+ Hand-UKW www.jotron.no
	Jotron TRON VHF, GMDSS, wasserdicht, Not-UKW www.jotron.no
MF/HF	Sailor SSB System 4000, 150W, mit DSC GMDSS für A2 www.thrane.com
Sat-C	Thrane & Thrane TT3026L/M, Inmarsat Mini-M www.thrane.com
Iridium	Sailor SC4000, fest installiert www.thrane.com

NAVTEX	Furuno Navtex NX-300, www.furuno.com
Antennen	Comrod AV51P UKW im Mast
	www.comrod.com
	Comrod AV51BI UKW DSC auf Radarmast
	www.comrod.com
	Comrod MAS1 Multifunktionsantenne auf Radarmast
	www.comrod.com
	Sailor Automatic Antenna Tuning Unit HA615
	www.thrane.com
Software	Iridium Kompressionssoftware von Mailasail
	www.mailasail.com
	Thrane & Thrane EasyMail für Mini-C
	www.thrane.com
	Pangolin HF Propagation Predictor für SSB
	www.pangolin.co.nz
	Xaxero Weatherfax 2000, Xaxero WindPlot
	GRIB-Datenleser
	www.xaxero.com
	Grib.us GRIB-Datenleser, www.grib.us

Ankern

Hauptanker	Delta, 20 kg, 60 m 3/8" Kette, www.lewmar.com
Winde	Lewmar Ocean 1
	www.lewmar.com
Zweitanker	Bruce, 15 kg, 10 m Kette, 70 m geflochtenes Band
Drittanker	Breeze, 15 kg
Taue	3 x 50 m, 2 x 30 m, mehrere 10-m-Leinen
Federung	Aronowitsch & Lyth »Bungy«
	www.arolyth.se

Pantry, Wasser, Komfort

Herd	Eno Gascogne 0823, www.eno.fr
Gas	2 x 6 kg Propan in schwedischen Aluminiumflaschen
Gasabschalter	Truma GS8
	www.truma.com
Gas-Adapter	Fogas 12-6022, um Gas in anderen Ländern füllen zu können
	www.fogas.se
Entsalzungsanlage	Spectra Newport 400, 12V, 60 L/h
	www.spectrawatermakers.com
	Katadyn Survivor 06 Manual für Notfälle
	www.katadyn.com
Wassertanks	353 Liter in 2 Nirotanks
Heißwasser	Isotherm 40 L, von Landstrom oder Motor geheizt
	www.isotherm.com

Heizung	Webasto AirTop 3500, 3,5 kW, www.webasto.com
Pumpen	Whale Gulper 220 Duschlenzpumpe
	www.whalepumps.com
	Jabsco PAR MAX3 Frischwasserpumpe
	www.ittflowcontrol.com
	Flojet R4325-145 Deckspülpumpe
	www.ittflowcontrol.com
	Robota mobile 230V 150 l/min Pumpe (Notlenzpumpe,
	Feuerlöscher etc), www.robota.se
Kühlschrank	Isotherm mit Danfoss Kompressor, SP, wassergekühlt
	www.isotherm.com
Gefriertruhe	Isotherm mit Danfoss Kompressor, SP, wassergekühlt,
	doppelten Thermostaten (um auch als 2. Kühlschrank zu
	dienen), www.isotherm.com
Toilette	Jabsco PAR, Schwarzwassertank, www.jabsco.com
Ventilation	3 Skylights
	10 Fenster zum Öffnen
	4 Doradolüfter
	6 Hella Turbofans
Matratzen	Federkernmatratzen in 5 Kojen, 4 Leesegel

Beiboot

Dingi	Achilles LSR96
	www.achillesusa.com
Motor	Yamaha 8C Zweitakter, 8 PS
	www.yamaha.com

Leon Schulz
www.reginasailing.com
leon@reginasailing.com, Tel. +356-999 18400

Danksagung

Unzählige Geschichten hielten unsere Träume aufrecht, bis wir es wagten, unsere Leinen zu kappen. Nun wollen wir unsere Inspirationen weitergeben. Unsere Gefühle und Gedanken haben wir noch unterwegs niedergeschrieben, sodass sie genau dem entsprechen, was wir zum jeweiligen Zeitpunkt fühlten und dachten. Die deutsche Version dieses Buches entstand auf Malta, wo meine Übersetzung der englischen Originalfassung »The Missing Centimetre« mit viel Einfühlungsvermögen von Dipl.-Psychologin Gaby Theile sprachlich verfeinert und auf den Punkt gebracht wurde.

Mit meiner Frau Karolina und unseren Kindern Jessica und Jonathan hatte ich das Glück, eine Mannschaft an meiner Seite zu haben, die bereit war, alle Risiken mit mir einzugehen und gemeinsam an der Verwirklichung unserer Träume zu arbeiten. Ich werde ihnen dafür für immer dankbar sein. Wir hatten zudem das Glück, Unterstützung von vielen Freunden zu erhalten – selbst von jenen, die nicht ganz verstehen konnten, warum wir ein Jahr lang segeln wollten oder was wir genau planten. Dafür, dass sie ihre Zweifel im Großen und Ganzen für sich behielten und uns stattdessen enthusiastisch und bedingungslos unterstützten, möchte ich mich ebenfalls herzlichst bedanken. Es ist mir ein persönliches Anliegen, dieses Buch Monika und Stephan Örn zu widmen – Karolinas Eltern, meinen Schwiegereltern, ohne deren Unterstützung unser Segeljahr nicht möglich gewesen wäre und die leider viel zu früh von dieser Erde gehen mussten.

Mein erster Rat an meine Leser ist, Ihren eigenen Traum mit Ihrem Partner und/oder einer Crew zu teilen. Man benötigt aber auch ein gutes Boot, um solche Ziele zu erreichen. Wir hatten unsere REGINA von der Hallberg-Rassy-Werft. Sie hat uns zweimal sicher über den Atlantik gebracht und stand uns während Flauten und Stürmen sowie unvergesslichen Nächten vor Anker treu und zuverlässig zur Seite. Wir sind stolz und dankbar, wenn wir unser Schiff betrachten; glückerfüllt, wenn wir an unser Segeljahr denken, und hoffnungsvoll, wenn wir in die Zukunft schauen.

Leon Schulz